JN440109

자폐 아동을 위한 JASPER 모델

공동관심, 상징놀이, 참여, 조절 증진

Joint Attention, Symbolic Play, Engagement, and Regulation

Connie Kasari · Amanda C. Gulsrud · Stephanie Y. Shire · Christina Strawbridge 공저
서민경 · 김지수 · 구태우 공역

The JASPER Model for Children with Autism

학지사

The JASPER Model for Children with Autism:
Promoting Joint Attention, Symbolic Play, Engagement, and Regulation
by Connie Kasari, Amanda C. Gulsrud, Stephanie Y. Shire, and Christina Strawbridge

역자 서문

자폐스펙트럼장애(Autism Spectrum Disorder: ASD, 이하 ASD) 아동은 생후 1~2년이라는 이른 시기부터 사회적 의사소통의 어려움과 반복적·제한적인 행동 특성을 보이기 시작합니다. 이 시기는 뇌의 가소성이 높고, 발달의 기반이 형성되는 중요한 시기이며, 가능한 한 빠른 시기에 시작되는 개입이 향후 발달 궤도에 긍정적인 영향을 미칠 수 있습니다. 조기개입의 핵심은 아동의 발달 수준에 맞춘 중재 전략을 구성하고, 사회적 상호작용 속에서 자발성을 이끌어 내는 것입니다.

최근의 연구들은 이러한 접근을 통해 자연적 발달 행동 중재(Naturalistic Developmental Behavioral Intervention: NDBI)의 효과와 사회적 타당성을 지속적으로 입증하고 있습니다. NDBI는 발달 원리와 응용행동분석의 전략을 통합하여, 아동의 자발적 참여를 중심으로 놀이와 일상적인 상호작용 속에서 중재가 이루어지도록 설계된 접근입니다. 아동의 발달 수준과 ASD 특성에 기반한 개별화된 목표를 중심으로, 사회적 의사소통과 놀이 기술을 자연스러운 환경 속에서 촉진하는 것을 핵심으로 합니다. 특히 미국 UCLA의 Connie Kasari 박사 연구팀은 다수의 무작위통제연구(RCT)를 통해 조기개입 모델의 효과를 엄밀히 검증하였고, 그 결과물 중 하나가 바로 이 책에서 소개하는 JASPER(Joint Attention, Symbolic Play, Engagement, and Regulation) 모델입니다.

JASPER는 단순한 기술 습득 모델이 아니라, 아동의 사회 의사소통 발달을 이끄는 핵심 기제로서 '공동참여(joint engagement)'의 중요성을 실증적으로 뒷받침하는 연구 결과들이 보고되고 있습니다. 특히 중재를 통해 공동참여 시간이 늘어나면, 이는 공동관심 시작하기(initiations of joint attention) 기술 향상으로 이어지고, 수용 및 표현 언어 발달에도 긍정적인 영향을 미친다는 인과적 경로가 입증되었습니다.

JASPER는 ASD 아동이 초기 발달에서 특히 어려움을 겪는 공동관심(joint attention), 상징놀이(symbolic play), 참여(engagement), 조절(regulation)의 네 가지 영역을 중심으로 설계된 중재 모델입니다. ASD 아동의 조기개입과 가족 지원에 관심을 두고 '무엇이 필요한가?'를 고민하고 연구해 온 역자들은 놀이 속에서 발달할 수 있도록 구조화된 JASPER 매뉴얼이 현장의 전문가들에게 유용할 것이라는 믿음과 국내 ASD 아동 지원 체계에 실질적으로 기여할 수 있으리라는 소신으로 이 번역을 시작하게 되었습니다.

이 책의 가장 큰 강점은 실천적 적용을 고려한 구성에 있습니다. 단순한 이론적 설명을 넘어, 중재 실행 절차, 놀이 자료 구성, 단계별 교수 전략, 평가 방법에 이르기까지 상세히 안내하고 있어, 교사, 치료사, 부모 등 다양한 실행자가 현장에서 적용할 수 있는 구체적인 지침을 제공합니다. 특히 아동의 자발적 행동을 존중하고, 놀이 맥락 속에서 의미 있는 상호작용을 이끌어 내는 JASPER 접근 방법은 놀이 중심 · 유아 중심 교육과정을 실천하는 국내 유아교육 및 유아특수교육 현장과도 자연스럽게 맞닿아 있습니다.

또한 JASPER는 영아 대상의 Baby JASPER, 부모나 교사를 중재 실행자로 포함하는 현장 중심 모델 등으로 확장되어 왔습니다. 이는 JASPER가 다양한 연령과 맥락에 유연하게 적용 가능하며, 연구 기반뿐 아니라 실천적 지속 가능성도 갖추고 있음을 보여 줍니다.

이 매뉴얼이 국내 조기개입 현장에서 ASD 아동을 지원하는 유아특수교사, 언어 · 놀이 · 작업치료사 등 전문가들과 가족에게 실제적이고 신뢰할 수 있는 전략과 실행 방안을 제공함으로써, 아동과의 상호작용이 보다 즐겁고 의미 있는 시간으로 이어지기를 기대합니다. 무엇보다 JASPER의 철학처럼, 아동을 '가르쳐야 하는 대상'만이 아닌 놀이의 파트너이자 상호작용의 주체로 바라보는 접근이 현장에 널리 확산되기를 희망합니다.

이 책을 통해, 아직 말로 다 표현하지 못하는 '작은 사람'인 ASD 아동들이 '더 놀이하고 싶은' 시간을 통해 세상을 배우고, 자신만의 속도로 성장하며 연결될 수 있기를 바랍니다. ASD 아동과 함께하는 모든 이가 서로 깊이 연결되고, 기쁨을 누리는 일상을 살아가는 데 이 책이 작지만, 분명한 길잡이가 되기를 바랍니다.

2025년 6월

역자 일동

저자 서문

장애 영아와 유아들을 가르치던 초기 시절, 지금은 자폐스펙트럼장애(이하 ASD)로 볼 수 있는 다소 당혹스러운 모습을 보였던 여아를 만났었습니다. 당시에는 아동이 교사들에게 관심도 없고, 발달 기술이 일관성 없게 나타났기 때문에 매우 혼란스러웠습니다. '새로운 것을 배운 것 같았는데, 왜 그 기술을 사용하는 것을 볼 수 없지?' 교사진이 가장 혼란스러웠던 점은 그 아동이 놀잇감을 가지고 놀거나 다른 사람과 상호작용하는 데 관심이 없다는 것이었습니다. 현재 저는 로스엔젤레스에 위치한 캘리포니아 주립대학교(UCLA)에서 ASD 분야 연구자이자 발달심리학 및 정신의학 교수로 재직하면서 ASD의 핵심 특성에 대해 배우고 중재를 제공하는 데 전념하고 있습니다. 저는 종종 그 아동과 가족을 돕기에 우리가 얼마나 부족했는지 되돌아봅니다. 감사하게도, ASD 아동에게 중재를 제공하던 초기에 비해 많은 것이 변화되었습니다.

문제 인식

1980년대 ASD 아동의 발달 궤적(trajectories)은 상당히 암울했습니다(DeMyer et al., 1973; Rutter, 1983). ASD 아동의 3/4 정도는 거의 또는 전혀 말을 하지 못한 채 학교에 입학했습니다. 1990년대 중반부터 후반에 유치원에 입학할 때의 언어 발달 수준이 아동 개인의 최상의 결과를 예측할 수 있는 강력한 지표임이 널리 알려졌으나, ASD 아동 상당수의 진보는 매우 더뎠습니다. 1980년대 사용된 중재 접근법은 고도로 구조화되고 행동 중심적이었습니다. 당시 중재는 상호작용의 자연스러운 흐름 내에서 이루어지지 않은 채, 종종 맥락을 벗어난 언어와 인지 기술을 개별적으로 가르치는 데 중점을 두었습니다. 중재자는 아동이 배우기 원하는 표적 기술을 세웠고, 아동이 성취 기준에 도달할 때까지 해당 기술을 수없이 반복하였습니다. 아동이 기술을 습득하였다고 판단되면, 중재자는 그 기술을 여러 사람, 맥락 또는 상황에 일반화하려고 노력하였습니다. 이러한 방법은 당시의 주요 접근법이었지만 모든 아동에게 효과적이지는 않았고, 상당수의 아동은 기능적 언어 기술을 확보하지 못한 채 학교에 입학했었습니다.

다른 문제도 나타났습니다. 첫째, 이러한 개별 기술은 아동의 일상에 쉽게 전이되지 않았습니다. 아동은 다른 사람의 촉진에 의존하고 새로운 기술을 자발적이고 독립적으로 사용할 수 없었습니다. 둘째, 구조화된 교수법은 아동이 자연스럽게 배우는 방식과 상반되었습니다. 전형적인 발달을 보이는 아동은 놀이와 사회적 상호작용을 통해 학습하는 반면, ASD 아동은 매주 오랜 시간 책상에 앉아 똑같은 기술을 반복하였습니다. 셋째, 이러한 접근 방식은 자발적인 의사소통, 참여, 독립성, 융통성과 같이 아동이 세상과 소통하는 데 중요한 발달 측면에 초점을 맞추지 않았습니다.

ASD 아동은 사회적 상호작용의 기초를 배우지 못했거나 자신이 속한 환경에서 이러한 기술을 배울 수 있는 방법이 없었습니다. 여전히 개별 행동만 강조하면서 이 기술들을 연결하고, 의미 있게 만드는 방법을 놓치고 있었습니다. 그렇다면 어떻게 개선할 수 있을까요?

정확한 표적

저는 이 여아를 만난 지 몇 년 후인 1985년에 UCLA Marian Sigman 연구실에서 박사후 연구원으로 일하였습니다. 당시 Sigman 박사는 ASD 분야에서 가장 뛰어난 발달 연구자였을 것입니다. 저는 Ungerer 박사 후임으로 Mundy 박사와 동시에 연구실에서 일하는 큰 행운을 얻었습니다. 두 사람은 영유아 발달 지식을 ASD 아동의 놀이와 사회적 의사소통에 적용하였습니다. 우리는 ASD 아동과 전형적으로 발달한 아동 및 ASD를 제외한 발달 지체 아동과 비교 연구를 수행하여 ASD 아동 발달의 주요 차이점을 조사하였습니다.

우리는 ASD 아동이 보이는 심각한 언어 발달 지연을 우려했고, 전형적인 발달에서 나타나는 의사소통 선수 기술이 ASD 아동에게서도 나타나는지 궁금하였습니다. 이러한 초기 연구를 통해 ASD 아동이 초기 사회적 의사소통에서 말하기 이전에 발달하는 공동관심 기술에서 어려움을 갖는 것을 알게 되었습니다. 공동관심은 두 사람이 사물이나 활동에 대한 관심을 적극적으로 공유하는 것을 뜻합니다. 공동관심은 한 사람이 사물이나 상황에 대해 보고, 가리키고, 보여 주고, 전해 주고 또는 언급하면서 다른 사람의 관심을 지시하거나 공유하는 것입니다. ASD 아동은 비슷한 수준의 언어와 인지능력을 보이는 다른 아동과 비교하였을 때 가장 적은 공동관심 행동을 보였습니다. 하지만 ASD 아동 집단 내에서 공동관심 행동을 더 많이 보인 아동은 구어 수준도 더 높았습니다(Mundy, Sigman, & Kasari, 1990).

따라서 제가 Sigman 연구실에서 박사후 과정을 하는 동안 공동관심은 제 연구의 주요 주제가 되었습니다. 공동관심의 핵심적 어려움이 오늘날에는 자주 논의되지만, 당시에는 상당히 생소하였습니다. Mundy 박사는 공동관심과 다른 사회적 의사소통 능력을 측정하는 초기 사회적 의사소통 척도(ESCS)를 ASD 아동에게 확장하여 사용했습니다. ESCS를 활용한 여러 연구는 ASD 아동의 사회적 의사소통 기술에서 드러나는 고유한 강점과 어려움에 주목하게 하였으며, 공동관심은 ASD 아동의 언어발달에서 핵심적인 발달 격차로 밝혀졌습니다.

Ungerer는 Sigman 연구실의 박사후 연구원으로 ASD 아동의 놀이 행동의 유사점과 차이점을 연구하였습니다. 놀이는 전형적으로 발달하는 아동의 언어와 사회성 발달을 예측하기 때문에 발달에 중요한 것으로 이론화되었습니다. Ungerer는 독립적이고 사회적인 놀이를 측정하는 도구를 만들었고, 유사한 발달 연령의 아동과 비교하여 ASD 아동의 놀이에서 나타나는 차이점을 발견하였습니다. ASD 아동은 장난감을 원래 의도된 대로 가지고 놀이했지만(예: 트럭을 굴리거나 모양 틀에 같은 모양을 넣기), 가장 놀이를 하거나 인형이 살아 있는 것처럼 놀이를 하는 상징놀이에서는 지연을 보였습니다. ASD 아동은 상상력 있고, 융통적이며, 자발적인 놀이에 어려움을 보였고 사회적 놀이(다른 사람과의 상호적인 놀이) 참여를 어려워하였습니다. ASD 아동의 놀이 및 사회적 의사소통 발달에 대한 기초연구는 우리가 개선해야 하는 정확한 목표를 이해할 수 있게 해 주었고, 중재를 검증하기 시작한 다음 연구 단계의 방향을 형성하는 데 중요한 역할을 하였습니다.

중재

JASPER(공동관심, 상징놀이, 참여 및 조절 중재)는 1997년, 제가 ASD 영유아에게 공동관심과 놀이를 가르치기 위한 연구를 설계하면서 시작되었습니다. 이 연구에서는 공동관심과 놀이를 개별 중재로 분리하여 각각의 기술을 가르쳤고, 당시 가장 잘 알려진 개별시도교수(Discrete Trial Training: DTT)와 비교하였습니다(Lovaas, 1987). 개별시도교수는 응용행동분석(Applied Behavior Analysis: ABA)을 기반으로 하여, 짧고 관리 가능한 단계로 목표를 나누고, 활동을 단순화하여 성공적 반응을 최대화합니다(Smith, 2001). 이 접근법의 주요 요소는 자극 간의 변별을 가르치고 체계적인 강화를 제공하는 것입니다(Smith, 2001). 이로 인해, 개별시도교수는 성인 주도의 구조화된 방식으로 진행되며, 자연적 맥락과는 분리된 상태에서 이루어지는 경우가 많습니다.

연구에 참여한 모든 아동은 매주 오랫동안(하루 6시간, 주 5일) 개별시도교수를 받았습니다. 연구진은 30분의 개별시도교수를 놀이와 공동관심 중재로 대체하여 각 아동이 받는 전체 중재 시간을 통제하였습니다. 연구가 종료된 후에, 공동관심과 놀이 중재 그룹에 참여한 아동의 언어 발달은 개별시도교수만 받은 그룹에 비해 월등하게 향상되었습니다(Kasari, Paparella, Freeman, & Jahromi, 2008). 또한 공동관심 그룹은 다른 중재 그룹보다 공동관심 기술을 더 많이 향상되었고, 놀이 그룹은 다른 중재 그룹에 비해 놀이 기술의 증진이 보고되었습니다. 다시 말해, 공동관심과 놀이가 중재의 구체적인 표적이면, ASD 아동의 해당 기술이 향상되었습니다(Kasari, Freeman, & Paparella, 2006).

간단하고 목표지향적인 중재가 아동의 언어 결과에 상당한 영향을 준다는 것을 발견했을 때는 정말 흥미진진했습니다. 1년 후(Kasari et al., 2008), 5년 후(Kasari, Gulsrud, Freeman, Paparella, & Hellemann, 2012), 10년 후(Gulsrud, Hellemann, Freeman, & Kasari, 2014)에도 놀이와 공동관심 중재 모두는 개별시도교수만 제공한 중재 그룹보다 ASD 아동의 언어를 향상시켰습니다.

연구진이 예상하지 못했던 결과는 부모가 중재 내용을 배우지 않았는데도, 공동관심과 놀이 중재를 받은 ASD 아동이 부모와 더 많은 사회적 참여를 하였다는 것입니다(Kasari et al., 2006). 저희 연구진은 공동참여를 아동과 부모가 공유된 활동을 함께 보낸 시간으로 측정했는데, 이 요소가 두 실험 중재의 공통 요소이자 ASD 아동이 언어 결과에서 개별시도교수 그룹 아동에 비해 유사한 성과를 보인 이유로 추정했습니다. 이러한 자료는 공동관심과 놀이 중재를 하나의 중재로 병합하는 데 유용한 정보를 제공했으며, 관련 중재 표적을 반영하여 JASPER로 이름 지었습니다(Joint Attention, Symbolic Play, Engagement, and Regulation: JASPER).

결과

연구진이 JASPER를 하나의 중재 접근 방식으로 결합한 후에, JASPER가 아동의 결과를 개선한 방법과 시점에 대한 이해를 하기 위해 일련의 연구에 착수하였습니다. 연구진은 변화를 빨리 볼 수 있는지 확인하기 위해 단기 연구(3~6개월)를 수행하였으며 중재의 근접 및 원격 효과를 모두 검증하였습니다. 저희는 중재자가 직접 영유아와 중재를 제공하여 결과를 검사하였습니다. 이러한 초기 성과 이후, 접근법을 확장하여 주양육자, 교사 및 보조 전문가를 코칭하였고, 지역사회의 치료실, 가정 및 학교에서 연구를 진행하였습니다. 영아기부터 학령기 초기의 아동, 최소한의 언어 사용만 하는 아동부터 말을 잘하는 아동까지,

그리고 지적 장애 아동에 대한 효과를 평가하였습니다. 저희 연구진은 JASPER 중재를 다른 중재와 비교하여 단독으로도, 다른 중재를 추가한 혼합 형태로도 평가하였습니다. 저희 연구실과 다른 연구진이 수행한 10편 이상의 무작위 대조 실험 연구를 통해 발견한 내용은 다음과 같이 요약할 수 있습니다.

1. **변화 가능성**: ASD의 핵심적 특성인 사회적 의사소통의 어려움에서 단기간에 분명한 변화가 나타납니다.
2. **변화 중요성**: 공동관심과 놀이에서 갖는 어려움의 개선은 인지와 언어 발달에 영향을 줍니다.
3. **발달적 변화**: ASD 아동은 이질적인 집단입니다. 일부 아동은 빠르게 목표를 성취하는 반면, 다른 아동은 훨씬 늦게 성취합니다. 모든 ASD 아동에게 나타나는 결과는 동일하지 않지만, 작은 변화라도 의미가 있습니다.
4. **유연한 적용 가능성**: JASPER는 다른 접근 방법과 잘 어울리는 종합적인 사회적 의사소통 모듈입니다. 이러한 융통성으로 인해 JASPER는 통합학급과 특수학급, 가정에서의 일상 활동과 같은 다양한 환경에 쉽게 사용될 수 있고, 개별화하기 위해 다른 접근법과도 병합될 수 있습니다.
5. **핵심 구성 요소**: 부모가 자녀의 행동을 모방하고 적절한 속도를 맞추며 참여(mirrored pacing)하는 JASPER 전략을 사용하면, 사용하지 않을 때보다 오랜 기간 공동참여를 합니다(Gulsrud, Jahromi, & Kasari, 2010). 중재자가 JASPER 전략을 사용하고, 아동과의 공동참여를 늘리면, 아동은 공동관심 행동을 시작할 가능성이 높아집니다. 결과적으로, 공동관심 행동의 증가는 언어 기술 향상에 영향을 주게 됩니다(Shih, Shire, Chang, & Kasari, 2021).

조기 개입에 대한 연구는 필수적입니다. 이 연구 영역은 새로운 모델이 개발되고, 많은 연구 결과가 보고되며, 빠르게 발전하고 있습니다. 그러나 연구의 증거를 평가할 때 몇 가지 사항을 기억해야 합니다. 첫째, ASD 아동을 위한 중재가 많이 있지만, 대부분은 엄격하게 검증되지 않았다는 것입니다(즉, 아동에게 현재 적용하는 중재가 다른 어떤 중재 접근 방법보다 더 낫다는 증거가 없음). 때로는 중재 효과가 없었습니다. 여기서 주의할 점은 발표된 연구 논문이 통계적 또는 임상적으로 유의미하지 않았다는 것입니다. 따라서 논문을 스스로 읽어 보는 것이 중요합니다. 어떤 중재도 모든 아동에게 동일하게 적용되는 것은 아닙니다. 어떤 아동은 엄청난 성과를 보이지만, 다른 아동은 훨씬 느린 진보를 보일 수 있습니다.

이 점은 종종 아동 개별의 현행 수준과 관련이 있으며, 어떤 중재로든 성취할 수 있는 것에 대해 희망적이고 현실적이어야 하겠습니다(Georgiades & Kasari, 2018).

둘째, 대부분의 ASD 아동은 연구에 참여한 경험이 없습니다. 중재 모델과 연구 문제에 따라 특정 아동이 포함되거나 제외됩니다. JASPER에서는 종종 연구에서 제외되는 자원이 부족한 지역에 거주하는 아동, 최소한의 구어를 사용하는 아동, 언어와 문화에서 소외된 아동이 포함되었습니다. 연구 분야가 계속 발전하면서, 어떤 중재가 아동과 가족에게 가장 적합한지에 관한 더 많은 정보를 얻게 될 것입니다.

JASPER 연구진은 미국의 여러 지역을 포함한 연구를 수행했고, 미국 이외의 국가에서 연수를 진행했기 때문에 양육자, 중재자 및 교육가가 높은 수준의 정확도로 JASPER를 실행하는데 필요한 세부 내용을 파악할 수 있었습니다. 이를 통해 JASPER 연구진은 JASPER를 널리 교육하고 보급할 수 있었습니다.

결론

저희 연구진은 공동관심 기술과 놀이에 관한 초기 연구 이후 20년이 지난 현재까지 많은 발전을 이루었습니다. 제가 1980년 초에 아동을 만났던 때에 비해 오늘날의 중재 환경은 많이 다릅니다. 이제는 영유아기에 선별하고 진단하는 것을 포함하여 ASD에 대해 더 많은 것을 알고 있습니다. 최소한의 구어를 사용하는 아동도 훨씬 줄었으며, 효과적인 중재를 하기 위해 더 많은 것을 제공할 수 있습니다. 연구진은 연구에 참여한 많은 아동과 가족에게 중재가 미치는 긍정적인 영향을 확인하였습니다. 연구진은 JASPER가 다양한 아동 학습자와 환경에서 어떻게 작용하는지에 대한 연구를 통해 미래를 맞이할 준비를 하고 있습니다. 이 미래는 JASPER가 ASD 아동의 발달을 지원할 수 있는 다양한 방법에 대한 연구는 물론, 이 책을 읽으시는 독자를 포함한 많은 분이 정보를 얻으시도록 돕는 일을 포함합니다. 이 책이 ASD 아동과 가족을 지원하는 데 유익한 지침이 되기를 바랍니다.

Connie Kasari

차례

1부 JASPER 모델 소개

2부 표적 기술 설정하기

3부 놀이 회기 준비하기

6부 문제 해결하기

7부 결론

부록

1부

JASPER 모델 소개

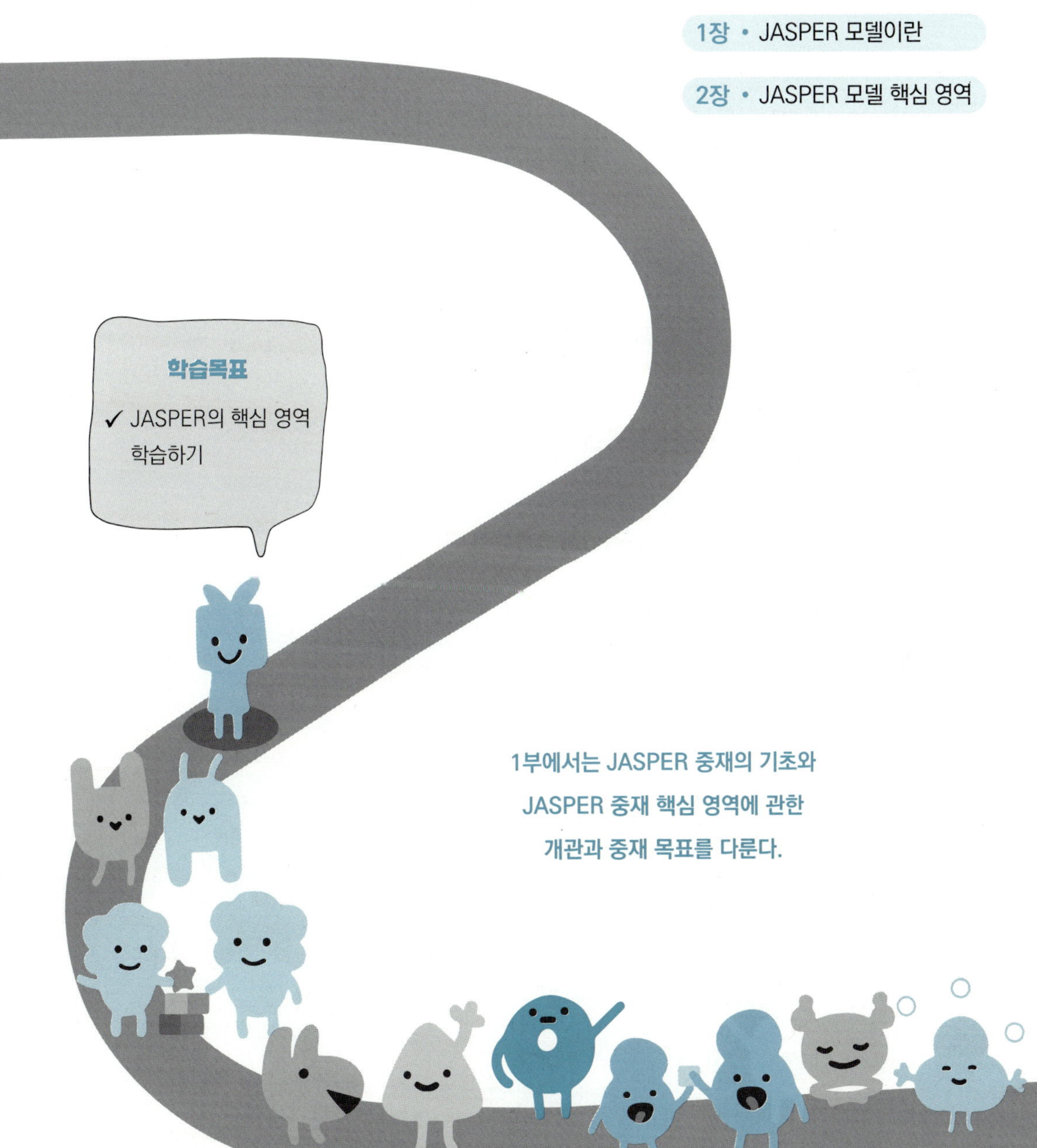

1부에서는 JASPER 중재의 기초와
JASPER 중재 핵심 영역에 관한
개관과 중재 목표를 다룬다.

1장

JASPER 모델이란

1 도입

1장에서는 자폐스펙트럼장애(Autism Spectrum Disorders: ASD, 이하 ASD) 아동의 핵심 행동 특성에 집중한 JASPER 중재를 소개한다. JASPER는 공동관심(Joint Attention), 상징놀이(Symbolic Play), 참여(Engagement), 조절(Regulation)의 앞 글자를 따서 만든 용어이다. JASPER는 사회적 의사소통 영역을 목표로 한 모듈식(modular) 중재이며, 자연적 발달 행동 중재(Naturalistic Developmental Behavioral Interventions: NDBI)에 포함된다(NDBIs; Schreibman et al., 2015). JASPER는 아동 스스로 (조절 전략을 사용하여) 감정과 행동을 유지하고 조절하면서, 다른 사람과의 (공동관심과 참여를 통한) 관계와 (놀이 기술의 발달을 통한) 사물 사용 증진을 목표로 한다. 이 장에서는 JASPER 특성을 중재 실행, 아동 평가, 핵심 영역에 집중한 전략 적용 방법을 간략하게 소개한다. 해당 주제는 이후의 장에서 세부적으로 다룰 것이다.

2 중재 세부 사항

본격적으로 소개하기에 앞서, JASPER 회기가 어떤 모습인지 간략한 예시를 제공하고자 한다. JASPER는 아동의 자연스러운 학습 맥락인 놀이를 통해 교수된다. 중재를 시작하기 전에, 중재자는 아동의 놀이과 의사소통 기술을 평가하고 발달적으로 적절한 표적 기술을 판별하며 현행 수준을 기반으로 아동의 동기를 부여하는 장난감을 선택한다. 다음은 JASPER 회기를 관찰하는 경우에 볼 수 있는 가상의 예시이다(그림 1-1 참고).

> 아동의 참여와 조절을 증진하기 위한 작은 놀이 공간을 마련한다. 방 모서리에 있는 탁자 위에는 집 모형 구조물과 여분의 놀잇감이 떨어져 있고, 과일 모양의 장난감, 플라스틱 나이프와 그릇이 있다. 바닥에는 종이벽돌로 탑 모양을 쌓아 두었고, 그 옆에는 몇 개의 작은 동물 피규어가 있다.

그림 1-1 아동이 놀이 선택을 할 수 있도록 조성된 JASPER 회기

성인은 아동 발달에 적합하고, 동기를 유발하는 장난감을 준비하여 아동이 회기로 원활하게 전이할 수 있는 환경을 조성한다. 아동의 목표는 장난감에 흥미를 보이고 놀이를 시작하는 것이다.

> 성인과 아동이 방에 들어서자 성인은 "오늘은 재미있는 장난감이 참 많아요!"라고 말한다. 아동은 탁자로 가서 블록을 집어들고 집 구조물에 끼워 넣는다. 성인도 집 구조물에 블록을 추가하고, 과일 장난감을 치워서 집 짓는 데 집중하도록 한다.

아동과 성인은 놀이 루틴을 만들기 시작한다. 이러한 놀이 루틴은 아동의 놀이 아이디어와 의사소통을 촉진하고 참여와 조절을 지원하는 기회로 밀도 있게 구성된다.

> 성인은 아동과 함께 블록으로 집 구조물을 완성한 후, 장난감 의자와 사람 피규어를 테이블 위에 둔다. 아동이 사람 피규어를 집어들고 어찌할 바를 몰라 하자, 성인은 사람 피규어를 집 구조물에 넣으며 "사람."이라고 말하며 웃는다. 아동은 사람 피규어를 집 구조물에 넣으며 "집."이라고 말한다. 성인은 "큰 집!"이라고 말하고 둘은 교대로 사람 피규어를 집 구조물 안으로 집어넣는다. 몇 번 순서를 주고받은 후에 아동은 일어난다. 성인은 아동의 참여가 저조해지는 것을 알아채고, 몇 개의 블록을 가까이에 놓자, 아동은 2층을 짓기 시작한다. 성인도 자신의 차례에 간단한 말을 하며, 즉시 따라 한다.

성인은 아동과의 상호작용에서 반응적이다. 아동이 집 구조물에 사람 피규어를 넣기로 결정하면, 성인은 그 행동을 모방하고 아동의 의사소통에 더하여 의도를 강화한다. 아동이 참여하지 않으면 성인은 아동이 다시 참여할 수 있도록 도와준다. 성인은 아동이 새로운 놀이와 의사소통 기술을 시도할 수 있는 기회를 제공한다.

> 성인과 아동이 집을 완성하게 되면, 성인은 놀이 루틴을 확장하기 위한 환경과 관련된 놀잇감을 추가한다. 아동은 집 구조물에 동물 피규어를 넣기 시작한다. 성인의 차례가 되면, 아동에게 "강아지다."라고 말하며 강아지 피규어를 보여 준다. 아동이 놀이를 마칠 때까지 둘이서 새로운 방식과 의사소통 기회를 추가한다. 성인은 선택할 수 있는 다른 놀잇감을 분명히 구분하여, 아동이 또 다른 선택을 하게 되고, 두 사람은 새로운 놀이 루틴을 만들기 시작한다.

성인은 놀이 루틴을 통해 새로운 놀이와 의사소통 기술을 사용할 수 있는 명확한 기회를 마련한다. 성인은 아동이 새로운 단계를 추가할 수 있도록 놀잇감을 배치하고, 흥미를 보이는 순간을 포착하여 새 기술을 사용하도록 지원한다. 성인은 아동이 놀이, 의사소통, 참여 및 조절 기술을 개발하기 위한 많은 지원이 요구될 때 아동이 시작할 수 있는 능력을 격려하고 추가 전략을 제공하는 환경을 조성한다. 다음은 중재에 관한 세부 정보를 살펴본다.

1) 놀이 회기의 목표

JASPER 회기의 목표는, ① 아동이 조절된 상태로 보내는 시간과 사회적 놀이 상대자와 활동에 참여하는 시간 증가, ② 아동이 자발적으로 시작하는 놀이 기술의 다양성, 융통성 및 복잡성 증가, ③ 공동관심, 요구 및 의도적인 의사소통을 목적으로 하는 비구어와 구어(보완대체 의사소통 포함)의 자발적 시작행동을 증가시키는 것이다.

2) 참여 아동

중재는 일반적으로 중재자와 ASD 아동과 일대일 방식으로 제공되며, 12개월 영아부터 유아 그리고 구어를 거의 사용하지 않는 아동을 위해 설계되었다. JASPER 전략은 참여, 조절, 의사소통 및 놀이 기술 영역에서 어려움을 갖는 발달장애 아동에게도 적절하고 효과적일 수 있다.

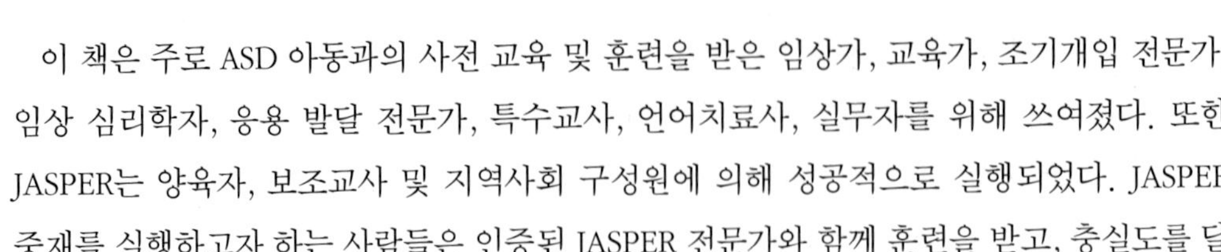

이 책은 주로 ASD 아동과의 사전 교육 및 훈련을 받은 임상가, 교육가, 조기개입 전문가, 임상 심리학자, 응용 발달 전문가, 특수교사, 언어치료사, 실무자를 위해 쓰여졌다. 또한 JASPER는 양육자, 보조교사 및 지역사회 구성원에 의해 성공적으로 실행되었다. JASPER 중재를 실행하고자 하는 사람들은 인증된 JASPER 전문가와 함께 훈련을 받고, 충실도를 달성해야 한다. 추가 정보는 www.jaspertraining.org에서 찾을 수 있다.

3) 참여 환경

JASPER는 아동의 가정, 학교, 치료실 또는 기타 지역사회 환경에서 진행된다. 이상적인 회기 시간은 45분에서 60분이며, 아동의 연령과 능력에 따라 다양할 수 있다. 영아, 유아, 새롭게 중재를 시작하는 아동, 조절 문제를 갖는 아동은 짧은 회기로 시작해서 시간을 늘려 갈 수 있다.

4) 적용

이 책은 중재자와 아동 간의 일대일 실행에 초점을 둔다. 하지만 JASPER 선행연구는 특정 아동 집단과 다양한 사람에 의해 실행되었으며, 그 의미 있는 기록을 소개하고자 한다. JASPER 중재는 영아(Kasari, Gulsrud, Paparella, Hellemann, & Berry, 2015; Kasari, Gulsrud, Wong, Kwon, & Locke, 2010), 유아(Kasari et al., 2014b), 최소한의(minimally) 구어를 사용하는 학령기 아동(Kasari et al., 2014a)의 주양육자가 실행하도록 교수되었다. 다른 연구에서는 교사와 보조교사/실무사가 소그룹(Chang, Shire, Shih, Gelfand, & Kasari, 2016) 또는 일대일 방식(Lawton & Kasari, 2012; Shire et al., 2017)으로 JASPER 중재를 실행하도록 교수지원을 하였다. 또한 보완대체 의사소통(Augmentative and Alternative Communication: AAC) 지원과 함께 JASPER 중재를 실행하였으며(Kasari et al., 2014a), 또래 그룹과 짝지어 실행한 연구(Shire, Shih, Bracaglia, Kodjoe, & Kasari, 2020a)도 발표되었다. 주양육자가 자녀에게 직접적으로 중재하도록 학습한 후, 가정에서 전략을 사용하거나, 교사가 학생을 대상으로 학급 내에서 전략을 사용하도록 지원하였고, 여러 중재자와 전문가가 JASPER를 사용하도록 지도하였다. 훈련/지도 내용은 이 책의 범위를 벗어나지만, 관련 정보는 JASPER 홈페이지에서 찾을 수 있다.

5) 놀이 회기 준비물

JASPER 회기에 필요한 것은 놀이할 수 있는 작은 공간, 아동용 탁자와 의자, 발달에 적합한 장난감(toy), 장난감을 정리할 수 있는 용기(예: 손이 닿는 곳에 있는 주머니 가방, 뚜껑이 달린 용기 또는 선반)뿐이다. 아동이 AAC를 사용하면 회기 중에도 제시되어야 하며, 시각적 지원, 긍정적 행동 지원 및 다른 지원 체계를 병합하여 사용할 수 있다.

3 중재 틀

다음 절에서는 JASPER 교수 방식에 대해 설명하며, 방대한 증거와 ASD 조기개입 분야에서의 입지에 대해 소개한다.

1) 증거 기반

JASPER는 증거를 기반으로 한다. 즉, 이는 엄격한 검증을 거쳤고 효과가 보고되었다. 지난 20년간 JASPER 연구진의 무작위 대조 실험 논문 10편과 개별 연구팀의 연구를 포함하여, 대략 500명의 ASD 아동을 대상으로 한 JASPER 중재 성과가 검증되었다. 현재도 많은 연구가 진행되고 있다. 이러한 시도는 아동이 다른 사람들과 함께 놀이 활동에 참여하는 시간(놀이 상대자와 공유 활동 모두 포함; Kaale, Fagerland, Martinsen, & Smith, 2014; Kaale, Smith, & Sponheim, 2012; Kasari et al., 2006, 2010, 2014b, 2015), 공동관심 시작(예: Kasari et al., 2010, 2014b), 언어(예: Kasari et al., 2008), 놀이 수준(예: Kasari et al., 2014b) 및 놀이 다양성(예: Kasari et al., 2010)의 증가를 보여 준다. 단기 추적 연구에서는 대부분의 아동이 이러한 기술을 유지하고 있으며 장기 추적 연구에서 언어 및 인지 능력뿐만 아니라 사회적 의사소통 기술이 유지되었음을 보고하였다(Kasari et al., 2012). 그림 1-2에서 볼 수 있듯이 JASPER 연구는 1980년대 중반에 ASD의 특성을 탐색하는 실험 연구와 1990년대 후반에 초기 공동관심 및 놀이 연구로 시작되었다. 후속 작업은 이 연구를 지역사회로 확장하는 데 중점을 두었다. JASPER는 2000년대 초, 양육자 중심의 중재를 시작으로 교사실행중재, 최소한의 구어를 사용하는 아동에게 적용되었고, 지역사회 의료체계와 국제사회로 확장되어 가장 필요로 하는 사람들이 JASPER 중재를 사용할 수 있도록 괄목할 만한 성과를 이루었다. JASPER 증거 기반 연구의 포괄적인 목록은 이 책의 웹사이트에 탑재된 참고문헌을 참고하면 된다.

JASPER 중재 연구 타임라인

핵심

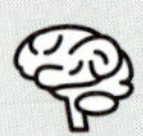

ASD 특성 파악하기 (1985~2011)

공동관심과 놀이목표의 조기중재 연구 (1998~2003)

주양육자 참여 (mediated) JASPER 중재 연구 (2003~현재)

교사 실행 JASPER 중재 연구 (2006~현재)

최소 구어 사용 아동 대상 JASPER 중재 연구 (2008~현재)

지역 및 국제적 JASPER 중재 연구 (2017~현재)

Kasari, Sigman, Mundy, & Yirmiya (1990)
Affective Sharing in the Context of Joint Attention Interactions of Normal, Autistic, and Mentally Retarded Children

Mundy, Kasari, & Sigman (1992)
Nonverbal Communication, Affective Sharing, and Intersubjectivity

Mundy, Sigman, & Kasari (1994)
Nonverbal Communication, Developmental Level and Symptom Presentation in Autism

Kasari, Sigman, & Yirmiya (1994)
Focused and Social Attention in Caregiver–Child Interactions: A Comparison of Autistic, Mentally Retarded and Nonretarded Children

Sigman & Kasari (1995)
Joint Attention across Contexts in Normal and Atypical Children

Kasari, Freeman, & Paparella (2001)
Early Intervention in Autism: Joint Attention and Symbolic Play

Kasari, Freeman, & Paparella (2006)
Joint Attention and Symbolic Play in Young Children with Autism: A Randomized Controlled Intervention Study

Kasari, Paparella, Freeman, & Jahromi (2008)
Language Outcome in Autism: Randomized Comparison of Joint Attention and Play Interventions

Kasari, Gulsrud, Wong, Kwon, & Locke (2010)
Randomized Controlled Caregiver Mediated Joint Engagement Intervention for Toddlers with Autism

Paparella, Goods, & Kasari (2011)
The Emergence of Nonverbal Joint Attention and Requesting Skills in Young Children with Autism

Kaale, Smith, & Sponheim (2012)
A Randomized Controlled Trial of Preschool-Based Joint Attention Intervention for Children with Autism

Kasari, Gulsrud, Freeman, Paparella, & Hellemann (2012)
Longitudinal Follow-up of Children with Autism Receiving Targeted Interventions on Joint Attention and Play

Lawton & Kasari (2012)
Teacher-Implemented Joint Attention Intervention: Pilot Randomized Controlled Study for Preschoolers with Autism

Goods, Ishijima, Chang, & Kasari (2013)
Preschool Based JASPER Intervention in Minimally Verbal Children with Autism: Pilot RCT

Kaale, Fagerland, Martinsen, & Smith (2014)
Preschool-Based Social Communication Treatment for Children with Autism: 12-Month Follow-Up of a Randomized Trial

Kasari, Kaiser, Goods, Nietfeld, Mathy, Landa, et al. (2014)
Communication Interventions for Minimally Verbal Children with Autism: A Sequential Multiple Assignment Randomized Trial

Kasari, Lawton, Shih, Landa, Lord, Orlich, et al. (2014)
Caregiver-Mediated Intervention for Low-Resourced Preschoolers with Autism: An RCT

Kasari, Gulsrud, Paparella, Hellemann, & Berry (2015)
Randomized Comparative Efficacy Study of Parent-Mediated Interventions for Toddlers with Autism

Chang, Shire, Shih, Gelfand, & Kasari (2016)
Preschool Deployment of Evidence-Based Social Communication Intervention: JASPER in the Classroom

Almirall, DiStefano, Chang, Shire, Kaiser, Lu, et al. (2016)
Longitudinal Effects of Adaptive Interventions with a Speech-Generating Device in Minimally Verbal Children with ASD

Shire, Chang, Shih, Bracaglia, Kodjoe, & Kasari (2017)
Hybrid Implementation Model of Community-Partnered Early Intervention for Toddlers with Autism: A Randomized Trial

Shire, Shih, & Kasari (2018)
Brief Report: Caregiver Strategy Implementation—Advancing Spoken Communication in Children Who are Minimally Verbal

Gulsrud, Carr, Williams, Panganiban, Jones, Kimbrough, et al. (2019)
Developmental Screening and Early Intervention in a Childcare Setting for Young Children at Risk for Autism and Other Developmental Delays: A Feasibility Trial

Shire, Baker Worthman, Shih, & Kasari (2020)
Comparison of Face-to-Face and Remote Support for Interventionists Learning to Deliver JASPER Intervention with Children Who Have Autism

Shih, Shire, Chang, & Kasari (2021)
Joint Engagement Is a Potential Mechanism Leading to Increased Initiations of Joint Attention and Downstream Effects on Language: JASPER Early Intervention for Children with ASD

그림 1-2 JASPER 중재 연구 타임라인

2) 목표지향성 및 모듈식

JASPER는 목표지향성이며 모듈식이다. 즉, ASD 아동이 보이는 사회적 의사소통 영역의 어려움에 집중하며, 중재 단독으로 사용하거나 아동이 참여하고 있는 중재 프로그램에 추가될 수 있다. JASPER가 사회적 의사소통 영역에서는 포괄적인 반면, 인지, 운동 및 학업 기술(간접적 결과일 수 있음)과 같은 다른 영역에서의 성과는 구체적으로 다루지 않는다.

3) 자연적 발달 행동 중재

JASPER는 자연적 발달 행동 중재(NDBI) 범주에 속하며 발달 및 행동 원리의 혼합 접근 방식을 취한다(Schreibman et al., 2015). 자연스럽고 발달적인 맥락 내에서 작용하는 동시에 행동 이론(Skinner, 1957)에서 도출된 명시적(explicit) 교수 전략을 포함한다. 대부분의 NDBI와 마찬가지로 JASPER는 놀이 루틴과 같은 자연스러운 맥락에서 실행된다. 이를 통해 아동은 발달에 적절한 학습 환경에서 우발적 학습 상황을 경험한다. JASPER 회기는 가능한 한 아동 주도적이며 사회적 참여를 촉진하도록 구성된다. JASPER 중재는 발달적이며 JASPER 핵심 영역은 놀이, 참여 및 사회적 의사소통의 발달에 중요한 초기 기술에 중점을 둔다. 진단 자료를 활용하여 개별 아동의 현행 발달 수준을 파악한 후에는 발달의 틀을 적용하여 적절한 목표를 선정하고 행동의 진보를 추적한다. 아동의 현행 수준에 대한 이해를 바탕으로 JASPER 회기의 다양한 맥락과 놀이 루틴에서 새로운 기술을 배우고 시삭할 수 있는 학습기회를 삽입함으로써 기술 습득을 지원한다. 이러한 학습기회에 아동의 성취를 지원하기 위한 자연 강화, 모델링, 촉진과 같은 행동전략 및 원리를 사용한다. 또한 아동이 도전적 행동(challenging behaviors)을 보이면, 대응할 수 있는 효과적인 계획을 수립하기 위해 아동 행동의 기능(즉, 동기) 가설을 세운다.

상호작용 주도자로서의 아동

JASPER에서는 아동이 상호작용을 하며 자신의 생각과 의견을 공유하고, 즉 자발적으로 의사소통을 시작하도록 기대한다. 아동이 다른 사람의 촉진과 요구에 반응하는 것만으로는 충분하지 않다. 이 목표를 달성하기 위해 성인은 지원적인 '놀이 친구'와 놀이 상대자 역할을 시범 보인다. 예를 들어, 성인은 활동을 선택하고, 개별 기술을 가르치고, 활동이 완료되면 놀잇감을 치우기보다, 아동이 선택하고 생각을 공유할 수 있는 여지를 남겨두어, 아동의 시작행동에 반응하고, 활기차게 놀이하고 참여할 수 있도록 지원한다. 따라서 성인은 현재 아동의 필요에 따라 지원 유형과 수준을 조정한다.

4 4개 영역

JASPER는 네 가지 영역에서의 사회적 의사소통 기술 성장을 목표로 한다. 공동관심(JASPER의 JA, 다른 사회적 의사소통 기술과 함께 목표로 함), 단순 놀이에서 상징놀이(JASPER의 SP), 참여(JASPER의 E) 및 조절(JASPER의 R, 그림 1-3 참고). 이 모든 영역은 ASD 아동에게 핵심적인 과제로 사회적 의사소통 기술과 밀접하게 연관되어 있으며 이후 언어 발달을 예측하는 요소이다. 이 장에서는 간략한 소개를 하고 2장에서 각 영역에 대한 자세한 설명을 이어 간다.

그림 1-3 JASPER 4개 영역

1) 공동관심과 사회적 의사소통 기술

JASPER는 사회적 의사소통 기술 중에서 공동관심 교수를 목표로 한다. 공동관심은 관심의 공유를 목적으로 사물과 사람 사이에 관심을 조정하는 것이다. 초기 연구에서 ASD 아동이 공동관심에서 특정한 어려움을 갖는다는 것을 알게 되었다. 한 연구에서 공동관심 기술만으로 발달지체 또는 전형적으로 발달한 아동들과 비교하여 ASD 아동들을 정확하게 구분할 수 있었다. 대부분의 ASD 아동은 공동관심 기술의 지연이나 차이를 보였지만, 더 많은 공동관심 기술을 실행하는 아동은 언어 능력도 더 높았으며, 1년 후에 더 나은 언어 기술을 보였다(Mundy et al., 1990). JASPER에서는 비구어적 요구하기와 구어로 요구하기를 포함한 다른 사회적 의사소통 기술도 목표로 한다.

2) 단순 놀이에서 상징놀이로

JASPER의 또 다른 주요 목표는 놀이를 가르치는 것이다. ASD 아동이 전형적으로 발달하는 또래와 비교할 때 놀이에서 종종 지연되거나 차이를 보인다. 놀이는 아동이 세상을 배우는 보편적인 방법이자 사회적 의사소통과 언어 기술을 가르치는 중요한 맥락을 제공한다. 놀이를 가르치기 위해 아동의 발달적 놀이 수준을 진단하고 아동의 숙련된 놀이 수준에 따라 놀이 목표를 선택한 다음, 체계적으로 더 높고 상징적인 놀이 수준으로 진행한다. 이러한 중재는 놀이 기술의 위계를 따른다(Lifter, Sulzer-Azaroff, Anderson, & Cowdery, 1993; Ungerer & Sigman, 1981에서 수정). 놀이 기술의 위계는 전형적인 발달 틀을 따라 16개의 놀이 수준으로 구분되어 있다(이에 대한 자세한 내용은 2장 참고). JASPER에서는 ASD 아동에게 특정 놀이 기술을 가르치는 동안, 발달적으로 적절한 학습의 맥락으로서 놀이의 사회적 측면에 초점을 둔다.

3) 참여

JASPER는 다른 사람과의 참여 증진을 목표로 한다. 참여는 사물 또는 사람과 연결되어 상호작용하는 방식이며, 상위 수준의 참여는 사물과 사람 간의 더 많은 협응을 포함한다. JASPER는 Adamson과 Bakeman, Deckner(2004)의 전형적으로 발달하는 아동에 대해 설명한 발달적 참여 모델을 따른다. 아동이 학습하기 위해서는 참여해야 하기 때문에 참여는 JASPER에서 중요한 영역이다. 아동이 사물(장난감 등)과 사람 사이에서 조율하는 것은 가장 높은 수준의 공동참여이다. 이 수준에 있는 아동은 활동의 맥락에서 다른 사람의 행동과 말을 인식할 수 있다. ASD 아동은 공동참여를 형성하고 유지하는 데 지연을 보이기 때문에, JASPER는 놀이와 의사소통 시작행동으로 측정되는 상호작용을 시작하고 궁극적으로 조율할 수 있는 아동의 능력에 중점을 둔다.

4) 조절

JASPER는 정서와 행동 조절의 중요성을 강조한다. ASD 아동은 전형적으로 발달하는 또래에 비해 정서와 행동을 조절하는 것에 큰 어려움을 겪기 때문이다(Konstantareas & Stewart, 2006). 조절이란 주어진 상황에서 적절하게 다양한 정서, 반응 및 행동을 점검하고, 평가하고, 수정하는 과정이다. 아동이 침착하고, 주의를 기울이고, 학습할 준비가 되어 있다면 조절되었다고 본다. 놀이, 의사소통 및 참여에 관한 풍성한 경험은 아동이 조절되었을 때만 가능하다. 아동이 조절하도록 많은 것을 지원할 수 있지만, 아동에게는 조절 문제나 어려운 행동이 나타난다는 것도 기억해야 한다. 이러한 행동은 아동이 상호작용에 효과적으로 참여하는 능력을 방해할 때 문제가 된다. 따라서 조절을 촉진하고 조절 문제에 적절히 대응하는 것이 필수적이다.

5 평가

중재 목표는 초기 평가 과정에서 짧은 놀이 및 의사소통 평가(Short Play and Communication Evaluation: SPACE) 도구를 사용하여 선정한다(Shire, Shih, Chang, & Kasari, 2018). SPACE는 간단한 놀이 기반의 도구로서, 아동의 숙련된 기술과 새로운 기술을 파악하고 사회적 의사소통(구어, 비구어 공동관심 및 요청), 놀이, 참여 및 조절을 위한 중재 목표를 선정하도록 설계되었다. SPACE는 연구에서 사용된 구조화된 놀이 진단(Structured Play Assessment)과 초기 사회적 의사소통 척도(Early Social Communication Scales)를 기반으로 한 검증된 평가 도구이며(Ungerer & Sigman, 1981; Mundy et al., 2003) 지역사회와 협력한 연구에서 시간에 따른 변화를 추적하기 위해 사용되었다(Shire et al., 2017; Shire et al., 2020a). 중재자는 SPACE의 결과를 사용하여 아동의 숙련된 놀이 수준과 목표로 선정할 놀이 수준에서 발달에 적합한 놀잇감을 선택한다. 아동의 진보는 개별 회기의 로그에 기록되고, 추가 평가는 약 3개월마다 실시할 수 있다. 추가 정보는 3장, 4장, 18장을 참고하기 바란다.

6 전략

JASPER에는 아동의 참여, 조절, 놀이 및 의사소통을 지원하기 위한 많은 전략이 사용된다. 5~17장에서는 각 전략의 세세한 설명과 개별 전략이 함께 작용하여 JASPER 전체를 완성하는 방법을 배운다. 이러한 전략은 그림 1-4에 소개되어 있으며, 보다 자세한 목록은 부록 A에 수록되어 있다. 다음은 JASPER의 핵심 전략과 중재의 구성 요소를 시각적으로 상기시켜 주는 JASPER 특성을 소개하고자 한다.

핵심 전략	
 환경 조성	환경 조성은 아동을 지원하고 방해 요소를 제한하기 위해 물리적 공간의 모든 측면을 설정하고 유지하는 과정임. 여기에는 방 구조, 아동, 장난감, 중재자까지 포함됨. 7장
놀이 모방하기와 시범 보이기 	모방하기는 아동의 생산적 놀이 기술을 반복하고 이에 반응하는 행동임. 시범 보이기는 아동이 생산적으로 놀이하도록 지원이 필요할 때 발달적으로 적절한 기술을 보여 주는 것임. 9장
 놀이 루틴 설정하기	놀이 루틴 형성하기는 목표와 표적 기술을 가르치기 위한 맥락임. 놀이 루틴에는 발달적으로 적절한 장난감, 2명의 놀이 상대자, 반복적인 연습, 친숙하고 유연한 단계의 조합이 포함됨. 5, 10장
놀이 루틴 확장하기 	확장하기는 형성된 놀이 루틴에 새로운 단계를 추가하는 과정임. 아동이 새로운 놀이 아이디어를 시작하도록 환경을 준비하고 놀이의 다양성과 복잡성 수준을 높이도록 지원함. 11장
 의사소통 전략	여러 전략(예: 모방하기, 아동의 시작행동 확장하기, 놀이 루틴에 관한 발달적으로 적합한 단어와 몸짓을 시범 보이기)은 의사소통을 지원함. 12~14장
몸짓과 언어 사용을 위한 프로그래밍	프로그래밍은 아동이 공동관심과 요구하기 기술을 연습할 수 있는 명시적이고 체계적인 기회를 제공하는 과정임. 중재자는 촉진 위계를 사용하여 아동이 목표한 기술을 성공적으로 사용하도록 지원함. 13장
 참여와 조절 지원하기	여러 JASPER 전략은 참여와 조절을 지원함. 중재자는 환경을 조성하고, 회기에서 성과를 내기 위해 아동을 준비시키고, 아동이 참여하지 못하거나 조절 문제를 경험하기 전에 문제를 선제적으로 해결함. 핵심 전략, 8장
문제해결	
ACT 문제해결 틀 	회기 중, 문제를 해결하기 위한 3단계 절차(상황 평가하기, 계획 세우기, 효과 확인하기)를 제공함. 8장
조건부 전략	
 조건부 놀이와 의사소통 전략	아동이 진전을 이루기 위해 더 많은 지원이 필요한 경우, 아동의 생산적인 놀이를 증진하기 위해 촉진 위계를 사용하고 추가 전략을 안내함. 8, 17장
조건부 참여 전략 	아동이 점점 대물 참여(object engaged)에 집중함으로 참여하지 못하는 경우, 아동이 더 높은 수준의 참여를 하도록 구체적인 전략을 제공함. 15장
 조건부 조절 전략	아동이 심각하거나 반복적으로 조절 문제를 보이는 경우, 중재자는 아동 행동의 기능을 판별하고 맞춤형 반응을 하기 위한 계획을 수립함. 16장

그림 1-4 JASPER 전략 목록

1) 지원 층

중재자는 각각의 JASPER 전략을 배우는 것 외에도 모든 전략을 함께 조율하고 적절한 순간에 적합한 전략을 선택할 수 있어야 한다. JASPER는 핵심 전략, ACT 문제해결 틀, 조건부 전략의 3개의 지원층을 제공한다.

1. **핵심 전략**. 핵심 전략은 중재의 기초를 제공하고 아동의 행동을 강화하는 전략(예: 모방)과 새로운 기술을 보여 주기 위한 미묘한 방식의 지원(예: 환경 조성, 시범) 보이기를 포함한다. 회기 전반에 걸쳐 핵심 전략을 사용하여 아동이 성공적인 경험을 하도록 준비하고, 참여를 유지하고, 새로운 기술을 시범 보이고, 어려움에 대응한다.
2. **ACT 문제해결 틀**. 문제를 해결하기 위해서는 상황을 평가하고, 계획을 세우고, 효과 확인하는 세 단계 과정을 거친다. 이것을 줄여서 ACT 문제해결 틀이라고 하며, 핵심 영역으로 진행하는 과정에서 발생하는 여러 어려움을 해결하는 데 사용된다.
3. **조건부 전략**. 조건부 전략은 보다 명확한 지원을 제공하며 핵심 전략 및 ACT 문제해결 틀을 사용한 후 일부 경우에 한하여 실행된다. 조건부 전략에는 놀이와 의사소통을 위한 촉진 체계와 조절 및 참여를 증진하기 위한 전략이 포함된다.

JASPER에서는 핵심 전략에 주로 의존하며 조건부 전략은 더 신중하게 선택적으로 사용한다. 이상적인 접근법은 먼저 핵심 전략으로 시작하는 것이다. 만약 도중에 어려움이 발견되면, ACT 문제해결 틀을 사용하여 문제를 해결한다. 그 후, 핵심 전략을 시도하거나 몇 가지 조건부 전략을 도입한다(그림 1-5 참고). 이러한 과정을 통해 아동이 목표를 성취하도록 맞춤형 지원을 제공한다.

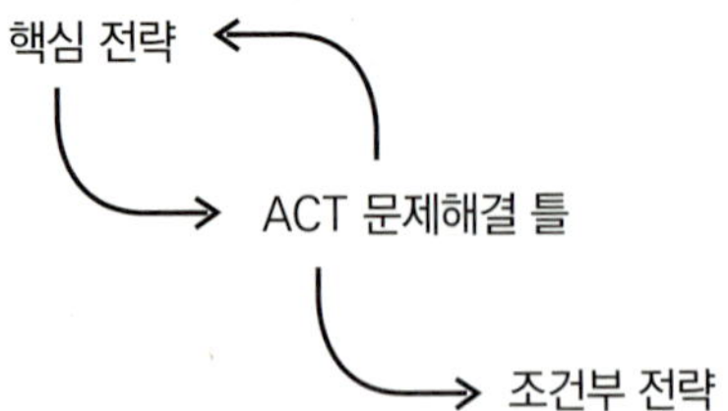

그림 1-5 JASPER에서 지원을 제공할 때 핵심 전략부터 시작하여 ACT 문제해결 틀로 이동하며, 그다음에는 핵심 전략으로 회귀하거나 조건부 전략을 병합함

7 결론

이 책은 총 18장으로 구성되었고, 7개 주요 영역으로 나뉜다. JASPER 모델 소개, 표적 기술 설정하기, 놀이 회기 준비하기, 놀이, 의사소통, 문제 해결하기 및 결론(그림 1-6 참고). 책 전반에 학습 지원을 위한 추가 자료(예: 연습문제, 사례, 삽화, 체크리스트, 양식, 표)를 제공하였다. 참고한 아동과 중재자는 전부 가상의 인물이며, 연구진이 수년 동안 경험한 사례를 기반으로 하는 경우가 많으나, 이름, 개인 또는 상황이 비슷한 것은 순전히 우연의 일치이다. 각 연습문제에 대한 답과 설명은 부록 B에서 찾을 수 있다. JASPER에 관심이 있는 경우, 이 책을 모두 읽고 JASPER 교육 프로그램에 등록할 것을 추천한다. JASPER 중재를 제공하기 위한 인증을 받고자 하는 사람은 공식 JASPER 연수에 참석해야 하며 실제 사례에 대한 중재충실도를 달성해야 한다. 모든 중재 방법을 배우는 데 있어 가장 어려운 점은 아동에게 의미 있는 전략을 개별화하여 조합하는 것이다. 이 책을 읽으면서 이전 경험을 반추하고 특정 아동을 생각하여 목표를 설정하고 전략을 적용하는 연습을 해 보기를 권한다. 처음 배우는 내용을 모두 적용하는 것은 어렵지만, 연수에 참여하며 피드백을 받고 경험을 쌓아 가면서, 핵심 개념을 파악하는 것이 더 쉬워질 것이다.

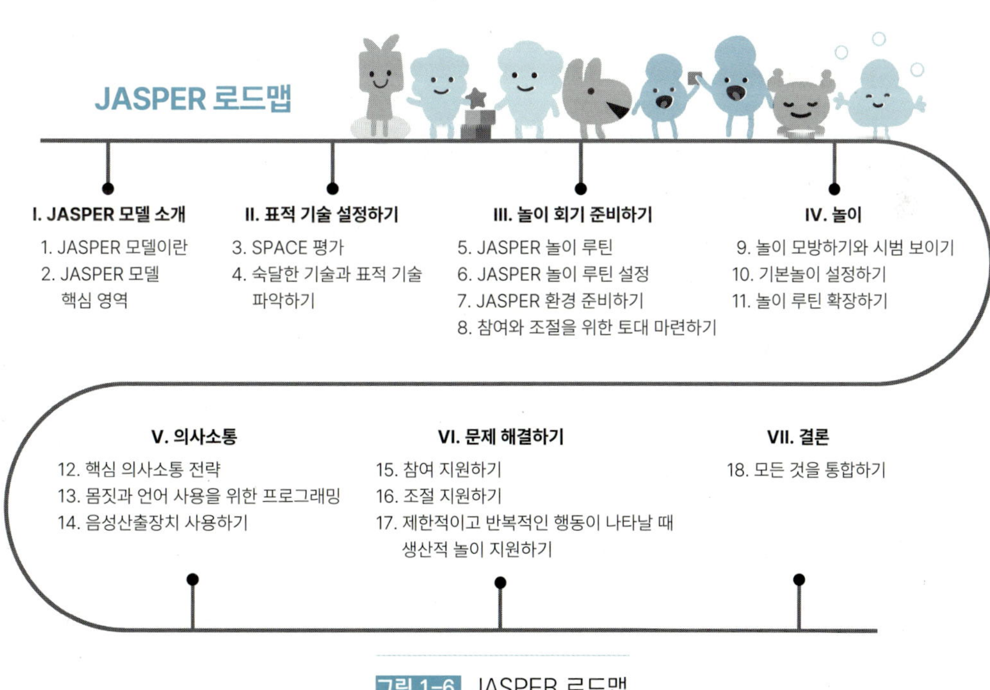

그림 1-6 JASPER 로드맵

용어에 대한 참고 사항은 다음과 같다. 원문에서는 남성 대명사와 여성 대명사를 번갈아 사용하고, 피플퍼스트(people first)로 사람—장애명(예: child with autism 또는 child with ASD)의 순서로 사용하였다. 이렇게 선택한 이유는 독자가 읽기 쉽도록 한 것이지, 다른 인칭 대명사나 장애명—사람(예: autistic 또는 autistic child)에 익숙한 독자를 존중하지 않아서가 아니다. 다만 이 책을 집필하는 시점에는 용어 사용에 대한 결정은 하지 않았다. 나이, 인종, 성별 또는 정체성에 관계 없이 모든 사람이 포용되길 진심으로 바라며, 다음 장에서는 핵심 영역부터 시작하여 이 장에서 논의된 주제를 확장해 갈 것이다.

2장

JASPER 모델 핵심 영역

1 도입

이전 장에서는 JASPER 모델의 네 가지 구성 요소인 공동관심(Joint Attention), 상징놀이(Symbolic Play), 참여(Engagement) 및 조절(Regulation)에 대해 소개하였다. 이제 각 영역을 자세히 살펴보며 목표를 설명하고자 한다. 이는 아동의 구체적인 중재 목표를 파악하고 다음에 소개되는 전략을 적용하는 데 도움이 될 것이다. 참여 영역부터 살펴보면, 참여는 회기에서 다양한 기술을 배우기 위한 기초를 제공한다. 다음으로, 단순한 수준에서 상징적 수준까지의 놀이를 소개한다. JASPER는 아동의 발달적 놀이 수준에 따라 새로운 놀이 기술 습득을 지원한다. 그다음 안내할 영역은 사회적 의사소통 영역이며, 특히 공동관심에 중점을 둔다. 사회적 의사소통은 놀이 맥락에서 교수되며 공동참여의 표현이다. 마지막으로는 조절이라는 핵심 영역을 다룬다. 아동이 학습할 수 있도록 조절을 지원하는 것이 중요하다. 또한 네 개의 핵심 영역 외에도 목표 전반에 증진해야 하는 주요 요소로서 시작행동의 중요성에 내해 논의하고자 한다. 그리고 제한적이고 반복적 행동 양식(Restricted And Repetitive Patterns of Behavior: RRBs), 관심 또는 활동에 대해 설명한다. 그림 2-1은 이 장에서 논의되는 네 가지 핵심 영역을 순차적으로 보여 준다. 그림 2-1에서는 각 영역을 구분했지만, 서로 연결된 것으로 이해해야 한다. 한 영역의 개선은 다른 영역의 긍정적인 변화로 이어질 가능성이 높으므로, 회기를 진행할 때 이를 종합적으로 고려해야 한다.

그림 2-1 JASPER 모델 핵심 영역의 원형

2 참여

참여는 아동이 학습하기 위한 기준 틀을 확립한다. 아동은 참여할 때 더 많이 배우고, 다른 사람과 많은 시간을 보내며 주변 세계를 잘 이해할 수 있다. 다른 사람들과 참여할 수 있는 능력은 사회적 의사소통과 놀이와 같은 기술을 발전시키는 데도 중요하다. 하지만, ASD 아동은 사물을 포함하여 사람과의 참여에 더 큰 어려움을 보인다. 따라서 JASPER에서는 아동이 더 오랜 시간 동안 더 높은 수준의 참여를 하도록 지원하고, 다른 사람들과의 참여를 협응하는 것을 목표로 한다. 참여를 지원하는 전략은 8장과 15장에서 논의된다.

1) 참여 수준

참여는 시시각각 변할 수 있다. 참여는 고정된 기술이 아니라 유동적이고 유연한 형태이다. 모든 아동은 그날의 상황, 환경, 체력, 기분 또는 관심과 관련된 다양한 이유로 인해 더 많게 또는 더 적게 참여한다. 영유아의 참여에 대한 선행연구에서는 상호작용 중에 바뀔 수 있는 여섯 가지 참여 수준인 비참여, 방관, 대인 참여, 대물 참여, 지원된 공동참여 또는 협응된 공동참여(Adamson et al., 2004; Bakeman & Adamson, 1984)로 구분하였다. 이러한 참여 수준은 가장 낮은 참여 수준인 비참여부터 가장 높은 수준의 참여인 협응된 공동참여에 이르기까지 다양하다(그림 2-2 참고).

(1) 비참여

아동이 참여하지 않을 때는 사물, 사람 또는 상황과 상호작용하지 않는다. 아동은 사람이나 사물이나 그 어떤 것에도 집중하지 않는다. 이럴 때는 아동이 지루해하거나 무엇을 해야 할지 모르거나 또는 속상해할 수 있다. 아동은 방안을 돌아다니거나, 창 밖을 쳐다보거나,

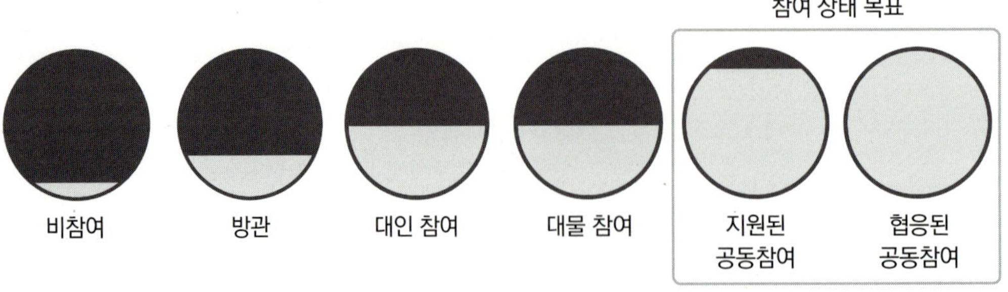

그림 2-2 참여는 비참여부터 지원된 공동참여와 협응된 공동참여로 진행됨

산만함이나 단절의 신호를 보일 수 있다. 만약, 그림 2-3과 같이 아동이 놀잇감에 관심을 갖지 않거나 오랫동안 상호작용에 참여하지 않는다면 비참여로 볼 수 있다. 비참여는 아동이 공상을 하거나, 지루해하거나 주변에서 일어나는 일에 무관심할 때 언제든지 일어날 수 있다.

참여 수준

비참여
아동은 성인과 놀잇감에서 시선을 돌린다.
아동은 상호작용에서 적극적인 역할을 하지 않는다.

방관
아동은 성인이 블록을 쌓는 것을 보고 있으나,
적극적으로 놀이하지 않는다.

대인 참여
아동은 놀잇감이나 사물 없이 성인과 상호작용한다.

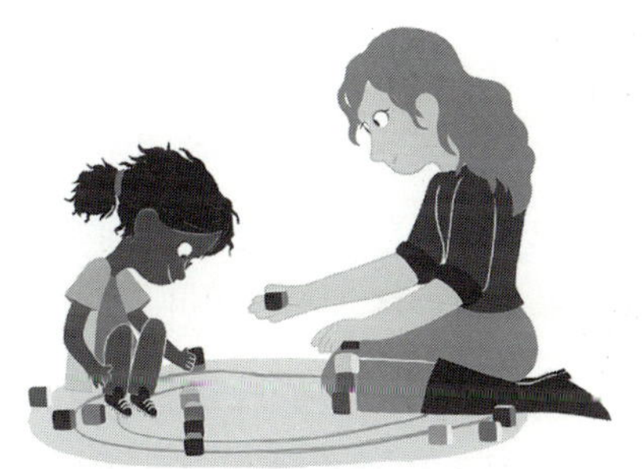

대물 참여
성인은 아동에게 블록을 건네며 놀이에 참여시키려 하지만,
아동은 자신의 블록에만 집중한다.

공동참여
아동은 성인이 블록을 쌓는 것을 쳐다보며 상호작용한다.

그림 2-3 공동참여 수준

(2) 방관

아동이 다른 누군가나 무언가를 보고만 있을 뿐, 적극적으로 참여하지 않거나 놀이하지 않는다. 예를 들어, 놀이터에서 다른 아동을 옆에서 바라만 보고 있거나, 그림 2-3과 같이 성인이 블록 쌓는 것을 보고 있지만, 참여하지 않는 경우가 있다. 이 수준의 일부 아동은 새로운 기술을 배우기 위해 관찰하는 반면, 다른 아동은 무슨 일이 일어나는지 상황을 이해하지 못하거나, 어떻게 참여해야 할지 모르기 때문에 관찰자로 남아 있을 수 있다.

(3) 대인 참여

아동이 대인 참여하는 경우, 오로지 사람에게만 집중한다. 사람이 바로 관심의 초점이 되며, 관련된 사물은 없다. 대인 참여의 예시로는 같이 노래 부르기, 까꿍놀이하기, 술래잡기 등이 있다. 그림 2-3에서 아동은 사물을 사용하지 않고, 성인과 놀이한다. 대인 참여는 전형적으로 발달하는 영아가 사물을 발견하기 전까지의 주된 수준이며 생후 6개월 전에 나타난다(Bakeman & Adamson, 1984).

(4) 대물 참여

아동이 대물 참여를 하는 경우, 사물만 가지고 놀이한다. 아동은 사회적 행동에 참여하지 않고, 바로 앞에 있는 사물에만 집중한다. 예를 들어, 어머니는 자녀에게 공을 경사로 아래로 굴리도록 시도하지만, 자녀는 어머니의 시도에 반응하지 않고 계속해서 바닥에 공을 굴린다. 대물 참여하는 아동 옆에 다른 사람들이 똑같은 사물을 가지고 놀거나 앉아 있더라도, 아동은 여전히 자신의 장난감에만 집중하고 사람과 사물에 시선을 돌리지 않는다. 그림 2-3에서 아동은 블록을 가지고 놀이하고 있지만, 성인을 인식하거나 관심을 보이지 않으며, 다른 사람의 참여 시도에 반응하지 않는다. 대물 참여는 전형적인 발달을 보이는 영아일 경우, 생후 6개월부터 12개월간에 나타난다.

(5) 공동참여

아동이 공동참여를 하는 경우, 그림 2-3에서처럼 아동은 사람과 공유된 사물과 동시에 상호작용을 한다. 공동참여는 아동, 사람, 대상 간의 적극적인 참여와 상호작용을 요구한다. 아동은 자신의 행동을 통해 그 사람과 '함께' 있다는 신호를 보여 준다. 공동참여를 하는 아동은 시작(예: 선택하기, 행동하기, 공동관심 행동 시작하기 또는 자발적으로 말하기)할 수 있고 성인을 인식할 수 있다(예: 다른 사람의 놀이 행동이나 언어 모방하기, 차례 교환하기 또는 다른 사람의 제안이나 촉진에 반응하기). 이는 순응하는 신호와는 구분된다(〈상자 2-1〉 참고). 공동참여는 전형적인 발달을 보이는 생후 1년 영아에게 나타나기 시작하며, 언어 학습에 핵심적인 역할을 한다. 공동참여하는 아동은 성인이 지원하거나 협응하는 상호작용에 적극적으로 참여한다. 아동이 참여하는 방법을 배우는 과정에서는 상대방의 지원에 더 많이 의존한다.

상자 2-1

공동참여는 지시를 따르는 것과 같지 않습니다.

공동참여는 다른 중재에서 측정할 수 있는 지시 따르기 또는 '과제 수행' 행동과는 구분됩니다. 아동이 지시를 따를 때 마치 '참여하는' 것처럼 보일 수 있어서 두 가지 개념이 혼동되기 쉽습니다. 예를 들어, 아동이 요청된 상황에서 손을 씻거나, 과제에 주의를 기울이는 것은 공동참여 행동과는 다릅니다. 오히려 위의 과제를 수행하는 동안 아동이 참여하고 있음을 알 수 있습니다.

- **지원된 공동참여**를 하는 아동은 성인과 함께 있음을 몇 가지 분명한 신호로 보여 주지만, 이는 일시적이거나 주로 성인의 행동에 대한 반응(성인의 얼굴을 쳐다보거나, 함께 이야기하거나, 성인의 행동을 명시적으로 지시하는 경우)일 수 있다. 예를 들어, 성인과 아동이 블록을 가지고 놀이할 경우, 아동은 성인이 건네는 블록을 가져갈 수 있고, 성인의 차례를 기다릴 수도 있다. 지원된 공동참여를 하는 아동은 눈을 맞추지 않을 수 있지만, 다른 사람과의 상호작용은 인식한다(예: 성인의 언어나 놀이 행동 모방하기). 지원된 공동참여는 많은 아동이 언어를 배우는 18개월에서 36개월 사이에 주로 나타난다(Adamson et al., 2004).
- **협응된 공동참여**를 하는 아동은 제한적인 성인의 지원으로 상호작용을 시작하고 유지한다. 이는 아동이 대상이나 상황, 사람에 대한 의사소통을 시작하고 쉽게 반응할 수 있음을 보여 준다. 아동은 제안을 하거나, 상호작용을 이끌고, 놀이 중에 어떤 일이 일어날지 결정할 수 있다. 뿐만 아니라, 아동은 눈 맞춤, 몸짓, 언어를 사용하여 성인과 상호작용하고 반응할 수 있다. 예를 들어, 아동은 성인에게 동물이 배고프다고 말하거나, 동물에게 먹이를 주는 시늉을 하고, 성인에게 음식을 건네서 동물을 먹이라고 할 수 있다.

지원된 공동참여 수준에서는 성인이 더 많은 지원을 하지만, 아동이 보여 주는 의사소통 행동으로 인해 사람과 사물을 분명히 인식함을 알 수 있다. 협응된 공동참여 수준의 아동은 매우 명확한 의사소통적 의도와 연결되고자 하는 신호를 보이며, 상호작용을 주도할 수 있다. 참여 수준에 대한 개요는 그림 2-3을 참고하면 된다. 계속 진행하기 전에 〈연습문제 2-1〉로 참여 수준을 식별하는 연습을 할 수 있다.

연습문제 2-1 참여 수준

아동의 상호작용 설명과 참여 수준을 연결하시오.

상호작용 설명	참여 수준
1. 성인과 아동은 손을 잡고 앞뒤로 흔들며 노래한다.	A. 비참여
2. 성인과 아동은 인형을 가지고 놀이한다. 아동은 성인이 인형의 머리를 빗으로 빗기는 것을 인지하고는 다른 인형의 머리를 빗어 준다.	B. 방관
3. 아동은 방을 돌아다닌다.	C. 대인 참여
4. 성인과 아동은 블록을 쌓고 있다. 아동은 블록으로 탑을 쌓기 전에 성인을 쳐다본다. 아동은 성인에게 블록을 주고, 성인은 탑 위에 블록을 놓는다.	D. 대물 참여
5. 아동은 버스 안에 피규어를 넣는다. 아동이 다른 피규어를 보자, 성인은 그 피규어를 버스 안에 넣는다. 아동은 즉시 피규어 3개를 버스에 놓고는 버스를 밀면서 바퀴를 보기 위해 엎드린다.	E. 지원된 공동참여
6. 성인은 아동 앞에 장난감 가구를 놓는다. 아동은 성인이 집안에 장난감 가구를 모두 넣는 것을 쳐다본다.	F. 협응된 공동참여

2) 참여의 발달적 틀

전형적으로 발달하는 아동은 위에 설명된 것보다 더 발전된 참여를 하며 명확한 발달 진행을 따른다. 영아는 생후 첫 6개월 동안 대면으로 상호작용을 하며 사람에게만 집중하기 시작한다. 이후 12개월까지는 종종 앉아서는 주변 환경을 살펴본 후, 사물에 매우 높은 흥미를 갖는다. 영아는 사람이나 사물에만 집중을 하는데, 둘 사이에 관심의 시선을 쉽게 옮기지 못한다. 생후 1년이 되면, 영아는 사람과 사물 간에 더 유연하게 주의를 전환할 수 있고 사물이나 상황에 대한 상호 관심에 대해 소통을 시작한다. 전형적으로 발달하는 18개월 영아는 놀이 상호작용의 약 3분의 2는 공동참여를 한다. 때로는 낮은 참여(예: 대인 참여 또는 대물 참여)를 하며 일부 시간을 보내지만, 대부분의 상호작용은 공동참여를 한다. 상호작용의 절반은 지원된 공동참여를 하며, 더 적은 비율(16%)은 협응된 공동참여를 한다(Adamson et al., 2004). 연구에 따르면, 18~36개월 영아가 지원된 공동참여로 가장 많은 시간을 보내며, 이 기간 동안 언어 기술의 대부분을 학습한다(Adamson et al., 2004).

ASD 아동은 전형적으로 발달하는 또래에 비해 적은 시간을 협응된 공동참여를 하며 보낸다. 전형적으로 발달하는 아동은 30개월까지 상호작용의 20%를 협응된 공동참여를 하는 데 반면, 같은 월령의 ASD 아동이 더 협응된 공동참여를 하는 비율은 5%에 불과하다(Adamson et al., 2004). ASD 아동은 상호작용의 질적인 측면에서도 뚜렷한 차이를 보인다. 전형적으로 발달하는 아동은 자연스럽게 매우 사회적이고 상호작용을 하지만, ASD 아동은 '함께'라는 신호를 덜 보여 주며, 다른 사람의 관심을 끌거나 사회적 수준에서 연결되기 어려울 수 있다. 상호작용에서 나타나는 이러한 신호는 아동 발달의 진전을 나타낸다. 예를 들어, 전형적으로 발달하는 아동은 말을 하거나, 올려다보거나, 놀이 아이디어를 공유하거나, 놀이 상대자에게 장난감을 건넬 수 있다. 반대로, ASD 아동은 놀이 상대자를 인정하는 신호로 덜 사용할 수 있다. 아마도 다른 사람의 차례를 인정하기 위해 잠시 멈추는 정도일 놀이 상대자에게 전반적으로 덜 반응하는 모습을 보일 수 있다. 선행 연구에 따르면, 지속적인 상호작용에 참여하는 것이 의사소통 및 언어 기술 발달에 중요하며, 따라서 모든 아동에게 핵심적인 발달 과제임을 확인해 왔다(Adamson et al., 2004; Bruner, 1983; Tomasello & Todd, 1983).

3) 참여 목표

JASPER 참여 목표는 아동이 높은 수준의 공동참여하는 시간을 증가시키는 것이다. 즉, 긴 시간 동안 공동참여(지원된/협응된)를 하며, 일시적으로 참여하는 시간은 줄이고, 참여하는 동안 더 많은 상징 사용을 하는 것이다. 따라서 참여 목표는 공유된 관심의 협응, 공유된 생각 및 유대감의 협응을 증진시키는 것이다.

- **공동참여 시간 증가**: 아동이 다른 사람들과 공동참여하는 시간 증가와 비참여나 방관하는 시간 감소를 목표로 한다. 즉, 공동참여의 빈도를 높이고, 이를 기반으로 공동참여를 더 오랜 시간 동안 유지하는 것을 목표로 한다.
- **시작행동을 통한 협응된 공동참여 증가**: 아동이 상호작용을 협응하고, 가장 높은 수준의 참여를 하기 위해서는 성인을 따르기보다 자신의 생각으로 상호작용을 시작할 수 있어야 한다. 아동은 놀이와 의사소통 시도를 통해 성인이 상호작용에 포함되도록 노력할 수 있으며, 함께하는 느낌을 강화할 수 있다. 아동의 시작행동의 중요성에 관한 정보는 〈상자 2-2〉를 참고하기 바란다.

시작하는 것과 반응하는 것의 명확한 차이를 이해하는 것은 중재의 성공에 매우 핵심적이다. 여러 중재 접근법은 이러한 기술을 다르게 정의하며, JASPER는 보다 엄격한 기준을 적용한다. 기술을 정의하는 방법은 〈상자 2-2〉에서 더 자세히 알아보며, 〈연습문제 2-2〉를 통해 식별하는 연습을 할 수 있다.

상자 2-2

아동의 시작행동에 대한 참고사항

핵심 영역에서 중요한 것은 **시작행동**과 **반응행동**을 구분하는 것입니다. 아동은 다른 사람들과 성공적으로 참여하기 위해, 시작하는 역할과 반응하는 역할을 원활하게 전환하는 역동적인 상호작용에 참여할 줄 알아야 합니다. 상호작용을 시작하는 아동은 흥미로운 것을 공유하고, 질문을 하고, 요청 등을 할 수 있으며, 상호작용에 반응하는 아동은 공유된 내용을 이해하고, 다른 사람이 반응할 때까지 기다리거나 자신의 새로운 생각을 추가할 수 있습니다. JASPER는 아동이 시작하고 반응하는 역할 모두에 유능해지는 것을 강조합니다. 다른 사람의 상호작용 시도에 반응하는 것은 JASPER의 표적 기술이지만, ASD 아동은 반응하는 것보다 사회적 및 의사소통적 상호작용을 시작하는 것을 훨씬 어려워합니다. 따라서 이 점은 ASD 아동이 증진해야 하는 중요한 목표입니다(Mundy et al., 1986). 문헌에서도 시작행동을 구성하는 것에 대해 약간의 혼란이 있는데, 그렇기 때문에 두 역할을 구분해서 살펴보겠습니다.

JASPER에는 시작행동을 자발적이고 내적으로 동기 부여된 행동이나 의사소통으로 정의합니다. 시작행동은 촉진되지 않으며, 자발적이고 명확한 의도(임의적이지 않음)가 있습니다. 대조적으로, 반응행동은 다른 사람의 행동이나 의사소통에 대한 대응으로 발생합니다. 반응행동은, 다른 사람에 의해 촉진되거나 행동이나 의사소통이 동기 부여된 것을 의미하며, 다른 사람의 행동이나 의사소통을 직접 따르거나 외적으로 영향받는 것을 의미합니다. 예를 들어, 성인이 공과 트럭 장난감을 들고 "어떤 것을 원하니?"라고 말합니다. 많은 중재 프로그램은 맥락 내에서 아동이 선택하는 것을 시작행동으로 간주할 것입니다. 그러나 JASPER는 시작행동에 대해 엄격한 정의를 내리며, 아동의 대답은 성인의 질문에 대한 반응이기 때문에 이를 반응행동으로 봅니다. 하지만 아동이 성인의 질문이나 촉진 없이 자발적으로 공을 갖고 놀겠다고 말하면 시작행동으로 간주합니다. 물론, 아동이 놀이나 의사소통 방식을 모방하는 순간이 있지만, 아동이 자발적으로 시작하도록 지원하는 데 전략과 목표를 맞춥니다.

아동은 참여하고, 놀이하고, 의사소통하면서 상호작용을 시작할 수 있으며 시작행동의 예시는 다음과 같습니다. 여러 상황에서 관찰할 수 있는 시작행동을 구분했지만, 놀이와 의사소통을 하며 표현되는 공동참여를 시작할 수 있으며, 다양하게 표현되는 시작행동은 상호 연결되어 있습니다.

- 공동참여 시작행동
  - 아동은 보물섬 지도를 들고, 성인에게 나침반을 건네주며, 놀이에 초대한다. 성인과 아동은 서로 웃고, 대화를 하고, 차례를 바꿔 가며 보물섬 지도의 한 지점을 가리킨다.
  - 아동은 고리 끼우기를 선택해서 고리를 던진 후에, 성인이 고리를 던지도록 기대하는 표정으로 성인을 쳐다본다.
- 놀이 시작행동
  - 성인과 아동은 장난감 과일을 자른다. 아동은 과일조각을 그릇에 넣고, 파이를 만들기 위해 오븐에 넣고 요리하는 시늉을 한다.
  - 성인과 아동이 사각형 블록을 번갈아 가며 쌓은 후에, 아동은 포개기 상자를 가져와서 사각형 블록 더미 위에 쌓기 시작한다.
- 의사소통 시작행동
  - 사람모형이 그네에서 떨어지자, 아동은 성인을 바라보며 "사람이 다쳤어요."라고 말한다(공동관심 시작하기).
  - 아동은 구슬이 담긴 통을 열려고 한다. 혼자서 열 수 없자, 아동은 성인에게 통을 건네고 "구(구슬)."라고 말한다(요구하기 위해 시작하기).

성공적인 중재를 제공하기 위해 시작행동과 반응행동의 차이를 이해하는 것은 매우 중요하다. 잠시 시간을 내어 〈연습문제 2-2〉에서 시작행동을 구분해 보자.

연습문제 2-2 시작행동일까, 반응행동일까?

다음에 제시된 문장을 읽고 아동이 시작행동 또는 반응행동을 하는지 구별하시오.

1. 아동은 탁자 위에 있는 블록을 쳐다본다. 아동은 블록을 쌓는다.	반응행동	시작행동
2. 아동은 퍼즐을 맞추고 있다. 성인이 "이것은 뭐야?"라고 묻자, 아동은 "동물."이라고 답한다.	반응행동	시작행동
3. 성인과 아동은 차례를 바꿔 가며 케이크 먹는 시늉을 하고 있다. 아동은 성인에게 케이크 한 조각을 보여 주며 "케이크."라고 말한다.	반응행동	시작행동
4. 아동이 탁자에 가까이 오자, 성인은 "무엇을 원하니?"라고 묻는다. 아동은 AAC에서 '페퍼로니' 버튼을 누른다.	반응행동	시작행동
5. 성인과 아동은 순서를 바꿔 가며 쿠키통 안에 쿠키를 넣고 있다. 아동이 쿠키를 다른 상자 안에 넣는다.	반응행동	시작행동

3 단순 놀이에서 상징놀이

놀이는 조기 학습의 가장 의미 있는 맥락이 ASD 아동의 핵심 과제이다. ASD 아동은 상징놀이 또는 '상상' 놀이뿐만 아니라 놀이의 사회적이고 동기적 측면에서도 어려움을 갖는다. JASPER는 놀이 기술의 복잡성과 다양성을 증진하고, 놀이 시작행동을 높이는 것을 목표로 한다. 다음으로는 놀이 지원을 위한 틀을 소개하고 9~11장에서 놀이 기술 발전을 위한 주요 전략을 다룰 것이다.

1) 놀이 수준

놀이는 단순 놀이, 조합 놀이, 전상징적 놀이, 상징놀이의 4개 주요 범주로 분류된다. 앞의 3개 범주는 기능 놀이(구체적) 범주에 들며, 마지막 범주만 상징놀이(상상적)이다(그림 2-4 참고). 광범위한 놀이 범주는 Ungerer와 Sigman(1981) 및 Lifter 등(1993)의 연구를 참고하여 구체적인 놀이 수준으로 구분했다. 4개의 놀이 범주는 아동이 발달함에 따라 순서대로 나타나지만, 특정 놀이 단계는 개별 놀이 수준을 기반으로 하고 종종 무리 짓거나 중첩될 수 있다.

(1) 단순 놀이

단순 놀이 수준의 아동은 사물과 사물의 기능을 탐색한다. 아동은 탐색하면서 놀이하고 목적이 있는 놀이 행동을 보여 준다. 예시로는 장난감을 두드리거나, 인형을 누르거나, 공을 굴리거나 장난감통에서 장난감을 쏟아내는 것이다. 단순 놀이의 구체적 수준으로는 비구분된 놀이 행동, 구분된 놀이 행동, 조합 분리하기가 있다.

- **비구분된 놀이 행동**: 아동은 종종 비구분된 방식으로 놀잇감을 갖고 놀이한다. 아동은 놀잇감을 입에 가져가고, 두드리고, 떨어뜨리는 것을 반복한다. 그림 2-4에서는 아동이 장난감 버스를 반복해서 흔든다. 이러한 놀이 행동은 고유한 방식이 아니며, 감각적 측면에 치우쳐 있다(예: 아동이 모든 장난감을 같은 방식으로 입에 가져간다). 비구분된 놀이 행동은 아동이 놀잇감으로 놀이하는 기초 수준이지만, 어느 정도 연령이 되면 구분된 놀이 행동을 보이기 때문에, 목표로 삼지 않는다.
- **구분된 놀이 행동**: 구분된 놀이 행동은 놀잇감으로 하는 한 번의 놀이 행동으로 구성되며, 종종 인과관계로 나타나는 놀이 행동을 포함한다. 이 수준에서는 아동이 장난

그림 2-4 놀이는 다양한 수준을 포함한 개별 범주에서 나타나며 기능 놀이에서 상징놀이로 발전함

감을 구분하며, 예시로는 경사로에서 공을 굴리거나 자동차를 움직이는 것이 있다. 그림 2-4에서 아동은 팝업 장난감 버튼을 누른다.

- **조합 분리하기**: 조합 분리하기 수준에서는, 함께 모여 있던 놀잇감을 분리한다. 예시로는 퍼즐판에서 퍼즐을 분리하는 것, 쌓아 둔 컵을 하나씩 분리하는 것, 모양 맞추기 판에서 도형을 분리하는 것이 포함된다. 그림 2-4에서는 아동이 똑딱구슬(snap-and-lock beads)을 분리한다.

(2) 조기 조합 놀이

조기 조합 놀이 수준의 아동은 사물끼리 연결할 때 의미 있고 논리적인 방식을 취한다. 퍼즐조각을 퍼즐판에 넣거나 모양 맞추기 판에 여러 숫자와 모양을 끼우듯이, 사물을 명확한 장소에 둔다. 아동은 블록을 쌓거나 블록을 바구니에 넣을 수 있지만, 이러한 조합은 특별하지 않다. 구체적으로, 조기 조합 수준은 외형적 조합과 일반적 조합을 포함한다.

- **외형적 조합**: 외형적 조합은 사물을 정해진 곳에 놓거나, 특정한 방식으로 조합되는 것을 가리킨다. 구체적인 예시로는 퍼즐판에 퍼즐 조각을 넣고(그림 2-4 참고), 포개기 상자 놀이, 장난감 못에 고리 끼우기, 돼지 저금통 구멍에 동전 넣기 등이 있다.
- **일반적 조합**: 일반적 조합은 사물이 다양하게 조합되는 것을 가리킨다. 사물을 조합하는 데 '옳은' 방식은 없다. 예시로는 블록을 쌓거나(그림 2-4 참고), 사물을 쌓거나 덤프트럭에 사물을 쏟는 것이다.

(3) 전상징적 놀이와 행동과 조합 놀이

전상징적 수준은 기능 놀이로 간주되지만, 아동의 놀이에서 가장하는 놀이 양식이 나타난다. 이러한 모습은 아동이 놀이 행동을 자신에게, 다른 사람에게, 사물을 의인화할 때 또는 관습적이고 문화적으로 기대되는 행동(예: 집에 침대를 두는 것)을 사물로 조합할 때 나타난다. 이러한 전상징적 놀이 행동과 조합 놀이는 종종 동시에 나타난다(관련 내용의 세부 사항과 표적행동을 설정하고 놀이 루틴을 위한 장난감을 선정하는 내용은 4장에서 설명된다).

- **자기 가작화**: 자기 가작화는 아동이 자신에 대해 또는 다른 사람에 대해 친숙한 행동을 하는 것이다. 예시로는 장난감 음식을 먹는 시늉, 아동의 머리 또는 다른 사람의 머리에 빗을 대는 것, 아동의 귀에 전화기를 가져가는 것, 아동의 머리나 다른 사람의 머리에 모자를 씌우는 것 등이 있다. 그림 2-4에서는 아동이 장난감 딸기를 한 입 베어 무는 시늉을 한다.
- **목적을 가진 물리적 조합**: 목적을 가진 물리적 조합은 아동이 사물을 합할 때 '무엇'을 만드는지 명확한 표시나 친숙한 사물, 장소, 사람, 동물을 창의적으로 만드는 것이다. 아동은 '무엇'인지에 대해 구어로 말할 수도 있고, 말하지 않을 수도 있으나, 의도를 갖고 만드는 방법을 보여 준다. 예시로는 자석 타일로 자동차를 만들거나, 블록으로 의자나 비행기를 만드는 것이 있다. 그림 2-4에서는 아동이 블록으로 집을 짓는다.
- **인형에 대한 가작화**: 인형에 대한 가작화는 자기 가작화 놀이 수준에서 아동의 행동을

사람인형, 동물인형 등에 확장하는 것을 가리킨다. 아동은 사물의 행동을 맡는 주요한 행위자가 되며(예: 그림 2-4처럼 아동은 강아지 인형에게 딸기를 먹이거나 인형의 머리를 빗어 준다), 이러한 행동은 여전히 기능적 놀이 수준이며, 인형이 살아 있는 것처럼 놀이하는 인형매개 상징놀이(예: 아동은 강아지 인형이 딸기를 먹는 것처럼 놀이한다)와는 대조적이다. 이것은 미묘하지만, 발달에 있어서 결정적인 차이를 보인다.

- **관습적 조합**: 관습적 조합이란 관습, 규칙, 경험 등에 따라 사물을 조합하는 것을 가리킨다. 예시로는 차접시 위에 차를 올려 두거나, 접시 위에 장난감 음식 모형을 올려 두거나(그림 2-4 참고), 컵에 숟가락을 넣고 젓는 동작을 하거나, 탁자에 의자를 밀어 넣거나, 침대 머리맡에 베개를 놓는 것 등이 있다.
- **단일 도식 연결**: 단일 도식 연결이란 아동이 하나 이상의 피규어에 연속으로 인형에 가작화를 하는 것이다. 예시로는 장난감 음식 조각을 인형에게 먹이는 시늉을 하고, 또 다른 인형에게 하는 것(그림 2-4 참고), 인형 머리를 빗어 주고 또 다른 인형 머리를 빗어 주는 것 등이 있다.

(4) 상징놀이

상징놀이는 한 개의 사물이 다른 것을 대표하는 것과 같은 표상적 사용을 포함한다. 예를 들어, 스폰지는 음식을, 파란색 블록 더미는 바다를 나타낸다. 또한 상징놀이는 인형이나 동물이 살아 있는 것처럼 놀이하거나 아동이 현실 세계나 환타지 역할을 맡는 것을 포함한다. 상징놀이는 진정한 상상을 구현한다는 점에서 전상징적 놀이와 구분된다. 전상징적 놀이에서는 아동이 인형에게 놀이 행동을 수행하며, 상징놀이에서는 인형이 살아 있다고 가장하거나 자신이 인형인 것처럼 가장한다. 아동의 행동이 상징적인가에 판단하기 위해서 아동의 말이나 놀이를 하는 맥락을 2차적 지표로 사용한다.

- **사물 대체 상징놀이**: 아동은 한 사물을 다른 것으로 가작하며, 일반적으로 아동이 사물의 대체를 수행하고 있음을 나타내는 의사소통(예: 음향 효과 또는 단어)을 통해 표시된다. 예를 들어, 아동은 블록을 귀에 대고 "안녕하세요!"라고 말하거나(블록을 전화기로) 엔진 소리를 내면서 블록을 밀어낸다(블록을 자동차로; 그림 2-4 참고).
- **상상적 사물로 상징놀이**: 상상적 사물로 상징놀이를 하는 것은 아동이 실재하지 않는 사물을 나타내는 것이다. 다시 말해, 아동은 존재하지 않지만, 마치 있는 것처럼 가장한다. 예를 들어, 아동은 식당놀이를 하다가, 놀이 상대자에게 '돈'을 주는 시늉을 하고, 액체가 있는 것처럼 그릇을 젓는 시늉을 하며 "스프!"라고 말하거나 "촤아~"라고

말하며 차주전자에서 차를 따르는 시늉을 한다(그림 2-4 참고).

- **인형 매개 상징놀이**: 아동은 인형 매개 상징놀이에서 인형이 살아 있는 것 같은 역할을 한다. 몇 가지 예시로는 인형이 저녁식사를 하게 하거나, 공룡이 날게 하거나, 농부가 트랙터를 운전하게 하는 것 등이 있다. 아동은 놀이의 상징적 특성을 나타내기 위해 종종 언어(예: "이제 간다!") 또는 음향 효과(예: 코 고는 소리)를 사용한다. 또한 아동은 인형이 사물을 사용하고 조작하는 것처럼 하거나(예: 인형의 손에 도구를 들고 연결다리를 고정시킴) 인형이 말하는 것처럼 한다(예: 해적인 척하며 "보물을 찾으러 가자!"라고 말함). 그림 2-4에서 아동은 고양이 역할을 맡아 딸기를 먹으며 "배가 고프다! 야옹!"이라고 말한다.
- **다중 도식 연결**: 다중 도식 연결은 인형 매개 상징놀이 행동의 연결이다. 즉, 모형 하나로 이야기를 모방하는 것처럼 보인다. 예를 들어, 인형이 공원으로 걸어가고, 미끄럼틀을 타고 내려가고, 그네를 탄 친구를 밀어 주고, 집으로 걸어가고, 침대에 눕고, 코를 골며 자는 것처럼 보인다. 그림 2-4에서 아동은 고양이 역할을 맡아 딸기를 한 입 베어 물며 "냠냠!"이라고 말한다. 그런 다음 컵을 잡고 마시는 시늉을 하며 "후루룩!"이라고 한다.
- **사회극 놀이**: 아동은 사회극 놀이에서 보호자나 교사와 같은 친숙한 역할을 연기한다. 예를 들면, 아동이 소꿉놀이나 식당 놀이하는 것이 포함된다. 그림 2-4에서 아동은 소방관 역할 놀이하는 모습을 보여 준다.
- **주제극 놀이**: 주제극 놀이는 사회극 놀이와 유사하지만, 친숙한 역할보다는 환상적인 캐릭터로 확장된다. 이 놀이에서 행동과 역할은 매우 창의적일 수 있다. 예시로는, 영웅이나 요정 역할을 하는 것이다. 그림 2-4에서 아동은 마법사 역할을 상상하며 놀이한다.

2) 놀이의 발달적 틀

전형적인 발달을 하는 아동의 놀이는 빠르고 예측 가능한 순서로 나타난다. 30~36개월 아동은 사회적 기술과 놀이 기술의 발달로 상징적 놀이의 최고 수준을 유지한다(Lillard, Pinkham, & Smith, 2011). 생후 4~6개월 사이 영아는 **비구분된 행동으로** 사물을 다룬다. 약 9~12개월 영아는 이러한 사물이 어떻게 작동하는지 탐구하고 더 의도적으로 놀이하기 시작한다. 공을 굴리거나 탑을 무너뜨리는 것과 같은 간단한 행동으로 시작할 수 있다. 24개월 영아는 사물을 조합하기 시작하고, 더욱 신중하게 놀이한다. 얼마 지나지 않아 영아의

연습문제 2-3 놀이 수준

다음에 제시된 놀이 행동을 해당 놀이 수준과 연결하시오.

놀이 행동	놀이 수준
1. 휴지를 이불인 척하기	A. 비구분된 놀이 행동
2. 장난감 못에 고리를 끼우기	B. 구분된 놀이 행동
3. 탁자 안으로 의자를 넣기	C. 조합 분리하기
4. 사람 모형을 미끄럼틀 위에 놓기	D. 외형적 조합
5. 사람 모형이 차를 들고 마시는 시늉하기	E. 일반적 조합
6. 음식 모형 위에 '소금'을 뿌리기(손에는 아무것도 없음)	F. 자기 가작화
7. 블록으로 테이블을 두드리기	G. 목적을 가진 물리적 조합
8. 덤프트럭에서 장난감 돌을 꺼내기	H. 인형에 대한 가작화
9. 도형을 쌓기	I. 관습적 조합
10. 장난감 전화기를 귀에 가져가기	J. 단일 도식 연결
11. 사람 모형 2개를 침대 위에 놓기	K. 사물 대체 상징놀이
12. 사람 모형을 걷게 하고, 차를 운전하게 하기	L. 상상적 사물로 상징놀이
13. 엄마인 척하기	M. 인형 매개 상징놀이
14. 기차를 앞뒤로 밀기	N. 다중 도식 연결
15. 블록으로 동물원을 만들기	O. 사회극 놀이
16. 영웅인 척하기	P. 주제극 놀이

놀이는 사물과 상호작용하고 사물로 무언가를 만드는 가작화로의 전환을 한다. 예를 들어, 영아는 스스로 먹는 시늉을 하거나, 블록으로 '집'을 지으며 찻잔 접시에 컵을 놓고 마시기 위해 컵을 입에 가져가거나 인형에게 컵을 내민다. 가장하는 것처럼 보이지만 이러한 행동은 여전히 전상징적 수준으로 간주된다. 18개월에서 36개월 사이의 영아는 상징적으로 놀이하기 시작한다. 48개월이 되면 정교한 놀이 이야기를 계획하고 연기하고(예: 보물을 찾는 해적 흉내 내기), 역할과 행동을 정하고("내가 해적이 되고 너는 보물을 숨겨."), 사물을 창의적인 방식으로 대체한다(작은 돌을 보물로 가장함; Lillard, 2015; Ungerer, Zelazo, Kearsley, & O'Leary, 1981). 놀이는 사회적이어서 개별 아동은 상호작용에 기여한다. 아동은 놀이 아이디

어를 함께 생성하고 다른 사람의 아이디어에 반응하고, 장난감으로 무엇을 하는지에 대해 이야기하고, 장난감을 사용하여 무언가를 만들거나 확장된 이야기를 연기하고, 미소와 웃음소리로 나타나는 놀이의 유대감을 형성한다. 의견이 일치하지 않는 순간에는 함께 문제를 해결하고 감정을 확인하며 서로에게서 배운다. 아동은 놀이를 통해 자연스럽게 창의력, 문제해결, 의사소통과 같은 기술을 자연스럽게 연습하게 된다.

ASD 아동은 전형적으로, 발달하는 또래에 비해 놀이 기술이 덜 정교한 경우가 많다(Mundy et al., 1986; Sigman & Ungerer, 1984). 예를 들어, 4세가 된 ASD 아동은 블록 쌓기(일반적 조합)를 배우는 반면, 또래 아동은 소꿉놀이를 한다(사회극 놀이). 뿐만 아니라, ASD 아동이 기능적 놀이에서 상징적 놀이로 이동하는 것은 특히 어려울 수 있는데, ASD 아동이 추상적이기 보다 획일화된 방식으로 놀이하는 경향이 있기 때문이다(Jarrold, Boucher, & Smith, 1996; Rutherford, Young, Hepburn, & Rogers, 2007). 예를 들어, 아동은 블록으로 비행기를 만드는 것(목적을 가진 물리적 조합)보다 블록 쌓기(일반적 조합)가 더 쉬울 수 있다. 아동은 목욕을 하거나 학교에 가기 위해 버스에 타는 것과 같이 자신이 경험한 상황을 '인형으로 의인화하는 것'은 매우 편안하게 할 수 있다. 그러나 인형이 우주 비행사 복장을 하고 달로 비행하는 추상적인 아이디어는 낯설어할 수 있다. 아동의 놀이에는 반복적인 놀이 행동, 강직성과 변화에 대한 저항, 제한된 관심, 장난감에 대한 관심을 발전시키는 데 어려움, 다른 사람과 놀이 공유의 어려움 등이 포함될 수 있다(Kasari & Chang, 2014).

3) 놀이 목표

JASPER에서는 아동의 놀이 시작행동의 전반적인 질을 높이고, 놀이의 다양성과 놀이 기술의 복잡성 증가를 목표로 한다.

- **놀이 시작행동 증가:** 아동이 자발적이고 창의적으로 새로운 놀이를 생각해 내고 실행하는 것은 중요하다. 결국 놀이의 정의는 아동이 자신의 생각과 흥미에 기반하여 자발적이고 창의적으로 사물과 장난감을 다루는 것이다.
- **놀이의 다양성 증가:** 다양성은 단일 수준 내에서 놀이 기술 범위를 의미한다. 예를 들어, 관습적 조합 수준에 있는 아동은 접시 위에 컵 놓기, 접시 위에 음식 놓기, 침대 위에 베개 놓기, 테이블에 의자 넣기, 도로 옆에 정지 표지판 놓기 등의 다양한 관습적 조합 기술을 보여 준다. 다양성의 핵심은 종종 간과되고 과소평가되는 경향이 있다. 놀이 발달은 단순히 가장 높은 단계의 기술을 빨리 습득하는 경주가 아니다. 진

정한 놀이의 복잡성을 키우기 위해서는 같은 수준 내에서도 다양한 놀이 방식을 경험하고 발전시키는 것이 중요하다.

- **놀이 기술의 복잡성 증가:** 복잡성은 놀이 수준이 높아지는 것을 의미한다(예: 자기 가작화에서 인형에 대한 가작화 놀이로 이동하는 것). 놀이 기술의 복잡성을 증가시키기 위해 가장 높은 수준의 놀이를 목표로 삼는 것이 아니라 아동의 '숙달된' 놀이 수준에서 시작하여 순차적으로 부족한 기술을 채우며 아동의 기술을 형성한다. 상징놀이와 인지 발달의 관계를 고려할 때 궁극적 목표는 상징놀이를 하는 것이지만, 아동이 선행 기술을 습득하기 전까지 상위의 놀이 기술을 표적으로 삼지 않도록 한다(Lillard et al., 2011).

4 사회적 의사소통

JASPER의 또 다른 핵심 영역은 사회적 의사소통이다. 사회적 의사소통은 ASD의 두 가지 진단 기준 중 하나이자 핵심 특성이다. ASD 아동이 어려움을 갖는 영역이기 때문에(Mundy & Sigman, 1989) JASPER의 약어에서 공동관심(JA)을 강조하며, ASD 아동이 포괄적인 사회적 의사소통 기술 목록을 생성할 수 있도록 노력한다. JASPER에서는 아동의 언어 빈도가 높아지는 것뿐만 아니라 아동의 의사소통 기술의 전반적인 질, 다양성, 복잡성 및 융통성과 같은 사회적 의사소통의 핵심 측면 증진을 목표로 한다. 여기에는 다음에 설명되는 공동관심 기술과 요구하기 기술에서 구어적 기술과 비구어적 기술이 포함된다. 12~14장에서는 의사소통을 중심적으로 다룬다.

1) 공동관심 기술

아동은 다른 사람들과 상호작용하고 관심을 공유하기 위해 공동관심을 사용한다. 1장의 내용을 기억해 보면, 공동관심이란 관심 공유를 목적으로 사물과 사람 간에 관심을 조정하는 것이다. 공동관심은 단일 기술이 아니라, 아동이 자신의 경험을 다른 사람과 소통하도록 도움을 주는 기술 집단(a cluster of skills)이다. JASPER는 공동관심에 반응하기, 협응된 공동 바라보기, 공동관심-보여주기, 공동관심-가리키기, 공동관심-건네주기, 공동관심-언어 사용하기와 같은 기술에 초점을 맞춘다.

- **공동관심에 반응하기**: 아동은 성인의 공동관심 시작행동에 따라 시선을 이동한다.
- **협응된 공동 바라보기(coordinated joint look)**: 아동은 관심을 공유하기 위해 성인을 본 후에 사물 또는 상황을 바라보고 다시 성인을 보거나 그 반대의 순서(예: 사물-성인-사물 또는 상황-성인-상황)로 바라본다(그림 2-5 참고).
- **공동관심-보여주기**: 아동은 자신이 흥미를 느끼는 것에 관심을 끌기 위해 팔을 뻗고 성인에게 사물을 보여 준다(그림 2-5 참고).
- **공동관심-가리키기**: 아동은 경험을 공유하거나 놀랍거나 흥미로운 것을 강조하기 위해 팔을 뻗어 검지 손가락으로 가리킨다(그림 2-5 참고).
- **공동관심-건네주기**: 아동은 다른 사람과 행동이나 경험을 공유하기 위해 성인에게 사물을 건네준다(그림 2-5 참고).
- **공동관심-언어 사용하기**: 아동은 흥미로운 것을 공유하기 위해 사물이나 상황에 대해 말하거나 단어를 언급한다(그림 2-5 참고).

JASPER에서는 아동이 눈 맞춤, 몸짓, 언어와 같은 기술을 조합하여 다른 사람과 무언가를 공유할 수 있기를 기대한다. 아동이 공동관심 기술을 사용하기 시작하면, 특히 눈 맞춤을 하는 경우, 자연스럽게 기술을 조합하게 된다. 이러한 공동관심 기술은 그림 2-5에 나와 있다.

2) 요구하기 기술

아동은 다른 사람에게 자신의 요구사항이나 원하는 것을 표현하기 위해 요구하기 기술을 사용한다. 아동이 자신의 요구사항이나 원하는 것을 의사소통하는 방법은 다양하지만, JASPER에서는 요구하기-바라보기, 요구하기-뻗기, 요구하기-가리키기, 요구하기-건네주기, 요구하기-언어 사용하기와 같은 기술에 중점을 둔다.

- **요구하기-바라보기**: 아동은 원하는 것을 표현하기 위해 사물과 사람을 바라본다(그림 2-6 참고).
- **요구하기-뻗기**: 아동은 사물을 요구하기 위해 팔을 뻗는다(그림 2-6 참고).
- **요구하기-가리키기**: 아동은 자신이 원하거나 도움이 필요한 것을 요구하기 위해 팔을 뻗고 검지로 가리킨다(그림 2-6 참고).

공동관심에 반응하기
상황: 아동은 소풍 바구니를 보고, 놀잇감을 찾는다

협응된 공동 바라보기
아동은 자신이 발견한 것을
성인과 공유하기 위해 눈을 맞춘다.

공동관심-보여주기
아동은 사과를 꺼내 들고 성인에게 보여 준다.

공동관심-가리키기
아동은 바구니 안에 있는 것을 가리키며 관심을 공유한다.

공동관심-건네주기
아동은 "선생님 거예요."라고 말하듯,
성인에게 배를 건네준다.

공동관심-언어 사용하기
아동은 "과일이 있어요."라고 말하며
성인과 상황을 공유한다.

공동관심-조합
아동은 성인을 쳐다보고, 사과를 건네주며, "나한테 사과
하나가 있어요."라고 말하며 성인과 경험을 공유한다.

그림 2-5 공동관심 기술

요구하기 기술

상황: 아동과 성인은 각각의 자동차 놀잇감을 가지고 놀이한다. 아동의 자동차 바퀴가 떨어져 나갔다.

요구하기-바라보기

아동은 마치 "도와줄래요?"라고 말하려는 듯이 성인을 쳐다본다.

요구하기-뻗기

아동은 바퀴를 요구하기 위해 손을 뻗는다

요구하기-가리키기

아동은 손을 뻗어도 닿지 않는 바퀴를 가리키며 성인에게 바퀴를 건네 달라는 요구를 한다.

요구하기-건네주기

아동은 성인에게 바퀴를 건네며 고쳐 달라고 도움을 청한다.

요구하기-언어 사용하기

아동은 "고쳐 주세요."라고 말하며 성인에게 고장난 바퀴를 고쳐 달라고 한다.

요구하기-조합

아동은 바라보고, 가리키며 "고쳐 주세요."라고 말한다

그림 2-6 요구하기 기술

- **요구하기-건네주기:** 아동은 성인에게 사물을 건네며 작동시키거나 고쳐 달라는 요구를 하거나 사물 사용을 마쳤으니 치워 달라는 의사를 나타낸다(**그림 2-6** 참고).
- **요구하기-언어 사용하기:** 아동은 성인에게 무엇인가 요구하기 위해 "주스를 주세요."와 같이 구어나 보완적인 언어를 사용한다(**그림 2-6** 참고).

아동은 요구하기 위해 한 가지 기술(눈 맞춤 또는 눈 맞춤 없는 언어)만으로 시작할 수 있지만, 궁극적인 목표는 아동이 원하거나 필요한 것을 알리기 위해 눈 맞춤, 언어 및 몸짓과 같은 의사소통 기술을 조합하는 것이다. 이러한 요구 기술은 **그림 2-6**에 나와 있다.

3) 공동관심 기술과 요구하기 기술 판별하기

공동관심 기술과 요구하기 기술은 종종 혼동되는데, 이는 여러 의사소통 기술이 두 개의 기능 중 하나로 사용될 수 있기 때문이다. 예를 들어, 아동은 공유하거나 요청하기 위해 무언가를 가리킬 수 있다. 가리킨 대상이 불분명한 경우, 아동의 의도를 해석하기 위해 사회적 맥락 및 다른 의사소통 신호(예: 신체 언어, 정서)를 활용해야 한다. 잠시 시간을 내어 〈연습문제 2-4〉를 통해 이러한 기술을 구별하는 연습을 하도록 한다.

연습문제 2-4 공동관심과 요구하기의 다른 점

다음에 제시된 아동의 기술에 대한 설명을 읽고, 공동관심과 요구하기 중에서 선택하시오.

아동 기술 설명	기능	
1. 아동은 함께 쌓아서 만든 높은 로켓을 가리킨다.	공동관심	요구하기
2. 아동은 도로를 만든 다음 주위를 둘러 보고 음성산출장치의 '트럭' 버튼을 누른다.	공동관심	요구하기
3. 아동은 선로 위에 기차를 놓고 성인에게 다른 기차를 건넨다.	공동관심	요구하기
4. 아동은 토마토 두 쪽을 집어 들고, (붙이기 위해) "도와줘."라고 말한다.	공동관심	요구하기
5. 아동은 함께 쌓은 성을 가리키며, "블록을 원해요."라고 말한다.	공동관심	요구하기
6. 아동은 장난감 과일 조각을 들고 "봐! 사과다."라고 말한다.	공동관심	요구하기

4) 사회적 의사소통의 발달적 틀

전형적인 발달에서, 의사소통은 주로 사회적 활동이다. 전형적으로 발달하는 아동은 '말하는' 방법을 배우기 훨씬 전에 시선과 몸짓을 사용하여 상호작용한다. 첫해에는 시선과 몸짓(공동관심에 반응하기)을 통해 다른 사람들을 따르며, 비슷한 비구어적 방법을 사용하여 관심을 공유하는 방법을 배운다(공동관심 시작하기; Mundy & Newell, 2007). 다른 사람과 의도적으로 의사소통하기 위해 비구어적인 방법을 사용하는 것은 향후 언어 발달에 매우 중요한 것으로 보고되었다(Tomasello & Todd, 1983). 여러 연구에 따르면 다른 사람의 시선 따르기, 보여주기, 가리키기 등의 초기 비구어적 공동관심 기술은 ASD 아동의 언어 발달과 관련이 있고, 현재와 미래의 언어 기술을 모두 예측할 수 있다(예: Kasari et al., 2008; Mundy et al., 1990).

ASD 아동은 종종 구어 및 비구어적 의사소통 기술 발달에 지연을 보인다. 이 점은 아동이 다른 사람을 인식하고, 생각과 필요를 공유하는 능력에 영향을 미친다. 전형적으로 발달하는 영아는 약 20개월 무렵에 비구어적 공동관심 기술과 요구하기 기술의 목록 전체를 습득하는 반면(Paparella, Goods, Freeman, & Kasari, 2011), ASD 아동은 매우 드물게 공동관심 행동(예: 협응된 시선 응시 또는 몸짓 사용)을 보이며, 공동관심 기술보다 요구하기 기술을 먼저 습득하는 경향을 보인다(Mundy & Sigman, 1989). 사회적 공유 행동의 초기 발달에서 보이는 격차는 ASD 아동을 다른 발달장애 아동과 독특하게 구분한다(예: Mundy et al., 1986; Shumway & Wetherby, 2009).

이러한 사회적 의사소통 기술 지연은 종종 명확하지 않은 의사소통 형태로 나타난다. 예를 들어, ASD 아동이 의사소통할 때 최소한으로 눈 맞춤하거나 아예 하지 않고, 사물을 자신에게만 향하거나, 검지로 명확하게 가리키지 않는 듯 모호한 몸짓을 보일 수 있다. 아동은 기능적인 언어를 사용하지 않고, 자신이 필요로 하는 것을 요구하기 위해 소리를 지르거나 울 수 있다. 또한 아동이 원하는 것을 갖기 위해 성인의 손을 끄는 것과 같은 비전형적인 방식의 의사소통을 할 수 있다. 아무리 세심한 관찰자라도 아동의 요구가 모호하거나, 다른 사람에게 명확하게 향하지 않거나, 반복적이거나, 발음이 불분명한 경우에는 아동의 의도를 이해하기가 어려울 수 있다. 이 점은 아동의 좌절감과 조절 문제를 초래할 수 있다.

5) 사회적 의사소통 목표

JASPER에서의 사회적 의사소통 목표는 ASD 아동이 필요한 것을 요구하고, 다른 사람과 공유하기 위해 비구어 또는 구어로 의사소통하는 것이다. 이 목표를 달성하는 데 중요한 것은 이러한 사회적 의사소통 기술을 자연스럽게 조화시키는 능력이다.

- **의사소통 시작행동 증가:** 아동이 필요에 따라 성인의 행동에 반응할 수 있도록 지원하지만, 아동이 다른 사람과 자신의 생각, 제안, 요구를 자발적으로 공유하도록 격려하는 데 중점을 둔다.
- **공동관심과 요구하기 기술 증가:** 일부 접근법이 의사소통 기술을 별도로 목표로 할 수 있는 반면(즉, 먼저 요구하기 기술을 하고, 다음에 공동관심을 목표로 함), JASPER에서는 개별 아동에게 두 가지 의사소통 기능에 대한 목표를 동시에 설정한다(전형적 발달에서 기대하는 대로). ASD 아동의 경우, 공동관심과 요구하기 기술은 독특한 순서로 발달한다(Paparella et al., 2011). JASPER에서는 순서에 관계없이 발현하는 기술을 판별하고, 누락된 기술의 발달을 지원한다.
- **비/구어적 의사소통 수단의 조합 증가:** JASPER에서 비구어적 의사소통은 구어적 의사소통만큼 목표로서의 의미가 있다. 아동이 이미 언어를 사용하고 있더라도 몸짓을 사용하도록 지원한다. 몸짓은 모호한 사회적 요구를 명확하게 하므로, 높은 수준의 구어를 구사하는 아동도 현재 사용하는 언어와 함께 비구어적 기술을 목표로 삼는 것이 좋다.

5 조절

조절은 주어진 맥락에 대한 다양한 정서, 반응 및 행동을 적절하게 관찰하고, 평가하며 조정하는 과정이다(그림 2-7 참고). 이는 학습의 중요한 선행 조건이다(Graziano, Reavis, Keane, & Calkins, 2007; Trentacosta & Izard, 2007). 아동이 조절되지 않을 때 참여하고 학습하는 것이 어렵다는 것은 잘 알려져 있다(Jahromi, Bryce, & Swanson, 2013). 따라서 조절에 중점을 두는 것은 ASD 아동의 목표를 달성하기 위해 필수적이다. 다음 절에서 조절과 관련 행동에 대해 상세한 내용을 논의하며, 조절 전략은 8장과 16장에서 다룬다.

1) 조절 문제

조절 문제는 특정 행동, 정서 또는 주의력 부족이 아동의 학습 능력을 방해할 때 발생한

그림 2-7 아동이 조절되어 있으며 즐겁게 놀이하고 있음

다. 예를 들어, 아동이 당황한 나머지 장난감을 던지거나 또는 너무 화가 나서 더 이상 상호작용을 지속할 수 없을 때가 이에 해당한다. 이러한 경우, 아동은 조절 문제가 있다고 볼 수 있다. 조절 문제는 정서적 반응을 통제하고 조율하는 데 어려움으로 나타나며, 이는 다른 사람과의 상호작용에 영향을 준다(그림 2-8). 조절 문제는 종종 우는 것과 같이 관찰 가능한 넓은 범주의 행동을 포함한다(Cole, Martin, & Dennis, 2004). 이러한 행동은 조절 문제의 신호일 수 있지만, 자기 조절의 방법이거나 고통에 대한 독특한 반응일 수 있다(예: 아동이 불편함 때문에 엄지손가락을 빨거나, 뭔가를 두드리거나, 몸을 흔들거나, 기우뚱거리는 것; Cole et al., 2004). 뿐만 아니라, 아동은 고통스러운 느낌과는 직접적으로 관련되지 않은 행동을 보일 수 있다(예: 아동은 화가 나지 않았지만, 과거에 소리를 지른 후 원하는 것을 얻었기 때문에 소리를 지름).

그림 2-8 아동은 장난감 배가 뒤집혔기 때문에 울고 있으며 조절 문제를 보이고 있음

(1) 행동 기능

조절 문제를 보이는 행동을 반복적으로 하거나 더 심하게 하면 적절한 대응을 마련해야 한다. 이렇게 어려운 경우에는 행동의 기능, 즉 아동의 행동이 전달하는 의미를 평가한다. 일반적으로, 행동에는 사회적 관심, 회피, 접근, 자동 감각의 네 가지 기능이 있다(Cooper, Heron, & Heward, 2007; Fisher, Piazza, & Roane, 2011).

- **사회적 관심**: 행동은 다른 사람의 관심을 얻거나 관심의 양을 증가시키기 위해 발생한다. 이것은 사회적 관심(예: 칭찬, 모방) 또는 처벌적인 사회적 관심(예: 꾸지람, 시정)일 수 있다.
- **회피**: 행동은 무언가 또는 누군가와의 상호작용을 피하거나 중단하기 위해 발생한다. 예를 들어, 이러한 행동은 요구를 피하거나, 덜 선호하는 활동 또는 불쾌한 장소를 피하기 위해 발생할 수 있다.
- **접근**: 행동은 원하거나 선호하는 것(장난감, 활동, 보상 또는 간식 등)을 얻기 위해 발생한다.
- **자동 감각**: 행동 자체는 즉각적으로 보상이 되고, 자기 강화적이며 종종 감각적 요구(느낌, 모양새, 맛, 소리가 좋음)를 충족시키는 것처럼 보인다.

이러한 행동 기능을 이해하고 대응하는 방법은 16장에서 더 자세히 논의한다.

2) 조절의 발달적 틀

전형적으로 발달하는 아동의 경우, 영아기부터 조절 전략을 사용하며, 성장함에 따라 더 정교해진다. 처음에는 주양육자가 아동의 요구에 반응하고 관리하는 주요 역할을 하며, 아동이 스스로 자기 조절 전략을 배우면서 자연스럽게 지원을 줄여 나간다(Thompson & Goodman, 2010). 양육자는 주로 아동을 위로하기 위해 더 신체적이고 적극적인 전략을 사용하고, 아동이 발달함에 따라 아동의 주의를 다른 곳으로 돌리거나 상황을 설명해 주는 것과 같은 수동적인 전략으로 전환한다(Grolnick, Kurowski, McMenamy, Rivkin, & Bridges, 1998). 시간이 지남에 따라 아동은 양육자가 모델링한 전략을 배우고 자신의 정서에 더 많은 책임을 질 수 있게 된다. 자기 진정 전략(예: 엄지손가락 빨기)은 줄어들고 보다 정교한 전략으로 대체된다. 취학 전 아동은 적절한 자기 조절 전략을 선택하고 적용하는 데 더 자신감을 갖게 된다(예: 주의를 산만하게 하거나 더 즐거운 것으로 주의를 옮김; Feldman, Dollberg,

& Nadam, 2011; Morris et al., 2011; Raver, Blackburn, Bancroft, & Torp, 1999). 전형적인 발달을 하는 아동에게도 좌절이나 슬픔의 순간이 있기 마련이다. 상당한 형태의 조절 문제도 아동기의 일부분이다. 예를 들어, 아동은 자신이 원하는 것을 얻을 수 있는 한계치를 시험하거나 원하지 않는 요구를 피하기 위해 소리를 지르거나 장난감을 던질 수 있다. 시간이 지나면서 아동은 이러한 부정적인 경험을 다루는 방법을 배우게 된다(Gross et al., 1997; Thompson & Goodman, 2010). 결국 조절 문제의 에피소드의 빈도와 심각도는 낮아진다(Gross et al., 1997).

ASD 아동의 경우, 조절 문제의 유형과 정도가 더 클 수 있다(Sofronoff, Attwood, Hinton, & Levin, 2007). ASD 아동은 다른 사람에게 조절 전략을 배울 기회가 제한될 수 있는데, 이는 상호작용 문제(Kasari et al., 2010), 불분명한 의사소통 기술(Mazefsky & White, 2014) 때문일 수 있다. 이러한 이유로 양육자는 자녀의 일상적인 어려움을 예상하고 해석하고 대응하는 것이 어려울 수 있다. 양육자는 ASD 자녀를 전형적으로 발달하는 또래와 비교할 때 기질적으로 더 예민하고, 새로운 상황에 적응하는 데 시간이 오래 걸리며, 인내심이 부족하고, 주의 집중이나 전환이 어려우며, 더 산만하다고 보고한다(Bailey, Hatton, Mesibov, Ament, & Skinner, 2000; Capps, Kasari, Yirmiya, & Sigman, 1993; Konstantareas & Stewart, 2006). ASD 아동은 조절과 참여를 유지하기 위해 더 많은 지원이 필요하며, 특히 중재 맥락에서 ASD 아동의 기술 증진을 위한 지속적인 요구가 있기 때문에 이러한 지원은 더욱 중요하다.

3) 조절 목표

JASPER에서의 조절 목표는 적절하게 조정된 정서와 과제에 대한 주의집중을 지속하는 것이다. 일반적으로 아동이 조절(주의, 행동 및 정서로 알 수 있음)되어 있거나 다양한 정도의 조절 문제를 경험하는 것으로 구분한다. 따라서 아동이 방해행동과 조절 문제 상황이 감소된 학습 가능한 많은 시간을 확보하는 것을 목표로 한다.

- **조절 시간 증가:** 아동이 조절되어 오랜 시간을 보낼 수 있다면, 이에 따라 의미 있는 학습 기회를 확보하게 된다. ASD 아동이 회기 동안 완벽하게 조절하고 참여하도록 기대하는 것은 비현실적인 목표이나, 조절과 참여를 함께 지원하여 학습에 참여할 수 있는 기반을 마련한다.

- **조절 문제 상황 감소:** 각 회기에서 아동이 경험하는 조절 문제가 줄어들도록 지원한다. 아동이 조절 문제를 경험하면, 조절하도록 지원한다. 가급적 아동의 학습 능력을 방해할 수 있는 상황과 행동을 줄이는 것을 목표로 한다(제한적이고 반복적 행동에 대한 참고 사항은 〈상자 2-3〉 참고).

상자 2-3

제한적이고 반복적 행동에 대한 참고 사항

제한적이고 반복적 행동(RRB), 관심 또는 활동은 ASD 진단 기준 중 하나이며(DSM-5; American Psychiatric Association, 2013), ASD 아동에게 흔하게 나타납니다. 따라서 이러한 행동이 회기 중에 나타날 수 있는 방식과 이를 다루기 위한 목표를 간략하게 살펴보겠습니다.

제한적이고 반복적 행동은 사물에 대한 반복적인 행동, 반복적인 움직임이나 소리, 경직성, 제한된 관심, 감각 자극에 대한 과소 또는 과도한 반응으로 나타날 수 있습니다(DSM-5; American Psychiatric Association, 2013). 제한적이고 반복적 행동은 아동이 사용하는 언어 구절과 반향어에서도 나타납니다. 특히 이러한 행동은 전형적으로 발달하는 아동에게도 자주 나타나지만, 그 빈도와 강도는 상대적으로 적습니다. 전형적으로 발달하는 아동은 색상별로 기차를 정리하면서도 유연하게 참여하는 반면, ASD 아동은 기차를 특정 순서로 배열하려는 것을 고집하고, 다른 사람이 놀이에 참여하려는 시도를 거부할 수 있습니다.

제한적이고 반복적 행동은 ASD의 진단 특성인 만큼, JASPER 회기에서 빈번하게 접하게 됩니다. 이러한 행동은 감지하기 어려운 상황에서 발생하거나, 때로는 너무 방해가 되어 아동이 다른 사람과 상호작용하는 데 어려움을 주기도 합니다. 제한적이고 반복적 행동은 놀이 행동처럼 보일 수 있는데, 예를 들어 자동차 문을 반복해서 여닫거나 그림 2-9처럼 버스를 움직이거나, 사람모형을 태우는 등 복잡한 놀이 행동을 하는 대신, 지속적으로 버스 바퀴를 돌리기도 합니다. 제한적이고 반복적 행동은 아동이 다양하게 놀이하는 것을 제한하는데, 특히 놀잇감의 사용 방식이나 성인의 역할에 대해 경직된 생각을 갖고 있을 경우 이러한 경향이 두드러집니다. 이렇듯이, 제한적이고 반복적 행동은 아동의 상호작용을 어렵게 하며 조절 문제를 증가시킬 수 있습니다.

다음은 아동의 행동이 유연하지 않고, 반복적이며 고집스러운 경우의 예시입니다.

- 아동은 점차 대물 참여를 한다.
- 아동은 놀이 단계를 과도하게 반복하며, 하나의 놀이 단계나 장난감에 '갇힌' 것처럼 놀이한다.
- 아동은 놀잇감을 가지고 노는 대신, 놀잇감을 구조화한다(예: 줄 맞추기, 짝 맞추기, 놀잇감 분류

하기).

- 아동의 정서가 상황에 따라 변화하거나 부적절하다.
- 아동의 사회적 시작행동(파트너를 보기, 적절하게 의사소통하기)의 빈도가 감소한다.
- 아동은 놀이 상대자에게서 돌아선다.
- 아동은 놀이 상대자의 제안을 지속적으로 거부한다.
- 아동은 점점 조절 문제를 보인다.

그림 2-9 아동은 생산적으로 놀이하기보다 놀잇감 버스 바퀴를 반복적으로 돌림

JASPER 회기에서 아동이 반복적이고 고집스러운 행동을 보이면, 높은 수준의 상호작용을 유지하고, 방해행동을 감소시키고, 점차 융통적으로 상호작용하는 것을 목적으로 합니다. 아동이 제한적이고 반복적 행동을 보이면, 행동의 진전을 이루기 어려울 수 있기 때문에 위와 같은 내용으로 아동의 놀이, 의사소통, 참여, 조절의 목적을 지원합니다. 제한적이고 반복적 행동은 6, 9, 11, 16, 17장에서 더 논의하겠습니다.

6 결론

JASPER 영역은 상호 보완적이다. 참여와 조절은 놀이와 사회적 의사소통 학습에 중요하며, 놀이와 사회적 의사소통을 지원하는 전략은 아동의 참여와 조절을 지원한다. 따라서 각 영역은 상호 연결되었으며, 한 영역에서의 발전은 다른 영역의 증진으로 이어진다. 앞으로 이어지는 내용을 읽어 가며 이 점을 계속 기억하는 것이 중요하다. JASPER는 고도로 개별화된 접근 방식이다. 가장 성공적인 중재자는 각 영역 간의 상호작용을 파악하고, 목표 간

의 균형을 찾고, 아동의 필요에 맞게 지원할 수 있는 사람이다(그림 2-10 참고). 3장에서는 아동의 기술을 평가하고 각 영역에서 개별화된 중재 목표를 설정하는 방법에 대한 세부 정보를 제공한다.

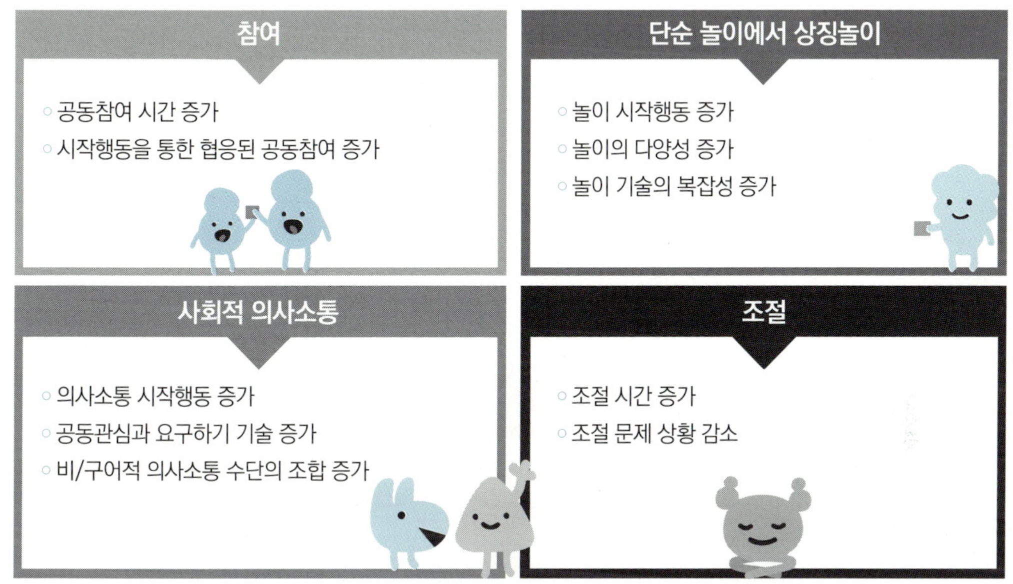

그림 2-10 핵심 영역 목표

2부

표적 기술 설정하기

2부에서는 SPACE 평가를 사용하여
아동의 중재 표적 기술 설정하는 방법을 배운다.

학습목표

✓ 아동의 자발적인 놀이 및 의사소통 능력 평가

✓ 핵심 영역에 대해 발달적으로 적합한 표적 기술 설정

3장

SPACE 평가

1 도입

사회적 의사소통, 놀이, 참여, 조절의 핵심 발달은 ASD 아동마다 다르게 나타난다. ASD 아동이 가진 다양한 능력을 고려할 때 각 아동의 고유한 강점과 과제를 지원하기 위한 개별화된 중재 접근이 필요하다. JASPER 중재자는 아동을 이해하고, 아동의 기술 프로필을 파악하며, 요구에 맞는 지원 전략을 조정한다. 아동의 현행 기술 수준을 가장 정확하게 평가하는 방법은 첫 회기 이전에 평가를 실시하는 것이다. 이를 위해 JASPER에서는 Shire 등(2018)이 개발한 놀이·의사소통 평가(Short Play and Communication Evaluation: SPACE)를 사용한다. SPACE는 참여, 조절, 놀이, 사회적 의사소통의 핵심 영역에서 아동의 능력을 측정한다. 또한 아동이 다른 영역(예: 환경 지원, 선호하는 놀이, 사회적 연결성, 학습 준비)을 수행하는 방식에 대해 '미리 볼 수 있는' 기회를 제공한다. 수집한 정보를 통해 중재의 표적 기술을 선택하고 향후 사용할 전략을 준비할 수 있다.

2 SPACE 정보

SPACE는 ASD 아동이 자발적으로 사용하는 기술을 파악하고 아동을 위한 적절한 표적 기술을 설정하도록 고안되었다. 평가는 놀이 상황에서 약 15분간 진행된다. 아동은 의자에 앉은 채로 시작하며, 테이블 위에는 아동이 볼 수 있지만 아동의 손이 닿지 않는 위치에 SPACE 재료가 놓여 있다. 한 번에 하나의 활동이 제시되며 아동은 평가 시간 동안 장난감을 요구할 수 있다. 각 활동은 아동이 놀이 행동과 의사소통 기술을 자연스럽게 드러낼 수 있는 기회를 제공하며, 조절하고 참여할 수 있는 능력에 따라 평가된다. 양식 3-1(SPACE 자료 수집 및 표적 기술, pp. 94-95 참고)을 사용하여 평가 전반에 나타난 아동의 기술을 기록한다. SPACE에서 수집된 정보는 4장에서 다루는 표적 기술 선정에 활용된다.

1) 목표

SPACE는 다음의 핵심 영역에서 아동을 관찰할 수 있도록 고안되었다.

(1) 참여와 조절

참여와 조절 영역에서는 아동이 참여할 준비가 된 시간을 확인하고(참여와 조절 기준은 2장 참고) 조절된 시간을 평가한다.

- **공동참여**: 아동이 놀이 상대자와 사회적으로 연결되어 활동에 참여한 총 시간
- **조절**: 아동이 학습에 적절한 수준을 유지한 총 시간

(2) 놀이와 의사소통

놀이와 의사소통 영역에서는 아동이 자발적으로 사용하는 기술의 유형과 빈도를 평가한다. 아동이 명시적 또는 묵시적 지시, 촉진, 시범이나 요구 없이 기술을 수행하는 경우, 이를 '자발적으로 시작한' 기술로 간주한다(이러한 기술에 대한 자세한 설명은 2장을 참고, 시작 행동을 목표로 하는 이유에 대한 추가 정보는 〈상자 3-1〉 참고). 다음과 같은 기술이 평가 대상이다.

- **놀이 기술**: 장난감을 가지고 자발적으로 시작한 놀이 행동(표 3-1 참고)
- **비구어적 공동관심**: 다른 사람과 사물이나 상황을 공유하기 위한 자발적인 눈 맞춤 또는 몸짓
- **공동관심 언어**: 다른 사람과 사물이나 상황을 공유하기 위해 자발적으로 시작한 언어(구어, 보완된 단어 사용과 같이 모든 기능적 의사소통 체계를 포함함)
- **비구어적 요구**: 필요하거나 원하는 것을 충족시키기 위한 자발적인 눈 맞춤과 몸짓
- **요구 언어**: 필요하거나 원하는 것을 충족시키기 위해 보완된 단어(예: 음성 장치, 사진 교환, 수화를 통해 생성된 단어)및 구어 단어와 같은 모든 기능적 의사소통 방식을 포함한 자발적인 언어

2) 활동

SPACE는 구입할 수 있는 평가 도구가 아니다. 대신에 사회적 의사소통을 위한 특정 기회뿐만 아니라 발달 놀이 수준에서 놀이할 수 있는 기회를 제공하도록 놀잇감 목록을 제공한다. 중재자는 추천되는 놀잇감을 조합하거나, 비슷하게 시연할 수 있는 놀잇감으로 대체할 수 있다. 선택한 놀잇감은 JASPER 중재에 사용되는 장난감과는 달라야 하는데, 중재 기간 동안 개별 행동을 '연습'하고 놀이 평가 중에 이러한 행동을 '검사'하는 것을 피하기 위해서이다. SPACE를 위해 다음 자료를 준비하되, 준비 지침을 참고하여 구성한다.

상자 3-1

자발적인 시작행동을 중요하게 여기는 이유는 무엇인가

ASD 아동은 종종 보고 들은 것을 모방할 수 있지만 이러한 기술을 스스로 시작하는 데 어려움을 보입니다. SPACE 실행의 목적은 아동이 독립적으로 수행할 수 있는 기술을 파악하는 것입니다. ASD 아동이 먼저 수행된 것을 보거나 들은 경우, 아동이 시범, 언어적 촉진 또는 신체적 촉진으로 수행 지시를 받은 경우는 시작행동으로 간주하지 않습니다.

장난감 세트 1: 블록, 트럭, 모양 맞추기 장난감, 퍼즐(그림 3-3 참고)

- 작은 블록 8~10개
- 적재함이 있는 덤프 트럭(일부 블록에 맞을 만큼 충분히 커야 함)
- 6~8개의 조각으로 구성된 두툼한 나무 또는 말뚝 퍼즐(동물이나 사람 피규어와 함께 사용함)
- 6~8개의 모양이 있는 모양 맞추기 장난감(뚜껑을 덮고 모양 맞추기 장난감을 제시)
- 불투명한 상자 또는 가방
    - 상자나 가방은 이 장난감 세트의 일부 장난감을 가릴 수 있을 만큼 커야 한다. 장난감 세트 중에서 몇 개의 조각(예: 퍼즐 조각 또는 블록)을 선택하고 진단 전에 상자나 가방 안에 넣는다. 이것은 아동이 나중에 요청하거나 공유할 수 있는 기회를 제공하는 데 사용된다.

장난감 세트 2: 농장, 음식, 가구, 인형(그림 3-4 참고)

- 가구: 의자 2개, 식탁, 인형 2개에 맞는 침대, 베개 2개, 담요, 휴지(이불 대용)

- 가구에 맞는 인형 2개
- 작은 농장 1개
- 농장 안에 들어갈 수 있는 동물 2개
- 벨크로를 부착한 쿠키 장난감과 벨크로가 부착된 쟁반 각각 6~8개
- 포크 2개, 나이프 2개, 숟가락 2개
- 접시 2개, 컵 2개
- 솔 또는 머리 빗
- 불투명한 상자 또는 가방
  - 상자나 가방은 이 장난감 세트의 일부 장난감을 가릴 수 있을 만큼 커야 한다. 장난감 세트 중에서 몇 개(예: 가구)를 선택하고 평가 전에 상자나 가방 안에 넣는다. 이것은 아동이 나중에 요청하거나 공유할 수 있는 기회를 제공하는 데 사용된다.

비눗방울 또는 풍선(그림 3-5 참고)

- 비눗방울 막대와 용기 2개, 또는
- 같은 색상의 풍선, 평가당 2개씩

만화 그림(그림 3-6 참고)

- 만화 그림 3장
- 그림에는 단일 인물, 이미지나 동작이 아닌, 그림책과 같이 아동이 관찰할 수 있는 여러 이미지와 동작이 포함된 시각적 장면이 포함되어야 한다. 이것은 아동이 요청하거나 공유하는 기회를 제공하는 데 사용된다.

태엽 장난감(그림 3-7 참고)

- 태엽으로 작동하는 작은 피규어(동물이나 사람 모형이 더 좋음)

공(그림 3-8 참고)

- 소형-중형 크기 공

3) 준비

SPACE는 아동을 테이블 앞의 의자에 앉힌 후에 시작한다. 장난감은 두번째 테이블이나 책장 위에 두며, 아동이 볼 수는 있지만, 손이 닿지 않도록 배치한다(그림 3-1 참고).

환경(그림 3-1 참고).

- 테이블
- 의자 2개(아동과 평가자 각각 하나씩)
- 장난감을 둘 수 있는 책장이나 두 번째 테이블
- 양식 3-1 (SPACE 자료 수집 및 표적 기술, pp. 94-95)
- 필기도구
- 녹화 기기(필요한 경우)
- 보완대체 의사소통(AAC) 기기
    - 아동이 AAC 체계(음성산출기기, 그림 의사소통 상징 체계)를 자주 사용한다면, 보호자나 교사에게 요청하여 준비한다.

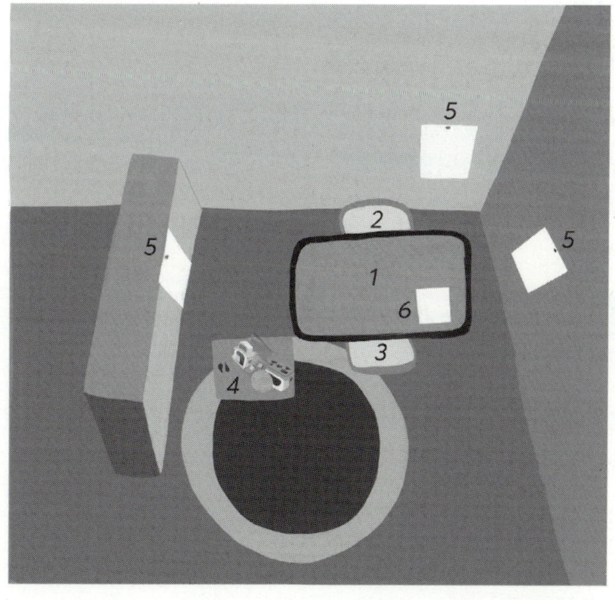

그림 3-1 SPACE는, (1) 테이블, (2) 아동이 앉을 의자, (3) 평가자가 앉을 의자, (4) 평가자 옆에 있는 책장이나 테이블 위의 놀잇감, (5) 각각 다른 만화 그림 3장, (6) SPACE 자료 수집 및 표적 기술 양식을 포함하여 준비함

(1) 준비를 위한 지침

1. 의자 2개와 테이블을 준비한다. 하나는 아동용이고, 다른 하나는 평가자용이다(그림 3-1, 항목 1~3 참고).
   - 평가자는 아동과 테이블의 맞은편에 앉아야 한다.
   - 아동의 의자를 방의 모서리 방향에 배치한다. 이는 아동이 쉽게 일어나서 방 안을 돌아다니는 것을 방지하기 위함이다. 더 작은 공간을 조성하기 위해 책장이나 파티션을 추가할 수 있다.
2. 놀잇감을 평가자 옆에 있는 작은 테이블이나 책장에 둔다.
   - 아동이 방에 들어가서 자리에 앉으면, 장난감은 아동의 시야에 보여야 한다. 하지만 의도적으로 아동의 손이 닿지 않는 곳에 두어야 한다. 장난감을 보여 주면 아동이 평가 기간 동안 요청할 수 있는 기회가 생긴다.
   - 장난감이 잘 보이도록 한다. 장난감은 테이블에 쉽게 옮길 수 있도록 완전히 분리되어 있고, 정리해 두어야 한다.
3. 아동의 손이 닿지 않는 벽 쪽에 각기 다른 만화 그림 3장을 걸어둔다(그림 3-1, 항목 5 참고).
   - 아동의 왼쪽
   - 아동의 오른쪽
   - 아동의 뒤에서 약간 왼쪽이나 오른쪽
4. 평가하는 동안 아동의 기술을 기록하기 위해 양식 3-1(SPACE 자료 수집 및 표적 기술)과 필기도구를 손에 쥐고 있는다(그림 3-1, 항목 6 참고). 〈상자 3-2〉에는 기술을 찾아내는 추가 요령이 포함되어 있다.

상자 3-2

기술을 추적하는 부가적인 지원

SPACE를 처음 배울 때는 평가를 실행하고 아동의 기술을 동시에 기록하기 어려울 수 있습니다. 다음은 정확하게 기술을 기록하기 위한 몇 가지 추천 사항입니다.

- 두 번째 사람이 양식을 작성하는 동안 평가를 실행합니다.
- 평가 장면을 녹화하고 나중에 영상을 보면서 양식을 작성합니다.
- 실시간으로 평가 장면을 코딩하고 두 번째 평가자와 비교합니다.

3 SPACE 실행

다음 절에서는 SPACE 실행 방법, 각 활동에서 살펴야 할 기술 그리고 아동에게 기술 수행을 위한 명확한 기회를 제공하는 방법을 설명한다.

1) 실행 단계

SPACE를 실행하기 위해 다음 순서를 따른다. 평가자는 시범을 보이거나, 촉진하거나, 장난감을 가지고 놀이하지 않는다. 아동이 평가자의 시범 또는 촉진을 모방하거나 반응한 경우, 해당 기술은 아동의 자발적인 기술로 기록하지 않는다.

1. 아동을 놀이에 초대한다.
   - 손을 펴서 장난감을 가리키며 "같이 놀자!"라고 말한다(그림 3-2 참고).
   - 손가락으로 장난감을 가리키지 않는다. 이것은 요구하기를 유도하는 몸짓 시범으로 간주한다. 만약 아동이 이에 반응하여 손가락으로 가리킨다면, 해당 기술은 기록하지 않는다.
2. 잠시 멈추고 아동에게 장난감을 요청할 기회를 준다.
   - 아동의 손이 닿지 않는 곳에 장난감을 둔다.
   - 아동이 장난감을 요구하면 그 장난감과 나머지 세트를 가져온다.
   - 아동이 요구하지 않으면 평가자가 놀이를 시작할 장난감 하나를 선택한다.
3. 다음 활동으로 진행하기 전에 아동이 장난감을 가지고 충분히 놀이할 수 있도록 시간을 준다. 서두르지 않도록 한다.
   - 아동이 모든 장난감을 인식하고 가지고 놀 기회를 준다.
   - 필요에 따라 중재자는 아동 앞에서 장난감을 정리하거나 재배열하며 아동이 놀이하지 않고 지나친 장난감을 강조한다.
4. 다음 활동으로 넘어갈 시점을 파악한다.
   - 활동에 소요되는 시간은 다양하다. 아동이 모든 놀잇감을 탐색했고, 더 이상 새로운 기술을 보여 주지 않거나 동일한 행동을 반복하는 경우에는 다음 단계로 넘어간다.
   - 모든 놀잇감을 보여 줄 때까지 각 세트를 한 번에 하나씩 제시한다.
   - 각 세트 사이에 아동이 요청할 수 있는 기회를 제공한다.
   - 가능한 경우, 아동이 선택한 장난감으로 놀이하도록 한다.

그림 3-2 중재자는 손바닥으로 장난감을 가리키는 몸짓을 하여, 아동을 놀이에 초대함

- 아동이 요청하지 않으면 평가자가 다음 활동을 선택한다.
- 장난감을 특정 순서로 제시할 필요는 없다. 아동의 자발적인 시작행동이 최대화될 수 있도록 장난감을 제시한다(3장, p. 81 참고).

5. 평가 시간을 조절한다.
   - 중재자는 모든 자료를 약 15분 안에 제시한다(어린 아동의 경우, 평가 시간은 짧을 수 있고, 놀이 기술이 많은 아동의 경우 더 길어질 수 있음).
   - 아동에게 기술을 보여 줄 시간을 주는 것과 다음 단계로 진행하는 시점을 파악한다. 예를 들어, 아동의 요청에 따라 장난감을 두 번 제시할 수 있다. 그러나 아동이 계속해서 그 장난감만 가지고 놀이한다면, 아동의 기술에 대한 정보를 얻을 수 없다. 이런 경우, 아동에게 장난감을 가지고 놀 수 있도록 기회를 더 주고 다른 장난감으로 진행하도록 한다.
6. 아동이 마지막 활동을 마치면 평가 종료 신호를 보낸다.
   - 긍정적으로 마무리한다. 아동이 자리에 앉아 있거나 놀이하는 것을 칭찬한다.
   - 놀이에 대한 보상을 약속한 경우, 반드시 이행한다.
   - 아동이 조절 문제를 보이면, 평가 장소를 떠나기 전에 아동이 조절하도록 지원하여 긍정적인 경험으로 마무리할 수 있도록 지원한다.

2) 활동 실행 방법

다음 활동은 임의의 순서로 실시할 수 있다. 아동이 요청하는 순서대로 활동을 소개한다. 아동이 각 세트의 모든 놀잇감을 가지고 놀 수 있도록 충분한 기회를 준다.

(1) 장난감 세트 1: 블록, 트럭, 모양 맞추기 장난감, 퍼즐

이 활동은 모든 놀이 수준에 있는 아동에게 요구하기, 공동관심 기술 및 놀이 기술 실행을 위한 기회를 제공한다. 장난감은 전상징적 및 상징적 방식으로 사용될 수 있지만 주로 단순하고 조합 수준의 표적 기술을 대상으로 한다. 활동에 사용할 놀잇감을 탁자 위에 놓고 아동이 놀잇감을 가지고 놀거나 그것에 대해 의사소통할 수 있는 기회를 준다(그림 3-3 참고). 아동이 같은 놀이 기회를 갖도록 놀잇감을 분리하여 탁자 위에 놓는다(예: 퍼즐 판에서 모든 퍼즐 조각을 꺼내기). 아동이 장난감을 조합할 수 있도록 전체 세트를 한 번에 제시한다. 하지만 아동이 어려움을 보일 경우, 장난감을 한 번에 하나씩 소개하여 테이블 위에 모든 놀잇감을 놓는다(예: 퍼즐을 먼저 놓은 다음 모양 맞추기 장난감 등을 제시함). 아동이 놀잇감을 쉽게 만질 수 있도록 장난감을 정리한다. 아동이 불투명한 가방이나 상자를 인식하지 못한다면 다음 사용 방법을 따른다.

불투명한 상자나 가방 사용 방법

불투명한 상자나 가방을 사용하는 이유는 아동이 관심을 갖도록 일부 장난감을 가리기 위해서이다. 예를 들어, 아동이 가방을 열고 흥미로운 것을 발견하면, 그것을 평가자와 공유할 수 있다. 이때 평가자는 서둘러 개입하지 않도록 주의하며, 아동이 가방을 열어서 놀라운 순간을 유지하려고 노력한다.

1. 아동 앞에 장난감 세트 1의 놀잇감이 든 가방이나 상자를 놓고 약 5초간 멈춘다.
   - 퍼즐 조각을 가방에 넣었다면, 아동이 퍼즐 판을 사용할 수 있는지 확인해야 한다. 그렇지 않으면 아동은 퍼즐 조각으로 어떤 놀이도 할 수 없게 된다.

그림 3-3 블록, 트럭, 모양 맞추기 장난감, 퍼즐이 포함된 장난감 세트 1을 제시함

2. 아동이 가방이나 상자에 관심을 보이지 않으면 가방 지퍼를 조금만 열거나 상자 뚜껑을 반 정도 열어 둔다. 아동이 스스로 열지 않으면 완전히 열어 준다.
3. 아동이 장난감을 만지지 않으면 상자 안에서 장난감을 꺼내 준다.

표적 기술 예시

장난감 세트 1은 다양한 기술을 사용하는 기회를 제공한다. 몇 가지 예시는 다음과 같다.

놀이 기술

- 트럭 밀기(구분된 놀이 행동)
- 퍼즐 조각을 보드에 맞추기(외형적 조합)
- 모양 맞추기 조각을 쌓기(일반적 조합)
- '의자' 만들기(목적을 가진 물리적 조합)
- 동물 퍼즐 조각이 트럭을 운전하는 척하기(인형 매개 상징놀이)

요구하기 기술

- 중재자에게 모양 맞추기 장난감에 끼우기 어려운 모양을 건네기(요구하기 위해 건네주기)

공동관심 기술

- 상자에서 블록을 꺼내서 성인에게 보여주기(공동관심-보여주기)
- 동물 퍼즐 조각을 가리키며 언급하기(공동관심-가리키기와 공유하는 언어 사용)
- 모양 맞추기 장난감 조각 쌓기(일반적 조합)

그림 3-4 농장, 음식, 가구, 피규어 장난감 세트 2를 제시함

(2) 장난감 세트 2: 농장, 음식, 가구, 인형

그림 3-4에 묘사된 장난감 세트 2는 전상징적 수준과 상징적 수준과 같이 상위 놀이 기술을 포함한 놀이 기회를 제공한다. 아동은 위의 장난감을 사용하여 놀이하거나, 이에 대해 이야기할 수 있다. 장난감 세트를 탁자 위에 놓고 아동이 가지고 놀이하거나 의사소통을 할 수 있는 기회를 제공한다. 이전 장난감 세트와 마찬가지로 장난감

은 분리된 상태로 제공한다(예: 장난감 테이블과 의자를 함께 놓지 않기). 아동이 조합할 수 있도록 전체 세트를 한 번에 테이블에 제시하는 것이 좋다. 그러나 많은 장난감이 아동에게 부담이 되는 경우, 이 세트를 나누어 제시할 수 있다. 세트를 나누는 경우, 농장 장난감(피규어, 농장, 가구)과 음식 장난감(그림, 음식, 접시, 컵, 식기류, 〈상자 3-3〉 참고)을 피규어와 함께 제시한다. 세트 내에서 제시하는 순서는 중요하지 않다. 아동이 모든 장난감을 보고, 가지고 놀 수 있도록 충분한 시간을 제공한다. 아동이 불투명한 가방이나 상자를 인식하지 못하면, 장난감 세트 1에 제시된 '불투명한 상자나 가방 사용 방법'을 따른다.

상자 3-3

왜 피규어가 필요한가요?

아동은 피규어를 사용하여 높은 수준의 놀이를 보여 줄 수 있습니다. 예를 들어, 아동은 접시와 식기를 사용하여 먹는 시늉을 할 수 있을 뿐만 아니라(자기 가작화), 피규어를 먹이는 시늉을 하고(인형에 대한 가작화) 피규어가 주체가 되어 접시와 식기를 사용하여 먹는 시늉을 할 수 있습니다(인형 매개 상징놀이). 대형 장난감과 퍼즐에 동물이나 사람 피규어가 포함되어 있으면, 아동은 이 장난감을 추가적인 역할로 사용할 수 있습니다.

표적 기술 예시

장난감 세트 2는 다양한 기술 기회를 제공한다. 몇가지 예시는 다음과 같다.

놀이 기술

- 쿠키 위에 벨크로로 만든 프로스팅 올리기(외형적 조합)
- 농장에 동물을 두기(인형에 대한 가작화)
- 인형 2개를 의자에 두기(단일 도식 연결)
- '주스'(상상적 사물로 상징놀이)를 섞기(관습적 조합)

요구하기 기술

- 놀이 세트를 열어 달라고 가방이나 상자를 평가자에게 건네기(요구하기 위해 건네주기)

공동관심 기술

- 중재자에게 그림을 보여 주기 위해 들고 있기(공동관심-보여주기)
- 중재자에게 사용할 수 있는 숟가락 건네기(공동관심-건네주기)

(3) 비눗방울 또는 풍선

아동에게 비눗방울이나 풍선을 제시하는 것은 공동관심이나 요구하기 위한 몸짓, 바라보기 및 언어를 표현하는 기회를 제공한다. 성인이 비눗방울이나 풍선을 부는 목표는 아동이 신나는 감정을 공유하기 위해 공동관심을 시작하게 하는 것이다. 아동은 반복하는 것을 요구하거나 장난감을 작동하는 데 도움을 요청하기 위해 손을 뻗거나 가리킬 수 있다(즉, 더 많은 비눗방울, 풍선을 다시 불기). 평가에서는 비눗방울과 풍선 중 하나를 선택하여 제시한다. 성인은 아동의 동기와 나이를 고려하여 비눗방울이나 풍선을 원래대로 선택할 수 있다. 예를 들어, 어린 아동에게 풍선은 안전상의 문제가 될 수 있고, 어떤 아동은 소리를 싫어할 수 있다. 비눗방울과 풍선은 다음 사용 방법에 따라 두 번 제시한다. 아동이 여러 번 요청하면, 그것을 존중하고 한 번 더 제시한다.

사용 방법

1. 아동 앞에 있는 테이블 중앙에 풍선이나 비눗방울을 놓고 탐색하도록 한다. 이렇게 하면서 아동이 신나는 기분을 공유하거나(예: 장난감에 대해 언급하거나 들어서 보여주기) 장난감을 사용하는 데 필요한 도움을 요청하도록 한다(예: 장난감을 성인에게 건네고 바라보기). 이때 아동의 주의를 끌지 않도록 한다(예: 숨을 거칠게 쉬며 기다리기).

비눗방울과 풍선 중 선택한 놀잇감에 따라 2단계로 진행한다.

비눗방울 사용 방법

2. 중재자는 비눗방울을 불고, 뚜껑을 단단히 닫은 용기를 아동 앞에 놓는다. 잠시 멈추고 아동이 공유하거나 요청할 때까지 기다린다(잠시 멈추는 것은 평가의 중요한 부분이다. 아동은 가끔 의사소통에 더 많은 시간이 필요하므로 아동이 자발적으로 시작하거나 응답할 수 있는 기회를 제공해야 한다. 잠시 멈추는 것의 의미에 대해서는 3장, p. 82에서 설명한다).
3. 아동의 의사소통에 반응한다(예: 요구하기 위해 가리키기를 하면, 비눗방울 막대를 건네주어, 비눗방울을 만들수 있도록 한다).
4. 중재자는 놀이하듯이 비눗방울 용기와 막대를 가져온다. 이때 아동에게 보고 싶은 기술에 따라 다음 행동을 선택할 수 있다. 비눗방울을 다시 불고 막대와 용기를 손이 닿지 않는 곳에 두거나(요구하기 위해 가리키기 또는 뻗기), 비눗방울을 다시 불고 뚜껑을 꽉 닫은 다음, 탁자 중앙에 놓는다(요구하기 위해 건네주기). 잠시 멈추고 아동이 의사소

통할 때까지 기다린다. 평가하며 아동에게서 보고 싶은 기술을 고려하도록 한다.

- 비눗방울을 부는 것은 대부분 아동의 공동관심 기술을 유도한다.
- 막대와 용기를 손이 닿지 않는 곳에 두면, 요청하기 위해 쳐다보기, 손뻗기/가리키기 또는 언어 사용을 유도할 수 있다.
- 용기를 탁자 위에 두면, 비눗방울을 만들어 달라고 요구하기 위해 건네주기를 하도록 유도할 수 있다.

5. 아동이 의사소통을 하면 요구사항을 들어주거나 아동의 공동관심에 적절하게 반응한다. 아동이 시작하지 않으면 비눗방울을 다시 불고 잠시 멈춘다.
6. 이 절차를 최소 두 번 반복한다.

풍선 사용 방법

2. 아동이 바람 빠진 풍선을 탐색할 수 있는 적절한 시간을 갖도록 한다. 그 후 장난스럽게 두 번째 풍선을 분다(위생을 위해 같은 색 풍선 2개 준비. 성인의 풍선을 따로 보관하고 아동이 요청할 때 여분의 풍선을 제공한다).
   - 아동의 손이 닿지 않는 위치에 풍선을 들고 잠시 멈춘다(그림 3-5 참고). 아동은 성인과 풍선을 공유하기 위해 바라보거나 몸짓을 보이거나 언급할 수 있다.
   - 풍선 바람을 곧 뺄 것이기 때문에 풍선을 묶지 않는다.
3. 천천히 풍선 공기를 빼낸다(아동이 재미있어하고 놀라지 않는다면 풍선으로 우스꽝스러운 소리를 낼 수 있다).
   - 잠시 멈추고 아동이 의사소통을 시작할 때까지 기다린다. 이때 아동은 풍선을 요구하는 응시하기, 몸짓 사용하기 또는 언어 사용을 할 수 있다.

그림 3-5 중재자는 팽팽해진 풍선을 아동의 손이 닿지 않는 곳에서 들고, 의사소통 기술을 유도함

4. 아동이 의사소통을 하면, 적절하게 요구 사항을 듣거나 공유하기 위한 시작행동에 반응한다. 만약 아동이 시작행동을 보이지 않으면, 풍선을 다시 불고 잠시 멈춘다.

표적 기술 예시

비눗방울이나 풍선은 다양한 기술을 사용하는 기회를 제공한다. 몇 가지 예시는 다음과 같다.

요구하기 기술

- 풍선을 올려다보기(요구하기-눈 맞춤)
- 중재자에게 도움을 청하며 풍선을 건네기(요구하기-건네주기)

공동관심 기술

- 비눗방울을 불고 "비눗방울!"이라고 말하기(공동관심-언어 사용하기)

(4) 사진 가리키기에 대한 공동관심

그림 3-6과 같이 세 개의 벽면 위치에 그림을 부착하여 제시한다. 다음에 나열된 순서대로 그림을 가리킨다. 이 활동의 주요 목적은 아동이 중재자가 가리키는 방향을 따라 시선을 이동하며, 공동관심 요청에 반응하는지를 평가하는 것이다.

세 가지 지점에 대한 설명은 다음과 같다.

- **왼쪽 가로지르기**: 왼쪽 팔로 몸을 가로질러 오른쪽을 가리키도록 한다.
- **오른쪽 가로지르기**: 오른쪽 팔로 몸을 가로질러 왼쪽을 가리키도록 한다.
- **뒤쪽**: 한쪽 팔을 사용하여 팔꿈치를 구부리고 아동 뒤쪽 그림을 가리킨다(아동이 성인

왼쪽 가로지르기
(왼손으로 오른쪽을 가리킨다)

오른쪽 가로지르기
(오른손으로 왼쪽을 가리킨다)

뒤쪽
(한쪽 손으로 뒤쪽을 가리킨다)

그림 3-6 평가자는 그림에 시선을 고정한 채, 명확하게 가리킴

이 가리키는 곳을 볼 수 있도록 팔꿈치를 살짝 구부린다. 팔을 뻗으면 아동의 시야를 벗어날 수 있다).

사용 방법

1. 벽에 있는 그림을 가리키며 아동의 이름을 두 번 부른다(예: "Joey, Joey!"). "봐!"라고 말하지 않는다.
2. 중재자는 가리키는 방향을 응시한 채, 약 3초간 멈추고 아동이 반응하거나 자발적으로 행동할 기회를 제공한다.
   - 중재자는 아동이 아닌 가리키는 방향만 바라본다(만일 중재자가 아동을 본다면, 아동에게 중재자의 시선을 따르도록 기회를 주는 것이 아니다. 아동과 그림 사이를 앞뒤로 바라보는 것은 추가적인 단서가 된다).
   - 잠시 멈추는 동안의 목표는 아동이 평가자가 가리키는 방향으로 시선을 옮기며 반응하는 것이다(공동관심에 반응하기). 또한 아동은 보고 있는 내용을 평가자와 공유하려는 시도로 다시 평가자를 바라보거나 몸짓 또는 언어로 표현할 수 있다.
3. 멈춘 후에는 다음과 같이 반응한다.
   - 아동이 반응하지 않을 경우, 중재자는 그림에서 가리키는 것을 명명한다. "Joey, Joey!" (이후에 잠시 멈추고) "사자야!"
   - 아동이 적절하게 반응하여 언급할 경우, 그에 적절히 반응한다. "Joey, Joey!" (잠시 멈춘다) 아동은 "사자!"라고 말하면 평가자는 "그래, 사자야!"라고 응답한다.

표적 기술 예시

이 활동은 다음과 같은 기술을 관찰할 수 있는 기회를 제공한다. 몇 가지 예는 다음과 같다.

공동관심에 반응하기

- 평가자의 시선 따르기
- 평가자가 가리키는 방향을 따르기

공동관심 시작하기

- 그림에 대해 언급하기(공동관심-언어 사용하기)
- 방에 있는 새로운 사물을 가리키기(공동관심-가리키기)

(5) 태엽 장난감

태엽 장난감 사용의 주요 목적은 협응된 공동 바라보기, 공동관심-몸짓 및 언어 사용을 유도하는 것이다(그림 3-7 참고). 이 장난감은 아동이 요구하기 행동을 보일 수 있는 추가 기회를 제공한다.

1. 아동의 손이 닿지 않는 테이블 한쪽 구석에서 태엽 장난감을 작동시킨 후, 잠시 멈춘다. 아동은 장난감이 움직이는 동안 중재자와 함께 장난감을 공유하기 위해 시선, 몸짓 또는 언어를 사용할 수 있다.
   - 아동에게 먼저 태엽 장난감을 주지 않는다.
2. 태엽 장난감이 멈추면, 잠시 기다린다. 아동이 태엽 장난감을 요청하는 행동을 하면, 즉시 반응하고 장난감을 준다.
   - 태엽 장난감은 한 번만 제시한다. 그러나 아동이 태엽 장난감을 요구할 경우 다시 제시할 수 있다.
   - 아동이 테이블이나 성인의 손안에 있는 장난감을 직접 가져가도록 하지 않고, 반드시 아동의 의사소통 행동에 대한 반응으로 장난감을 제공한다(예: 아동이 장난감에 손을 뻗음). 아동이 장난감을 가져가는 행동만으로는 의사소통 기술로 간주하지 않는다.

그림 3-7 중재자는 아동의 의사소통 기술을 확인하기 위해 아동의 손이 닿지 않는 곳에서 태엽 장난감을 작동시킴

표적 기술 예시

태엽 장난감은 다양한 기술을 사용하는 기회를 제공한다. 몇 가지 예시는 다음과 같다.

요구하기 기술

- 테이블 끝 쪽에 있는 태엽 장난감 가리키기(요구하기 위해 가리키기)
- 태엽 장난감을 보고 "다시 해!"라고 말한다(요구하기 위해 언어 사용하기).

공동관심 기술

- 태엽 장난감 작동 후 바라보기, 성인을 바라보고, 다시 태엽 장난감을 바라보기(공동관심-바라보기)
- 중재자가 볼 수 있도록 태엽 장난감을 내밀기(공동관심-보여주기)

(6) 공

공 활동의 주요 목표는 아동이 공을 중재자에게 굴릴 것인지 여부로 공동관심-건네주기를 실행하는지 확인하는 것이다.

사용 방법

1. 중재자는 공을 탁자 중앙에 놓고 공을 잡을 준비가 된 것처럼 손을 뻗는다. 그림 3-8과 같이 잠시 멈추고 기다린다.
   - 이 단계를 서두르지 않는다. 아동이 공을 탐색하고 중재자에게 굴리도록 기다린다.
2. 아동이 중재자에게 공을 주거나 굴린다면, 공을 앞뒤로 굴리면서 차례를 교환한다. 아동이 공을 굴리지 않는다면, 아동이 공을 굴릴 때까지 몸을 숙여서 기다린다.
   - 만약 아동이 중재자가 기다리고 있는 것을 알지만 공을 굴리지 않는다면, 공 굴리는 것을 보여 준다. 아동이 반응하면 공을 앞뒤로 몇 번 굴린다. 반응이 없으면 공을 치

그림 3-8 중재자는 공을 제시하며, 손을 펼쳐서 공을 잡을 수 있도록 준비함

운다.

• 아동이 평가자를 인식하도록 충분한 기회를 제공하고 시범을 보이기 전에 공을 굴리도록 해야 한다. 아동이 공을 굴리기 시작하는 경우에만 공동관심-건네주기로 기록한다. 평가자가 먼저 굴리는 시범을 보였다면, 아동의 반응은 기록하지 않는다.

표적 기술 예시

공을 제시할 때 다음을 포함한 다양한 기술을 사용하도록 한다.

놀이 기술

- 공을 앞뒤로 굴리기(구분된 놀이 행동)
- 공을 위아래로 튀기기(구분된 놀이 행동)

공동관심 기술

- 성인과 공을 공유함(공동관심-건네주기)
- 공과 중재자 간에 협응적으로 쳐다봄(공동관심- 바라보기)

(7) 대인 참여 활동(선택 사항)

아동이 장난감에 거의 관심을 보이지 않거나 조절이나 참여를 하는 데 도움이 필요한 경우, 아동에게 맞춘 선택 활동을 포함할 수 있다. 간지럼 태우기, 운동(예: 그네 타기), 노래(예: '거미가 줄을 타고 올라갑니다' 또는 '노를 저어요') 등과 같이 사물 없이 간단히 완료할 수 있는 참여형 활동을 예로 들 수 있다. 이는 평가 환경에 익숙하지 않고 장난감에 흥미를 보이지 않는 아동에게 특히 유용하다. 또한 아동에게 동기를 부여하는 환경에서 요청할 수 있는 부가적인 기회를 제공한다.

사용 방법

1. "노래 부르자." 또는 "같이 게임하자."라고 말하며 놀이의 시작을 알린다.
2. 노래 몇 줄을 부르거나 간지럼 태우기를 한다. 잠시 멈추고 아동이 다시 노래를 불러 달라고 요청할 때까지 기다린다.
3. 노래를 반복하거나 간지럼 태우기를 한다.
4. 아동이 계속해서 요구할 수 있도록 2~3회 기회를 제공한다.

3) 시작행동을 하도록 명확한 기회 제공하기

아동이 자발적인 기술을 보여 주도록 지원하는 가장 좋은 방법은 앞에서 설명한 사용 방법을 따르는 것이다. 다음은 촉진이나 시범 없이 아동의 수행을 최적화하기 위한 몇 가지 추천 사항과 방법을 소개한다.

(1) 참여와 조절을 고려하기

아동이 조절하고 참여하는 데 도움이 되는 순서로 활동을 소개한다.

- 아동이 재미있고 매력적이라고 생각하는 것부터 시작한다.
- 아동이 흥미를 가질 수 있는 장난감(예: 태엽 장난감, 풍선 또는 비눗방울)을 전략적으로 소개해야 한다. 아동의 관심이 줄어들기 시작할 때 이러한 장난감을 사용할 수 있다. 마찬가지로, 필요에 따라 아동이 좋아하는 장난감을 다시 소개할 수 있다.
- 아동이 가장 집중할 가능성이 높은 시점에 내용을 제시한다. 아동은 평가 후반으로 갈수록 덜 참여하기 때문에 마지막에 핵심 내용을 제시하지 않도록 한다.

(2) 환경을 고려하기

환경은 재정렬하고 방해 요소를 줄인다.

- 장난감을 정리해 둔다. 많은 것을 쏟아서 더미를 만들지 않으며, 아동이 정리하기를 기대하지 않는다.
- 탁자 위를 정리해 둔다. 특히 아동의 앞부분은 신경 쓰도록 한다.
- 아동에게 명확한 놀이 방법을 보여 주지 않고(예: 테이블에 의자를 놓지 않음) 장난감을 함께 모아 둔다(예: 모양 맞추기 장난감 옆에 모양 조각 놓기).

필요에 따라 장난감을 아동 가까이에 둔다.

- 아동이 모든 장난감을 볼 수 있도록 일부 장난감을 더 가까이 옮겨 둔다(예: 인형이나 동물 피규어가 다른 장난감 속에 숨겨져 있으면, 아동 바로 앞으로 옮긴다). 아동이 모든 장난감을 알아보지 못하거나 모든 장난감을 만질 수 없으면, 놀이 기술을 보여 줄 기회를 놓칠 수 있다.

- 아동에게 장난감 사용법을 보여 주거나 촉진하지 않는다. 이러한 기술은 기록하지 않는다.

(3) 서두르지 않기

ASD 아동은 자발적으로 행동을 시작하는 데 어려움을 보이는 경우가 많다. 잠깐 멈추는 것은 아동이 기술을 수행할 수 있는 명확한 기회를 제공한다.

- 잠깐 멈출 때마다 명확하게 기회를 제공한다. 아동이 의사소통을 하는지 관찰하며 기다린다.
- 너무 오래 멈춰서 성인이 아동의 흥미와 주의를 잃지 않도록 한다(종종 3초 이하).
- 아동이 반응하지 않으면 성인은 다음 단계로 넘어간다.

(4) 기다리는 시간을 조율하기

아동의 능력과 필요에 따라 기다리는 시간을 조율한다.

- 아동이 참여하지 못하거나 조절 문제를 경험하게 되면, 잠시 기다리거나 놀잇감을 선택하도록 2초간 기다린다.
- 아동이 장난감을 요청할 가능성이 있거나 긴 시간 동안 조절하고 참여한다면, 아동이 의사소통하도록 더 길게 기다린다.

(5) 아동의 요청을 기다릴 때 아동의 손이 닿지 않는 곳에 놀잇감 두기

비눗방울이나 풍선, 태엽 장난감을 이용하여 요구하는 기회를 만들 때 아동의 손이 닿지 않는 곳에 두어야 한다. 아동이 장난감을 잡거나 가져갈 수 있다면 요구하기 위한 몸짓이나 단어 사용을 볼 수 없다. 이 점은 평가를 진행하는 동안뿐만 아니라 평가 시작 시 아동이 방에 들어오는 과정에서도 중요하다.

(6) 아직 발견하지 않은 기술을 우선순위에 두기

평가 시 성인이 보고자 하는 기술에 근거하여 활동의 균형을 맞춘다.

- 아동이 이미 많은 기술의 예시를 보였다면, 그 기술을 수행하도록 기회를 제공하는 데 시간을 줄일 수 있다.

- 아동이 아직 해당 기술을 보여 주지 않았다면, 그 기술을 볼 수 있는 활동에 더 많은 시간을 할애한다. 예를 들어, 풍선 활동 중에 아동이 가리키기로 요구하지 않았다면, 아동의 손이 닿지 않는 곳에 풍선을 두어 건네주기 행동을 이끌어 내는 기회를 추가로 제공할 수 있다.

(7) 재미있고, 긍정적이고, 사회적으로!

중재자는 아동과 함께 놀이하지 않지만, 여전히 활발하고 흥미롭고 즐거운 놀이 상대자가 될 수 있다. 긍정적이고 사회적인 환경을 조성하지 않으면 아동이 상호작용을 즐기기 어렵고 놀이 기술과 의사소통을 덜 표현할 수 있다.

- 중재자의 표정과 목소리 어조로 따뜻하고 환영하는 분위기를 제공한다.
- 중재자는 미소를 짓고, 칭찬하며, 아동이 하는 행동에 대해 언급하고, 아동의 기능적인 의사소통을 모방함으로써 모든 의사소통(눈 맞춤 포함)에 반응한다.
- 침묵하지 않는다. 아동이 편안하게 자신의 생각을 공유할 수 있는 환경을 조성해야 한다.

4 일반적 질문

다음은 SPACE에 대한 질의응답을 다룬다.

Q. 평가 중에 말을 해도 되는가?

그렇다. 아동을 위한 사회적이고 따뜻한 환경을 조성하려면 아동의 의사소통 및 놀이 기술에 반응해야 한다. 아동의 놀이 행동을 언급하고 말할 수 있다(예: "와, 좋은 생각이다!" 또는 "정말 근사하네!"). 특정 놀이나 의사소통 기술을 유도하는 언어 사용은 피하는 것이 좋다.

- **상위 놀이 수준을 암시하는 언어는 피한다.** 예를 들어, 아동은 침대에 인형을 놓고 인형 위에 담요를 덮고 "담요."라고 말한다. 중재자는 이어서 "인형이 자고 있어."라고 말한다.
    - 문제: 인형이 자고 있다고 암시함으로써 인형이 생명을 가진 것처럼(인형 매개 상징 놀이) 암시하게 되며, 이는 단순히 인형을 침대에 놓는 것(인형에 대한 가작화)보다 더 높은 놀이 수준을 나타낸다.

  ◦ 대안: 아동의 언어를 흉내 내거나(예: "담요!"), 행동 자체에 대해 언급하거나 칭찬을 한다.

- 상위 놀이 수준을 의미하는 언어 예시이다. 아동은 숟가락으로 떠서 먹는 척을 한다. 아동은 중재자를 보고 아무 말도 하지 않는다. 중재자는 "와! 스프를 먹고 있구나!"라고 말한다.
  ◦ 문제: 아동이 스프를 먹고 있다고 하며 대체 행동을 제안하고(그리고 아마도) 유도했을 수 있다. 아동이 "스프."라고 말하면 그 행동은 촉진된 것으로 간주하며, 상징적 놀이 행동(상징적 사물로 상징놀이)으로 기록하지 않는다.
  ◦ 대안: 아동의 행동에 대해 언급(예: "푸욱!")하거나 칭찬(예: "좋은 생각이야. 참 재미있어 보인다!")한다.
- 아동의 관심을 적극적으로 끌거나 기술을 이끌어 내려고 하지 않는다. 예를 들어, 아동이 의사소통하기를 기다리는 동안 놀란 척을 하며, 아동과 태엽 장난감 사이를 번갈아 가며 보지 않아야 한다.
  ◦ 문제: 아동이 요구하거나 관심을 공유하기 위해 눈 맞춤, 소리 또는 얼굴 표정을 사용하여 아동을 암묵적으로 재촉하는 것이다.
  ◦ 대안: 아동이 기술을 사용하기까지 조용히 기다린다. 아동의 시작행동에 반응하되, 기술을 유도하지 않는다.
- 아동에게 새로운 단어를 가르치지 않는다. 예를 들어, 아동이 퍼즐 조각을 집으면 성인은 즉시 말을 한다(예: "기린!").
  ◦ 문제: 아동에게 언어 시범을 보인 후 아동이 모방한 단어는 자발적인 반응으로 간주하지 않는다.
  ◦ 대안: 아동이 말하는 것을 기다리거나 보편적인 내용을 말한다(예: "좋은 생각이야!"). 아동이 언급할 수 있는 단어는 그대로 모방하는 대신, 아동 스스로 말할 수 있는 것보다 훨씬 어려운 언어를 사용한다(예: "오, 그 안에 넣어 두었구나!").

Q. 의사소통하기 위해 몸짓을 사용해도 되는가?

몸짓은 촉진과 시범 역할을 하기 때문에, 평가 중에 몸짓(예: 가리키기, 보여주기, 건네주기)을 사용하지 않는다. 아동이 몸짓을 따라한 것은 점수에 반영되지 않는다.

Q. 같이 놀이해도 되는가?

아동과 적극적으로 놀이하지 않아도 된다. 아동이 요구하지 않는 한, 아동에게 장난감을 가지고 노는 방법을 시연하거나 아동의 행동을 모방하지 않는다. 대신, 일반적인 언어와 칭찬을 하여 긍정적인 사회적 환경을 조성한다. 중재자는 놀잇감으로 놀이하지 않으면서도 반응하고, 참여하고 긍정적인 태도를 유지하는 것을 목표로 한다.

Q. 아동이 놀이하지 않으면, 도와줘도 되는가?

충분한 시간과 기회를 제공한 후에도 아동이 놀이에 참여하지 않는다면 다음과 같은 최소한의 지원을 고려할 수 있다.

- 탁자가 정리되어 있고, 아동이 놀 수 있는 공간이 있는지 확인한다(필요하다면 놀잇감의 수를 제한하여 아동이 명확한 선택을 할 수 있도록 한다. 아동이 놀이를 시작하면 놀잇감을 추가할 수 있다).
- 재미있는 장난감을 아동 가까이 옮기고 아직 가지고 놀지 않은 장난감을 앞에 놓는다.
- 사물에 집중하거나 반복적인 행동(예: 시각 탐색, 두드리는 것)을 유발하는 놀잇감을 치운다(생산적인 행동과 방해하는 행동의 신호는 6장, p. 136을 참고한다).
  - SPACE를 실행하는 중 도전적인 상황(전이 지원 등)을 관리하는 데 행동 전략을 사용할 수 있다. 예를 들어, 놀잇감을 치우기 전에 아동에게 알려 주거나 시각적으로 남은 시간을 보여 줄 수 있다.
- 간단하게 장난감을 아동 방향으로 돌리거나 아동에게 장난감을 건네준다.
- 일반적인 구어 촉진을 사용한다(예: "같이 놀이하자!").
- 어린 아동의 경우, 특히 아동과 처음 상호작용하는 경우에는 보호자가 동석하도록 한다. 보호자에게 검사의 목적을 설명하고 아동의 행동을 촉진하지 않도록 안내한다.

Q. 평가 맥락 외에 요구사항을 들어줘도 되는가?

가능하면 요구사항을 들어주되(평가에 방해가 되지 않는 한), 가능한 한 빨리 평가 상황에 집중하도록 한다. 만약, 아동이 상호작용을 피하기 위해 요구하면(예: 아동이 '끝'을 반복적으로 요구하는 경우), 평가자의 임상적 판단(즉, 이전 경험 및 통찰력)을 사용하여 응답할지 재지시할지 결정한다. 아동에게 동기를 부여하는 활동과 놀잇감은 검사에 참여하는 한 강화물로서 적절한 선택이 될 수 있다(예: "먼저 놀이하고 간식 먹자.").

Q. 놀잇감을 반복해서 제시해도 되는가?

아동의 요구에 따라 장난감을 반복해서 사용할 수 있으며, 아동이 장난감을 생산적이고 적절하게 사용하는 한 해당 기술을 계속 기록할 수 있다. 아동이 계속해서 같은 장난감을 요구한다면, 평가 시간의 제약으로 인해 다음 놀잇감 세트로 넘어가야 할 수도 있다. 중재자의 경험과 상황에 따라 최선의 판단을 하면 된다. 또한 요구한 장난감을 강화물로 사용하고 다른 활동에 참여하도록 재지시할 수 있다(예: "먼저 놀이하고 나서 그다음은 풍선.").

Q. 아동이 할 수 있는 기술을 사용하지 않으면 어떻게 하나?

아동이 이미 아는 기술을 사용하지 않는다면, 몇 가지 이유가 있을 수 있다.

- 아동은 기술을 사용하며 반응하는 것만 알고 있고, 시작하는 방법은 모를 수 있다.
- 아동의 기술이 숙달되지 않았기 때문에 기술 사용이 편하지 않을 수 있다.
- 아동에게 단순히 '별로'인 날일 수 있다. 아동이 새로운 환경에서 편하지 않다는 신호일 수 있다.

중재자는 단순한 기술을 SPACE 양식에 기록한다. 중재 후에 아동이 완전하게 기술을 습득했다면, 그에 따라 표적 기술을 조정할 수 있다.

5 SPACE 양식

다음의 양식과 표는 SPACE를 위해 반드시 사용해야 한다.

- **양식 3-1**(SPACE 자료 수집 및 표적 기술, pp. 94-95 참고). 이 양식을 사용하여 아동의 기술을 기록하고 중재 목표를 설정한다(목표 설정에 대한 사용 방법은 4장에서 설명함).
- **표 3-1**(수준에 따른 놀이 행동 SPACE 목록, p. 87 참고). 이 표를 참고하여 다양한 놀이 행동에 해당하는 놀이 수준을 식별한다.
- **양식 3-2**(SPACE 실행 충실도, p. 96 참고). 이 양식을 사용하여 SPACE 방법을 배우면서 신뢰성을 확보한다.

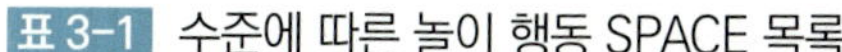

표 3-1 수준에 따른 놀이 행동 SPACE 목록

사용 방법:

- 이 목록을 각 놀이 행동과 연관된 놀이 수준을 식별하는 데 사용한다.
- 아동은 이 목록에 없는 놀이 행동을 보일 수 있다(놀이 수준 식별에 대한 자세한 내용은 2장, 핵심 영역 참고).

놀이 수준	놀이 행동
단순 놀이	트럭을 밀기(구분된 놀이 행동) 농장 문을 열고 닫기(구분된 놀이 행동) 트럭에서 블록을 꺼내기(조합 분리하기) 퍼즐 판에서 퍼즐 조각을 꺼내기(조합 분리하기)
조합 놀이	퍼즐 조각 맞추기(외형적 조합) 쟁반 위에 쿠키를 두기(외형적 조합) 쿠키 위에 프로스팅을 올려 두기(외형적 조합) 모양 맞추기 장난감에 모양을 넣기(외형적 조합) 가구를 쌓기(일반적 조합) 쿠키를 쌓기(일반적 조합) 블록으로 쌓기(일반적 조합) 트럭에 블록을 넣기(일반적 조합) 퍼즐 조각을 쌓기(일반적 조합)
전상징적 놀이	컵이나 숟가락을 입에 가져다 대기(자기 가작화) 쿠키를 자기 입에 가져다 대기(자기 가작화) 빗으로 자신의 머리나 평가자의 머리를 빗기(자기 가작화) 블록으로 구조물 만들기(목적을 가진 물리적 조합) 피규어를 침대에 두기(인형에 대한 가작화) 피규어를 농장에 두기(인형에 대한 가작화) 피규어를 의자에 앉히기(인형에 대한 가작화) 컵이나 숟가락을 피규어에게 가져다 대기(인형에 대한 가작화) 피규어에게 쿠키를 주기(인형에 대한 가작화) 숟가락을 컵 안에 두기(관습적 조합) 쿠키를 컵이나 접시 위에 두기(관습적 조합) 침대 위에 담요를 두기(관습적 조합) 침대 위에 베개를 두기(관습적 조합) 테이블에 의자를 두기(관습적 조합) 접시나 컵에 숟가락으로 섞는 행동을 하기(관습적 조합) 2개의 피규어를 대상으로 가작화하기(단일 도식 연결)

놀이 수준	놀이 행동
상징놀이	휴지를 담요인 척하여 놀이하기(사물 대체 상징놀이) 컵이나 그릇을 사용해서 요리하는 척하기(상상적 사물로 상징놀이) 트럭이 '빵' 소리를 내는 척하기(상상적 사물로 상징놀이) 피규어가 자거나 코고는 시늉을 하기(인형 매개 상징놀이) 피규어가 걷는 시늉을 하기(인형 매개 상징놀이) 피규어가 먹거나 마시는 시늉을 하기(인형 매개 상징놀이) 피규어를 갖고 2개의 인형 매개 상징놀이 순서를 수행하기(다중 도식 연결) 제빵사인 척 놀이하기(사회극 놀이)

6 채점 방법

SPACE를 실행한 후에는 아동이 보유한 시작하는 기술을 더 잘 알게 된다. 일부 시작은 명확할 수 있지만(예: 아동이 피규어를 들고 "농장으로 가요!"라고 말한다), 다른 행동은 애매할 수 있다(예: 아동이 탐색하고 싶은 새로운 장난감을 보고 평가자를 쳐다본다). 이 절에서는 아동의 기술을 식별하고 기록하는 데 도움을 주는 내용을 소개한다.

1) SPACE 자료 수집 및 표적 기술 양식에 기록하기

평가하며 관찰한 기술을 양식 3-1 (SPACE 자료 수집 및 표적 기술)에 기록한다. 실시간 자료 수집은 SPACE를 위한 자료를 확보하는 데 가장 효과적인 방법이다. 연구에 따르면, 학급 교사를 포함한 지역사회 기반 평가자는 SPACE를 충실하게 관리하면서 높은 수준의 자료를 수집하는 방법을 배웠다(Shire et al., 2018). 아동이 자발적으로 시작한 놀이, 몸짓, 언어만을 기록하도록 한다. 아동이 성인을 모방하기 위해 기술을 사용하거나 촉진에 반응하여 기술을 사용하는 경우, 해당 기술을 기록하지 않는다.

(1) 공동참여 시간(1열)

- 평가 후, 아동이 지원된 또는 협응된 공동참여를 한 총 시간을 동그라미로 표시한다.

(2) 조절 시간(2열)

- 평가 후, 아동이 조절하며 보낸 총 시간을 동그라미로 표시한다.

(3) 공동관심 기술(3열)

공동관심에 반응하기

- 중재자가 벽에 있는 그림을 가리켰을 때 아동이 시선을 이동하여 반응한 횟수를 계산한다.
- 평가 후, 가리킨 지점에 대해 아동이 응답한 총 횟수를 동그라미로 표시한다.
- 아동이 반응하는 데 사용한 몸짓이나 언어를 공동관심 개별 사례로 기록하지 않고, 시작하는 행동은 기록한다.
- 예를 들어, 중재자가 가리키며 "Benny, Benny!"라고 말한다. Benny는 보고, 가리키며, "사자예요."라고 말한다(반응으로 기록함). 그러자 Benny는 자연스럽게 다른 사진을 가리키며 "기린이야!"라고 말한다(이것은 자발적인 몸짓과 언어로 기록함). 공동관심에 대한 하나의 응답 사례, 자발적인 공동관심-가리키기 및 공동관심-언어 사용하기의 사례를 모두 기록한다.

공유하기 위해 바라보기, 보여주기, 가리키기, 건네주기

- 평가하는 동안 아동이 각 기술을 사용한 횟수를 계산한다.
- 평가 후, 아동이 사용한 기술 총 횟수를 동그라미로 표시한다.
- 불분명하거나 부분적인 몸짓은 점수를 기록하지 않는다. 명확하고 완전한 행동만 기록한다.
- 특히 공 동작의 경우, 중재자가 시연한 몸짓은 기록하지 않는다. 예를 들어, 중재자가 공을 굴렸으면, 공을 굴리는 아동의 행동을 기록하지 않는다.

공유하기 위해 언어 사용하기

- 아동이 자발적인 언어를 사용하여 공유하는 경우에는 '예'에 동그라미를 치고, 자발적인 언어를 사용하여 공유하지 않은 경우에는 '아직'에 동그라미를 친다.

(4) 요구하기 기술(4열)

요구하기 위해 바라보기, 뻗기, 건네주기, 가리키기

- 검사하는 동안 아동이 각 기술을 사용한 횟수를 계산한다.
- 검사 후, 아동이 각 기술을 사용한 총 횟수에 동그라미를 친다.
- 불분명한 몸짓은 기록하지 않는다. 명확하고 완전한 행동만 기록한다.

요구하기 위해 언어 사용하기

- 검사 후, 아동이 언어를 사용하여 요청했다면 '예'에, 요청에 언어를 사용하지 않았다면 '아직'에 동그라미를 친다.

(5) 눈 맞춤, 몸짓, 언어 조합(4열)

- 평가 후 아동이 눈 맞춤, 몸짓, 언어를 동시에 사용하여 요청하는 경우 '요구'에 동그라미를 친다. 예를 들어, 아동이 태엽 장난감을 들고 있을 때 중재자를 바라보며 "도와줘!"라고 말하고 태엽 장난감을 제시한다.
- 아동이 이러한 기술을 결합하여 공유하거나 언급하는 경우, '공동관심'에 동그라미를 친다. 예를 들어, 비눗방울 활동 중에 아동이 평가자를 바라보고, 비눗방울을 공동관심-가리키기하며, "터뜨렸어."라고 말한다.
- 아동이 기술을 자주 조합하지 않는 경우 '아직 없음'에 동그라미를 친다.

(6) 언어 수준(5열)

- 검사를 마치면 아동의 언어 수준에 동그라미를 친다. 언어 수준은 아동의 평균 발화 길이(MLU), 즉 아동이 각 발화 내에서 사용한 평균 단어 수(구어 또는 보완된 언어 사용)를 기반으로 한다. 〈연습문제 3-1〉을 사용하여 아동의 언어 수준을 확인하는 연습을 하도록 한다.

연습문제 3-1 SPACE 언어 수준

SPACE 평가 시 아동이 말한 단어나 구를 고려하여 아동의 언어 수준에 동그라미로 표시하시오.

사용한 단어	아동의 언어 수준
농장, 코끼리, 소년이 안에, 맥도날드, -안에, 쿠키, 문, 소, 밖에,	단어 없음 부분/단어 근사치 단어 1개 단어 2개 구 문장

(7) 놀이 기술(2 페이지)

아동의 자발적인 놀이 기술의 정교함과 각 놀이 범주에서 아동이 보여 준 놀이 행동 유형의 수를 파악한다(표 3-1 참고).

- 아동이 각 수준에서 보여 준 다양한 놀이 행동 수를 집계한다(예: 자동차를 굴리고, 블록 4개를 쌓고, 퍼즐 조각 3개를 퍼즐 판에 넣는다. 놀이 행동 유형 3개: 구분된 놀이 행동 1회, 일반적 조합 1회, 외형적 조합 1회).
- 평가 후에 다양한 유형의 놀이 행동의 총 개수에 동그라미를 친다(〈연습문제 3-2〉로 연습해 보기).

연습문제 3-2 놀이 행동

다음 설명이 주어진 SPACE 평가 동안 각 놀이 수준에 대해 아동이 보여 준 놀이 유형의 수에 동그라미로 표시하시오.

놀이 행동	점수		
• 블록 3개 쌓기 • 농장에 자신의 블록 2개 넣기 • 입에 숟가락 넣기	일반적 조합		
	아직 없음	1~2개	3개 이상
• 쿠키 4개 쌓기 • 덤프트럭에 블록 2개 넣기 • 쿠키 먹는 척하기	자기 가작화		
	아직 없음	1~2개	3개 이상

(8) 기록

SPACE는 개별적으로 측정하지 않는 아동의 여러 영역에서 대략적으로 '파악'할 수 있는 기회를 제공한다. 여기에 추가-관찰 내용을 기록한다. 관찰을 통해 아동의 현재 발달 수준을 이해할 수 있으며, 필요한 지원을 파악할 수 있고, 향후 사용하게 되는 전략을 준비하는 데 도움이 된다. 다음은 기록하는 정보의 예시이다.

환경 및 지원

- 필요하거나 기존의 행동 지원(전이 시 어려워함)
- 필요하거나 기존의 환경적 지원(공간의 방해 요소)
- 필요하거나 기존의 물리적 지원(착석을 어려워함, 낮은 긴장도)

놀이

- 아동이 보여 주는 구체적인 놀이 행동
- 놀이의 속도(빠르거나 느림, 많거나 적은 단계를 보임)
- 장난감 선호도
- 유연하거나 고정된 놀이 양식
- 반복적인 놀이 행동, 장난감을 기능대로 사용하지 않음, 장난감으로 주위를 시끄럽게 함

공동관심 또는 요구하기를 위한 눈 맞춤과 몸짓

- 부분적이고, 불분명하고, 발현하는 기술

언어

- 요구하거나 공유하기 위해 사용하는 단어 및 구문
- 반응하고, 요구하거나 공유하기 위한 의사소통 속도(빠름, 느림, 즉시, 일시 중지 후)
- 단어 근사치(유사어)
- 필요하거나 기존의 의사소통 지원(그림 교환 체계, 음성 산출 장치)

조절과 참여

- 고집스럽고 반복적인 행동, 감각 추구 행동
- 조절 문제의 첫 신호와 가능한 원인
- 반복적인 놀이 행동, 장난감을 망가뜨리는 행동, 주위를 시끄럽게 하는 장난감

기분과 성격

- (기분이) 들떠 있거나 처져 있음
- 지루해하거나 동기 부여된 상태
- 놀이에 관심이 없거나 놀이를 좋아함
- 사람에게 관심이 없거나 사람들과 참여하는 것을 좋아함

2) SPACE 실행 충실도 양식 기록 방법

SPACE 실행 충실도 양식(양식 3-2 참고)을 사용하여 실행의 질을 평가하고 개선해야 할 부분을 결정한다. 각 아동이 기술을 수행할 기회를 갖도록 적정 충실도를 맞추는 것이 필

요하다. 중재자의 신뢰도는 자신이 평가할 아동(군)을 대표하는 3명의 다른 아동을 대상으로 90% 이상의 충실도를 보여야 한다. SPACE 검사 자격을 갖추는 것에 관심이 있다면, 자격을 갖춘 훈련가에게 진단한 내용을 평가받고, 충실도를 점검해야 한다. 자세한 내용은 www.jaspertraining.org를 참고하기 바란다.

7 결론

SPACE는 아동의 기술을 측정하고 표적 기술을 설정하는 데 중요한 도구이다. 아동의 행동 진보와 설정한 목표에 맞춰 제대로 진행되고 있는가를 확인하기 위해 SPACE를 주기적으로(예: 2~3개월 후) 반복해서 실시할 것을 권장한다. 또한 아동의 기술 평가는 18장의 자료 수집 방법을 사용하여 별도의 평가 없이 일상적인 상호작용 내에서 파악한다. 다음 장에서는 SPACE를 통해 수집한 정보를 바탕으로 중재에 적합한 표적 기술을 설정하는 방법을 다룬다.

양식 3-1 SPACE 자료 수집 및 표적 기술(1/2)

아동: ____________________ 성인: ____________________ 작성일: ____________________

방법: • 공동참여와 조절의 전반적 질을 기록하고, 각 수준의 목표를 설정한다.
- 의사소통 기술에 원을 그려 집계하고, 이러한 기술에 대한 목표를 설정한다.
- 페이지 2를 사용하여 아동의 놀이 기술과 목표를 기록한다.
- 자발적인 기술 시작행동을 기록한다(모방 행동 또는 촉진된 반응은 아님).

자료 수집

공동참여	조절	공동관심 기술	요구하기 기술	언어(MLU)
없음	없음	공동관심에 반응하기 아직 없음 1 2 3	요구하기 위해 바라보기 아직 없음 1 2 이상	없음
10초 미만의 매우 짧은 순간	10초 미만의 매우 짧은 순간	공유하기 위해 바라보기 아직 없음 1 2 이상	요구하기 위해 뻗기 아직 없음 1 2 이상	부분/ 단어 근사치
10초에서 1분 미만의 짧은 기간	10초에서 1분 미만의 짧은 기간	공유하기 위해 보여주기 아직 없음 1 2 이상	요구하기 위해 건네주기 아직 없음 1 2 이상	단어 1개
1~2분	1~2분	공유하기 위해 가리키기 아직 없음 1 2 이상	요구하기 위해 가리키기 아직 없음 1 2 이상	단어 2개 조합
3분 이상	3분 이상	공유하기 위해 건네주기 아직 없음 1 2 이상	요구하기 위해 언어 사용하기 아직 없음 있음	구
대부분의 상호작용	대부분의 상호작용	공유하기 위해 언어 사용하기 아직 없음 있음	눈 맞춤, 몸짓, 언어 조합 아직 없음 요구 공동관심	문장

공동참여와 조절 표적 기술

공동참여	10초 미만의 매우 짧은 순간	10초에서 1분 미만의 짧은 기간	1~2분	3분 이상	대부분의 상호작용
조절	10초 미만의 매우 짧은 순간	10초에서 1분 미만의 짧은 기간	1~2분	3분 이상	대부분의 상호작용

의사소통 표적 기술

공동관심	반응하기*	바라보기*	보여주기	가리키기	건네주기	협응된 기술
요구하기		바라보기*	뻗기	보여주기	가리키기	협응된 기술
언어		다양성: ______________		복합성: ______________		

* 이 기술이 아동의 표적 기술이라면, 몸짓도 표적 기술로 추가한다(보여주기, 가리키기 또는 건네주기). (계속)

양식 3-1 SPACE 자료 수집 및 표적 기술(2/2)

놀이 기술 자료 수집			
단순 놀이	비구분된 놀이 행동 없음 1~2개 3개 이상	구분된 놀이 행동 없음 1~2개 3개 이상	조합 분리하기 없음 1~2개 3개 이상
조합 놀이	외형적 조합 없음 1~2개 3개 이상		일반적 조합 없음 1~2개 3개 이상
전상징적 놀이	자기 가작화 없음 1~2개 3개 이상	목적을 가진 물리적 조합 없음 1~2개 3개 이상	인형에 대한 가작화 없음 1~2개 3개 이상
	관습적 조합 없음 1~2개 3개 이상		단일 도식 연결 없음 1~2개 3개 이상
상징 놀이	사물 대체 상징놀이 없음 1~2개 3개 이상	상징적 사물로 상징놀이 없음 1~2개 3개 이상	인형 매개 상징놀이 없음 1~2개 3개 이상
	다중 도식 연결 없음 1~2개 3개 이상	사회극 놀이 없음 1~2개 3개 이상	주제극 놀이 없음 1~2개 3개 이상

놀이 표적 기술

숙달한 놀이 수준: ____________________ 표적 놀이 수준: ____________________

놀이 기술의 질적 측면

다양성: ______________ 융통성: ______________ 창의성: ______________

Note:

양식 3-2 SPACE 실행 충실도

아동: ____________________ 성인: ____________________ 작성자: ____________________

평가일: ____________________ 작성일: ____________________

방법:
- 성인이 JASPER 사용 방법에 따라 전략을 사용했다면, '예'에 표기하세요.
- 성인이 JASPER 사용 방법에 따라 전략을 사용하지 않았다면, '아니요'에 표기하세요.
- 성인이 회기에서 전략을 사용할 기회가 없었다면, '해당사항 없음'에 표기하세요.
- 추가 사항은 본 양식 뒷면에 기재해 주세요.

평가 중 관찰한 놀이 행동		**예**	**아니요**
1. 성인은 준비물 전체 세트를 제공한다.			
2. 성인은 손을 펼치고 "놀자!"라고 말하며 평가를 시작한다. 이후에 아동이 장난감을 선택할 때까지 잠시 멈춘다.			
3. 성인은 환경 정리를 하여 아동이 모든 준비물을 인지하고 참여하도록 지원한다.			
4. 성인은 놀이 행동을 시범 보이지 않고, 장난감과 관련하여 언어적 또는 신체적 촉진을 제공하지 않는다.			
5. 성인은 참여와 조절을 하도록 적절한 지원을 사용한다.			
블록, 트럭, 모양 맞추기 놀잇감, 퍼즐 세트		**예**	**아니요**
6. 성인은 불투명한 장난감 가방 또는 상자를 소개하고, 아동이 상자를 열고 장난감을 탐색할 때까지 기다린다.			
7. 성인은 아동이 모든 놀잇감을 가지고 놀 수 있도록 충분한 시간을 허락한다.			
농장, 음식, 가구, 인형 세트		**예**	**아니요**
8. 성인은 불투명한 장난감 상자나 가방을 소개하고 아동이 상자를 열고 장난감을 탐색할 때까지 기다린다.			
9. 성인은 아동이 모든 놀잇감을 가지고 놀 수 있도록 충분한 시간을 허락한다.			
풍선 또는 비눗방울		**예**	**아니요**
10. 성인은 테이블 중앙에 풍선이나 비눗방울을 놓고 2~4회 보여 준다.			
11. 성인은 잠시 멈추고 아동이 자발적으로 요청(눈 맞춤, 가리키기, 주기, 언어 사용)을 시작할 기회를 제공하고 아동이 성인에게 풍선이나 비눗방울을 돌려 달라고 촉진하지 않는다.			
그림 가리키기		**예**	**아니요**
12. 성인은 3개의 떨어져 있는 지점을 설정한다. 성인의 지점은 팔꿈치를 지나치지 않는다. 성인은 지점을 응시하고, 아동을 쳐다보지 않는다. 성인은 진행 시점을 순서대로 제시한다(왼쪽에서 오른쪽으로, 오른쪽에서 왼쪽으로, 뒤로).			
13. 성인은 그림을 가리키는 동안 아동의 이름을 두 번 부른다. 성인은 잠시 멈추고 반응을 기다리고, 그 이후에 그림을 명명한다.			
태엽 장난감		**예**	**아니요**
14. 성인은 탁자 모서리(아동의 손이 닿지 않는 곳)에 있는 태엽 장난감을 작동하고, 잠시 멈춘 후에 아동에게 장난감을 요청하거나 관심을 공유할 기회를 준다.			
15. 성인은 탁자 중앙에 공을 놓고 시작하며, 공을 잡을 준비가 된 것처럼 손을 내민다. 성인은 잠깐 멈추고, 아동이 시작하기를 기다린다.			
16a. 만약 아동이 공을 굴리면, 성인은 앞뒤로 몇 번 공을 굴린다.			
16b. 만약 아동이 공을 굴리지 않으면, 성인은 아동에게 한 번 굴린 다음, 아동이 앞뒤로 굴리는 데 관심이 없으면 치운다.			
대인 참여 활동(포함되어 있다면)	**N/A**	**예**	**아니요**
17. 성인은 "노래 부르자." "게임하자."라고 하며 놀이에 초대한다.			
18. 성인은 아동이 요청할 때 잠시 멈추고 노래를 반복한다.			
점수			
'예' 총합: ________ 중 ________ % 충실도 (통과율 = 90%) ________%			

4장

숙달한 기술과 표적 기술 파악하기

1 도입

이 장에서는 SPACE(3장 참고)로 취합한 정보를 기반으로 하여, 발달적으로 적합한 표적 기술을 선택하는 방법을 소개한다. 중재자는 참여, 조절, 놀이, 언어, 공동관심 몸짓, 몸짓 요구와 같은 영역에서 모든 아동의 표적 기술을 선정한다. 아동이 목표를 성취하면, 같은 영역 내에서 다음 기술로 이동한다. 개별 아동은 각기 다른 속도로 발전한다. 아동이 모든 영역의 최고 기술 수준에 도달하지 못할 수 있지만, 중재를 제공하며 주기적으로 행동 진보의 지표를 확인해야 한다.

2 표적 기술 설정하기

3장의 양식 3-1(SPACE 자료 수집 및 표적 기술)을 사용하여 발달적으로 적합한 중재 표적 기술을 설정한다. JASPER는 아동의 현행 발달 수준보다 한 단계 높고, 성취할 수 있는 작은 단위로 표적 기술을 설정한다. 예를 들어, 아동이 알 수 없는 행동을 하면 단순 놀이의 다음 단계(구분된 놀이 행동)로, 이후에는 그다음 단계(조합 분리하기)를 표적 기술로 한다. 아동이 이전 단계를 성취하기 전까지 더 높은 기술을 목표로 하지 않는다. 이를 통해 아동의 표적 기술이 현실적이고 성취할 수 있도록 보장한다.

1) 숙달한 기술과 발현하는 기술을 나타내는 지표

표적 기술을 설정하기 위해서는 현재 숙달한 기술, 발현하는 기술, 부재하는 기술을 정확하게 파악해야 한다. 숙달한 기술은 아동이 이미 배웠고 자발적으로 사용하는 기술이다. 발현하는 기술은 아동이 수행하지만, 아직 편안해하지 않거나 드물게 사용하는 기술이다.

발현하는 기술과 숙달한 기술의 지표는 그림 4-1을 참고하면 된다.

빈도는 숙달한 정도를 알 수 있는 명확한 지표가 되지만, 늘 신뢰할 수 있는 기준은 아니다. 예를 들어, 아동이 요구하기 위해 여러 번 손가락으로 가리킨다 해도, 손가락을 불완전하게 펴거나 상당한 시간 지연 후에 반응한다면, 해당 기술은 아직 숙달하지 않았을 가능성이 크다. 마찬가지로, 아동이 모방만 하고 자발적으로 시작하지 않는다면, 그 기술 역시 아직 숙달되지 않았을 가능성이 높다. 아동이 다양한 환경에서 자신감 있고 자발적으로 기술을 시작할 수 있을 때 숙달했다고 본다.

아동이 이미 숙달한 기술과 발현하는 기술을 파악하는 과정에는 임상적 판단이 요구된다. 즉, 정확하게 판단하기 위해서는 여러 요인을 평가하고, 아동에 대한 지식과 이전 경험을 바탕으로 종합적인 판단을 해야 한다. 아동이 사용하는 기술이 숙달되었는지 확신할 수 없다면 발현하는 기술로 간주하고, 회기에서 아동이 기술을 확실히 익힐 수 있는 기회를 제공하도록 한다.

숙달한 기술	발현하는 기술
◦ 높은 빈도로 기술을 사용함(SPACE에서 2개 이상 몸짓 예시, 3개 이상 놀이 행동) ◦ 자발적으로 시작할 수 있음 ◦ 쉽고, 일관적이고, 유연함 ◦ 다른 기술과 병합할 수 있음(예: 눈 맞춤과 같이 사용) ◦ 다양한 맥락에서 사용됨(예: 다른 활동, 사람, 상황에서)	◦ 가끔 사용함 ◦ 자발적으로 사용하지 않음(모방하거나 촉진에 대한 반응으로만 사용) ◦ 경직되고 반복적임 ◦ 기술 사용에 어려움을 보임 ◦ 명확하지 않은 기술을 사용함(단어 근사치, 부분적인 몸짓)

그림 4-1 숙달한 기술과 발현하는 기술 비교

2) 더 높은 수준의 표적 기술을 선정하지 않는 이유

JASPER는 아동의 근접 발달 영역(zone of proximal development) 내의 기술을 목표로 한다(Vygotsky, 1978). 즉, 너무 낮지도 너무 높지도 않은, 아동이 숙달한 수준에서 한 단계 앞선 기술을 목표로 한다. 이는 목표가 현실적이고 성취 가능하도록 보장한다. 아동이 가장 낮은 발달 수준(A)에서 시작하여 가장 높은 발달 수준(Z)에 도달하기를 바란다면, 아동이 그 사이에 있는 작고 중요한 모든 단계를 배울 수 있도록 해야 한다(B부터 Y까지). 아동의 발달 범주에서 기술을 목표로 함으로써, 아동에게 요구되는 사항을 합리적이고 '소화 가능한 크기'로 유지하여 과부하가 걸리지 않도록 한다. 아동에게 가장 높은 기술을 목표로 하면, 아동은 질 높은 상호작용에 참여하기 어려워할 수 있으며, 제한된(심지어 대본을 읽는 것처럼) 방식으로 상호작용할 가능성이 더 커진다.

3 영역별 표적 기술

다음은 양식 3-1(SPACE 자료 수집 및 표적 기술)에 제시된 영역의 목표 설정에 대한 정보와 연습을 제공한다. 개별 영역에서의 기술 순서는 2장에 설명된 대로 전형적인 발달의 가장 초기의 단순한 기술부터 이후에 발달되는 더 복잡한 기술까지의 발달 순서를 따른다. 일반적으로, 성인은 양식 3-1에 나열된 기술 순서를 따라 아동의 개별 영역에서의 숙달한 기술을 파악한 후에 한 단계 높은 아동의 목표를 설정한다. 각 영역에서 가장 높은 목표는 아동의 실제 연령에 따라 적절하지 않을 수 있다. 예를 들어, 영아의 나이에 비해 오랜 시간 협응된 공동참여를 하거나 상징적으로 놀이하는 것은 연령상 부적절할 수 있다.

1) 공동참여와 조절 표적 기술

동그라미로 표기한 표적 기술보다 한 단계 높게 설정한다. 예를 들어, 아동이 10초 미만의 매우 짧은 순간(fleeting moments)만 조절한다면(예: 3~5초간), 표적 기술은 10초에서 1분 미만의 짧은 기간(sustained intervals) 동안 조절하는 것(예: 15~30초)이 될 수 있다. 아동의 표적 기술을 파악한 후에는 공동참여와 조절 기간을 점진적으로 늘려 가도록 한다.

2) 공동관심 표적 기술

아동이 숙달한 몸짓보다 한 단계 높은 기술을 설정한다. 예를 들어, 아동이 공동관심 보여주기를 숙달했다면, 공동관심-가리키기를 표적 기술로 삼는다. 아동이 명확하고 자발적으로 두 번 이상 공동관심 몸짓을 사용하면 숙달했다고 볼 수 있다. 몸짓이 불명확하거나 부분적으로 나타난다면, 발현하는 것으로 볼 수 있다. 다음은 명확하지 않은 몸짓의 몇 가지 예시이다.

- **불명확한 가리키기:** (검지를 사용하지 않고) 느슨하게 손으로 가리키거나 검지가 아닌 다른 손가락으로 가리킨다.
- **불명확한 보여주기:** 사물을 자기 쪽으로 향하게 하거나 명확하게 상대방을 향하지 않는다.
- **불명확한 건네주기:** 사람 앞에 사물을 놓지만 손에 건네주지 않는다.
- **불명확한 뻗기:** 명확한 사회적 요구 의도 없이 사물을 향해 손을 뻗는다.

대부분의 경우, 양식 3-1 (SPACE 자료 수집 및 표적 기술)의 순서에 따라 표적 기술을 설정할 수 있다. 그러나 아동의 발현하는 기술에 근거하여 공동관심 표적 기술을 선택하는 것이 더 논리적일 수 있다. 예를 들어, 아동이 순서에 맞지 않게 발현하는 기술을 사용하는 경우(예: 아동이 공동관심-건네주기를 시작했으나 공동관심-가리키기나 공동관심-보여주기는 시연하지 않았음), 공동관심-건네주기를 먼저 표적 기술로 설정할 수 있다. 몸짓은 전형적인 발달에서 겹치거나 밀접하게 함께 나타나기 때문에 몸짓에 대한 표적 기술 순서는 유연하다.

만약, 아동의 표적 기술을 공동관심에 반응하기, 공동관심-바라보기 또는 요구하기 위해 바라보기로 설정한다면, 몸짓 표적 기술도 선택해야 한다(예: 보여주기, 가리키기 또는 건네주기). 만약, 아동이 언어와 몸짓을 구분해서 사용한다면, 두 기술을 병합하는 것을 표적 기술로 하여 아동이 동시에 사용할 수 있도록 한다(예: 노란색 블록을 내밀면서 "노란색!"이라고 말하며 공동관심-보여주기를 사용하는 것). 〈연습문제 4-1〉을 통해 아동의 숙달한 몸짓과 표적 기술 몸짓을 파악하는 연습을 해 보기를 권한다.

연습문제 4-1 숙달한 몸짓 기술과 표적 몸짓 기술

주어진 정보에 따라 아동이 숙달한 기술과 표적 기술을 고르시오.

요구하기 표적 기술

1. 아동은 장난감을 얻기 위해 성인을 몇 번 쳐다보고 태엽 놀잇감에 손을 뻗는다.

1) 숙달한 기술:	눈 맞추기	뻗기	건네주기	가리키기	기술 협응하기
2) 표적 기술:	눈 맞추기	뻗기	건네주기	가리키기	기술 협응하기

2. 아동은 성인을 몇 번 쳐다보고, 여러 사물에 손을 뻗고, 선반에 잇는 놀잇감을 얻기 위해 여러 번 가리키기를 하고, 태엽 놀잇감을 작동시켜 달라고 요청하면서 건네주었다.

1) 숙달한 기술:	눈 맞추기	뻗기	건네주기	가리키기	기술 협응하기
2) 표적 기술:	눈 맞추기	뻗기	건네주기	가리키기	기술 협응하기

3. 아동은 성인을 쳐다보지 않고 풍선에 손을 뻗었다.

1) 숙달한 기술:	눈 맞추기	뻗기	건네주기	가리키기	기술 협응하기
2) 표적 기술:	눈 맞추기	뻗기	건네주기	가리키기	기술 협응하기

공동관심 표적 기술

4. 아동은 공유하기 위해 여러 차례 가리키고, 마치 놀잇감을 보여 주는 것처럼 자신을 향해 놀잇감 여러 개를 들어 올렸다.

1) 숙달한 기술:	공동관심에 반응하기	쳐다보기	보여주기	가리키기	건네주기	기술 협응하기
2) 표적 기술:	공동관심에 반응하기	쳐다보기	보여주기	가리키기	건네주기	기술 협응하기

5. 아동은 여러 차례 가리키고, 공동관심-건네주기를 사용하여 성인과 피규어를 공유했다.

1) 숙달한 기술:	공동관심에 반응하기	쳐다보기	보여주기	가리키기	건네주기	기술 협응하기
2) 표적 기술:	공동관심에 반응하기	쳐다보기	보여주기	가리키기	건네주기	기술 협응하기

3) 언어 표적 기술

아동의 언어 표적 기술을 파악하기 위해 아동의 평균 발화 길이(3장에 정의된 대로)를 결정한 다음 다양성과 복잡성에 대한 표적 기술을 설정한다. 단기 목표는 아동의 현재 언어 수준 내에서 다양성을 확장하는 것이며, 장기 목표는 한 단계 높은 수준으로 복잡성을 증진하는 것이다. 따라서 아동이 평가 중에 주로 한 단어를 사용하는 경우, 목표는 다양한 단어 1개 발화(다양성)와 단어 2개 소합(복잡성)이다.

연습문제 4-2 숙달한 발화 길이와 표적 발화 길이

아동의 숙달한 발화 길이와 표적 발화 길이에 표시하고, 제공된 정보를 바탕으로 다양성과 복잡성을 위한 표적 발화 길이를 쓰시오. 참고: 음성은 V 표시

1. 말, 고양이, 강아지, 트럭, 동그라미, 무너졌어, 맥도날드 농장, 쿠키

숙달한 평균 발화 길이: 단어 없음/부분 단어 단어 1개 단어 2개 조합 구 문장

다양성 표적 발화 길이: ____________

복잡성 표적 발화 길이: ____________

2. 도형 더, 트럭, 가다, 자는 시간, ~위에 블록, 쿠키 먹어, 쿠키 더 먹어

숙달한 평균 발화 길이: 단어 없음/부분 단어 단어 1개 단어 2개 조합 구 문장

다양성 표적 발화 길이: ____________

복잡성 표적 발화 길이: ____________

4) 놀이 표적 기술

놀이 표적 기술을 파악하기 위해 아동의 숙달한 놀이 수준을 결정하여 한 단계 높은 놀이 수준을 표적 기술로 설정한다. 아동의 숙달한 놀이 수준은 가장 높은 수준으로, 아동이 3개 또는 그 이상의 자발적 놀이 행동을 보이는 것이다. 이는, 아동이 보여 주는 가장 높은 놀이 수준과는 다르다. 아동의 놀이 수준이 외형적 조합인 경우, 일반적 조합을 표적 기술로 한다. 숙달한 놀이 수준이 일반적 조합이면, 다음은 자기 가작화이다. 놀이 수준의 첫 단계가 비구분된 놀이 행동이므로, JASPER에서 비구분된 놀이 행동은 표적 기술이 될 수 없다. 아동이 놀이 행동을 전혀 보이지 않거나 주로 비구분된 놀이 행동을 보인다면, 식별할 수 있는 행동부터 시작한다. 표적 기술을 설정할 때 놀이 기술은 항상 순차적으로 발달하지 않으며, 아동마다 발달 순서가 다를 수 있다는 점을 기억해야 한다. 다음에서 몇 가지 추가 유의사항을 설명하고자 한다.

(1) 놀이 행동의 맥락을 이해하기

아동의 행동만으로 항상 놀이 수준을 파악할 수 없으며, 더 넓은 맥락과 다른 지표를 고려해야 놀이 수준을 파악할 수 있다. 같은 놀이 행동이라도 아동에 따라 다른 수준의 능력을 보여 줄 수 있다. 한 아동이 음식을 그릇에 담는 행동은 사물을 다르게 사용하는 일반적 조합일 수 있다. 다른 아동에게는 이 행동이 상징적일 수 있다. 예를 들어, 아동이 "수프를 만들고 있어."라고 말하고 자신이 넣는 재료를 설명함으로써 요리하는 상징적 개념을 보여 준다.

(2) 단편적인 놀이 기술을 유의하기

ASD 아동은 놀이 기술을 발달 순서와 다르게 배우기도 한다. 낮은 놀이 수준에서 높은 놀이 수준으로 큰 차이를 뛰어넘을 때 그 간격에서 놓친 기술을 단편적인(splintered) 놀이 기술이라고 한다. 예를 들어, 아동은 주로 조합 놀이 행동을 보이지만, 몇 가지 상징놀이 행동을 나타내는 경우가 이에 해당한다. 처음에는 아동의 발달 수준이 실제보다 높은 것처럼 보이기 때문에 혼란스러울 수 있지만, 일반적으로 이러한 상위 수준의 상징놀이 행동이 자연스럽지 않은 경우가 많다. 이러한 경우, 양식 3-1(SPACE 자료 수집 및 표적 기술)의 기술 발달 순서를 따르며, 아동이 아직 숙달하지 못한 첫 번째 기술을 표적으로 설정한다. 앞의 예시에서는 조합 놀이 행동을 숙달하도록 중재한 뒤, 그다음 단계인 전상징적 놀이 단계로 넘어가는 것이 바람직하다.

(3) 전상징적 놀이 수준에서 융통성을 유지하기

표적 기술을 설정하더라도 전상징적 놀이 기술을 가르치는 방법은 유연해야 한다. 2장에서 다루었듯이 전상징적 기술이 나타나는 방식은 다양하다(그림 4-2의 세 가지 잠재적 경로의 예시 참고). 어떤 아동은 전상징적 조합 행동을 먼저 배우고, 다른 아동은 전상징적 행동을 가작화하여 배우며, 또 다른 아동은 두 가지를 동시에 배운다. 따라서 놀이를 하며 전상징적 놀이 기술을 동시에 가르치는 것이 필요하다. 놀이의 성격에 따라, 일과 내에서 전상징적 수준의 놀이 기술을 가르칠 기회가 생길 수 있다. 예를 들어, 아동이 블록을 갖고 노는 것을 선택한다면, 아동이 인형에 대한 가작화와 목적을 가진 물리적 조합을 하는 기회가 될 수 있다. 아동이 같은 놀이 회기 동안 식사를 하게 되면, 관습적 조합, 자기 가작화, 인형에 대한 가작화 행동을 할 수 있다.

〈연습문제 4-3〉에서 아동의 숙달한 놀이 기술과 놀이 표적 기술을 식별하는 연습을 하기 바란다.

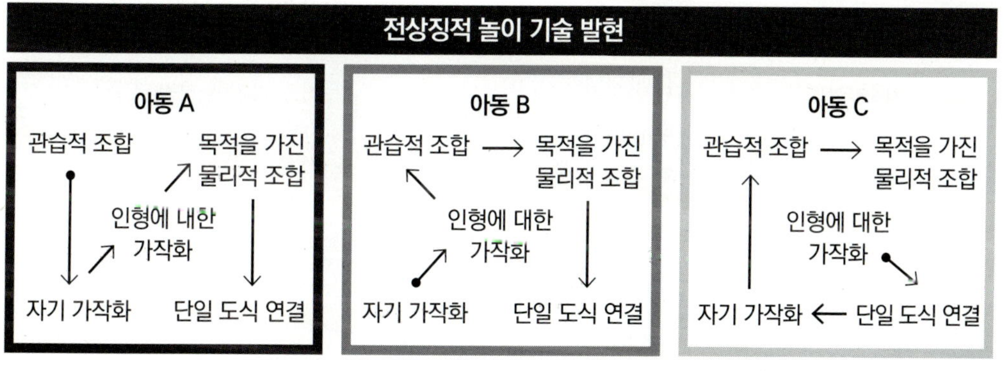

그림 4-2 유연한 순서로 발현하는 전상징적 놀이 기술

연습문제 4-3 숙달한 놀이 기술과 놀이 표적 기술

다음 제공되는 정보에 따라 아동의 숙달한 놀이 수준과 표적으로 하는 놀이 기술을 동그라미로 표기하시오.

1. 아동은 3개 유형의 구분된 놀이 행동, 3개 유형의 조합 분리하기, 1개 유형의 외형적 조합, 1개 유형의 일반적 조합, 1개 유형의 자기 가작화를 한다.

숙달한 기술:	구분된 놀이 행동	조합 분리하기
	외형적 조합	일반적 조합
	자기 가작화	목적을 가진 물리적 조합
표적 기술:	외형적 조합	일반적 조합
	자기 가작화	목적을 가진 물리적 조합
	인형에 대한 가작화	관습적 조합

2. 아동은 3개 유형의 일반적 조합, 1개 유형의 목적을 가진 물리적 조합, 3개 유형의 인형에 대한 가작화, 1개 유형의 인형 매개 상징놀이 행동을 한다.

숙달한 기술:	외형적 조합	일반적 조합
	자기 가작화	목적을 가진 물리적 조합
	인형에 대한 가작화	관습적 조합
표적 기술:	자기 가작화	목적을 가진 물리적 조합
	인형에 대한 가작화	관습적 조합
	단일 도식 연결	인형 매개 상징놀이

4 표적 기술 설정 연습하기

SPACE 진단을 실행하기 전에, 진단 점수 기록하는 것과 다음 사례를 사용하여 표적 기술 설정을 연습하기 바란다. 참고자료는 다음과 같다.

- 양식 3-1, SPACE 자료 수집 및 표적 기술
- 3장, p. 88, 1) SPACE 자료 수집 및 표적 기술 양식에 기록하기
- 4장, pp. 97-99, 2. 표적 기술 설정하기
- 그림 4-3, SPACE 자료 수집 및 표적 기술 양식 사용 예시-Jackie

사례 예시 후에는 연습 과정에서 자주 제기되는 질문을 정리하여 소개한다.

1) 사례

다음은 Jackie의 SPACE 요약이다.

Jackie는 6세 ASD 여아이며 최소한의 구어를 사용한다. 교사가 교실에서 SPACE를 실시했다. Jackie는 평가 과정에서 매우 제한된 놀이 기술을 보여 주었고, 조절을 위해 상당한 지원이 필요하였다. Jaackie는 놀잇감으로 탁자를 치며, 교사와 여러 번 눈을 마주치며 요구하였다. Jackie는 농장 놀잇감의 문에 집중하더니 오랫동안 문을 열고 닫았다. Jackie는 비눗방울을 좋아하였고, 종종 상황에 어울리는 표정을 지으며 교사와 신나는 감정을 공유하였다. 교사가 벽에 있는 그림을 가리키면, Jackie는 때때로 시선을 돌려 반응하였다. Jackie는 비눗방울을 향해 여러 번 손을 뻗었다. Jackie는 상호작용을 하며 요구하기 위해 최소한의 언어를 사용하였다(예: "더." "가.").

Jackie는 쟁반에 쿠키 2개를 놓고, 블록 3개를 쌓는 등 단순 놀이와 조합 놀이 기술을 보여 주었다. 평가 중에 숟가락과 쿠키를 자신의 입에 대고 있으며(자기 가작화) 전상징적 놀이 기술을 보여 주었다. Jackie는 평가하는 동안 참여하는 데 어려움을 보였다. Jackie가 조절 문제를 보이면서 자리에서 앞뒤로 흔들며 큰 소리를 냈다. 교사는 Jackie가 조절하는 것을 돕기 위해 여러 번 감각적 압박을 하고 짧은 노래를 불렀다. 교사는 Jackie의 놀이에 대해 언급하였지만, Jackie는 이를 인식하지 못한 것 같다.

제공된 정보를 사용한 Jackie의 SPACE 자료 수집 및 표적 기술 양식은 **그림 4-3**에 제시되었다.

2) 중재 표적 기술 설명

각 영역에서 선택할 수 있는 중재 표적 기술의 당위성과 답변을 제공하고자 한다.

공동참여 표적 기술: 10초에서 1분 미만의 짧은 기간

- Jackie는 SPACE 평가 동안 짧은 순간(예: 3~5초)만 참여해서, 참여해서, 표적 기술은 보다 지속적인 참여 시간(예: 10~30초)으로 설정한다. Jackie는 조절 문제로 인해 참여가 어렵고 이에 따라 Jackie가 상위 수준에 참여하는 시간을 늘리고, 공동참여를 긴 시간 동안 할 수 있도록 조성하고자 한다.

SPACE 자료 수집 및 표적 기술(1/2)

아동: J. M.　　중재자: C. S.　　작성일: 7월 2일

방법:
- 공동참여와 조절의 전반적 질을 기록하고, 각 수준의 목표를 설정한다.
- 의사소통 기술에 원을 그려 집계하고, 이러한 기술에 대한 목표를 설정한다.
- 페이지 2를 사용하여 아동의 놀이 기술과 목표를 기록한다.
- 자발적인 기술 시작행동을 기록한다(모방 행동 또는 촉진된 반응은 아님).

자료 수집				
공동참여	조절	공동관심 기술	요구하기 기술	언어(MLU)
없음	없음	공동관심에 반응하기 아직 없음 1 2 3	요구하기 위해 바라보기 아직 없음 1 2 이상	없음
10초 미만의 매우 짧은 순간	10초 미만의 매우 짧은 순간	공유하기 위해 바라보기 아직 없음 1 2 이상	요구하기 위해 뻗기 아직 없음 1 2 이상	부분/ 단어 근사치
10초에서 1분 미만의 짧은 기간	10초에서 1분 미만의 짧은 기간	공유하기 위해 보여주기 아직 없음 1 2 이상	요구하기 위해 건네주기 아직 없음 1 2 이상	단어 1개
1~2분	1~2분	공유하기 위해 가리키기 아직 없음 1 2 이상	요구하기 위해 가리키기 아직 없음 1 2 이상	단어 2개 조합
3분 이상	3분 이상	공유하기 위해 건네주기 아직 없음 1 2 이상	요구하기 위해 언어 사용하기 아직 없음 있음	구
대부분의 상호작용	대부분의 상호작용	공유하기 위해 언어 사용하기 아직 없음 있음	눈 맞춤, 몸짓, 언어 조합 아직 없음 요구 공동관심	문장

공동참여와 조절 표적 기술					
공동참여	10초 미만의 매우 짧은 순간	10초에서 1분 미만의 짧은 기간	1~2분	3분 이상	대부분의 상호작용
조절	10초 미만의 매우 짧은 순간	10초에서 1분 미만의 짧은 기간	1~2분	3분 이상	대부분의 상호작용

의사소통 표적 기술						
공동관심	반응하기*	바라보기*	보여주기	가리키기	건네주기	협응된 기술
요구하기		바라보기*	뻗기	건네주기	가리키기	협응된 기술
언어		다양성: ______		복합성: ______		

* 이 기술이 아동의 표적 기술이라면, 몸짓도 표적 기술로 추가한다(보여주기, 가리키기 또는 건네주기). (계속)

그림 4-3 SPACE 자료 수집 및 표적 기술 양식 사용 예시

SPACE 자료 수집 및 표적 기술(2/2)

놀이 기술 자료 수집			
단순 놀이	비구분된 놀이 행동 없음 **1~2개** 3개 이상	구분된 놀이 행동 없음 **1~2개** 3개 이상	조합 분리하기 없음 1~2개 **3개 이상**
	장난감을 탁자에 부딪히기	트럭을 밀기 장난감 농장문을 열기/닫기	장난감 블록을 꺼내기 장난감 쿠키를 떼어 내기 장난감 쿠키를 쏟기
조합 놀이	외형적 조합 없음 1~2개 **3개 이상**		일반적 조합 없음 **1~2개** 3개 이상
	퍼즐 조각을 퍼즐 판에 끼우기 장난감 쿠키를 쟁반 위에 놓기 모양 맞추기 판에 도형을 끼우기		블록을 쌓기
전상징적 놀이	자기 가작화 없음 1~2개 3개 이상	목적을 가진 물리적 조합 없음 1~2개 3개 이상	인형에 대한 가작화 없음 1~2개 3개 이상
	장난감 쿠키를 입에 가져가기 숟가락을 입에 가져가기		
	관습적 조합 없음 1~2개 3개 이상		단일 도식 연결 없음 1~2개 3개 이상
상징 놀이	사물 대체 상징놀이 없음 1~2개 3개 이상	상징적 사물로 상징놀이 없음 1~2개 3개 이상	인형 매개 상징놀이 없음 1~2개 3개 이상
	다중 도식 연결 없음 1~2개 3개 이상	사회극 놀이 없음 1~2개 3개 이상	주제극 놀이 없음 1~2개 3개 이상

놀이 표적 기술

숙달한 놀이 수준: ____________________ 표적 놀이 수준: ____________________

놀이 기술의 질적 측면

다양성: __________ 융통성: __________ 창의성: __________

Note:

의사소통:
- 요구하는 언어: "더." "가."
- 비눗방울을 주려는 부분적 행동(새롭게 출현함)
- 필요: SGD, 책상/의자 지원

첫 인상(first read)
- 대부분 비참여, 특정 사물

조절: 자리에서 들썩임, 음성 자극(stims)
(쉽게 조절 문제를 보임)

그림 4-3 (계속)

조절 표적 기술: 10초에서 1분 미만의 짧은 기간

- Jackie는 조절하는 데 도움을 필요로 한다. SPACE 진단 시 매우 짧은 순간만 조절하기 때문에, 조절 간격을 10초에서 1분 미만으로 유지하는 것이 Jackie의 표적 기술이다. 중재자는 Jackie가 일정 시간 이상 조절할 수 있도록 실행 전략(예: 환경적 지원, 참여 지원)을 사용한다.

공동관심 표적 기술: 보여주기

- Jackie는 교사의 가리키기 행동에 두 번 반응했고, 공유하기 위해 쳐다보기를 했다. 따라서 다음 기술인 공동관심-보여주기를 표적 기술로 설정할 수 있다.

요구하기 표적 기술: 건네주기

- Jackie는 몇 번 요청하기 위해 눈 맞춤과 뻗기를 사용할 수 있었다. 요구하기 위해 건네주기를 표적 기술로 설정할 수 있다.

언어 표적 기술: 단어 1개

- Jackie는 아직 한 단어 발화를 능숙하게 하지 않는다. Jackie는 요청하기 위해 단어 2개를 사용하지만, 공유하기 위해 언어를 사용하지 않는다. Jackie가 단일 단어와 단어의 부분적 사용을 하므로, 다양성과 복잡성을 위한 표적 기술(부분적 단어 사용은 표적 기술로 하지 않고, 단어 2개 조합은 너무 어려울 수 있음)로서 단어 1개를 설정한다.

놀이 표적 기술: 일반적 조합

- Jackie가 숙달한 놀이 수준은 외형적 조합이다. Jackie는 구분된 놀이 행동, 외형적 조합, 일반적 조합 1개를 보인다. 2개의 전상징적 행동이 있지만, 단순 놀이와 전상징적 놀이 사이의 많은 기술은 보이지 않는다. 이러한 기술을 발전시키기 위해, 우선 일반적 조합을 표적 기술로 한다. Jackie의 조합 놀이 기술과 전상징적 놀이 기술이 동시에 발현하고 있으니 JASPER 중재 시간에 놀잇감을 사용하여 이러한 놀이 기술을 증진시킬 수 있다.

3) 일반적 질문

다음은 표적 기술 선택 시 일반적으로 질문하는 내용을 소개한다.

Q. 아동이 보유하고 있는 기술을 사용하지 않는 경우는 어떻게 해야 하는가?

아동이 보유하고 있는 기술을 사용하지 않을 경우, 다음과 같은 몇 가지가 있을 수 있다.

- 아동은 그 기술을 시작하는 것이 아니라, 오직 응답하기 위한 것으로만 알고 있다.
- 아동은 그 기술을 아직 숙달하지 않았기 때문에 기술을 사용하는 것이 편하지 않다.
- 아동에게 단순히 '별로'인 날일 수 있다. 이 점은 아동이 새로운 환경에서 편안해 하지 않는다는 신호가 될 수 있다.
- 아동이 그 기술을 실행하기에 충분한 연습 기회가 주어지지 않았을 수 있다.
- 아동이 숙달한 수준보다 훨씬 낮은 수준이기 때문에 더 이상 아동에게 흥미를 주지 않을 수 있다.

SPACE 진단을 하면서 관찰한 기술에 근거하여 표적 기술을 정한다. 중재 시, 아동이 완전하게 수행한다는 것을 알게 된다면, 이에 맞춰 표적 기술을 조정할 수 있다.

Q. 공동관심(JA)과 요구하기의 동일한 몸짓을 표적 기술로 할 수 있는가?

요구하기와 공동관심을 표현하기 위한 몸짓이 중복된다는 것을 알아챘을 것이다. 두 개의 행동은 의사소통 기능은 다르지만, 몸짓은 유사할 수 있다. 예를 들어, 아동은 사회적으로 관심을 공유하거나(공동관심), 원하는 것을 갖기 위해(요구하기) 가리키기를 할 수 있다. 아동이 의사소통하기 위해 몸짓 사용하기를 처음 배울 때는 형식상 구분이 되는 공동관심과 요구하기 몸짓 표적 기술을 선택하도록 한다. 서로 다른 시각적 또는 물리적 양식의 몸짓을 선택하는 것은 아동이 각각 명확한 몸짓과 의사소통 기능을 연관하는 데 도움을 준다. 예를 들어, 목표물 가리키기를 공동관심과 요구하기로 선택하기보다 공동관심-보여주기와 요구하기 위해 가리키기를 각각 선택할 수 있다. 예를 들어, 공동관심-가리키기와 요구하기-가리키기를 동시에 설정하지 않고, 공동관심-보여주기와 요구하기-가리키기를 표적으로 선택할 수 있다.

5 결론

이 장에서는 아동의 숙달한 기술과 발현되는 기술을 파악하고, JASPER 모델의 핵심 영역에 따라 중재 표적 기술을 선택하는 방법에 대해 설명했다. 이 정보에 기반하여 아동의 표적 기술에 맞춘 중재를 실행한다. 아동이 발달함에 따라 놀이, 의사소통 기술, 참여와 조절 능력에서의 향상이 관찰될 것이다. SPACE 평가 이후, 새로운 기술이 관찰될 때마다 아동의 표적 기술을 지속적으로 조정하도록 한다. 이것으로 2부를 마무리하고, 이어지는 3부에서는 JAPSER 놀이 일과와 모델의 핵심 전략의 첫 세트를 소개한다.

3부

놀이 회기 준비하기

학습목표

- ✓ 생산적 놀이(productive play)를 위해 아동을 준비시키기
- ✓ 아동 주도 놀이를 촉진하기
- ✓ 참여와 조절(regulation)을 촉신하기

3부에서는 전략적으로 학습 환경을 조성하고 놀이 루틴(play routines)을 계획하는 방법을 다룬다.

5장

JASPER 놀이 루틴

1 도입

5장에서는 놀이 루틴 시작과 관련된 JASPER 놀이 루틴의 핵심 절차에 대해 다루어 볼 것이다. 놀이 루틴은 중재의 모든 핵심 영역인 놀이, 의사소통, 참여 및 자기 조절이 함께 제공되는 맥락이라 할 수 있다. JASPER 놀이 루틴은 아동의 참여를 돕는 데 필요한 구조와 전형적인 놀이 상호작용의 융통성과 재미를 모두 제공함으로써 목표(goal)를 성취하도록 돕는다.

2 놀이 루틴에 대한 설명

루틴(routine)은 많은 중재와 활동에서 공통적으로 사용된다. JASPER에서는 놀이 루틴을 발달 시기에 적합한 장난감, 두 명의 적극적인 놀이 상대자와 반복된 연습, 그리고 중심 의도나 주제(theme)를 이루어 내는 익숙하며 유연한 단계(steps)를 포함하는 장난감 기반의 상호작용이라고 정의한다. JASPER 놀이 루틴은 시작, 중간, 끝이 불명확한 진행형으로 볼 수 있다. 놀이 루틴은 다양하게 확장될 수 있으며, 다시 시작될 수도 있고, 또한 언제든지 끝날 수 있다. 놀이 루틴은 일반적인 놀이 상호작용에서 보이는 유연하고 자연스러우며 재미있는 상태를 유지하면서 동시에 학습과 의사소통의 명확한 기회가 포함된다. 그림 5-1은 이러한 요소가 어떻게 하나의 놀이 루틴에 포함되는지를 보여 준다.

3 놀이 루틴의 구성 요소

놀이 루틴의 기본 구조는 그림 5-2와 같이 기본놀이(base, 예: 시작하는 지점), 여러 개의 확장놀이(expansion, 예: 새롭게 추가), 재시작의 기회(restart, 예: 부가적 연습)로 이루어져 있

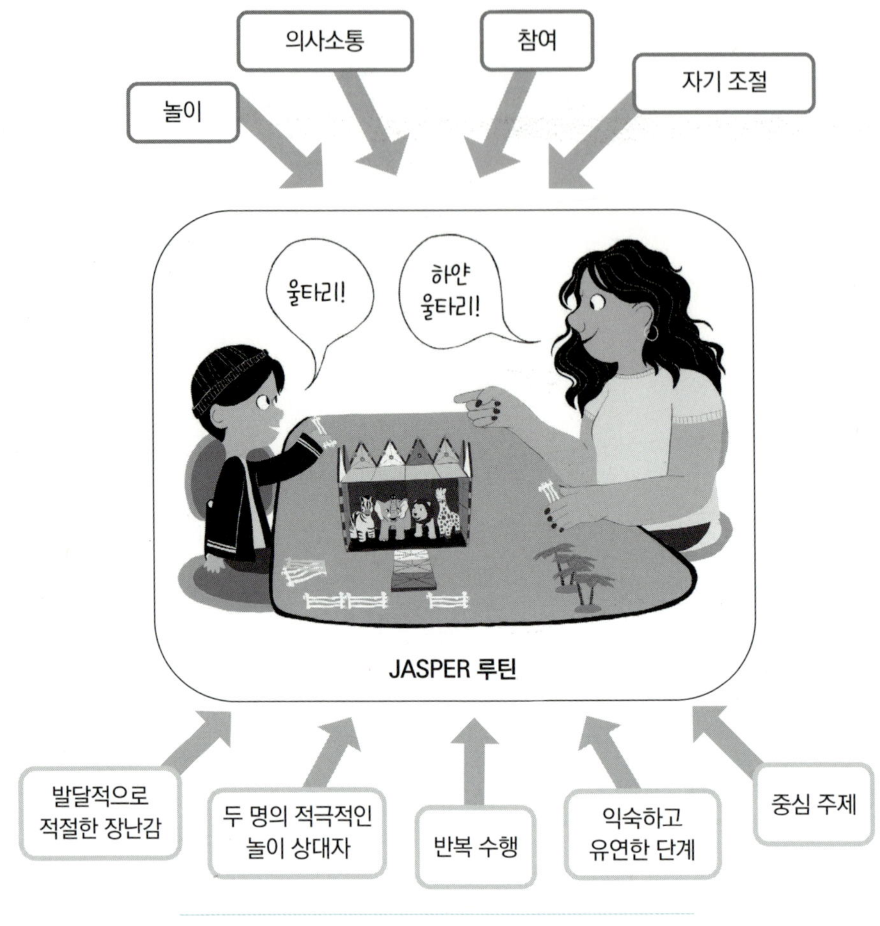

그림 5-1 놀이 루틴은 각각의 JASPER 목표를 지원함

다. 이와 같은 단계는 시간이 지나면서 작은 변화와 함께 반복적으로 행해지므로 놀이 루틴이 유연해지고 익숙해지도록 한다.

성공적인 놀이 루틴을 만들기 위해서는 반드시 먼저 기본놀이의 견고한 토대를 형성한 후 놀이 루틴을 확장 또는 재시작하도록 한다. 이 모든 단계는 상호작용을 지속적으로 향상시키며 참여를 증진한다. 놀이 루틴의 구성 요소들의 연합 예시는 다음과 같다.

> 성인과 아동은 같이 블록을 쌓으며 동물원을 만들고(기본놀이), 무너뜨리고 다시 블록을 쌓아 동물원을 만든다(기본놀이 다음에 재시작). 그들은 동물원을 다시 만들고(기본놀이), 동물원 안에 동물을 넣는다(확장놀이). 그리고 동물원을 같이 무너뜨린 다음 다시 새로운 동물원을 만들기 시작한다(확장놀이 후에 재시작).

놀이 루틴의 구성 요소는 아동이 놀이를 처음 배울 때 가장 명확하다. ASD 아동은 기본놀이를 만들고, 기본놀이에서부터 확장해 가는 데 시간과 노력이 필요한 경우가 있다. 성인은 이러한 단계를 수립해 나가기 위해 놀이 루틴을 자주 재시작해야 할 수도 있다. 아동이 보다 높은 놀이 수준을 보이고 더 많은 놀이 기술을 배울수록, 아동의 놀이 루틴은 더 유연해지고 복잡해진다. 기본놀이, 재시작, 확장놀이는 여전히 구성되어 있지만, 이러한 구성 요소가 덜 명확해 보이거나 더 자연스럽게 나타나기도 한다.

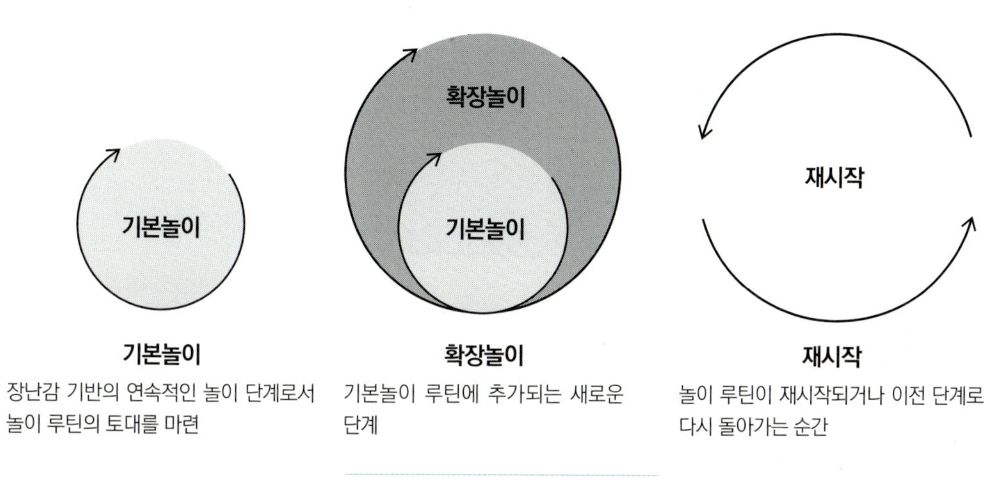

그림 5-2 놀이 루틴의 구성 요소

1) 기본놀이

모든 놀이 루틴은 기본놀이(base)에서 시작한다. 기본놀이는 하나의 놀이 단계이거나 놀이 단계의 짧은 배열(sequence)이다. 놀이 단계는 아동이 숙달한 놀이 수준과 맞아야만 한다(숙달한 놀이 지표, p. 97 참고). 기본놀이의 목적은 아동이 놀이 루틴 전반을 편안하게 지속하고, 추가하고, 전체 놀이 루틴으로 다시 돌아갈 수 있도록 일련의 놀이 행동을 형성하는 것이다. 아동에게 이런 시작 단계가 친숙해지도록 기본놀이를 반복한다. 이것은 결과적으로 새로운 놀이 행동, 몸짓, 언어와 같은 더 많은 기술을 하기 위한 토대를 만든다. 그림 5-3과 같이 기본놀이는 쿠키 위에 장식크림(frosting)을 입힌 다음 쟁반 위에 놓는 것이라 할 수 있다.

기본놀이 단계의 수는 아동에 따라서 다르다. 예를 들면, 그림 5-4처럼 쿠키 루틴은 하나의 단계만 포함하는 기본놀이가 되거나(예: 쿠키를 쟁반에 놓기), 여러 단계를 포함할 수 있다(예: 쿠키에 장식크림을 입힌 다음 쟁반에 놓고 먹는 흉내 내기). 기본놀이 단계의 개수는 즉각적인 반복에 대한 아동의 필요와 새로운 단계 추가에 대해 아동이 가지는 편안함 그리고 특정 놀이 루틴에 대한 아동의 익숙함에 따라서 결정한다.

그림 5-3 성인과 아동이 놀이 루틴의 기본놀이를 만들기 위해 쿠키를 추가함

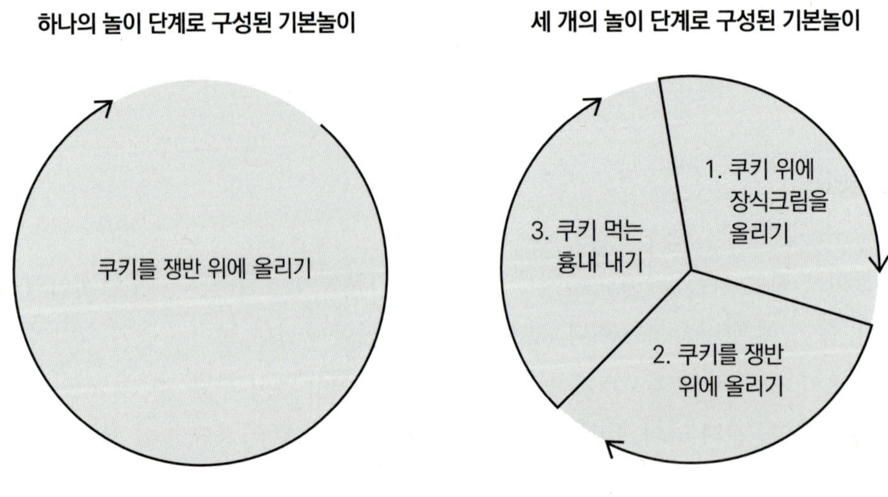

그림 5-4 하나의 놀이 단계 또는 다수의 놀이 단계로 기본놀이 구성하기

기본놀이 단계는 아동이 주로 시작하고 성인이 뒤따른다. 기본놀이 단계는 아동이 지속하고 다시 반복할 수 있도록 쉽고 부담이 없어야 한다. 기본놀이 단계를 위한 장난감 선택 방법은 6장에서 설명하며 기본을 형성하는 세부 사항은 10장에서 다룰 것이다.

2) 확장놀이

아동이 기본놀이 단계를 편안하게 수행하면, 새로운 단계를 추가하여 놀이 루틴을 확장할 수 있다. 예를 들어, 그림 5-5와 같이 아동이 악어 인형에게 쿠키를 먹여 주면서 기존 놀이 루틴을 확장해 갈 수 있다. 기본 단계가 예상 가능하고 반복 가능한 경우일 때 시간이 지남에 따라 확장놀이(expansion)로써 놀이 루틴을 더 유연하고, 다양하고, 창의적으로 만들 수 있다. 그뿐만 아니라 확장놀이는 놀이 루틴을 더욱 자연스럽고 흥미로운 놀이로 만들어 줄 수 있다!

놀이 루틴을 확장할 때 놀이 루틴이 진행되는 방식은 아동의 놀이 수준과 사용할 수 있는 놀잇감에 따라 다양하다. 예를 들면, 그림 5-5와 같이 아동이 악어 인형에 쿠키를 줄 수도 있지만(인형에 대한 가작화), 쿠키를 쌓아 올릴 수도 있고(일반적 조합), 쿠키를 접시 위에 올려놓을 수도 있다(관습적 조합). 성인은 놀이 루틴이 다양한 방면으로 확장될 수 있도록 모든 놀이 루틴을 위해 다양한 장난감을 준비해야 한다.

확장놀이는 아동의 능력에 따라 단순하거나 또는 복잡한 형태가 될 수 있다. 어떤 아동은 단순히 2~3개의 새로운 단계만을 추가함으로서 놀이 루틴을 확장할 수 있고 다른 아동은 긴 이야기 줄거리를 통해 다양한 확장놀이를 만들어 내는 놀이 루틴들을 추가한다. 또한 어떤 아동은 빠르게 확장을 하는 반면, 다른 아동은 확장을 하기 전에 기본놀이에 익숙해지기 위한 반복과 시간이 더 필요하다. 성인은 놀이 루틴이 발전하며, 또한 더 유연하고 다양해지도록 돕기 위해 확장놀이 단계의 적절한 사용을 항상 고민해야 한다. 이것이 성인이 바로 놀이 표적(play targets)을 위해 노력하는 방법이며, 이를 통해 결과적으로 아동의 놀이 수준

그림 5-5 아동이 악어 인형에게 쿠키를 먹여 줌으로써 놀이 루틴을 확장하기

을 올리고, 참여를 늘리며, 아동의 자발적 의사소통 및 놀이 시작을 위한 기회를 늘려 가게 된다. 확장놀이를 위한 장난감을 선택하는 방법은 6장에서 다루며, 확장놀이에 관한 구체적인 내용은 11장에서 설명한다.

3) 재시작

이전 놀이 단계로 전이하기 위해 놀이 루틴을 재시작(restart)할 수 있다. 놀이 루틴의 이전 부분으로 돌아가기 위해 놀잇감을 무너뜨리거나 다시 정리할 수 있다. 놀이 루틴 중 어느 때라도 재시작할 수는 있지만, 가장 자연스러운 경우들은, ① 기본놀이 단계 이후, ② 확장놀이 이후, ③ 참여가 저조한 때(참여를 촉진하기 위해), 또는 ④ 재미있는 기회가 떠올랐을 때(예: 괴물이 나타나 만들어 놓은 타워를 무너뜨리는 것)이다. 그림 11-11은 어떤 시점에서 재시작이 필요한지 보여 준다.

(1) 기본놀이 이후 재시작하기

JASPER에서 성인은 아동이 시작 놀이 단계에 익숙해지질 때 까지 기본놀이를 반복할 수 있다. 예를 들어, 그림 5-5의 쿠키 루틴처럼 성인이 쿠키 장식크림을 떼어 내고 쟁반에서 꺼내며 놀이 루틴을 재시작할 수 있다. 이를 통해 아동은 성인이 확장놀이 단계들을 추가하기 전에 기본놀이 단계에 좀 더 익숙해지는 기회를 가질 수 있다. 이제 막 놀이를 배우는 아동은 안정된 참여를 하기 전에 기본놀이를 여러 번 다시 시작할 수 있지만 다른 아동은 즉시 확장놀이로 넘어갈 수도 있다. 10장에서는 기본놀이 이후에 재시작하는 내용을 세부적으로 설명할 것이다.

(2) 확장놀이 이후 재시작하기

확장놀이 후에도 놀이 루틴을 재시작할 수 있다. 그림 5-6에서 성인은 악어 인형의 입에서 쿠키를 쏟는다. 재시작 후, 성인은 기본놀이로 돌아가서 동일한 확장놀이를 시도하거나 놀이 루틴의 이전 단계로 돌아가 새로운 확장놀이를 추가할 수 있다. 재시작은 놀이 루틴의 일부로 아동이 새로운 확장놀이 단계를 연습하는 데 도움이 된다. 11장에서 확장놀이 이후 재시작에 대해 세부적으로 살펴보도록 하겠다.

(3) 참여 유지를 위한 재시작하기

재시작은 아동의 참여를 돕기 위해 사용할 수 있는 훌륭한 도구이다. 놀이 루틴이 너

그림 5-6 놀이 루틴을 재시작하기 위해 성인이 쿠키를 쏟아 내기

무 복잡해지거나 아동의 참여가 낮아지기 시작하면 성인은 놀이 루틴을 도중에 다시 시작할 수 있다. 이렇게 재시작을 함으로써 아동은 쉽고 친숙한 기본놀이 단계를 연습할 수 있고 참여할 수 있다. 아동의 참여를 유지하기 위해 놀이 루틴을 사용하는 방법에 관해서는 15장에서 살펴보도록 한다.

(4) 자연스러운 기회가 생겼을 때 재시작하기

성인은 놀이 루틴 재시작을 위해 아동이 특정 수의 놀이 단계를 수행할 때까지 기다리지 않아도 된다. 쌓아 놓은 타워가 넘어지는 것과 같이 자연스러운 순간 속에서 놀이 루틴을 재시작할 수 있다. 이는 유연한 단계와 다소 구조화된 전형적인 놀이를 반영하는 것이다.

4) 새로운 놀이 루틴으로 전이하기

아동은 놀이 루틴 중간에 흥미를 잃어버릴 수 있다. 이런 경우, 성인은 다른 놀이 루틴으로 전이할 수 있다. 진행 중인 놀이 루틴에서 시간을 보내면서 아동의 참여를 지속시킬 수 있으나, 합리적인 수준 이상으로 아동을 놀이 루틴에 머물게 하려고 억압하거나 활동을 마무리하게끔 강요해서는 안 된다. 아동이 놀이 루틴이나 특정한 장난감에, 결과적으로 흥미를 잃게 되는 것은 예상된 일이고 자연스러운 것이다. 새로운 놀이 루틴으로 전이하는 부분에 관한 추가 정보는 11장을 참고하기 바란다.

5) 일반적 질문

다음에서는 놀이 루틴의 구성 요소에 대한 일반적인 질문을 다루었다. 많은 경우에 모든 답변이 모든 아동에게 절대적으로 적용되지는 못하므로, 현재 아동을 위해 큰 틀에서 필요성을 고려해 보는 것이 좋다.

Q. 얼마나 많은 단계가 놀이 루틴에 포함되는가?

몇 개의 단계가 놀이 루틴을 형성한다는 정해진 기준은 없다. 단계는 시간이 지남에 따라 각 놀이 루틴 내에서나 모든 놀이 루틴 간에 변경될 수 있다. 아동의 놀이 수준, 조절 수준, 참여의 질과 지속 시간에 따라 단계가 더 많거나 적을 수 있다. 하지만 점점 다른 놀이 루틴에 대해 부담이 없어지고 아동이 새로운 놀이 기술을 습득함에 따라 놀이 루틴의 단계 수는 늘어나야 한다.

Q. 동일한 회기에서 이전 놀이 루틴으로 돌아갈 수 있는가?

물론이다. 아동은 동일한 회기 내에서 이전에 경험이 있는 장난감이나 놀이 루틴으로 돌아갈 수 있다. 아동이 성인과 함께 장난감에 참여할 수 있는 한, 동일한 놀이 루틴을 반복하는 것은 유익하다. 좋아하는 놀이 단계나 활동으로 돌아가는 것은 전형적으로 발달하는 아동에게도 흔한 일이다. 하지만 아동이 특정 놀이 루틴에 과도한 흥미를 가지고 반복적이고 경직된 놀이를 한다면 이러한 특정 단계로 돌아가지 않는 것이 좋다.

Q. 아동이 얼마나 많은 놀이 루틴을 할 수 있는가?

시간이 지남에 따라 성인과 아동은 회기에 따라 사용할 수 있는 놀이 루틴 모음을 개발해 나가기 시작할 것이다. 놀이 루틴의 수는 중재의 길이와 아동에 따라서 달라진다. 처음에는 몇 개의 놀이 루틴만으로 시작했다가 그 놀이 루틴들에 변화를 주고, 시간이 흐름에 따라 새로운 놀이 루틴을 추가할 수 있으며, 때론 어떤 놀이 루틴들은 잠시 제쳐 둘 수도 있다. 일반적으로, JASPER에서 성인은 놀이 루틴 내 놀이 행동의 수와 놀이 루틴의 수에 대해서 염려하지 않는다. 오히려 풍부한 사회적 상호작용과 다양한 의사소통 그리고 여러 놀이 행동을 아동이 연습해 볼 수 있도록 다양한 맥락을 만들어 내는 것이 목적이다.

연습문제 5-1 놀이 루틴의 구성 요소

JASPER 안내 지침에 따라 다음 문장들에 대해 참 또는 거짓인지 표시하시오.

1. 기본놀이를 만들기 위해 놀이 루틴은 여러 단계를 가질 수 있다.	참	거짓
2. 모든 놀이 루틴은 최소한 두 개의 확장놀이를 가진다.	참	거짓
3. 재시작은 확장놀이 이후에만 할 수 있다.	참	거짓
4. 놀이 루틴이 유연하고 아동이 여전히 흥미를 가지고 있는 한, 놀이 루틴은 반복되어야만 한다.	참	거짓
5. 만일 아동이 새로운 놀이 루틴을 할 준비가 되었다면, 놀이 루틴을 시작하기 전에 아동이 현재 진행 중인 놀이 단계들의 일련의 과정을 먼저 마치도록 한다.	참	거짓

4 놀이 루틴의 특성

놀이 루틴의 '느낌'을 가장 잘 이해하기 위한 방법은 서로 다른 흥미, 성격 특성과 발달단계를 보이는 아동들의 JASPER 회기를 관찰해 보는 것이다. 회기의 구조와 놀이 루틴이 동일해도 회기의 모습과 느낌은 각 아동의 흥미와 동기 그리고 필요에 따라 달라진다. 실제로 다른 2개의 회기 또는 놀이 루틴의 모습이 정확히 동일하지는 않다. JASPER 놀이 루틴의 특성(qualities)은 다음과 같다.

1) 자연스럽고 재미있는 맥락을 지니는 놀이 루틴

아동을 위한 자연스러운 학습 환경은 재미있고 신나는 것이다. 그것은 아동에게 동기와 즐거움을 유발하며 탐구, 호기심, 개방의 느낌을 준다. 놀이 대신 가르치는 것에 너무 많은 집중을 할 때 만들고자 하는 자연스러운 맥락을 잃게 된다. 어려운 점은 바로 동기 부여 경험과 학습 지원과의 적절한 균형을 맞추는 것이다.

(1) 목표 지향성을 지원하기

놀이 루틴은 목표 없이 차례대로 수행되는 행동의 연속체가 아니다. 놀이 루틴은 아동에게 의미가 있는 이야기나 주제로 연결되도록 목표 지향적이어야 한다. 다음 단계들을 살펴보자. 아동이 집에 인형을 넣고, 봉제 동물인형에게 음식을 한 입 주고, 탑 위에 블록을 쌓는다. 이것은 각 단계 간의 관련성이 결여되었으므로 놀이 루틴이라고 보기 어렵다. 아동과 함께 이야기를 만들어 나가는 것처럼 놀이 단계들은 의미있게 서로 연합되어야 한다. 서로 유기적이지 않은 행동을 한다면, 놀이 루틴 내에서 추진력을 갖기 어렵고 확장은 더 이상 의미가 없으며, 대화를 위한 중심 주제는 없는 셈이 된다. 목표 지향성은 더 오랜 기간의 참여와 조절을 촉진하고 놀이, 인지 및 의사소통 기술을 촉진하는 데 필수적이다.

(2) 특정 놀이 행동 또는 단어의 반복 연습을 피하기

놀이 루틴은 훈련 시도가 아니다. 아동은 성인이 미리 정해 놓은 놀이 행동을 수행하거나 특정 단어를 말하지 않아도 된다. 오히려 놀이 루틴에서 자연스럽게 많은 교육 기회가 포함될 수 있다. 놀이하며 의사소통하는 방법을 진정으로 배우기 위해 아동들은 개별 기술 이상의 것이 필요하다. 아동들은 유연한 상호작용 속에서 이러한 개별 기술을 어떻게 연결하는지를 배워야 하고, 성인의 빈번한 도움 없이도 그렇게 할 수 있어야 한다.

(3) 놀이 루틴을 과제처럼 다루지 말기

놀이 루틴은 완료하기 위한 과제가 아니다. JASPER에서 성인은 아동이 무엇인가로 넘어가기 위해 정해진 순서나 단계들을 완료하도록 기대하지 않는다. 예를 들면, 만일 아동에게 고리 끼우기를 주었다면, 고리가 다 끼워졌을 때 놀이 루틴이 끝나는 것이 아니다. 표준화된 단계에서 놀이 루틴을 마무리하기보다는, 놀이 루틴을 재시작(고리들을 다시 빼내는 것)하여 창의적이거나 지속 가능한 확장놀이를 추가할 수 있다(다른 형태의 고리를 추가하는 것).

2) 아동에게 알맞은 놀이 루틴

놀이 루틴은 개별 아동의 흥미와 경험과 맞아야 한다.

(1) 아동의 관심사를 따라가기

아동의 놀이 아이디어를 가능한 따르며 놀이 루틴의 과정을 이끄는 결정을 아동이 할 수 있도록 허용한다. 아동의 관심사를 파악하고 아동의 선택을 따라가야 한다. 이것이 협동적인 공동참여를 위해 중재하는 방법이다. 하지만 아동의 선택을 따를 때 주의가 필요하다. 만일 아동의 놀이 행동이 점점 경직되거나 반복적이어서 아동의 발달 수준보다 너무 낮다면, 아동의 놀이 단계를 따르지 않는다. 대신 공동참여와 좀 더 생산적인 활동을 이끌어 내는 장난감을 선택할 수 있도록 기회를 제공한다.

(2) 아동의 경험을 고려하기

놀이 루틴을 만들려고 할 때 앞에 앉은 아동의 개인적 경험에 대해 생각해야 한다. 성인이 아동의 발달 수준에 머무르는 한, 성인은 매우 창의적이 될 수 있고 아동의 일상적인 경험에 맞게 놀이 루틴을 조정할 수도 있다. 예를 들면, 만일 아동이 지하철을 자주 타며 상징놀이를 배우고 있다면 인형들이 승차권을 구입하고 스캔한 후, 지하철을 타고 익숙한 정거장에 내리는 놀이 루틴을 만들 수 있다. 이러한 놀이 루틴은 아동의 지하철 승차 경험을 재미있고 즐거운 방법으로 표현해 낸다. 만일 아동이 놀이 루틴에서 재현하고자 하는 특정한 경험을 하지 않았다면 아동은 관련된 놀이 단계를 시작하거나 아이디어를 공유하거나 놀이에서 일어나고 있는 상황에 대해 말하지 못할 것이다. 아동이 상징적 놀이 단계와 아이디어에 점점 친숙해짐에 따라, 아동의 창의성과 상징성을 장려하는 데 도움이 되는 추상적인 놀이 주제를 더 많이 추가할 수 있다(예: 가상의 경험 또는 판타지).

3) 아동의 발달 수준에 맞는 놀이 루틴

놀이 루틴은 아동의 발달 수준에 맞는 단계로 구성되어야 한다. 기본놀이를 확립하기 위해 숙달된 수준에서 몇 가지 단계가 있어야 하고, 놀이 다양성을 구축하기 위해 동일한 수준에서 새로운 단계가 있어야 하며, 놀이 복잡성을 구축하기 위해 아동의 표적 수준에서 다른 단계들이 있어야 한다. 익숙함과 새로움의 적절한 균형은 새로운 놀이 기술을 배울 때 참여를 유지시키는 데 도움을 준다. 놀이 루틴은 놀이 수준에 따라서 매우 다르게 비춰질 수 있는데, 차이점들은 다음과 같다.

(1) 낮은 놀이 수준에서의 놀이 루틴

낮은 놀이 수준에서의 놀이 루틴은 뚜렷한 기본놀이, 재시작 그리고 확장놀이와 함께 구조화 될 수 있다. 이러한 놀이 루틴은 일반적으로 덜 주제적이면서 더 많은 반복을 하게 된다. 예를 들면, 다음과 같다. 첫째, 상자 루틴은 상자 끼워 넣기(기본놀이), 상자 쌓기(확장놀이), 모양을 상자 안에 집어넣기(확장놀이) 그리고 상자를 다시 끼워 넣기 위해 각 상자를 내려놓기(재시작)를 반복한다. 둘째, 장난감 음식 루틴은 장난감 음식 자르기(기본놀이), 접시에 음식 담기(기본놀이), 음식을 인형에게 먹여 주기(확장놀이), 그리고 인형이 재채기하면서 음식을 다 뱉어 내기(재시작)를 반복한다.

(2) 높은 놀이 수준에서의 놀이 루틴

높은 놀이 수준에서의 놀이 루틴은 종종 케이크를 굽는다든지 인형을 놀이공원에 데려가는 것과 같은 보다 넓은 주제와 연결된 몇 가지 동작으로 이루어진다. 이러한 놀이 루틴은 반복되는 배열(sequence)이라기보다는 발전해 나가는 하나의 이야기와도 같다. 예를 들면, 아동은 인형으로 동물원에 갈 준비를 하고, 차에 오르고, 다른 동물을 쓰다듬는 시늉을 할 수 있다. 인형들이 새로운 장소로 이동하려고 준비를 하는 시늉을 낼 수도 있다. 놀이 루틴의 구성 요소들이 여전히 높은 수준에 있는 반면에 덜 뚜렷해 보일 수도 있다. 많은 수의 고유한 단계가 있을 수도 있으며, 놀이 루틴의 구성 요소들이 (낮은 놀이 수준보다) 더 유연할 수 있다.

가장 높은 수준의 놀이에서는 전형적인 재시작이 전혀 없을 수도 있으며, 오히려 놀이 루틴이 다양한 수준과 단계를 거쳐 계속해서 성장하고 변화될 수 있다.

(3) 예시

다음은 다양한 놀이 수준의 놀이 루틴에 대한 몇 가지 예시이다.

단순 놀이 루틴: 성인과 아동이 공을 서로에게 앞뒤로 굴리기, 경사로 구조물 아래로 서로 교대로 차례로 공을 떨어뜨리기, 다시 처음부터 시작하기 전에 공을 하나씩 구조물에서 꺼낸다.

조합 놀이 루틴: 성인과 아동이 모양 맞추기에 모양을 집어넣고, 쏟아 내고, 쌓아 올리고, 다시 모양을 모양 맞추기에 집어넣은 후, 포개기 상자를 모양 맞추기 위에 쌓아 올린 다음 무너뜨리고, 그다음 포개기 상자들을 다시 쌓아 올리고 각각의 모양을 각 포개기 상자 안에 집어넣은 후, 작은 블록을 포개기 상자 위에 쌓아 올린 다음, 작은 블록과 모양을 다시 꺼내 모양 맞추기에 집어넣음으로 모양 맞추기를 놀이 루틴에 다시 포함시킨다.

조합 및 전상징적 놀이 루틴: 성인과 아동이 생일케이크 조각들을 하나씩 붙여 완성하고, 토핑과 촛불을 올리고, 장난감 칼로 조각들을 자른 후 접시에 놓는다. 같이 케이크를 먹는 흉내를 내고 놀이 루틴을 다시 시작하기 위해 케이크 조각들을 모은다.

전상징적 및 상징적 놀이 루틴: 성인과 아동이 인형들에게 서로 다른 종류의 옷들을 입힌 후, 블록으로 '학교 버스'를 만든다. 인형들을 '학교 버스'에 태운 후, '학교 버스'를 운전사가 인형들을 학교에 데리고 가는 것처럼 방을 가로지르며 밀고 다닌다. 성인과 아동이 자석 타일들로 학교를 만들고 버스 안 인형들을 학교 안으로 걸어 들어가게 한다.

상징적 놀이 루틴: 성인과 아동이 소방관 흉내를 낸다. 그들이 상상하는 도시의 형태 안에 있는 타워가 불이 난 것처럼 흉내 낸다. 바구니를 이용해서 불이 난 곳으로 물을 나르고, 불타는 빌딩으로부터 사람들을 구출하는 것처럼 흉내 낸다. 소방서로 돌아온 후, 또 다른 출동을 대기하는 것처럼 흉내 낸다.

앞서 보았듯이, 놀이 루틴의 구성 요소들은 아동들이 간단한 단계를 수행하며 놀이를 배우는 낮은 수준의 놀이 루틴에서 더 뚜렷하게 드러난다. 높은 수준의 놀이 루틴에서 구성 요소들은 덜 명확히 드러나 보이고, 단계의 변동성이 큰 경우가 많다. 시간이 흐름에 따라, 성인은 아동이 순차적이고 반복적인 놀이로부터 유연하고 창의적인 이야기로 점점 발전하도록 도와준다. 처음에는 이 과정이 순조롭게 보이지는 않을 수 있지만, 목표는 아동의 수준에서 시작하여 시간이 지남에 따라 상호작용의 수준과 복잡성을 높이는 것이다.

4) 유연한 놀이 루틴

기본놀이, 재시작 그리고 확장놀이를 놀이 루틴 전반에 걸쳐 유연하게 사용한다. 놀이 루틴이 어떻게 진행되어야 하는지 짐작할 수는 있지만, 다양한 구성 요소와 단계가 자연스럽게 진행되어야 한다. 아동이 예상한 것이 아닌 다른 단계들을 시도하거나 계획된 것과 다른 순서로 진행을 할 수도 있다. 성인이 기본놀이 단계들에 도달하기도 전에 아동은 확장놀이를 하거나 재시작을 미리 할 수도 있다. 놀이 루틴이 계속 의미가 있는 한(임의적 행동들의 집합이 아닌), 이러한 수준의 융통성이 권장된다.

(1) 시간이 지남에 따라 놀이 루틴을 발전시키기

놀이 루틴도 시간이 지남에 따라 유연하게 확장되고 변화되어야 한다. 그로 인해 아동이 장난감을 다양한 방법으로 가지고 놀이할 수 있다는 것을 배우게 된다. 변경 가능한 몇 가지 측면들은 다음과 같다.

- 회기 전반에 걸쳐서 확장놀이가 변경되고 발전된다.

- 확장놀이가 친숙해지고 편안해짐에 따라 기본놀이에 더 많은 단계가 포함된다.
- 놀이 루틴의 특정 단계를 반복하지 않아도 된다. 예를 들어, 기본놀이에 도로를 만드는 것을 할 수 있는데, 매번 재시작 때마다 도로를 만드는 것 대신에 도로를 그대로 두고 도로를 따라 집들을 만드는 등 새로운 무언가를 만드는 것으로 재시작할 수 있다.
- 기본놀이 전부가 변할 수도 있다. 예를 들면, 한 회기 내에서 기본놀이 루틴이 음식모형을 자르는 행동이었지만, 다음 회기에서 아동은 음식 모형을 냄비에 넣는 행동으로 시작할 수도 있다.

놀이 루틴 내에서 이러한 수준의 융통성과 변화는 권장된다! 아동이 놀이 루틴의 이야기를 유지하면서도 동일한 장난감으로 유연하게 놀 수 있음을 볼 수 있다. 이것이 놀이 루틴으로 일반적인 놀이를 어떻게 반영해야 하는지에 대한 또 다른 예시이다. 놀이 루틴이 발전한다는 것은, 일반적으로 아동이 더 자연스럽고 역동적인 방식으로 새로운 기술을 배우며 놀이를 한다는 것을 의미한다(더 많은 예시는 11장과 17장을 참고).

놀이 루틴의 특성에 대한 지식을 평가하기 위해 다음 〈연습문제 5-2〉를 완료해 보기를 권장한다.

연습문제 5-2 놀이 루틴의 특성

JASPER 안내 지침에 따라 다음 문장을 보고 참 또는 거짓인지 표시하시오.

1. 사전에 놀이 루틴의 단계을 결정하고, 아동으로 하여금 그 단계의 순서를 따르도록 가르쳐야만 한다.	참	거짓
2. 아동이 각 놀이 루틴 내의 특정한 놀이 행동을 수행하기를 기대한다.	참	거짓
3. 각 회기를 위한 몇 개의 놀이 루틴 옵션들을 가지고 있어야 한다.	참	거짓
4. 놀이 루틴의 순서는 유연할 수 있다. 매번 같은 순서나 방식으로 하지 않아도 된다.	참	거짓
5. 반복적이거나 방해가 되더라도 아동의 생각을 따라야 한다.	참	거짓

5 놀이 루틴 내에서 동등하고 적극적인 놀이 상대자 되기

놀이 루틴의 특성을 이해하였다면, 이제 상호작용에서 성인 또는 놀이 상대자의 역할을 논의할 차례이다. 아동은 놀이 상대자 없이는 공동참여 상태에 있을 수 없으므로, 성인의 참여는 필수적이다. 모든 놀이 루틴에서 성인은 동등하고 적극적인 놀이 상대자의 역할을 수행해야 한다. 평등하고 적극적인 놀이 상대자가 된다는 것은 그림 5-7처럼 아동과 함께 놀고 소통하는 것을 포함한다. 이는 놀이 루틴에서 균형 있는 역할을 수행하며 상호작용을 장악하지 않고 지원하는 것을 의미한다. 또한 이는 성인이 능동적으로 참여하고 아동에게 관심을 기울이는 것을 의미하기도 한다. 성인과 아동 모두 새로운 아이디어를 만들고 공유하는 기회를 가져야 한다. 순응적으로 반응하는 것과 달리 아동은 공유되는 경험에 적극적으로 참여할 수 있는 기회를 가져야 한다. 목표는 아동의 역할을 지원하여 가능한 한 아동의 동기와 시도에 따라 놀이 루틴이 진행되도록 하는 것이다.

때로는 성인의 역할에서 균형을 찾는 것이 어려울 수 있다. 몇 가지 일반적인 실수가 그림 5-8과 본문에 설명되어 있다.

그림 5-7 성인이 매우 수동적이거나 지시적인 역할이 될 수도 있음. 성인은 아동과 함께 놀이할 때 동등하고 능동적인 역할을 수행해야 함

동등하고 적극적인 놀이 상대자	불평등하고 수동적인 놀이 상대자
◦ 성인이 자신의 차례에 놀이를 하며 의사소통한다. ◦ 아동 차례에 성인은 아동이 놀이를 하며 의사소통할 수 있도록 기다려 준다.	◦ 지시적인 성인 ◦ 수동적인 성인 ◦ 성인이 놀이 차례를 지시함

그림 5-8 동등하고 적극적인 상대자 VS 불평등하고 수동적인 상대자

1) 수동적으로 행동하지 않기

수동적인 놀이 상대자보다 적극적인 상대자가 되어야 한다. 때때로 성인은 놀이 루틴에 적극적으로 참여하는 것보다 아동이 노는 것을 뒤에 앉아서 지켜보곤 한다. 그림 5-7의 첫 번째 그림을 보면, 성인이 지켜보는 동안 아동이 모든 놀이를 한다. 이것은 아동의 배움에 도움이 되지 않는 성인의 수동적 자세이다. 수동적인 모습의 또 다른 형태는 적극적으로 놀이 차례를 수행하지 않고 아동의 행동에 대해 '이야기'하고 칭찬만 하는 것이다. 예를 들면, "인형과 파티를 하고 있구나……. 오, 인형들한테 음료수 주는 거야? 대단하다!"라고 성인이 말하는 것이다. 성인이 상호작용에 참여하고 있는 것처럼 보일 수 있으나 상황을 읽어 주는 것이 놀이 차례의 수행은 아니다.

2) 지시하지 않기

또 다른 실수는 너무 많이 놀거나 말함으로써 과도하게 지시하는 것이다. 아동을 지지해 주는 것이 중요하지만, 지나치게 지시해서는 안 된다. 지시적인 성인과 순응하는 아동은 공동참여 상태에 있지 않거나(〈상자 2-1〉 참고) 동등하고 적극적인 역할을 수행하지 않는다. 성인은 아동에게 노는 방법을 알려 주려 하거나, 많은 질문을 하거나, 너무 많은 아이디어를 제공할 때 가장 흔하게 이러한 형태의 실수를 저지른다.

그림 5-7의 마지막 그림을 보면, 놀이와 의사소통 기회의 대부분을 성인이 차지하여 아동이 단지 반응만 한다. 또한 아동이 시작하거나 반응할 충분한 시간을 주지 않을 때 성인의 상호작용이 너무 지시적이라고 느껴질 수도 있다(예: 성인이 기다리지 못하고 너무 빨리 어떻게 하는지 보여 주며 시작하려 한다). 성인이 모든 결정을 내리고 놀이를 지휘하면, 결국 상호

작용을 지배하게 된다. 이러한 놀이를 하면 아동의 즐거움을 감소시키며 아동이 성인의 지시에 더 의존하게 되며 또한 아동이 의사소통을 시작하고 스스로 행동할 수 있는 기회가 최소화된다.

3) 놀이 차례를 지시하지 않기

평등하고 적극적인 놀이 상대자가 된다는 것은 성인도 차례대로 놀이를 할 수 있다는 것을 의미한다. 그러나 이것이 정확히 같은 수의 놀이 차례를 번갈아 수행한다는 의미는 아니다. 차례 지키기는 유동적이어야 하며 놀이 루틴을 지원하는 방향이어야 한다. 예를 들어, 성인은 놀이 루틴을 지속시키기 위해 아동의 놀이 차례 한 번 후 빠르게 두 번의 차례를 연속으로 수행해야 할 수도 있다. 상호작용을 유지시키는 것은 놀이 차례 자체가 아니라, 놀이 차례 때 성인이 놀이에 필요한 지원을 제공하는 것이다. 성인이 놀이 차례를 강요하게 되면, 놀이는 유연하고 재미있기보다는 빠른 속도로 부자연스러워진다. 예를 들어, 성인의 대화는 다음과 같이 들릴 수도 있다. "내 차례. 됐다. 네 차례야. 기다려. 기다려! 내 차례야(장난감을 아동에게서 가져옴). 됐다. 이제 네 차례야(장난감을 돌려줌)." 이처럼 아동을 따라가는 대신, 성인은 결국 엄격한 상호작용을 주도하게 된다. 놀이 상대자는 다음 내용에 유의하여야 한다.

- 놀이 차례 횟수를 세거나 평등함을 강요하지 않기
- 장난감을 치우거나 아동의 차례를 막지 않기
- 차례를 명명하지 않기(예: "내 차례야." "너 차례야.")
- 차례가 될 때까지 기다리라고 아동에게 말하지 않기
- 성인의 차례에 아동의 관심을 끌지 않기

4) 동등한 역할 찾기

성인과 아동 모두 놀이 루틴에서 균형 잡힌 역할을 수행해야 한다. 성인은 상호작용에서 내려지는 선택에 대해 모든 책임을 지려 하면 안 된다. 대신 성인은 필요할 때만 지원하며 아동의 생각을 따르는 것을 우선시해야 한다. 균형 잡힌 역할을 지원하기 위해 성인은 상호작용에서 아동이 자신의 생각을 더 많이 공유할 수 있도록 해 주어야 한다. 따라서 성인은 아동의 놀이 차례에 대해 말하거나 행동을 하지 않는다. 대신 성인은 그 시간 동안 조용히 기다리며 아동이 무엇을 할지 지켜본다. 지켜보고 기다리는 동안 아동의 주의를 끌거나 어떤 종류의 촉진을 제공하려고 해서는 안 된다. 아동이 자신의 생각을 보여 줄 수 있는 기회를 주는 것이다. 아동이 자신의 생각을 공유하면, 성인은 아동의 행동을 보상하기 위해(또는 필요한 경우, 지원을 제공하기 위해) 성인의 차례를 사용할 수 있다. 성인 역할의 또 다른 측면은 환경을 관리하고 참여와 조절을 지원하는 것이다. 그림 5-9에 성인 역할에 대한 개요가 나와 있으며, 전략에 대한 세부 사항은 9~12장에서 설명하겠다.

〈연습문제 5-3〉을 통해 성인 역할에서 균형을 선택하는 연습을 한다.

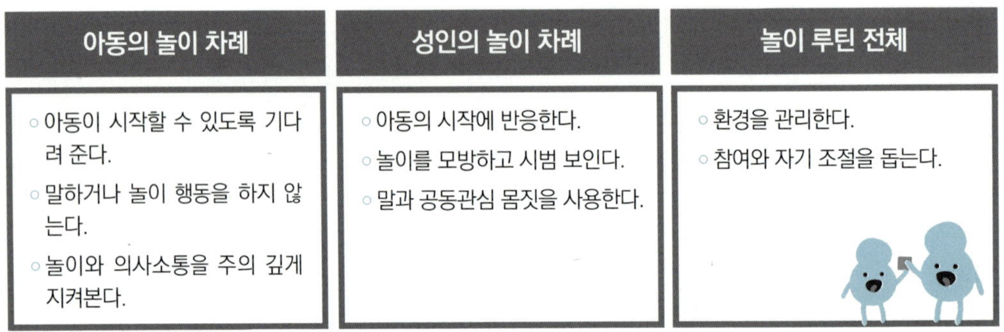

그림 5-9 역할의 개요

연습문제 5-3 동등하고 적극적인 역할

성인이 너무 수동적인지, 너무 지시적인지 또는 상호작용에서 동등하고 적극적인 역할을 하는지 알맞은 것에 체크하시오.

1. 아동이 블록을 쌓는다. 성인은 더 많은 블록을 즉각적으로 환경에 넣어 준다. 아동이 또 다른 블록을 쌓았고 성인은 다른 블록을 아동에게 전달하면서 "잘 쌓았네!"라고 말한다.	수동적	지시적	동등하고 적극적
2. 아동이 인형의 입에 숟가락을 대고 "먹어."라고 말한다. 성인이 인형의 입에 숟가락을 대고 "밥 먹어!"라고 말한다.	수동적	지시적	동등하고 적극적
3. 성인과 아동이 찍찍이가 붙은 음식 모형을 가지고 놀고 있다. 아동이 음식 모형을 먹는 척한다. 성인은 음식 모형을 계속 자르면서 "아직은 아니야. 잘라야 돼!"라고 말한다.	수동적	지시적	동등하고 적극적

4. 성인과 아동이 컵케이크를 만들고 있다. 아동은 컵케이크에 장식크림을 입힌다. 성인이 다른 컵케이크에 장식크림을 입히고 "위에."라고 말한다. 아동은 쟁반에 컵케이크를 올려 둔다. 성인은 쟁반에 컵케이크를 올려놓고 "케이크."라고 말한다.	수동적	지시적	동등하고 적극적
5. 성인과 아동이 버스에 인형을 태우고 있다. 아동이 인형을 태우면 성인은 "학교로 가자."라고 말한다. 아동이 "좋아, 가요!"라고 말하며 버스를 밀어 준다. 성인은 "다 왔어요. 모두 버스에서 내리세요!"라고 말한다. 성인과 아동은 버스에서 인형들을 내린 다음 성인이 아동에게 "선생님 할래 아니면 아이들 할래?"라고 묻는다. 아동이 "선생님 할래요!"라고 말한다.	수동적	지시적	동등하고 적극적

6 결론

JASPER 놀이 루틴은 아동이 놀이의 많은 이점에 접근할 수 있도록 하는 구조를 제공한다. 놀이 루틴은 산만함을 제거하고 아동이 자신의 표적과 목적에 가장 관련 있는 배움의 기회들에 집중할 수 있도록 한다. 놀이 루틴을 시작하면 성인은 아동이 새로운 것으로 넘어갈 준비가 될 때까지 계속해서 놀이 루틴을 재시작하고 확장할 것이다. 놀이 루틴을 설정하고, 확장하고, 새로운 놀이 루틴으로 전이하는 과정은 회기가 끝날 때까지 반복된다. 그림 5-10에 놀이 루틴에 대한 전략과 정보를 복습해 보기 바란다. 다음 장에서는 놀이 루틴의 각 단계를 자세히 살펴보고 일반적인 어려움을 해결하며 그리고 아동의 학습 표적에 대해 세부적으로 다뤄 보기 시작할 것이다.

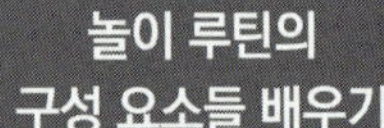

놀이 루틴의 구성 요소들 배우기

견고한 기본놀이 루틴 설정하기
- 아동의 숙달된 놀이 수준에서 시작하기

확장
- 기본놀이 루틴에 새로운 단계들을 추가하기

재시작
- 놀이 루틴 내 이전 단계로 다시 돌아가기
- 기본놀이 또는 확장놀이 단계 이후에 재시작하기

놀이 루틴의 특성 배우기

- 자연스럽고 재밌는 환경 구성하기
- 아동의 경험과 흥미에 맞는 루틴 만들기
- 아동의 발달 수준에 맞추기
- 유연함을 유지하기

동등하고 적극적인 역할 수행 배우기

- 놀이에서 분명한 역할 수행하기
- 아동에게 놀이와 의사소통을 시작할 기회 주기
- 놀이 차례를 자연스럽게 하기
- 성인의 역할을 균형 있게 하기

그림 5-10 5장 요약

6장

JASPER 놀이 루틴 설정

1 도입

이 장에서는 여러 놀이 루틴을 위한 장난감, 놀이 행동 및 의사소통 방법에 관해 알아볼 것이다. 장난감과 놀이 행동에 대한 지침으로 시작하여 의사소통을 위한 몇 가지 기본 지침까지 소개하겠다. 이어서 앞의 내용을 기반으로 아동에게 적합한 놀이 루틴 종류를 만들기 위해 양식 6-1(놀이 루틴 설정)을 작성해 보겠다. 이 과정에서 장난감과 놀이 행동이 아동에게 적합한 것이어야 하며, 성인의 선택은 아동의 목표와 중재 표적을 뒷받침하는 수준이어야 한다는 점이 중요하다. 성인은 장난감을 고르고 준비하는 데 많은 노력을 하겠지만, 아동이 무엇을 하기로 결정하느냐에 따라 유연하게 대처해야 한다.

2 장난감 및 놀이 행동 선정하기

JASPER에서는 표준화된 장난감 세트를 제시하지 않는다. 사실 JASPER 개발팀은 종종 아동의 학교에 있는 장난감을 이용하기도 한다. 왜냐하면 이러한 장난감은 성인의 특별한 개입이 없어도 아동이 놀이할 가능성이 가장 높기 때문이다. 선택한 장난감이 하이 테크(high tech)이거나 특정 브랜드 제품일 필요는 없다. 예를 들어, 건축 자재용 판지 상자나 식사놀이 루틴을 위한 플라스틱 수저 세트, 컵 또는 접시를 사용하는 것처럼 직접 만든 장난감으로도 만들 수 있다. 가령 자동차 경사로로 책을 사용하여 특정 사물을 대체할 수도 있다. 장난감의 유형보다 더 중요한 것은 놀이 행동의 발달적 적합성이다. 그림 6-1의 지침을 사용하여 첫 번째 회기를 위해 선택할 장난감 목록을 작성해 보자.

1) 발달적으로 적절한 장난감과 놀이 행동 선택하기

그림 6-2처럼 아동의 발달 수준에 맞는 적절한 범위 내에서 장난감과 놀이 행동을 선택해야 한다. 대부분의 장난감과 놀이 행동은 아동이 이미 할 수 있는 놀이 수준의 것이어야 한다. 또한 기본놀이가 확립되고 아동이 확장할 준비가 되었을 때는 아동의 표적 놀이 수준에서의 단계를 더 지원해야 하며, 조절 문제(dysregulation)가 발생한 후 또는 참여의 증진을 위해 더 쉬운 단계가 필요한 때를 위해 아동의 숙달한 수준보다 한 단계 낮은 장난감을 제공해야 한다(〈상자 6-1〉; 15장 참여 증진을 위한 조건부 전략, p. 342; 16장 조건부 전략, p. 363을 참고).

장난감과 놀이 행동에 대한 지침 ☑

- ☐ 아동의 발달 수준에 적합한 범주 내에서 장난감과 놀이 행동 선택하기
- ☐ 동기를 부여하는 생산적이며 사회적 유대감을 촉진하는 장난감 포함하기
- ☐ 아동에게 상식적이며 창의적인 놀이 행동을 포함하기

그림 6-1 장난감과 놀이 행동의 선택을 위한 지침

놀이 행동이 아동이 숙달한 놀이 수준보다 너무 높으면(즉, 너무 도전적임), 아동은 참여를 유지하는 데 어려움을 겪고 놀이나 의사소통을 시작할 수 없으며 좌절감을 느낄 수 있다. 놀이 행동이 아동이 숙달한 놀이 수준보다 너무 낮은 경우(즉, 너무 쉬움), 아동이 지루해하고 다른 활동을 찾을 수 있기 때문에 이 또한 아동의 참여를 위해서는 적합하지 않다.

일반적으로, 놀이 수준을 결정하는 것은 장난감 자체가 아니다. 특정 아동에게 발달적으로 적절한지 아닌지를 결정하는 것은 장난감으로 무엇을 하느냐에 달려 있다. 예를 들어, 장난감 피자는 다음과 같이 다양한 놀이 수준에서 사용할 수 있다. 피자에 토핑을 올리거나(외형적 조합; presentation combination), 피자 조각을 접시에 놓거나(관습적 조합; conventional combination), 피자를 먹는 척하거나(자기 가작화; pretend self), 피자를 인형에게 먹이는 척하거나(인형에 대한 가작화; child as agent), 인형을 가지고 다른 인형에게 피자를 주는 것(인형 매개 상징놀이; doll as agent)이 있다(놀이 수준에 대한 자세한 내용은 2장 참고). 즉, 일부 장난감은 다른 장난감보다 특정 놀이 수준에 더 적합하다. 예를 들어, 모양 맞추기는 외형적 조합 수준에는 적합하지만, 일반적으로 더 높은 놀이 수준에는 맞지 않다. 인형과 머리빗은 전상징적(presymbolic) 놀이 또는 상징(symbolic)놀이에 적합하지만, 이들

보다 낮은 수준에는 맞지 않다.

〈연습문제 6-1〉에서 놀이 수준이 서로 다른 네 아동의 프로필이 제시되었다. 각 아동의 프로필에 발달적으로 적합한 장난감 옵션을 찾아보기를 바란다.

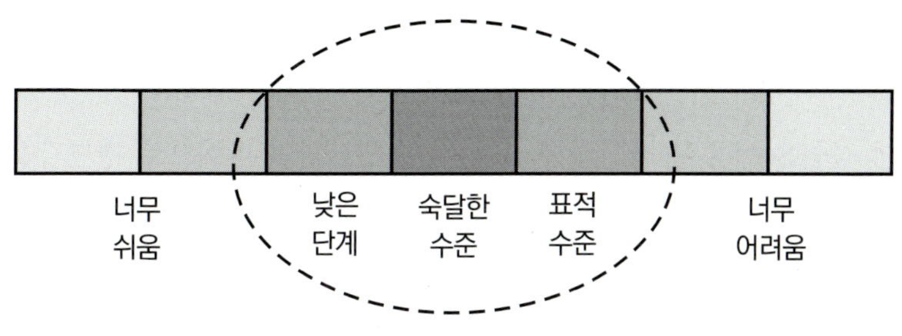

그림 6-2 발달적으로 적절한 놀이 수준 범위 내에서 장난감을 선택하기

연습문제 6-1 장난감 선택하기

각 아동 프로필에 발달적으로 가장 적절한 장난감을 연결하시오.

아동 프로필	장난감
1. 대부분의 장난감을 입에 물고 가끔 장난감을 탁자에 두드린다.	A. 피규어, 여러 구조물, 인형, 음식, 병원놀이 세트
2. 모양 맞추기 놀잇감에 모양을 넣지만 다른 놀이는 하지 않는다.	B. 모양 맞추기, 포개기 상자, 자석 타일
3. 모든 모양을 모양 맞추기 놀잇감에 넣고 퍼즐을 완성하고, 음식과 장소 세팅을 조합하고 덤프트럭에 블록을 채우고, 음식 조각을 먹는 시늉을 한다.	C. 팝업(누르면 튀어나오는 장난감), 드럼 악기, 고리 끼우기
4. 자석 타일로 구조물을 만들고, 음식 모형을 조립하고, 인형이 빗을 잡고 머리를 빗게 하고, 인형을 집까지 걸어가 가구 위에 앉힌 다음, 인형을 헛간까지 걸어가 앉게 한다.	D. 블록, 음식 모형, 자석 타일, 피규어

2) 동기를 부여하는 장난감과 놀이 행동 선정하기

장난감을 선택할 때 아동의 관심사를 고려하여야 한다. 아동에게 동기를 주는 장난감을 가지고 놀 때 공동참여를 유지하기가 훨씬 수월하다. 예를 들어, 아동이 동물에 관심이 있다면 아동의 놀이 수준에 따라 바다 동물 퍼즐 끼우기, 동물을 트럭에 태우기, 농장 동물이 침대에서 자는 동안 코를 골게 하는 것과 같이 동물이 등장하는 장난감을 선택하여 발달적으로 적합한 방식으로 사용할 수 있다. 다음에 설명된 것처럼 일부 장난감은 너무 산만해서 생산적인 놀이 행동을 유발하지 못하고 오히려 방해가 될 수 있다는 점에 유의하여야 한다.

3) 생산적인 놀이로 이어지는 장난감 선택하기

JASPER에서 성인은 아동이 성인의 목표를 위해 생산적인 방식으로 장난감을 가지고 놀기를 원한다. 생산적인 놀이(productive play)는 발달적으로 적절하고 유연하며 다양하고 창의적이며 아동이 계속 함께 참여할 수 있도록 한다. 조명과 소리가 있는 전자 장난감(배터리 제거할 경우, 사용 가능)이나 특히 주의를 산만하게 하거나, 조절 문제를 유발하거나, 특정 사물에 집착하게 하거나, 경직되고 반복적인 행동 또는 제한된 관심을 유발하는 장난감들은 피하여야 한다. 아동의 놀이가 생산적인지 방해가 되는지 판단하는 데 도움이 되는 지표들은 그림 6-3을 참고하기를 바란다. 장난감이 특히 아동의 주의를 산만하게 하는 경우 해당 장난감을 회기에서 잠시 제외할 수도 있다. 일단 아동과 함께 몇 가지 놀이 루틴을 성공적으로 만들면 장난감을 보다 효과적인 방법으로 적용하는 데 도움이 될 수 있다.

생산적 놀이의 지표	방해되는 놀이의 지표
◦ 아동의 발달 수준에 맞는 놀이 행동 ◦ 유연하고 다양하며 창의적인 놀이 행동 ◦ 아동의 공동참여 증가 ◦ 놀이 루틴과 어울리는 아동의 정서 ◦ 아동이 놀이와 의사소통을 시작할 가능성이 많음 ◦ 아동이 즐거움을 성인과 공유할 가능성이 많음 (예: 미소, 웃음, 성인을 바라보기)	◦ 아동이 장난감을 적절하게 발달적으로 사용하지 못함 ◦ 경직하고 반복적인 행동에 대한 아동의 관심이 증가 ◦ 아동이 성인의 장난감 조작을 허락하지 않음 ◦ 장난감이 낮은 공동참여 지속을 유발 ◦ 장난감이 과도하게 높은 긍정적 정서의 지속을 유발 (예: 박수, 통제불가한 웃음) ◦ 장난감이 부정적 정서의 지속을 유발 (예: 장난감 던지기, 장난감 부딪히기)

그림 6-3 생산적 놀이의 지표와 방해되는 놀이의 지표

4) 창의성 촉진하기

창의적이어야 한다! 아동과 성인은 놀이에 대해 다른 방식으로 생각한다. 성인은 좀 더 표준적인 놀이 방식을 따르려는 반면, 아동은 더 창의적인 경향이 있다. 아동의 놀이 기술에 융통성과 다양성을 증진시키려면 기존의 사고방식을 버려야 할 수도 있다. 이러한 것은 성인이 놀이 루틴을 확장하는 방법을 배울 때 특히 중요하다. 성인이 다양한 장난감 세트의 장난감들을 혼합하고, 놀이 루틴들을 결합하고, 새로운 방식으로 장난감을 사용할 수 있는 것을 의미한다. 예를 들어, 나무 블럭만 사용하여 쌓는 것보다 나무 블록과 플라스틱 블록을 함께 사용할 수 있다. 성인이 계획했던 놀이 루틴에서 벗어나더라도 아동의 창의적인 생각을 따르도록 한다. 예를 들어, 아동은 장난감 상자가 욕조인 척하고 인형을 씻는 데 사용할 수도 있다. 이러한 것은 성인이 모방하고 격려해야 하는 창의적이고 생산적인 놀이 행동이다. 발달적으로 적절하고 생산적인 놀이 행동인지에 대한 고려를 제외하고는 놀이 행동에 '옳고' '바른' 방법은 없다.

3 의사소통 선택하기

다음으로, 놀이 루틴에서 사용할 수 있는 의사소통을 생각해 봐야 한다. 놀이와 유사하게, 성인은 발달적으로 적절하고 동기 부여적이며 유연하고 창의적인 언어를 선택해야 한다. 성인은 또한 공동관심 몸짓을 시범 보이기도 한다. 추가적인 의사소통을 위한 전략은 12장과 13장에 기술되어 있다. 그림 6-4의 지침을 이용하여 첫 번째 회기에 적절한 의사소통을 선택할 수 있다[보완 대체 의사소통(AAC)을 사용하는 아동의 경우, 놀이 루틴에서 사용할 단어를 준비하고 14장의 지침을 참고할 것].

1) 아동의 평균 발화 길이와 맞추기

성인의 일반적인 속도, 어휘 및 언어 수준은 아동이 하기에는 너무 복잡하다. 평소처럼 말하는 대신 아동의 평균 발화 길이(Mean Length of Utterance: MLU)의 한 단어 이내 수준으로 말해야 한다. 3장에서 보았듯이 표 6-1에 나와 있는 것처럼 이것은 각 발화에서 아동이 말하는 대략적인 단어 수이다.

이것은 아동이 모방 가능한 단어의 수가 아니라 아동이 자발적이며 독립적으로 사용할

의사소통 지침 ☑

☐ 아동의 언어 수준에 부합하는 단어 선택하기
☐ 놀이 루틴과 관련 있는 단어 선택하기
☐ 사회적 상호작용을 조성하는 상황 언급하기
☐ 놀이 루틴 전반적으로 공동관심 몸짓 사용하기
☐ 음성 산출장치 사용자를 위한 상징그림 준비하기(14장 참고)

그림 6-4 의사소통 선택 지침

수 있는 대략적인 단어 수임을 기억해야 한다. 즉, 말을 배우기 시작하는 아동을 위해 성인이 의도적으로 말의 길이를 크게 줄임으로서, 아동이 성인의 언어모델을 독립적으로 모방할 수 있음을 의미한다.

〈연습문제 6-2〉를 사용하여 적절한 언어 수준을 선택하는 연습을 하도록 한다.

표 6-1 아동의 평균 발화 길이와 상응하는 의사소통

아동의 자발적인 발화 길이		성인의 발화 길이
발성, 단어에 가까운 말을 사용하거나 언어를 사용하지 않음	→	단어 1개 언급하기 사용
단어 1개 사용	→	단어 1개 또는 단어 2개 언급하기 사용
단어 2~3개 사용	→	단어 2~4개 언급하기 사용
짧은 문장 사용	→	짧은 문장 사용
긴 문장 사용	→	긴 문장 사용

연습문제 6-2 성인의 의사소통 수준

목욕놀이 루틴에서 사용할 만한 가장 적절한 성인의 언어 수준을 찾아 아동의 평균 발화 길이와 연결하시오.

아동의 평균 발화 길이	성인의 언어
1. 단어와 비슷한 것(예: 아)	A. "아기."
2. 단어 1개	B. "아기가 거품 목욕한다."
3. 단어 2~3개	C. "내가 더러운 아기 머리에 샴푸 부었다."
4. 짧은 문장	D. "비누칠 더."
5. 긴 문장	E. "씻어."

2) 상황 언급하기 사용하기

놀이 루틴에서 장난감 및 놀이 행동과 관련된 간단한 상황 언급하기(Commenting language)를 사용한다. 예를 들어, 어떤 사물인지("자동차." "아기."), 놀이 루틴에서 현재 진행 중이거나 방금 발생한 일("꽝!" "운전 중이야.") 또는 장난감이나 일어난 사건에 관한 흥미로운 것을 강조할 수도 있다("탑 무너졌다!").

놀이 중 아동의 행동을 바꾸거나 특정 행동을 형성하려는 지시하기 사용은 피해야 한다(예: "정사각형 넣어." "주황색 동물 찾아."). 또한 아동의 관심을 끌거나 질문을 하거나 아동의 지식을 테스트하는 언어를 제한해야 한다(예: "봐!" "차 밀 수 있어?" "이건 무슨 색이야?"). 지시하기와 비교한 상황 언급하기의 예시는 그림 6-5에 기술되어 있다.

많은 아동이 타인의 행동에 대한 반응은 잘 하는 반면 자신의 생각을 공유하며 놀이하는 방법은 모른다. 따라서 아동이 사용할 수 있는 언어를 시범 보이는 것이 중요하다. 만일, 아동이 조절 문제를 일으키거나 직접적인 행동 지시가 필요한 경우에는 지시하기를 사용하기에 적절한 때일 수 있다(8장 및 16장 참고).

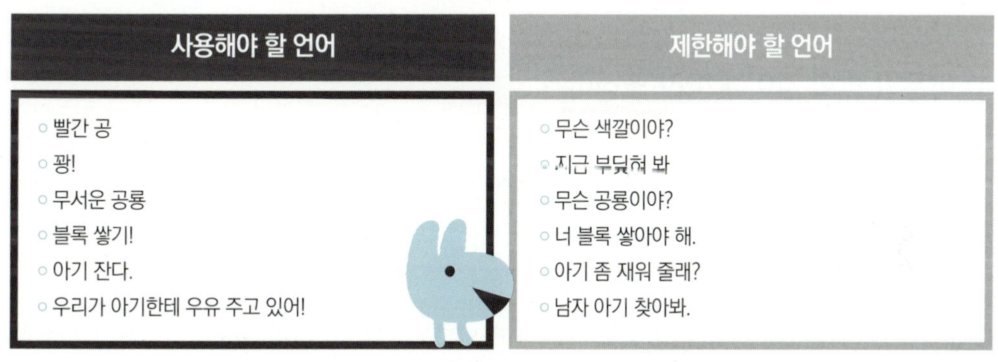

그림 6-5 사용해야 할 공동관심 언어와 제한해야 할 언어

3) 유연하고 자연스럽게 의사소통하기

ASD 아동은 때때로 암기 또는 반복적인 언어 패턴을 배운다. 성인의 목표는 보다 유연하고 자연스러운 의사소통을 아동이 하도록 돕는 것이다. 따라서 성인은 말을 할 때 유연하고 자연스럽게 하여야 한다.

(1) 다양한 말을 사용하기

놀이 루틴 중에 다양한 단어를 사용하여야 한다. 예를 들어, 소풍 놀이 루틴에서 언어를 시범 보이는 경우, 사람 피규어에게 먹을 것을 줄 때마다 계속 "먹어!"라고 말하면 안 된다. 이것은 너무 반복적이어서 아동이 새로운 단어 하나에만 노출되도록 한다. 반면에 매번 계속 다른 단어를 사용하는 경우(예: 버거, 번, 치즈, 케첩, 먹다, 더)에는 아동이 그 단어를 배우는 데 있어서 충분한 예측이 되지 않을 수도 있다. 따라서 자연스러운 균형을 찾으려고 시도해야 한다.

(2) 자연스러운 말과 억양을 사용하기

아동은 성인이 말하는 단어에서부터 사용하는 억양에 이르기까지 말의 모든 면을 따라할 것이다. "블록 쌓아?"처럼 어떤 사람들은 긍정적 정서를 이용할 때 목소리의 높낮이를 말의 끝 지점에서 높여서 질문처럼 들리게 만든다. 결과적으로 아동의 언어도 이렇게 들리기 시작하고 아동의 모든 발화도 질문처럼 들리게 된다. 자연스러움을 유지하려고 노력해야 한다. 단조롭거나 로봇처럼 말해서는 안 되며, 특정 음절을 지나치게 강조하거나, 단어를 길게 빼서 말하거나, 선율이 있는 억양을 사용하거나, 3인칭으로 말해서도 안 된다.

4) 아동의 발화 길이에 따라 조정하기

또한 성인의 말은 아동의 발화 길이에 맞추어 유연하고 자연스러워야 한다.

(1) 유사어에 기반을 두기

아동이 단어와 유사한 수준의 말을 사용하고 있다면 아동이 이미 사용하고 있는 그 소리와 일치하는 단어를 선택한다. 단, 그 소리가 놀이 루틴의 맥락 내에서 사용 가능한 경우에 한해서이다. 예를 들어, 아동이 '오' 소리를 낼 수 있지만, '싸'를 사용하기 어렵다면 '쌓기'보다는 '올려'라는 단어를 시범으로 삼을 수 있다.

(2) 한 단어에서 두 단어로 조정하기

아동이 1~2개 단어 정도의 언어 수준을 가지고 있다면, 성인의 말을 유연하고 자연스럽게 유지하는 것이 어려울 수도 있다. 이 경우, 간헐적으로 다른 단어를 추가하여 성인이 제시하는 언어 시범이 반복적이거나 어색하게 느껴지지 않도록 할 수 있다. 예를 들어, 일반적으로 "올려."를 시범 보이는 경우, 몇 번의 놀이 차례마다 "블록 올려."라고 말하도록 한다. 버스에 숫자를 넣을 때 "안에."라고 말하는 경우도 때때로 "버스 안에."라고 말하는 것이다.

(3) 구문과 문장으로 창의력을 발휘하기

많은 말을 하는 아동들, 특히 문장으로 말하는 아동들과 함께라면 성인은 훨씬 더 창의적이고 자연스럽게 말할 수 있다. 아동이 긴 구나 문장으로 말한다면, 대화처럼 들리는 언급하기와 함께 더 많은 융통성을 시도해 볼 수 있다. 예를 들어, 아동이 "나는 선생님이야. 수업 시작할 시간이다!"라고 말할 때 성인은 "알겠어. 나는 학생이야. 책을 꺼낼게요."라고 말할 수 있다. 또한 아동이 조금씩 대화에 능숙해지면 다른 언어 기능에도 연습할 수 있다. 놀이 루틴과 관련된 장난스러운(지시적인 것보다) 요청 및 질문하기 같은 것이다. 예를 들어, 아동이 "나는 핫도그를 먹을게."라고 말하면 성인은 "나는 피자를 먹을게. 핫도그랑 같이 뭐 마실래?"라고 말할 수 있다.

5) 공동관심 몸짓 사용하기

단어로 의사소통하는 것과 더불어 성인의 놀이 차례에 공동관심 몸짓을 시범 보일 수 있다. 이 시범 보이기는 언어 수준에 관계없이 모든 아동에게 유용하다. 성인은 아동이 배워야 할 표적 몸짓에 우선순위를 두고 이러한 몸짓을 자주 시범 보여야 한다. 그러나 놀이 루틴의 맥락을 고려하여 가장 적합한 몸짓을 시범 보일 수 있어야 한다. 몸짓 시범 보이기에 대한 자세한 내용은 12장(p. 277 참고)에 기술되어 있다.

4 놀이 루틴 설정하기

발달에 적합한 장난감, 놀이 행동 및 의사소통을 선택했으면 양식 6-1(놀이 루틴 설정하기, p. 153)과 다음 지침을 사용하여 첫 번째 회기를 위한 준비물 목록을 작성한다.

놀이 루틴 만드는 절차

- 아동의 발달 수준에 적합한 동기를 부여하는 장난감 목록을 작성한다.
- 8~9개 정도의 놀이 루틴을 준비한다.
- 기본놀이와 확장놀이를 위한 장난감을 선택한다.

- 기본놀이와 확장놀이를 위한 놀이 행동을 선택한다.
- 각 놀이 루틴에서 아동의 발달 수준에 맞는 단어와 몸짓을 선택한다

1) 장난감/놀이 행동/의사소통 중요 목록 작성하기

양식 상단에 아동의 숙달된 놀이 수준 및 표적 놀이 수준, 표적 요구하기 기술 및 공동관심 몸짓, 발화 길이를 기록한다. 이는 3장의 SPACE 평가 결과를 통해 확인되어야 한다.

(1) 놀이 루틴

최소한 여덟 가지, 서로 다른 놀이 루틴을 선택하고 놀이 루틴에 대한 간단한 제목이나 설명을 작성한다. 이 과정을 위해 SPACE 평가로부터 아동에게 필요한 것이 무엇인지 이해하도록 노력한다. 아동이 준비한 장난감과 놀이 루틴들을 얼마나 빨리 경험해 낼 수 있는지에 따라 더 많거나 더 적은 놀이 루틴이 필요할 수 있다. 이 단계에서는 필요한 것이 없을 때 재빨리 준비하는 것보다 미리 넉넉히 준비하는 것이 좋다. 따라서 처음에 필요하다고 생각하는 것보다 더 많은 장난감을 준비한다. 놀이 루틴을 만들 때 발달적으로 적절하고 자연스럽게 함께 진행되는 단계들을 생각하도록 노력하라. 단순 및 조합의 놀이 수준인 경우 놀이 루틴은 종종 2~3개의 놀이 수준들로 구성된다. 아동이 전상징적 놀이 및 상징놀이 수준이 될 때 아동은 더 많은 기술을 습득함에 따라 놀이 루틴에 더 다양한 놀이 수준들을 포함시키는 것은 자연스럽다. 그리고 일반 발달적 측면에서도 상식적이다. 예를 들어, 상징놀이 루틴에서 음식점에 있다고 상상하는 놀이 아이디어의 일부로 오븐에 음식 모양 장난감을 넣는 낮은 놀이 수준(관습적 조합)이 포함될 수 있다. 참여와 조절을 지원하는 루틴도 준비해야 한다(〈상자 6-1〉 참고).

상자 6-1

조절과 참여를 지원하는 놀이 루틴 준비하기

조절과 참여를 위해 아동이 추가 지원이 필요한 경우를 대비하여 아동이 이미 숙달한 놀이 루틴 또는 아동의 놀이 수준보다 한 단계 낮은 놀이 루틴을 준비합니다. 또한 아동이 좋아할 것 같은 편안하며 동기를 부여할 수 있는 것을 선택합니다. 이것은 아동이 JASPER를 처음 접할 때 특히 유용합니다. 중재 후반부에 아동이 더 많은 놀이 루틴을 할 수 있게 되면, 아동의 숙달된 놀이 수준에 해당하는 아주 친숙한 놀이 루틴이 동일한 역할을 할 수도 있습니다. 이에 대해서는 15장에서 더 논의하겠습니다.

(2) 기본놀이를 위한 장난감과 놀이 행동

기본놀이를 수립하는 데 사용할 수 있는 장난감과 놀이 행동을 작성하라. 기본놀이는 놀이 루틴의 토대이므로 장난감들이 아동의 숙달한 놀이 수준의 단계들을 가능케 함을 기억해야 한다. 전상징적 놀이 및 상징놀이의 경우, 일부 숙달된 기본놀이 단계는 다른 놀이 수준들에 의해서 잘 지원되는 경우가 많다. 예를 들어, 단일 도식 단계(single scheme step)에 비해 목적을 가진 물리적 조합 단계로 놀이 동력(momentum)을 얻기가 더 쉽다는 것을 알 수 있다. 왜냐하면 장난감 조각 수가 많을수록 더 일관되게 주고받는 놀이 차례를 설정할 수 있기 때문이다. 예를 들어, 장난감 다람쥐를 나무에 놓기 전에 먼저 레고 블록으로 나무를 만들 수 있다. 표 6-2 에 다양한 놀이 수준의 기본놀이 단계 목록이 나와 있다.

(3) 확장놀이를 위한 장난감과 놀이 행동

아동의 숙달한 또는 표적 수준에서 새로운 단계를 수행할 수 있도록 여러 장난감을 선택하도록 한다. 놀이 행동은 기본놀이에 논리적으로 연결되어 있어야 하며, 현재 놀이 루틴을 기반으로 하여야 한다. 다양한 놀이 수준에서의 확장은 표 6-3 을 참고하고, 확장놀이를 위한 장난감 선택에 관한 자세한 내용은 11장에 기술하였다.

(4) 몸짓과 단어

놀이 차례를 진행하는 동안 언급할 단어와 몸짓을 미리 계획한다. 아동을 위해 선택한 표적 몸짓을 포함하는 방법을 3장과 4장을 통해 생각해 보아야 한다. 아동의 언어 수준에 맞는 다양한 단어나 구절을 선택하라. 매번 같은 단어를 반복하는 대신 몇 가지 내용의 단어나 구를 순환하여 말함으로 아동이 익숙해지도록 도와야 한다. 명사, 동사, 전치사, 형용사가 놀이 행동과 연관되고 아동 수준에 적합하다면 혼합하여 사용할 수 있다.

표 6-2 기본놀이를 위한 장난감과 놀이 행동

놀이 수준(play level)	발달적으로 적합한 장난감	가능한 기본놀이 단계
구분된 놀이 행동	팝업 장난감(누르면 튀어 나오는)	→ 버튼 누르기
조합 분리하기	고리 끼우기	→ 끼우기에서 고리 빼기
외형적 조합	동전, 돼지 저금통	→ 동전을 돼지 저금통에 넣기
일반적 조합	블록	→ 블록 쌓기

놀이 수준(play level)	발달적으로 적합한 장난감	가능한 기본놀이 단계
자기 가작화	쿠키와 식기 세트	→ 쿠키를 쟁반 위에 놓기, 쿠키를 먹는 흉내 내기
목적을 가진 물리적 조합	블록으로 만들기	→ 블록으로 '잠수함' 만들기
인형에 대한 가작화	피규어, 집, 가구들	→ 피규어를 가구 위에 올리기
관습적 조합	피규어, 집, 가구들	→ 집 안에 가구를 배치하기
단일 도식 연결	아기들, 음식, 우유병	→ 음식들을 같이 놓기, 음식을 각 아기들에게 배분하기
사물 대체 상징놀이	타일, 피규어, 피자	→ 피자 위에 블록을 '토핑'처럼 올리기
상상적 사물로 상징놀이	타일, 피규어, 피자	→ 피자를 오븐 안에서 굽기, '뜨거운' 피자를 후 불기
인형 매개 상징놀이	놀이터 구조물, 피규어	→ 인형이 구조물에 올라가기
다중 도식 연결	놀이터 구조물, 피규어	→ 인형이 술래를 잡고 구조물에 올라가기
사회극 놀이	의사 가운, 동물들	→ 동물 의사가 수술하기 위해 가운을 착용
주제극 놀이	슈퍼히어로 망토, 블록	→ 배트맨 자동차를 범죄 현장으로 출동시키기

표 6-3 가능한 확장놀이 단계 예시

놀이 수준(play level)	기본놀이 단계(base step)	가능한 확장놀이 단계
구분된 놀이 행동	드럼을 스틱으로 치기	→ 실로폰을 스틱으로 치기
조합 분리하기	포개기 상자를 분리하기	→ 상자를 겹쳐 쌓기
외형적 조합	쿠키병에 쿠키 집어넣기	→ 쿠키를 쟁반 위에 놓기
일반적 조합	블록들로 구조물 만들기	→ 피규어를 구조물 위에 올리기
자기 가작화	컵으로 마시는 흉내 내기	→ 인형에 물 먹이기
목적을 가진 물리적 조합	블록으로 '동물원' 만들기	→ 동물들을 동물원에 놓기
인형에 대한 가작화	의자에 피규어 올려놓기	→ 피규어에게 아이스크림 먹이기

놀이 수준(play level)	기본놀이 단계(base step)	가능한 확장놀이 단계
관습적 조합	침대 위에 이불 놔두기	→ 침대 위에 베개 놔두기
단일 도식 연결	침대 위에 두 인형 눕히기	→ 인형들 이불 덮어 주기
사물 대체 상징놀이	타일로 도로 만들기	→ 도로 위로 자동차 달리기
상상적 사물로 상징놀이	그릇에 담긴 케이크 반죽을 섞기	→ '케이크 반죽'을 머핀 틀에 붓기
인형 매개 상징놀이	인형이 차를 마시는 척하기	→ 설탕을 넣는 척하기
다중 도식 연결	인형이 차로 걸어가기, 인형이 차를 운전하기	→ 인형을 위한 '학교' 만들기
사회극 놀이	심장박동을 체크하는 의사 흉내 내기	→ 환자에게 약 주기
주제극 놀이	마법 담요 타고 날아다니기	→ 집에 도착해서 호랑이에게 밥 주기

2) 공유할 장난감을 충분히 준비하기

JASPER에서는 성인도 놀이를 할 수 있다! 따라서 아동과 성인이 함께 적극적으로 참여할 수 있도록 충분한 장난감을 준비해야 한다. 아동에게 자동차가 있다면 성인도 자동차가 있어야 한다. 아동이 숟가락으로 저어 준다면 성인도 저어 줄 수 있는 도구가 있어야 한다. 성인이 아동과 똑같은 종류의 장난감을 가지고 놀아야 한다거나 장난감을 섞거나 공유하지 않아야 한다는 의미가 아니라 오히려 성인과 아동이 함께 놀기 위해 필요한 모든 재료가 있어야 한다는 것을 의미한다. 더 큰 사물(오븐, 자동차 경사로, 헛간 등)의 경우, 아동과 함께 같은 장난감을 가지고 놀 수도 있다. 성인이 사용할 장난감을 꼭 가지고 있을 필요는 없다. 또한 재시작 전에 약 7~12번의 놀이 차례가 있는 공유놀이(shared play)에서 상호작용을 유지할 수 있을 만큼 충분한 장난감이 있어야 한다. 예를 들어, 페그보드에 페그를 끼우는 경우, 성인과 아동이 함께 조립할 수 있을 만큼 충분한 페그가 있어야 한다. 계속해서 페그가 부족하면 놀이 루틴에서 놀이 동력을 얻기가 어렵다.

3) 장난감 목록을 업데이트하기

각 회기 후에 장난감 목록을 검토하고 다음 회기를 위해 희망하는 변경 사항을 기록하라. 일부 아동은 여러 회기를 걸쳐 동일한 놀이 루틴으로도 놀 수 있는 반면에, 다른 아동은 회기에 동기를 부여하기 위해 새로운 놀이 루틴이 필요하기도 하다. 주의를 산만하게 하고 방해하는 장난감에 대한 지원을 제거하거나 추가하는 것을 고려하고, 생산적인 방식으로 동기를 부여하는 장난감에 대한 놀이 루틴을 만들 계획을 세워야 한다. 성인은 시간이 지남에 따라 회기의 표적과 목표를 달성하는 데 사용할 수 있는 놀이 루틴 모음을 만들어야 한다.

(1) 선호하는 장난감을 잠시 제외하기

많은 회기를 진행한 후에는, 한때 흥미로웠던 장난감이나 놀이 루틴에 대한 아동의 동기 부여가 낮아진 것을 알 수 있다. 이미 많은 확장놀이를 추가했고 아동이 흥미를 잃기 시작했다면, 친숙한 해당 장난감을 몇 번의 회기 동안은 사용하지 않을 수도 있다. 이것은 아동의 동기 부여에 큰 차이를 만들 수 있다. 짧은 기간 후 장난감을 다시 소개하면 아동은 종종 장난감을 보고 신이 나서 다시 한번 더 오랜 시간 동안 장난감에 더 잘 참여할 수 있다.

4) 사례

그림 6-6에서 완성된 양식 6-1(놀이 루틴 설정하기)의 예시를 확인할 수 있다. 한 단어의 말을 하고 간단한 놀이 수준에서 관찰되는 최근 몇 가지 외형적 조합 기술로 놀이하는 아동을 위한 몇 가지 놀이 루틴이 포함되어 있다. 놀이 루틴의 추가 사례들은 부록 C에서 확인할 수 있다.

놀이 루틴 설정하기

아동: 홍길동
성인: 제스퍼
날짜: 8월 2일

숙달한 놀이 수준: 외형적 조합
표적 놀이 수준: 일반적 조합
표적 요구하기 몸짓: 건네주기
표적 공동관심 몸짓: 보여주기
표적 언어 수준: 1~2 단어

놀이 루틴 8개의 놀이 루틴 설정하기			
놀이 루틴	**장난감**	**놀이 행동**	**몸짓 / 단어**
놀이 루틴 1: 페그보드	기본놀이: 페그 페그보드	기본놀이: 페그를 보드 위 구멍에 끼워 넣기, 페그를 쌓아 타워를 만들기	페그 위에 쌓자 안에, 밖에 고리 위에, 밑에 상자 더 공동관심-가리키기 공동관심-보여주기
	확장놀이: 고리와 고리 끼우기 포개기 상자	확장놀이: 페그에 고리를 끼우기, 페그를 포개기 상자에 넣기, 포개기 상자를 쌓기, 고리를 포개기 상자 위에 쌓기	
놀이 루틴 2: 아이스크림	기본놀이: 아이스크림 아이스크림 통	기본놀이: 아이스크림 조각을 올리기, 아이스크림을 통에 넣기, 아이스크림을 쏟아붓기	아이스크림 쌓자 위에, 밑에 색깔 쿠키, 쟁반 넣자, 더 먹자 공동관심-보여주기
	확장놀이: 아이스크림 스쿱, 입이 개방된 봉제인형, 쿠키와 쟁반	확장놀이: 아이스크림을 뜨기, 아이스크림을 쿠키 위에 올리기, 아이스크림과 쿠키를 봉제인형에게 먹이기	
놀이 루틴 3: 모양 맞추기 상자	기본놀이: 모양 모양 맞추기 상자	기본놀이: 모양 끼워 넣기, 모양 쏟아 꺼내기	안에, 밖에 모양 요구하기 붓자 쌓자 트럭 운전 가자 상자 만들자 공동관심-보여주기 공동관심-건네주기
	확장놀이: 덤프트럭, 도로 만들기 부품들, 포개기 상자	확장놀이: 모양을 쌓아 올리기, 모양을 덤프트럭에 싣기, 도로 만들기, 트럭 주행하기, 포개기 상자 쌓아 올리기, 모양을 포개기 상자 안에 집어넣기	
놀이 루틴 4: 케이크	기본놀이: 케이크 조각 토핑	기본놀이: 케이크 조각을 붙이기, 토핑을 케이크 위에 올리기, 케이크 조각을 쌓아 올리기	케이크 위에, 밑에 만들자 쌓자 토핑 양초 먹자 더 공동관심-가리키기 공동관심-보여주기 요구하기-건네주기
	확장놀이: 양초, 플라스틱 쌓기 케이크, 아이스크림, 입이 개방된 봉제인형	확장놀이: 생일 양초를 케이크에 꽂기, '생일 축하' 노래 부르기, 쌓기 케이크를 쌓아 올리기, 아이스크림을 케이크에 올리기, 봉제인형에게 케이크 조각들을 먹이기	

그림 6-6 완성된 양식 6-1의 예시(놀이 루틴 설정하기)

5 놀이 루틴을 설정할 때 발생하는 일반적인 어려움

장난감을 선택하는 것은 시행착오의 과정이다. 성인이 선택한 장난감을 아동이 마음에 들어하지 않거나, 효과적으로 노는 데 어려움을 겪거나, 모든 옵션(선택기회)을 그냥 지나침으로 인해 성인은 다음에 무엇을 해야 할지 막막할 수도 있다. 아동에게 어떤 장난감이 동기를 부여하는지 또는 어떤 장난감이 주의를 산만하게 하는지 알아내는 데는 시간과 경험이 필요하다. 몇 가지 일반적 질문을 먼저 다룬 다음, 몇 가지 사례를 살펴보겠다.

1) 일반적 질문

다음은 장난감을 선택할 때 발생할 수 있는 몇 가지 일반적 질문들이다.

Q. 만일 JASPER를 위한 적당한 장난감을 가지고 있지 않다면?

장난감 지원이 부족한 지역의 교사나 가족과 같은 경우에는 장난감이 많지 않을 수 있다. 이 경우, 사용 가능한 놀잇감으로 창의력을 발휘하여 새로운 장난감을 만들 수 있다. 다음에 몇 가지 예가 제시되었다.

- 블록 대신 신발 상자를 사용
- 그릇, 숟가락, 칫솔과 같은 가정용품을 사용
- 바스켓을 아기 목욕통이나 요람으로 사용
- 헌 옷이나 헝겊을 인물용 옷과 담요로 재활용
- 항아리나 플라스틱 용기의 뚜껑에 동전 구멍 내기
- 음식을 주제로 하는 놀이 루틴을 위해 시리얼 상자와 음식 포장지를 보관하기
- 판지를 상징놀이 도구로 만들기(예: 심해 잠수복)

Q. 만일 아동이 무언가를 단지 몇 초만 탐색하거나 노는 경우라면?

장난감이 너무 쉽거나 너무 어렵지 않도록, 놀이 수준에 적절한지 확인하고 아동의 발달 연령을 염두에 두어야 한다. 15개월밖에 되지 않은 아동과 함께 놀이한다면, 아동이 장난감 하나를 가지고 몇 번 놀이 차례를 가진 다음에 다른 장난감을 탐색하기 위해 방을 돌아다니는 것은 정상이다. 아동이 참여 능력을 키우는 데 시간이 필요할 수 있다. 아동에게 탐색할 시간을 주는 것도 괜찮다. 아동이 집에 동일한 장난감을 가지고 있지 않을 수 있으며

일부는 아마 아동에게 새로울 수 있다. 아동에게 새로운 장난감이라면 시범 보이기를 통해 장난감이 어떻게 작동하는지 보여 줘야 할 수도 있다(9장 참고). 아동이 처음에 관심이 없는 것처럼 보인다고 해서 그 장난감에 대한 관심이 전혀 없는 것은 아니다.

Q. 만일 장난감이 아동에게 동기를 부여해 주지 못한다면?

성인은 아동이 무엇을 즐기는지 생각하고 그 관심을 반영할 수 있는 방법을 찾아야 한다. 예를 들어, 아동이 나비에 관심을 많이 보이는 경우에 인형에 대한 가작화 수준의 놀이 루틴으로 나비 인형을 아동의 활동에 통합할 수 있다. 아동이 한두 번 가지고 놀더라도 어떤 장난감을 가지고 노는지, 그리고 어떤 장난감을 완전히 무시하는지 확인해야 한다. 아동에게 동기 부여가 많이 되는 장난감이 새로운 것인지 친숙한 것인지 확인하여야 한다. 성인은 정기적으로 장난감을 업데이트해야 하며 아동의 취향에 맞게 장난감을 조정하고 실패한 장난감은 나중에 다시 검토해 보아야 한다.

Q. 모든 놀이 루틴이 2~3개의 놀이 수준으로만 구성되어야 하는가?

반드시 그렇지는 않다. 낮은 놀이 수준에서는 이것이 발달적으로 적절할 수 있다. 하지만 놀이가 점점 더 전상징적 놀이 수준이 되어 감에 따라 놀이 루틴에 종종 더 많은 놀이 수준이 통합되는 것은 자연스러운 일이다. 예를 들어, 상징놀이인 '공항' 놀이 루틴이 비록 아동의 현재 숙달 수준보다 낮더라도 공항과 비행기를 만드는 목적을 가진 물리적 조합으로 시작될 수 있다. 이것이 발달적으로 적합하며 일반적인 놀이를 반영하는 것이다. 즉, 아동이 쉽게 지속할 수 있는 자연스러운 놀이 루틴을 가능하게 함과 동시에 더 높은 기술을 표적으로 삼을 수 있는 장난감을 선택하고자 하는 것이 목표이다. 또한 전상징적 기술은 종종 일반적 발달과 동시적으로 발달하기 때문에 아동의 동기에 따라 몇 가지 적절한 전상징적 표적 중에서 선택하여야 함을 기억하여야 한다(4장 놀이 표적 기술, p. 102 및 **그림 4-2** 참고).

2) 사례

다음 사례를 통해 문제해결 과정을 확인할 수 있다. 고민 상담 형태로 되어 있으며 논의되는 전략을 설명하기 위해 '사례'라는 제목으로 나머지 장들에서도 기술될 것이다.

(1) 그냥 시작해 보려고 시도해 봄

JASPER 안녕하세요.

저는 일반적 조합 기술을 최근에 시작한 어린 아동과 함께 세 번째 회기를 막 끝냈어요. 아동은 말을 아주 조금 할 줄 알며, 장난감에 꽤 관심이 있어요. 가장 큰 문제는 아동과 제가 실제로 놀이 루틴을 시작하는 데 오랜 시간이 걸린다는 것이에요. 저는 어떤 것이든 훌륭한 놀이 루틴으로 발전되기를 희망하면서 모든 회기에 다른 장난감들을 가져옵니다! 놀이 환경을 바꿔 보고, 시각적 일과를 활용하고, 장난감을 가지고 첫 놀이를 했어요. 그때 저는 저의 영향을 높이려고 노력했지만 아무 효과가 없는 것 같았어요. 아동은 여전히 의미 있는 놀이를 시작하기 전에 거의 10분 동안 장난감에서 장난감으로 이동만 해요. 제가 무엇을 잘못하고 있는 걸까요?

감사합니다.

그냥 시작하려고 시도해 봄 드림

그냥 시작하려고 시도해 봄 님에게,

선생님이 아동의 흥미를 끌기 위해 다양한 전략을 사용하시니 참 기뻐요. 선생님의 이야기에 따르면 좀 더 일관성 있는 놀잇감의 제공이 아동에게는 도움을 줄 것 같아요. 다양함도 좋지만, 회기마다 장난감을 바꾸는 것은 이 아동에게는 너무 과도한 새로움일 수 있어요. 그래서 아동이 탐색하는 데 그렇게 많은 시간을 보내는 이유 중 하나일 수 있어요. 보다 더 일관된 장난감 선택의 기회를 제공하여 아동이 친숙함을 빨리 찾을 수 있도록 해 주세요. 그런 다음, 아동이 장난감을 고른 직후에는, 다른 장난감들을 옆으로 치워 아동이 선택한 놀이 루틴에 더 집중할 수 있도록 도와주세요.

그럼 이만,

JASPER 드림

(2) 반복에 갇혀 버린

JASPER 안녕하세요.

저는 SPACE를 완성하고 아동이 숙달한 놀이 수준을 자기 가작화로 확정하였고, 표적 놀이 수준을 인형에 대한 가작화로 정했어요. 놀이 루틴을 계획하기 시작했을 때 저는 단지 빗, 칫솔, 음식 장난감 같은 것들만 생각할 수 있었어요. 그러다 기본놀이 단계와 확장놀이 단계를 생각하기 시작했을 때 막혔어요! 아동이 자신이나 다른 인형에게만 확장할 수 있는 동작들로 구성된 여덟 가지 다른 루틴을 어떻게 생각해 내야 할까요? 저희의 놀이가 별로 재미없는 적응 기술 훈련(adaptive skills training)처럼 느껴질 것 같아요. 어떻게 해야 하나요?

놀이가 재밌을 수 있도록 도와주세요!

반복에 갇혀 버린 드림

반복에 갇혀 버린 님에게,

아동이 자기 가작화와 인형에 대한 가작화 수준의 놀이 행동에 계속 집착한다면 놀이 루틴이 그다지 자연스럽거나 재미있다고 느껴지지 않았다고 생각하는 것이 맞아요. 놀이 루틴에서 서로 연결되는 단계와 이야기 줄거리를 만들기 위해 여러 놀이 수준을 통합하는 경우가 많은데요. 두 가지 놀이 수준으로만 한정하는 대신 다른 유사한 놀이 수준의 단계를 추가할 수 있어요. 예를 들어, 아동이 먹거나 마시는 척하거나 음식이나 음료를 피규어에게 먹여 주는 단계에서 음식 다 모으기, 음식 자르기, 접시나 오븐에 음식 넣기와 같은 조합 수준의 단계를 음식놀이 루틴에 추가할 수 있어요. 또한 기본놀이(예: 블록으로 만들기)에 다양한 주제를 포함해 목적을 가진 물리적 조합을 포함한 후, 자기 가작화나 인형에 대한 가작화 단계를 추가함으로 선생님의 놀이 행동에 대해 흥미와 다양성을 유지할 수 있어요.

포기하지 마세요. 잘하실 거예요!

JASPER 드림

6 결론

양식 6-1을 작성함으로 놀이 루틴에 적절하고 동기를 부여하는 장난감, 놀이 행동, 몸짓 및 단어 목록을 만들 수 있다. 사전에 미리 계획하기는 하지만, 놀이 루틴의 단계를 미리 결정하는 것이 아님을 기억해야 한다. 아동이 성인이 예상한 것과 다른 장난감을 선택하거나 다른 기본놀이 단계로 시작할 수도 있다. 이것은 성인이 따라야 할 또 다른 단어들을 포함하는 새로운 놀이 루틴으로 이어질 수도 있다. 아동이 지속적으로 놀이에 참여하도록 동기를 주며, 아동의 표적에 맞도록 회기 전반에 걸쳐 성인은 지속적으로 장난감을 갱신하여야 한다. 성인은 놀이 루틴을 계속 발전시키면서 시간이 지남에 따라 아동의 목표에 대한 진전을 이뤄야만 한다. 성인이 아동에게 동기를 부여하는 장난감과 놀이 행동에 대해 더 잘 이해함으로써 아동이 자신의 생각대로 놀이를 시작하고 이전 놀이 루틴을 바탕으로 쉽게 놀이 행동을 형성할 수 있어야 한다. 놀이 루틴을 설정하기 위한 전략들을 그림 6-7에 기술하였다. 다음 장에서는 놀이 루틴을 구성하는 방법을 포함하여 놀이 환경을 준비하는 방법에 대해 설명하겠다.

장난감과 놀이 행동 선택하기	의사소통 선택하기	놀이 루틴 설정하기
◦ 발달적으로 적합한 장난감과 놀이 행동 선택하기 ◦ 생산적이고 동기를 부여하는 장난감 포함하기 ◦ 창의성을 촉진하기	◦ 아동의 평균 발화 길이에 맞추기 ◦ 상황 언급하기 사용 ◦ 유연하고 자연스러움 ◦ 놀이 루틴 전반에 걸쳐 공동관심 몸짓 사용하기	◦ 숙달된 놀이 수준과 표적 놀이 수준을 명기하기 ◦ 기본놀이를 위한 장난감과 놀이 행동 선택하기 ◦ 확장놀이를 위한 장난감과 놀이 행동 선택하기 ◦ 아동의 수준에 맞는 단어와 몸짓 선택하기 ◦ 아동과 공유할 충분한 장난감 준비하기

그림 6-7 6장 요약

양식 6-1 놀이 루틴 설정하기(1/2)

아동: ______________ 숙달한 놀이 수준: ______________

성인: ______________ 표적 놀이 수준: ______________

날짜: ______________ 표적 요구하기 몸짓: ______________

표적 공동관심 몸짓: ______________

표적 언어 수준: ______________

놀이 루틴 8개의 놀이 루틴 설정하기			
놀이 루틴	**장난감**	**놀이 행동**	**몸짓 / 단어**
놀이 루틴 1:	기본놀이:	기본놀이:	
	확장놀이:	확장놀이:	
놀이 루틴 2:	기본놀이:	기본놀이:	
	확장놀이:	확장놀이:	
놀이 루틴 3:	기본놀이:	기본놀이:	
	확장놀이:	확장놀이:	
놀이 루틴 4:	기본놀이:	기본놀이:	
	확장놀이:	확장놀이:	

(계속)

양식 6-1 놀이 루틴 설정하기(2/2)

놀이 루틴	장난감	놀이 행동	몸짓 / 단어
놀이 루틴 5:	기본놀이:	기본놀이:	
	확장놀이:	확장놀이:	
놀이 루틴 6:	기본놀이:	기본놀이:	
	확장놀이:	확장놀이:	
놀이 루틴 7:	기본놀이:	기본놀이:	
	확장놀이:	확장놀이:	
놀이 루틴 8:	기본놀이:	기본놀이:	
	확장놀이:	확장놀이:	

Note:

7장

JASPER 환경 준비하기

1 도입

이 장에서는 회기 환경을 설정하고 관리하는 방법에 대해 알아볼 것이다. JASPER에서 환경을 이야기할 때는 방의 구성, 장난감의 배치, 아동과 상호작용하는 성인의 위치까지 물리적 공간의 모든 부분을 포함한다. JASPER에서는 모든 아동에게 적용되는 보편화된 환경 구성이 없다. 오직 아동을 위한 환경을 개별적으로 맞춤화하고 그 환경에서 장난감의 위치, 성인의 위치를 구성함으로서 아동의 놀이와 참여를 극대화한다. JASPER 환경의 몇 가지 목표와 특성을 설명하는 것으로 7장을 시작할 것이다. 그런 다음, 놀이 공간 준비, 루틴 설정, 루틴 전체에서 성인의 위치 및 장난감 관리를 포함한 환경 설정 방법을 설명할 것이다. 마지막으로, 몇 가지 일반적인 문제와 사례로 마무리하겠다.

2 환경을 사용하여 아동의 목표를 지원하기

환경을 준비하는 방법을 설명하기 전에, JASPER 환경의 특성들을 간략하게 설명한 후 이 전략들을 사용하여 우리의 목표를 달성하는 방법에 대해 논의하겠다. 이상적인 JASPER 환경은 아동이 실제로 놀 수 있는 환경을 조성하는 것이다(5장 참고). JASPER에서는 단순히 장난감을 가지고 노는 행동이 아닌 창의적이고 자발적인 탐구 활동을 통해 아동이 활동에 대한 동기 부여와 재미를 찾는 자연스러운 학습 과정에 대해 이야기한다. 환경은 아동의 참여와 조절을 지원하고 아동이 놀이 단계를 시작할 수 있는 장을 마련하는 데 필수적이다. 환경을 설정할 때 아동이 어디에 앉고 무엇을 해야 하는지 알려 주는 미묘한 안내 역할을 하는 암시적인 시각적 신호가 아동에게 전달되도록 한다. 이것은 아동의 시작할 수 있는 능력을 증진시키고 성인이 빈번한 시범 보이기와 지시적인 촉진을 사용할 필요성을 감소시킨다. 이러한 종류의 상호작용을 지원하기 위해, 우리는 환경이 아동의 참여를 돕기 위해 적절한 수준의 구조인지와 아동의 생각과 시작을 지원하는 적절한 수의 장난감 선택을 제공하는지의 여부를 확인해야 한다. 그림 7-1은 JASPER 환경 내에서 너무 많은 선택과 더불어 주의를 산만하게 하는 것에서 과도한 구조적 환경과 지원에 이르기까지, 세 가지 다른 환경 조성의 예를 보여 준다.

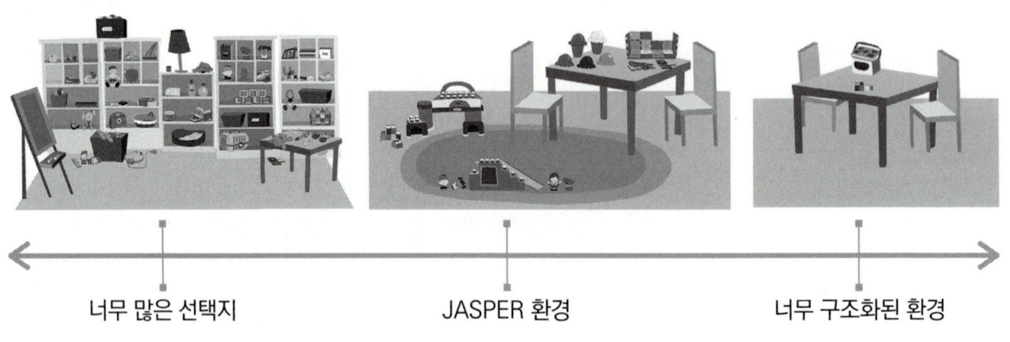

그림 7-1 선택 기회 제공과 구조의 균형을 이루는 JASPER 환경

1) 참여와 조절을 지원하기 위한 구조 제공하기

환경의 구조는 참여와 조절을 지원하거나 방해할 수도 있다. 환경이 제대로 준비되지 않을 경우 조절 문제가 생기거나 주의가 산만해질 수 있다. 예를 들어, 어수선하고 무질서한 환경은 아동과 성인 모두를 압도해 버릴 수 있다. 그림 7-1의 첫 번째 환경과 같이 선택지가 너무 많아 산만하다면 아동은 장난감을 만지기는 하지만, 가지고 놀지는 않고 방을 돌아다닐 수 있다. 아동은 장난감에서 장난감으로 뛰어다니며 활동에 거의 머무르지 않거나 딱딱하거나 반복적인 방식으로 장난감을 가지고 놀이할 수 있다. 그러나 너무 구조화가 된 그림 7-1의 세 번째와 같이 환경이 너무 구조적이면 아동에게 부여가 되지 않고 재미도 없고 놀이에도 도움이 되지 않는다. 아동은 어디에 앉고 무엇을 하는지 알 수는 있지만, 선택을 하거나 관심을 추구하거나 아동 자신의 놀이 아이디어를 시작하는 것은 감소될 것이다. 그래서 JASPER에서는 아동이 쉽고 명확하게 참여할 수 있도록 환경을 구성하는 것이 중요하다. 그림 7-1의 두 번째 환경처럼 산만함을 제한하고 아동이 앉을 수 있는 명확한 장소를 제공하며 아동이 참여할 수 있는 장난감 선택을 제공한다.

2) 아동의 주도를 따를 준비하기

환경은 아동의 시작행동을 지원하고 주도적 놀이를 돕기 위해 생산적이고 동기를 부여하는 장난감으로 준비되어야 한다. 놀이 공간에서 사용할 수 있는 모든 장난감은 아동이 사용할 수 있는 적당한 것들이어야 한다. JASPER 환경은 아동의 숙달된 놀이 수준과 성인이 목표로 하는 아동의 표적 놀이 수준에 맞는 각 놀이 루틴에 속한 놀이 행동들에 대한 선택을 제공한다. 또한 다양한 루틴에 대해 여러 가지 선택 및 장난감에 대한 선택도 항상 제공되어야 한다. 환경에는 각 장난감의 여러 종류도 포함된다. 이를 통해 아동은 가지고 놀이하고 싶은 장난감을 선택하고 놀이 루틴 단계를 선택할 수 있으며 성인도 아동의 생각을 따를 수 있다.

3) 환경을 아동에게 맞추기

환경은 항상 아동에게 맞춰야 한다. 어떤 아동은 방에서 편안하게 지내기 위해 더 많은 물리적 구조가 필요하고, 어떤 아동은 움직이고 선택을 할 수 있는 공간이 더 많이 필요하다. 아동의 요구 사항을 알게 되면 회기 전반에 걸쳐 환경 설정을 변경해야 할 수도 있다. 시간이 지남에 따라 아동이 보다 자연스러운 환경(예: 유치원 교실)에서 놀 수 있도록 환경 구조를 점진적으로 제거할 수 있어야 한다.

3 놀이 공간 준비하기

각 회기 전에 아동을 위한 놀이 공간을 준비해야 한다. 일반적으로 책상이나 바닥에서 장난감과 사물을 사이에 두고 어른과 아동이 서로 마주보고 편안하게 앉을 수 있는 충분한 공간이 있는 작은 장소를 찾는다. 깨끗하고 정돈된 방은 대략 1.52×1.52미터의 공간에서 시작하여 아동의 필요에 따라 조정한다(그림 7-2 참고).

집이나 학교에서 회기를 진행한다면, 아동에게 가장 잘 맞는 공간을 만들기 위해 방을 재조성해야 할 수도 있다. 그림 7-3과 같이 가구나 칸막이를 사용하여 방을 구획하여 더 작은 지정 영역을 만들 수 있다. 가정에서도 소파, 의자 또는 선반을 사용하여 같은 효과를 낼 수 있다.

가능하면 아동이 방해물로부터 거리를 두도록 한다. 학교에 있을 경우에 다른 사람들이

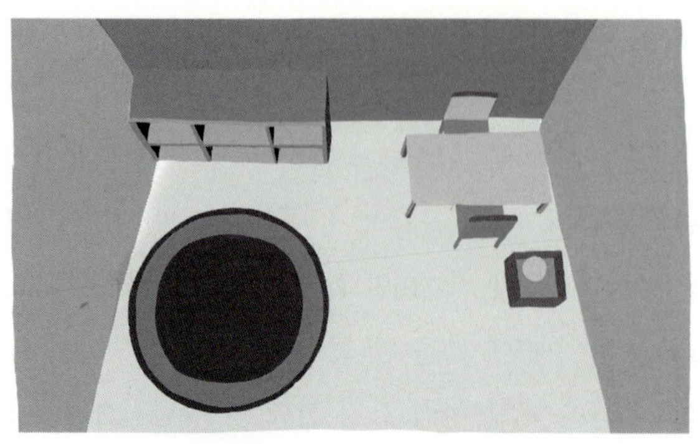

그림 7-2 깨끗하게 정돈된 놀이 공간

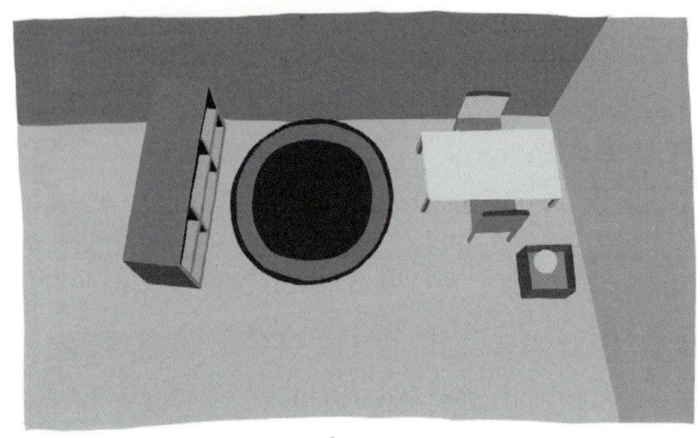

그림 7-3 파티션으로 작은 놀이 공간 구성하기

방을 드나들어서 아동의 주의가 산만해지는 경우, 방의 조용한 구석에 놀이 공간을 설치하여 아동의 직접적인 시선 내에 산만하게 할 수 있는 것들이 보이지 않도록 한다.

1) 책상, 바닥 또는 둘 다 선택하기

JASPER 회기는 일반적으로 바닥, 작은 책상 또는 이 둘의 조합에서 진행된다. 하나가 반드시 다른 것보다 더 나은 것은 아니며 한 회기 전체 또는 여러 회기에 걸쳐 구조를 변경할 수 있다. 중요한 것은 아동의 참여 능력을 가장 잘 지원하는 구조를 선택하는 것이다.

(1) 책상을 선택할 경우

일부 아동의 경우, 책상에서 놀고 계속 참여하는 것이 더 쉽다. 책상은 그림 7-4에 나와 있는 것처럼 장난감을 위한 더 많은 구조와 물리적 지원을 제공한다. 책상은 학령기 아동들에게 친숙한 장소이며 앉거나 서야 할 위치에 대한 명확한 시각적 신호를 제공한다. 책상 공간은 사용 가능한 장난감의 수를 제어하고 명확한 선택을 설정할 수 있는 지정된 영역을 제공할 수 있다. 다음의 사항들이 책상을 고려해 볼 수 있는 요인들이다.

- 아동이 매우 활동적이거나 이리저리 움직이거나 자주 배회한다.
- 아동의 몸이 주로 낮은 긴장(low tone) 상태이거나 도움 없이 앉는 것이 어렵다.
- 장난감 전이가 매우 빠르다.
- 아동이 구조화된 상황에서 더 많이 참여한다.

책상의 높이와 모양을 고려해야 한다. 가능하면 장난감을 집기 어렵거나 놀이 상대자와 너무 멀리 떨어지게 되는 크고 넓은 책상은 삼가야 한다. 아동은 팔을 책상 위에 놓고 발이 바닥에 닿을 수 있어야 한다.

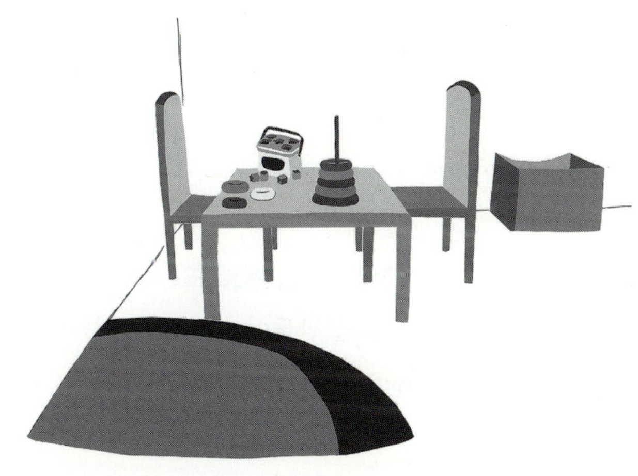

그림 7-4 책상에 구성된 놀이 루틴

(2) 바닥을 선택할 경우

일부 아동에게는 바닥이 더 적합한 환경이다. 바닥은 덜 제한적이며 아동이 움직일 수 있는 더 많은 공간을 제공한다(그림 7-5 참고). 늘어난 공간은 더 많은 장난감과 더 큰 구성이 필요한 놀이 루틴뿐만 아니라 다양한 장난감의 선택을 가능하게 한다. 다음의 사항들이 바닥을 선택할 때 고려해 볼 수 있는 요인들이다.

그림 7-5 바닥에 구성된 놀이 루틴

- 아동이 동시에 여러 선택 제시받는 것을 선호한다.
- 아동이 더 큰 구성이나 많은 장난감을 필요로 하는 놀이 루틴들을 할 수 있다.
- 아동이 책상에 앉는 것에 대해 제한되거나, 혐오스럽거나, 조절하기 어려운 것으로 여긴다.
- 아동의 자유로운 움직임이 많을수록 더 많이 참여한다.

바닥을 선택하는 경우, 평평한 좌석, 작은 깔개, 매트 또는 색 테이프로 구분된 영역으로 아동이 앉을 수 있는 명확하게 구분된 장소를 만들어야 한다. 이러한 시각적 신호는 아동이 방 안에서 해당 위치를 알 수 있도록 돕고 아동이 초기에 입실하는 전이 과정을 도와줄 수 있다.

(3) 책상과 바닥을 조합할 경우

종종 가장 좋은 옵션은 그림 7-6과 같이 책상과 바닥을 함께 사용하는 것이다. 이렇게 하면 주어진 시간에서 아동에게 필요로 하는 만큼의 지원을 제공할 수 있다. 다음 사항들이 있을 경우 두 가지 구성을 조합하는 것에 대해 생각해 볼 수 있다.

- 아동은 대부분의 시간 동안 바닥에 앉을 수 있지만, 다시 참여하는 데 도움이 필요한 순간들이 있다(예: 주의가 산만해지거나, 집착하거나, 조절이 잘 안 됨).
- 아동이 회기가 시작될 때 많은 지원이 필요하고 끝날 즈음에는 처음보다 많은 지원

이 필요하지 않은 경우이거나 또는 그 반대로 회기 초반에는 지원이 많이 필요하지 않으나 후반부에 많은 지원이 필요한 경우이다.

일부 아동은 회기에 쉽게 참여하기 위해 책상에서 시작해야 하지만, 나중에 바닥으로 이동할 수 있으며 그 반대의 경우도 마찬가지이다. 어떤 환경이 아동에게 적합한지 확실하지 않은 경우, 책상과 바닥의 조합으로 시작하라. 책상이 더 이상 필요하지 않으면 옆으로 쉽게 치워 놓을 수도 있다. 〈연습문제 7-1〉을 풀어 봄으로써, 아동의 특성과 가장 잘 맞는 환경 구성을 선택해 보자.

그림 7-5 바닥과 책상에 구성된 놀이 루틴

연습문제 7-1 환경 구성 선택하기

아동에 대한 설명과 가장 적절한 환경 배치를 찾으시오.

아동 특성	적절한 환경 배치
1. 방을 돌아다니는 경향이 있고, 한곳에 머무르는 데 어려움을 겪으며, 종종 자기조절이 잘 안 된다.	A. 주로 바닥 B. 주로 책상 C. 바닥과 책상 조합
2. 같은 장소에 쉽게 머물고, 앉아 있는 동안 몸을 지탱할 수 있으며, 시야의 다른 물체에 의해 주의가 산만하지 않은 편이다.	
3. 자기조절의 어려움과 방황하는 순간들이 있지만, 같은 장소에서 일정 시간을 있을 수 있고 눈에 보이는 여러 사물을 가지고 놀 수 있다.	

2) 환경 변경 제공하기

앞서 설명한 것처럼, 놀이 공간 내에서 아동의 필요에 맞게 지원 수준을 변경할 수 있다. 목표는 아동의 놀이 기술의 에너지를 방해하는 모든 장벽을 줄이는 것이다. 다음 수정사항 중 하나를 사용하라. 여기 나열되지 않았지만, 아동의 참여를 늘리는 데 도움이 되는 다른 수정사항들이 있다면 사용할 수 있다. 아동에게 지나치게 제한적이거나 통제적이거나 또는 잘 조절되지 못한 수정사항은 피해야 한다. 목표는 아동 개개인의 강점과 필요를 고려하여 긍정적이고 유익하며 재미있는 상호작용을 위한 환경을 조성하고 아동이 편안하게 놀고 참여할 수 있도록 적절한 지원을 제공하는 것이다.

(1) 책상에서의 변경 사항

다음은 책상 환경을 수정할 수 있는 몇 가지 예시이다.

- 아동을 의자에 앉지 않고 서 있게 한다.
- 아동 옆의 가구, 벽 또는 기타 경계를 사용하여 공간을 구분한다.
- 등받이나 팔이 있는 의자(예: 큐브 의자)를 사용하여 앉은 자세를 지지한다.
- 그림 7-7과 같이 아동 옆에 앉는다(장난감을 사이에 두고 대면하는 위치).
- 그림 7-8과 같이 아동을 방의 구석에 앉히고 책상을 밀어 경계를 만든다.

그림 7-7 근접한 좌석 배치

그림 7-8 책상의 구석 배치

(2) 바닥에서의 변경 사항

다음은 바닥 환경을 수정할 수 있는 몇 가지 예시이다.

- 아동의 몸을 지탱할 수 있도록 벽이나 방구석에 등을 대고 앉힌다.
- 그림 7-9와 같이 등받이가 있는 좌식 의자를 사용한다.
- 그림 7-9와 같이 장난감을 높여 접근성을 높임으로 아동이 앞으로 몸을 기울일 필요를 줄여라.
- 성인의 몸을 사용하여 다리를 V자 모양으로 하여 더 작은 공간을 만든다.

3) 방해물 줄이기

방이 깨끗한지, 놀이 공간이 어수선하지 않은지 확인하여야 한다. 가끔 즉시 발견하지는 못하지만, 산만하게 하는 요인들이 놀이 환경에 있기도 하다. 일반적인 좋은 규칙은 중재와 관련 없는 사물은 바닥과 주변 지역에 없도록 유지하는 것이다. 아동의 시야와 손이 닿는 곳에 있는 모든 것은 '만만한 대상'이다. 즉, 아동이 쉽게 접근할 수 있다면 회기에 적합해야 한다는 것이다. 사물(예: 올라갈 만한 사물, 전자 제품, 발달적으로 부적절한 장난감)이 회기 중 아동의 참여를 방해하는 경우, 이러한 사물을 제거하는 것이 좋다.

4 놀이 루틴 구성하기

놀이 영역을 준비했다면, 이제 6장에서 준비한 놀이 루틴을 구성할 수 있다. 성인이 준비한 모든 장난감을 구성하지는 않는다. 그보다는 아동이 선택할 수 있는 몇 가지 명확한 선택을 제공해야 한다. 목표는 아동이 사용 가능한 선택을 보고 골라 놀이를 시작하는 것이다. 이것은 놀이 루틴에 아동이 참여하도록 지원하고 시작할 수 있도록 기회를 제공한다. 그림 7-10은 일반적 조합 놀이를 숙달했고 전상징적 놀이 기술을 표적으로 둔 아동을 위한 JASPER 환경의 예를 보여 준다.

그림 7-9 좌식 의자와 좌식 책상을 제공

그림 7-10 숙달된 일반적 조합 놀이와 표적 단계인 전상징적 놀이를 위한 놀이 루틴 구성

1) 명확한 선택 제공하기

책상, 바닥 또는 두 환경의 조합에 상관없이 아동이 앉을 위치에 시작 놀이 루틴과 연관된 선택들을 제공한다. 장난감을 놀이 루틴별로 그룹화하고 서로 다른 루틴들 사이에 약간의 공간을 주어 명확한 구별을 만들어 준다. 이것은 아동이 제공된 다양한 선택을 알아차리는 데 도움을 주고 놀이 루틴의 첫 번째 단계를 지원한다. 예를 들어, 그림 7-10에서 우리는 블록으로 만든 헛간 구조, 피규어 인형이 타고 있는 비행기, 아이스크림 쌓기, 일부 구조가 미리 만들어진 자석 타일과 같이 네 가지 놀이 루틴 선택을 제공하였다. 이러한 각 놀이 루틴 선택에는 기본놀이를 시작할 수 있는 몇 가지 사물들이 있으며 근처에는 확장놀이를 할 수 있는 상자도 있다. 이것이 특정 아동을 위해 환경을 구성하는 방법의 한 가지 예이다.

(1) 부분적으로 장난감을 조립해 놓기

각 놀이 루틴을 구성할 때 장난감을 가지고 노는 방법에 대한 시각적 단서를 제공하기 위해 몇 가지 조각을 함께 둔다. 예를 들어, 그림 7-10에 보이듯이 이미 자석 타일로 조금 만들어진 구조물과 나머지 자석 타일 일부를 함께 놓아두거나 이미 몇 개의 아이스크림을 올린 콘(cone)을 둘 수도 있다. 이것은 아동에게 첫 번째 단계를 시범 보이거나 촉진하지 않고 장난감을 가지고 놀이하는 방법에 대한 아이디어를 제공하게 된다(다만, 아동이 이런 식으로 장난감을 가지고 놀이할 필요는 없다. 이것은 단순히 행동을 유발하기 위한 방법일 뿐이다).

(2) 기본놀이를 수행할 수 있도록 장난감을 충분히 제공하기

각 놀이 루틴을 위한 모든 장난감을 구성해 놓을 필요는 없다. 그렇게 하는 것은 너무 산만하고 너무 많은 공간을 차지하게 된다. 대신 루틴을 시작하기에 충분한 장난감들과 확장놀이 선택 한두 개만 제공한다. 예를 들어, 그림 7-10의 예와 같이 방을 구성했다면 책상 위에 몇 개의 아이스크림 조각을 놓아 둘 수 있다. 아동이 아이스크림 루틴을 선택하면 책상에 더 많은 관련 사물을 추가함으로 놀이 차례를 계속하고 루틴을 계속할 수 있다.

(3) 근접한 곳에 여유분의 장난감과 확장놀이 관련 장난감을 정리해 두기

추가 장난감들은 정리되어 있어야 하고 항상 쉽게 접근할 수 있어야 필요한 경우에 빠르게 가져올 수 있다. 투명한 실리콘 지퍼백, 작은 상자, 바구니, 쓰레기통, 뚜껑 달린 통이나 유사한 정리함을 이용할 수 있다. 여분의 장난감을 성인 뒤에, 옆에 또는 가까운 선반에 두어 쉽게 접근할 수 있지만, 아동의 손이 닿지 않는 곳에 둔다. 그림 7-10에는 이러한 각 루틴을 위한 추가 사물들이 근접한 곳에 배치되어 있다(추가 사물들이 항상 그림에 묘사된 것은 아님. 〈상자 7-1〉을 참고). 책상에서 바닥으로 이동할 경우, 장난감을 가지고 가도록 한다. 아동의 참여를 계속 유지하려면 루틴에서 벗어나 특정 장난감을 찾거나 열기 어려운 통을 여느라 시간을 쓸 수 없으므로 미리 계획하는 것이 중요하다.

2) 높은 놀이 수준의 아동을 위한 스테이션 마련하기

더 높은 수준의 놀이를 하는 아동들은 결국 각각의 놀이 루틴을 연결하여 하나의 더 큰 루틴을 만든다. 성인은 장난감을 사용하여 아동이 이러한 연결을 하도록 도울 수 있다. 예를 들어, 그림 7-11에서 우리는 가구와 사람, 동물과 상자들을 연결하기 위해 도로 조각을 사용한다. 이것은 루틴들을 유연하게 유지시키고 자연스럽게 흐르도록 도우며 아동이 창의적인 방식으로 놀이하도록 돕는다.

5 루틴 전반에 걸쳐 환경을 유지하기

회기 전에 환경을 구성하는 방법을 광범위하게 설명하였다. 이러한 전략들의 또 다른 측면은 회기 내에서 환경을 관리하는 방식이다.

1) 마주앉기를 지속하기

놀이 상대자, 성인 또한 환경의 일부이므로 아동과 교감할 수 있는 가장 좋은 위치에 있는지 확인하는 것이 중요하다. 장난감을 사이에 두고 아동의 맞은편에 앉는다. 책상에 앉는 경우는 그림 7-12를 참고하고, 바닥에 앉는 경우에는 그림 7-13를 참고하기 바란다. 대부분의 경우에 성인은 아동 옆이나 뒤에 앉거나 성인의 무릎에 아동을 앉히는 것을 피해야 한다. 아동이 부모를 보기 위해 머리나 몸을 돌려야 하기 때문이다.

아동의 눈높이 가까이에 있도록 하라. 아동이 우리의 얼굴을 보기 위해 몸을 전혀 움직일 필요가 없어야 하는 것이 가장 이상적이다. 경우에 따라 아동이 우리를 더 쉽게 볼 수 있도록 몸이 책상이나 바닥에 더 가까워지도록 내려가야 할 수도 있다. 앞으로 몸을 기울이거나 바닥에 약간 기댈 수 있지만, 자연스럽게 유지하여야 한다. 아동에게 가까이 다가가거나 직접 눈을 마주치지 않아도 된다. 편안하고 자연스러운 거리를 유지하면 된다.

상자 7-1

그림에 대한 설명

책 전체에 많은 그림이 실려 있습니다. 그림은 특정 전략이나 행동을 강조하기 위한 단순화된 예시입니다. 모든 그림이 JASPER 환경의 복잡성을 나타내고 있는 것은 아닙니다. 예를 들어, 책의 그림은 매우 깨끗하고 명확해 보이는 환경을 나타냅니다. 아동을 위해 환경을 이렇게 유지하는 것은 중요합니다. 하지만 일반적인 JASPER 환경에는 손이 닿는 범위 내에서 추가 확장놀이 선택들, 중재자를 위한 정리 보관통과 가까이에 있는 기타 루틴 선택들이 포함됩니다. 일부 아동은 특정 전략을 강조하여 표현하는 그림 속의 환경보다 더 많은 장난감이 있는 환경에서 잘 놀이할 수도 있습니다.

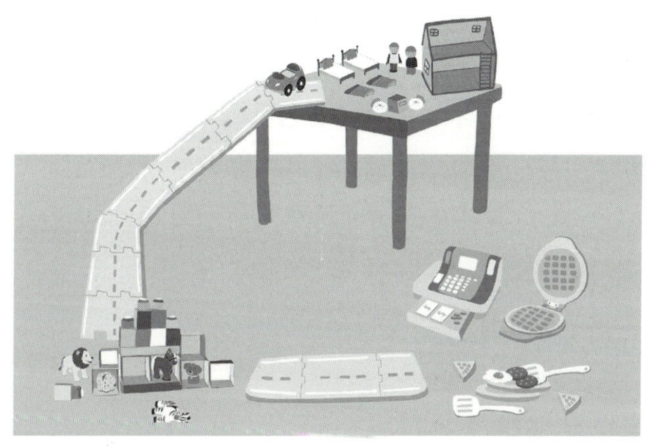

그림 7-11 도로는 3개의 구분된 놀이를 연결하는 시각적 단서를 생성함

그림 7-12 성인과 아동은 장난감을 사이에 두고 책상에서 최적의 위치에 앉기

그림 7-13 성인과 아동은 장난감을 사이에 두고 바닥의 최적의 위치에 앉기

(1) 아동의 움직임에 따라 우리의 위치도 변경하기

시간이 지남에 따라 아동이 움직이고 성인이 다른 루틴을 시작하고자 할 때 성인의 위치와 장난감은 변경될 수 있다. 성인이 더 이상 아동 앞에 있지 않다는 것을 알아차리면, 아동을 우리에게로 움직이도록 재촉하는 대신 성인이 몸을 움직이거나 장난감을 미묘하게 움직여 서로가 얼굴을 마주 보도록 할 수 있다.

2) 장난감을 아동으로 향하게 놓기

놀면서 장난감의 방향을 확인한다. 장난감이 물리적으로 너무 높거나 또는 낮거나 옆으로 치우쳐 있다면 조정을 하여 아동에게 적합한 위치에 놓아야 한다. 예를 들어, 동전구멍이 아동을 향하도록 돼지 저금통을 돌리거나, 장난감 칼로 자를 수 있도록 음식 모형을 이동하거나, 모양을 더 쉽게 넣을 수 있도록 모양 맞추기 장난감을 기울일 수 있다. 장난감의 앞면과 뒷면이 그림 7-13의 로켓처럼 명확하다면 앞면이 아동을 향하도록 한다. 즉, 성인이 놀이 차례를 가져오려면 장난감 뒤쪽에서 손을 뻗게 되는 것이다. 한 사람이 루틴에 참여하기 위해 더 많은 노력을 기울여야 한다면, 그것은 아동이 아니라 성인이 한다.

3) 능동적이고 수평적 놀이 역할을 지속하기

환경을 재조정(rearrangement)할 때 목표를 가지고 있어야 한다. 회기 전반에 걸쳐 아동이 놀이할 때 새로운 선택들로 환경을 보충해 줘야 한다. 효과적인 환경 조성은 아동의 참여와 조절을 지원하고 아동이 새로운 놀이 및 의사소통 아이디어를 시작하도록 도와줘야 한다. 아동이 새로운 아이디어를 가질 수 있는 순간 또는 공동참여를 이루기 위해 더 많은 지원이 필요할 때 환경 조성을 사용할 수 있다(예: 확장놀이 선택을 위해 장난감 추가, 산만함을 줄이기 위해 불필요한 사물 제거). 성인이 추구해야 하는 환경 조성의 특징들을 그림 7-14를 통해 확인할 수 있다.

(1) 환경을 조성할 때 놀이 차례를 기억하기

좋은 환경 조성은 명백하기보다는 미묘한 변경이다. 환경 조성이 성인의 놀이 차례를 대신하거나 놀이 루틴을 방해하거나 아동의 주의를 산만하게 해서는 안 된다. 한 손으로는 놀이 차례를 유지하고, 다른 손으로 아동을 위해 더 많은 조각을 꺼내면서 항상 아동에게 초점을 맞추어야 한다. 장난감을 찾거나, 아동에게서 등을 돌리거나, 정리하거나, 구성하는 데 시간을 보내서는 안 된다.

바른 환경 조성 예시	틀린 환경 조성 예시
◦ 아동에게 선택 제공하기 ◦ 미묘하고 개별적이며, 시기적절함 ◦ 놀이 내 다음 단계를 지원하기 ◦ 아동의 운동 기술을 지원하기 ◦ 아동이 새로운 아이디어를 시도할 수 있는 기회를 제공하기	◦ 성인의 놀이 차례에 환경 조성하기 ◦ 과도하게 통제하기 ◦ 놀이 루틴에 방해가 됨 ◦ 아동에게 너무 분명해 보이고 산만함 ◦ 아동이 놀잇감을 한가하게 기다리는 시간이 발생함

그림 7-14 환경 조성의 특징

(2) 장난감들을 과도하게 통제하지 않기

성인이 장난감들을 주시하고 있을 때 지나치게 통제하지 않도록 주의해야 한다. 한 번에 한 조각씩 아동에게 주거나 계속해서 아동에게 더 달라는 요구하기를 시키지 마라. 장난감을 과도하게 통제하면, 결국 놀이 단계, 속도 및 놀이 루틴의 전체 방향도 통제하게 된다. 이것은 놀이 상호작용을 자발적이고 재미있는 상호작용보다는 개별적인 시도나 과제처럼 느끼게 만든다.

4) 새로운 놀이 기술 지원을 위한 환경 이용하기

또한 환경을 이용하여 기본놀이를 구축하고 놀이 루틴을 확장하며 의사소통을 연습할 수 있는 특정 기회들을 만들 수 있다(예: 13장 몸짓과 언어 사용을 위한 프로그래밍). 더 방해가 되는 촉진에 아동이 의존하지 않고 새로운 기술을 수행하도록 돕기 위해 환경을 미묘하고 암시적인 촉진으로 사용한다. 이러한 각 전략에 대한 자세한 내용은 환경적 특징으로 다음 장에서 기술한다.

6 환경 관련하여 발생하는 일반적 어려움

회기에서 문제가 발생하면, 먼저 환경 재평가부터 시작한다. 놀이 공간이 명확하게 설정되어 있는지, 장난감을 선택할 수 있는지, 참여하기에 최적의 위치에 있는지 확인한다. 장난감의 개수를 조정하거나 책상에서 바닥으로(또는 그 반대로) 이동하는 것을 고려할 수 있다. 다음 절에서는 몇 가지 일반적인 문제에 대한 답변을 제공하고 문제해결 과정에 대한 이해를 돕기 위해 몇 가지 사례를 제공한다.

1) 일반적 질문

다음에서는 JASPER 회기를 위한 환경을 준비할 때 발생할 수 있는 일반적 질문을 논의하였다.

Q. 어느 시점에 얼마나 많은 장난감을 환경에 제공해야 하는가?

주어진 시간에 환경에 있는 장난감의 양은 아동에 따라 다르다. 이것은 아동의 참여와 조절에 의해 결정된다. 너무 적은 장난감과 너무 많은 장난감 선택 사이의 균형을 찾기 위해 아동의 SPACE 평가와 초기 회기를 참고해야 한다. 장난감이 너무 많으면 아동이 장난감을 탁자에서 쓸어내리거나, 장난감을 던지거나, 참여하지 않거나, 통제를 유지하는 데 어려움을 겪을 수 있다. 하지만 장난감이 너무 부족하면 아동이 짜증을 내고 지루해할 수 있다.

장난감이 더 적게 필요한 경우

- 놀이 루틴의 단계가 더 적다.

- 아동이 여러 장난감(또는 많은 부품)에 부담을 느낀다.
- 아동이 더 느린 속도로 놀이를 진행한다.
- 더 오랜 기간 동안 기본놀이에 머물 것으로 보인다.
- 사용할 수 있는 장난감이 많으면 강박적이거나 반복적인 행동이 증가한다.

장난감이 더 많이 필요한 경우

- 놀이 루틴에 여러 단계가 있다.
- 아동이 장난감에 금방 싫증을 낸다.
- 아동이 더 높은 수준의 놀이를 수행한다.
- 아동이 더 빠른 속도로 놀이를 진행한다.
- 더 많은 확장놀이를 하게 될 것으로 보인다.

Q. 내가 통제할 수 없는 환경에서는 어떻게 구성하는가?

학교나 집과 같은 환경에서 아동과 함께 회기를 진행할 때는 환경을 완벽하게 정리하지 못할 수 있다. 이러한 환경에서는 놀잇감을 창의적으로 사용하여 공간을 형성할 수 있다. 예를 들어, 소파를 방구석으로 옮기거나 책장을 돌려 방해 요소를 제한할 수 있다. 회기가 시작되기 전에 보관함이나 가방을 사용하여 주제(테마)와 놀이 루틴별로 장난감을 정리하여 회기를 빠르게 설정하고 장난감을 쉽게 찾을 수 있도록 한다. 구성하고 싶지만, 회기에서 나중에 소개할 사물이나 장난감들은 그것을 덮을 담요나 시트(sheet)를 가져오면 된다. 회기를 위한 놀이 루틴을 설정할 때 몇 분 동안은 동기를 부여하는 장난감이나 활동으로 아동을 참여시켜야 할 수도 있다. 이 경우, 아동이 참여하는 데 도움을 주기는 하지만, 회기를 시작할 준비가 되었을 때 조절 문제를 일으킬 정도로 흥미로운 활동은 피해야 한다.

Q. 아동이 내 앞에 앉고 싶어 하지 않는다면?

어떤 아동은 무릎에 앉고 싶어 하고 또 다른 아동은 혼자 놀고 싶어 할 수도 있다. 두 경우 모두 사회적 상호작용의 시도에 더 잘 대응할 수 있도록 성인과 대면할 수 있는 환경을 조정해야 한다. 다음은 이에 대한 몇 가지 제안이다. 첫째, 아동이 벽을 볼 수 없도록 장난감을 방의 가장자리에서 멀리 옮긴다. 둘째, 의자나 칸막이와 같은 구조물을 공간에 추가한다. 셋째, 작은 상자나 의자에 장난감을 올려놓아 바닥에서 들어 올린다.

Q. 아동이 책상 아래로 미끄러지는 것을 어떻게 방지하는가?

제공한 책상과 의자가 아동에게 편안하게 맞는지 확인해야 한다. 아동은 발이 바닥에 닿을 수 있도록 더 낮은 의자가 필요할 수도 있고, 장난감에 제대로 닿을 수 있도록 더 작은 책상이 필요할 수도 있고, 큐브 의자와 의자가 부착된 책상처럼 더 구조화가 필요할 수도 있다. 아동은 또한 놀이의 요구를 피하거나 벗어나기 위해 책상 아래로 미끄러질 수 있다. 이 경우, 성인 자신을 움직여 책상 모서리에 앉거나 책상 밑에 상자를 놓아 아동의 탈출을 막는 등 주변 환경을 활용하여 더 많은 구조화를 제공할 수 있다. 또는 바닥에서 회기를 시작할 수도 있다.

Q. 아동이 너무 빨리 움직여서 주변 환경을 청소할 시간이 없다면?

회기에서 관리해야 할 것이 많아지고 방은 빠르게 어수선해지는 것은 아동과 성인에게 부담스러울 수 있다. 이런 일이 시작되면 때때로 장난감을 치우고 정리하기 위해 짧은 휴식을 가질 필요가 있다. 아동이 높은 수준의 놀이 루틴를 끝낸 후에는 1~2분 정도 시간을 내어 정리하고, 방 상태와 놀잇감을 평가하고, 다음 놀이 루틴을 위한 선택을 제공할 준비를 해야 할 수도 있다. 아동의 놀이 속도도 고려해야 한다. 아동이 놀이를 빠르게 진행하는 유형이라면 10장에 설명된 대로 놀이 루틴의 속도를 조절해야 할 수도 있다.

2) 사례

(1) 잠시도 가만히 있지 못하는

JASPER 안녕하세요.

저는 꽤 활동적이고 조합 수준(combination level)에 있는 아동과 함께 회기를 진행하고 있어요. 아동의 어머니는 아동이 점프하고 뛰어다니는 것을 좋아한다고 하셨고, 저는 회기에서 이것을 확실히 볼 수 있어요! 아동은 장난감에서 장난감으로 끊임없이 움직이고, 방을 걸어 다니고, 점프를 해요. 저는 아동이 서 있는 동안 약간만 움직일 수 있을 때 더 많이 참여하는 것처럼 보이기 때문에 아동을 바닥에서 놀이하는 것에서 책상에 서 있는 것으로 변경하기로 결정했어요. 대부분의 경우가 이것으로 개선되었지만, 때때로 이로 인해 책상을 떠나 더 많이 돌아다니고 싶어 해요. 무엇을 해야 할지 잘 모르겠습니다. 어떻게 하면 아동이 관계의 연결을 유지하고 더 오래 놀이를 할 수 있도록 도와줄 수 있나요?

감사합니다.

잠시도 가만히 있지 못하는 드림

잠시도 가만히 있지 못하는 님에게,

아동의 필요를 충족시키기 위해 환경을 조정하는 것은 훌륭한 일이에요. 아동에게 서서 놀이할 수 있는 기회를 주는 것은 확실히 올바른 방향으로 나아가고 있는 것이에요. 놀이 시간을 늘리는 데 도움이 되는 또 다른 방법은 루틴 내 또는 루틴 사이에 움직임을 통합해 보는 것이에요. 방 주변에 스테이션을 구성하여 아동이 한 루틴에서 다른 루틴으로 이동할 때 돌아다닐 기회를 줄일 수 있어요. 큰 블록이나 신발 상자처럼 몸을 구부려 블록을 집어 들고 일어서도록 하는 대근육 운동을 촉진하는 장난감을 추가할 수도 있어요. 또한 선생님의 회기 전에 아동이 얼마나 오래 앉아 있었는지 확인해 봐야 되요(예: 대중교통 착석, 학교에서 긴 하루). 선생님께서 아동에게 바깥에서 시간을 보내게 하거나(놀이터가 가깝거나 개방된 안전한 공간이 있는 경우) 또는 빠른 운동 루틴(점프, 스쿠터 등)을 만들어 제공함으로 회기 전에 아동이 돌아다니지 않도록 도울 수 있어요. 그러므로 아동은 참여할 준비가 되어 있는 상태로 회기를 시작할 수 있어요.

즐거운 놀이가 되길 바라요!

JASPER 드림

(2) 참여하기를 간절히 원함

JASPER 안녕하세요.

저는 방을 돌아다니는 것과 놀이 공간에 있는 모든 장난감을 탐색하는 것을 좋아하는 6세 아동과 함께 회기를 진행하고 있어요. 매우 활동적인 아동의 관심을 끌기가 어려워요. 그러나 저는 최근에 아동이 돼지 저금통에 동전을 넣는 기본놀이 루틴에 참여시킬 수 있도록 하는 것에 약간의 운이 따라 주었어요. 때로는 아동이 루틴을 시작하고 때로는 제가 셋 번째 단계를 시범 보여요. 우리는 10개의 동전을 모두 돼지 저금통에 넣을 수 있고 그것은 큰 승리처럼 느껴져요! 동전이 다 떨어지면 일반적으로 장난감 선반을 살펴보고 확장놀이로서 돼지 저금통에 들어갈 다른 사물이 있는지 살펴봐요. 놀이 확장이나 다른 장난감 선택을 찾는 데 몇 초밖에 걸리지 않지만, 제가 다시 돌아설 때 즈음이면 아동은 이미 방을 방황하며 돌아다녀요. 이럴 때 아동을 장난감에 다시 관심을 갖게 하는 것은 어렵고 힘든 일이기 때문에 큰 압박감을 느끼게 되요! 아동이 저와 참여 상태를 유지하도록 어떻게 아동을 도울 수 있을까요?

도움에 감사드려요.

참여하기를 간절히 원함 드림

참여하기를 간절히 원함 님에게,

이 아동을 외형적 조합 기본놀이 루틴에 참여시키는 데 성공했다는 것은 대단한 일이에요! 보내주신 이야기는 루틴에 더 많은 단계를 추가해야 하는 순간에 속도를 높여야 할 수도 있는 것처럼 들려요. 몇 가지 확장놀이를 미리 계획하고 쉽게 접근할 수 있도록 하여 아동이 마지막 동전을 다

넣기 전에 준비할 수 있도록 하세요. 이렇게 하면 아동의 지속적인 참여를 위해 지원이 필요한 중요한 순간에 돌아서거나 놀잇감을 뒤적일 필요가 없게 돼요. 예를 들어, 돼지 저금통에 쿠키를 넣는 확장놀이 계획이 있다면 근처에 있는 개방된 보관통(예: 책상 아래, 선반 위, 의자 옆, 무릎 위)에 쿠키를 미리 준비할 수 있어요. 아동이 돼지 저금통에 마지막 동전을 넣기 시작할 때 쿠키 몇 개를 아동의 손이 닿을 수 있는 책상 위로 옮겨요. 이렇게 하면 아동은 즉시 다음 단계를 위한 놀잇감에 접근할 수 있으므로 일어나서 돌아다니지 않고 다음 루틴을 계속할 수 있게 돼요.

아주 훌륭하게 해내셨어요!

JASPER 드림

7 결론

모든 방해물을 없애는 것은 불가능하지만, 성인은 가능한 한 주어진 때와 장소에서 방해물을 최소화하는 환경을 염두에 두고 모든 회기를 시작해야 한다. 아동에게 잘 맞는 구조를 찾으면 회기마다 환경의 여러 측면을 일관되게 유지함으로서 친숙함을 조성할 수 있다. 그림 7-15에서 7장에서 기술한 여러 전략을 살펴보는 시간을 가지도록 한다. 이러한 전략을 사용하면 목표을 향한 진전을 볼 수 있을 것이다. 아동이 장난감을 선택하며 루틴에서 놀이와 의사소통을 시작하는 능력이 향상되어야 한다. 맞춤형 환경 구조화는 아동이 중단, 휴식 및 조절 문제 시간을 줄이면서 더 오랜 시간 동안 놀이할 수 있도록 도와야 한다. 이러한 구조화를 사용하면 더 생산적인 놀이와 감소된 방해행동을 볼 수 있으며, 시간이 지남에 따라 환경 지원을 줄일 수 있다. 다음 장에서는 회기의 특정한 단계, 전략 또는 놀이 루틴 단계를 지원하기 위해 환경 조성을 사용할 수 있는 방법을 설명할 것이다.

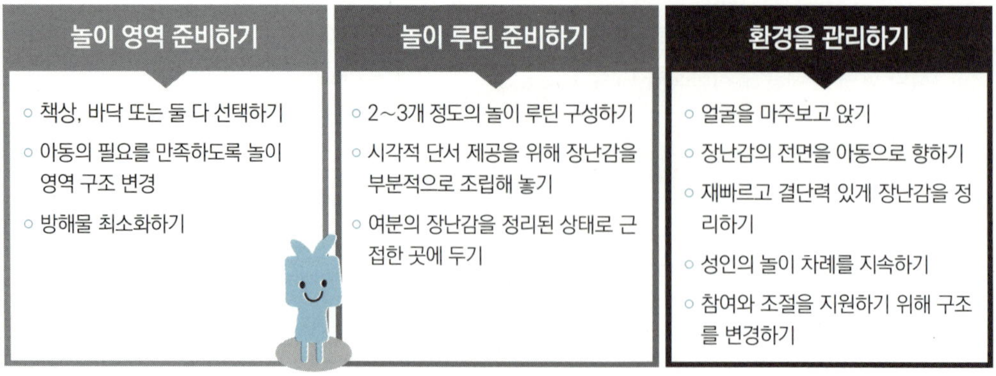

놀이 영역 준비하기	놀이 루틴 준비하기	환경을 관리하기
◦ 책상, 바닥 또는 둘 다 선택하기 ◦ 아동의 필요를 만족하도록 놀이 영역 구조 변경 ◦ 방해물 최소화하기	◦ 2~3개 정도의 놀이 루틴 구성하기 ◦ 시각적 단서 제공을 위해 장난감을 부분적으로 조립해 놓기 ◦ 여분의 장난감을 정리된 상태로 근접한 곳에 두기	◦ 얼굴을 마주보고 앉기 ◦ 장난감의 전면을 아동으로 향하기 ◦ 재빠르고 결단력 있게 장난감을 정리하기 ◦ 성인의 놀이 차례를 지속하기 ◦ 참여와 조절을 지원하기 위해 구조를 변경하기

그림 7-15 7장 요약

8장

참여와 조절을 위한 토대 마련하기

1 도입

이 장의 목표는 참여와 조절을 위한 토대를 마련하는 것이다. 성인이 무언가를 시작한다는 것이 아동에게는 새로운 상황을 접하게 됨을 기억해야 한다. 일부 아동의 경우, 이것이 중재(또는 교육적 환경)에 대한 첫 경험일 수 있다. 그리고 중재 개입에 익숙한 아동들조차 예상되는 것이 무엇인지, 누가 거기에 있는지, 얼마나 오래 머물러야 하는지 등을 알지 못할 수 있다. 매우 빈약한 의사소통 기술과 변화에 대한 불안이나 놀이 루틴의 경직성을 가진 아동에게 이러한 중재는 추가적 어려움을 줄 수 있다. 따라서 아동을 지원할 계획을 세워야 한다.

이 장에서는 아동이 회기에서 기대되는 것을 이해하고 더 성공적으로 참여하는 데 도움을 주는 시각적 지원, 전이 계획 및 긍정적 강화와 같이 다양한 전략을 설명한다. 또한 아동이 요구 사항을 따르도록 돕기 위해 일부 경우에 사용할 수 있는 촉신 구조와 발생할 수 있는 문제를 평가하기 위한 문제해결 틀(framework)을 소개하겠다. 이러한 전략을 통한 우리의 목표는 상호작용의 시작부터 긍정적인 분위기를 조성하고 조절 및 참여의 기반을 마련하는 것이다. 많은 환경 전략(6, 7장)과 놀이 및 의사소통 전략(9~14장)도 참여와 조절을 지원하므로 이들 전략과 더불어 토대를 계속 구축하게 될 것이다. 15장과 16장에서는 참여 및 조절과 관련된 문제를 해결하고 전체적인 대응 전략을 사용하는 방법에 대한 추가 설명을 하겠다.

2 시각적 일과와 지원을 적용하기

많은 아동이 시각적 지원으로부터 도움을 얻는다. 명확하게 배치된 환경과 마찬가지로 시각적 지원은 아동이 보다 효율적이고 효과적인 방식으로 회기의 방향과 기대치를 이해하는 데 도움이 되는 명확한 시각적 단서를 제공한다. 이러한 추가적인 도움 제공은 아동들이 긴장을 풀고 성공하며 즐거운 시간을 보내는 데 도움이 될 수 있다! 모든 연령과 발달수준의 아동을 위해 사용할 수 있는 다양한 유형의 시각 자료가 있다. 아동이 집이나 학교에서 시각 시스템을 사용하는 경우, JASPER 회기의 필요에 맞게 시각 자료를 조정할 수 있다. 회기 요구 사항에 맞게 처음부터 시각 자료를 새로 만들 수도 있다. 회기가 시작되기 전에 준비하면 도움이 되는 항목을 다음에 제시하였다.

1) 사전에 지원을 계획하기

SPACE 평가와 처음 몇 회기에서 얻은 정보를 토대로 아동의 조절과 참여를 돕기 위한 지원을 결정할 수 있다. 참여와 조절이 짧거나, 조절의 어려움이 심각하거나 반복적으로 발생하거나, 도전적인 행동을 하는 아동은 더 많은 지원이 필요할 수 있다. 다른 아동들은 시각적 지원이 전혀 필요하지 않을 수도 있다(아동에게 더 많은 지원이 필요한지를 나타내는 지표들은 15장과 16장을 참고할 것). 다음에서 몇 가지 일반적인 유형의 시각적 지원을 소개하겠다.

(1) 시각적 일과

시각적 일과는 성인이 말하는 것과 회기의 기대치를 명확히 전하고자 사용하는 일련의 단계를 시각적으로 단순하게 표현한 것이다. 시각적 일과는 복잡도가 다른 것이 많으므로 간단하고 명확하며 아동이 따르기 쉬운 시스템을 선택해야 한다. 간단한 유형의 시각적 일과는 "먼저 앉고 그다음에 놀아." 또는 "먼저 놀고 그다음에 끝내."와 같은 '먼저, 그다음에'라는 문구를 포함한다(그림 8-1 참고). 더 복잡한 일과표에는 다른 단계와 지침도 포함될 수 있다(예: 앉고, 장난감 가지고 놀고, 다 놀면 집에 가기, 그림 8-2 참고). 시각적 일과를 사용하는 경우, 아동이 우리의 기대치를 이해하고 전이를 할 수 있도록 회기 간에 일과표를 일관되게 유지한다.

(2) 마무리 정리함(all-done bin)

일부 아동, 특히 유아교육 프로그램에 참여하는 아동은 정리 바구니와 같은 청소를 위한 시각적 신호에 익숙할 수 있다. 이것을 회기에 적용하면 아동이 회기를 정리하고 그날의 다음 활동으로 전이하는 데 도움이 될 수 있다.

그림 8-1 '먼저, 그다음에'과 같은 간단한 일과표는 아동이 다음 활동이 무엇인지 이해하는 데 도움을 줄 수 있음

그림 8-2 여러 단계의 일과표는 회기를 위한 기대치를 명확화할 수 있음

(3) 사회적 상황 이야기(social story)

일부 아동의 경우, 간단한 이야기를 사용하여 특정 사회적 기술이나 기대되는 것을 연습하는 것이 도움이 된다. 예를 들어, 아동이 짝과 놀이를 하는 데 힘든 시간을 보낸다면 서로의 생각을 공유하는 내용의 짧은 이야기를 만들어서 회기를 시작하기 전에 함께 이야기를 읽을 수 있다. 종종 아동의 관점에서 만들어진 이 이야기는 무슨 일이 일어날지(예: "내가 먼저 놀이하고, 다음 차례는 내 친구야.") 그리고 아동이 어떻게 느끼거나 행동할 것인지(예: "가끔은 내가 공룡을 움직이고 싶은데, 친구가 해서 싫어.")에 대해 상기시켜 준다. 다음으로, 아동이 사용할 수 있는 전략(예: "심호흡을 하고 3까지 세기.")과 함께 놀 때 일어나는 일에 대한 긍정적인 말(예: "차례대로 놀면 우리 모두 정말 재밌을 거야.")을 추가할 수 있다. 이러한 미리 살펴보기는 조절 및 기대에 대한 이해를 높이는 데 도움이 될 수 있으며, 회기 시작 시 아동에게 새로운 조절 전략을 연습할 기회를 제공할 수도 있다.

(4) 타이머

시각적 타이머는 아동이 특정 시간에 대한 기대나 요구를 이해할 수 있도록 하는 데 도움이 된다. 타이머를 시각적 일과 또는 마무리 정리함과 연계하여 아동에게 회기가 끝날 때까지 남은 시간을 표시해 줄 수 있다.

2) 기대치 명료화를 위해 지원 사용하기

아동을 향한 성인이 가진 기대치를 아동이 이해하고 방향성을 명확히 할 수 있도록 회기 전반에 걸쳐 필요에 따라 시각적 지원을 사용한다. 예를 들어, 이러한 지원을 사용하여 아동이 회기 또는 회기 밖으로 전이하거나, 앉거나, 일정 기간의 조절 문제 또는 일정 기간의 비참여 후 다시 놀이로 전이하도록 도울 수 있다. 시각적 지원을 적용하면 음성 지시(도전적인 순간에 조절 문제를 부추길 수 있는)를 줄이면서 아동이 기대에 부응하도록 도울 수 있다.

3 회기 시작과 종료 시 전이

자폐 아동은 전이하는 동안 종종 지원이 필요하다. 따라서 아동이 무엇을 기대해야 하는지 알 수 있도록 모든 회기의 시작과 끝에서 반복할 수 있는 계획을 갖는 것이 도움이 된다. 이 계획은 아동이 신뢰할 수 있는 기대치를 만들 수 있을 만큼 일관성이 있어야 하지만 아동의 변화하는 요구 사항을 충족할 수 있을 만큼 유연해야 한다. 다음 절에서 전이를 지원하는 방법에 대한 예시를 제시할 것이다. 그러나 아동은 이러한 많은 전략이 필요하지 않을 수 있으며 성인은 시간이 지남에 따라 지원의 정도를 점차 줄여 갈 수 있다.

1) 회기 시작을 지원하기

일부 아동들이 회기로 즐겁게 전이할 수 있는 반면에 다른 아동들은 어려움을 겪을 수도 있다. 아동이 방에 처음 들어왔을 때 울거나, 보호자에게 매달리거나, 앉기를 거부하거나, 방에서 나가려고 시도하는 등 몇 가지 도전적인 행동을 보일 수 있다. 이러한 상황에서 성인의 접근 방식은 이 단계에서 아동을 지원하는 데 매우 중요하다. 다음은 일반적으로 JASPER 회기를 시작하는 방법의 예이다.

(1) 아동과 보호자에게 인사하기

회기의 목표와 예상되는 대략적인 소요시간을 공유하라. 시작하기 전에 아동에게 필요한 부분들이 해소되어야 한다(예: 물 한 잔 주기, 화장실에 데려가기). 아동이 가지고 온 사물(예: 장난감, 전자 제품, 간식, 겉옷)을 따로 보관한다. 중재사가 진행하는 JASPER 회기 동안에, 아동이 아주 어리거나 성인이 있어야 하는 다른 이유가 없는 한 보호자는 놀이 공간 밖에서 기다리는 것이 가장 일반적이다(자세한 내용은 8장, p. 198 참고). 이것이 아동에게 힘든 일이면 초반 몇 회기들 동안 아동이 보호자와 성공적으로 분리되도록 도울 수 있다. 예를 들어, 중재자가 놀이를 진행할 때 보호자가 아동 옆에 앉은 채로 첫 번째 회기를 시작하고, 다음 회기에는 아동이 방에 있는 보호자에게 더 이상 의존하지 않을 때까지 보호자가 아동에게서 점점 더 멀리 떨어지도록 할 수 있다.

(2) 놀이 공간으로 전이하기

놀이 공간으로 전이할 때 목표는 아동이 환경에 적응하고 놀이를 시작하도록 돕는 것이다. 이 전이 단계에서 오래 머뭇거리면 안 된다. 느리고 주저하는 전이는 걱정스럽고 불안하며 언짢은 공간을 만들어 낼 수도 있다. 전이는 빠르고 재미있어야 한다! 7장에 설명된 대로 앉을 위치와 선택 가능한 장난감에 대한 시각적 신호가 제공되도록 놀이 공간과 장난감은 미리 배치되어 있어야 한다. 이렇게 하면 놀고 선택해야 할 때라는 것을 아동이 더 쉽게 이해할 수 있다. 필요한 경우, 다음에 할 일을 설명하기 위해 준비한 시각적 일과를 아동에게 보여 줄 수 있다(예: '앉아서 놀이하기').

(3) 아동이 장난감 앞에 앉도록 도와주기

아동이 혼자 앉지 않으면 준비한 장난감 앞에 앉도록 도와주어야 한다. 아동이 자신의 시야와 손이 닿는 범위 내에서 즉시 명확한 선택을 할 수 있도록 하여야 한다. 이상적인 것은 그림 8-3처럼 아동이 동기가 있는 장난감을 선택하고 첫 번째 단계를 시작하는 것이다.

아동이 즉시 놀이를 시작하지 않으면, "놀이 시간~!" 또는 "같이 놀아요~!"와 같이 말함으로써 아동을 놀이로 안내할 수 있다. 그런 다음, 잠시 멈추고 아동을 기대하는 마음으로 바라본다. 아동이 장난감에 관심을 보이는지 주의 깊게 관찰하여야 한다. 예를 들어, 아동은 장난감을 보거나, 집거나, 방 안을 돌아다닐 수도 있다.

(4) 첫 번째 놀이 단계 지원하기

아동이 장난감에 관심을 보이지만, 여전히 놀이를 시작하지 않으면, 먼저 시범을 보여 준

그림 8-3 방의 구성이 아동의 선택을 도울 수 있음

다. 예를 들어, 그림 8-3의 아동이 페그를 집는 경우, 페그를 페그보드에 끼우는 시범을 보일 수 있다. 아동이 장난감에 대한 관심을 표시하지 않으면 양손에 장난감을 들고 선택권을 줄 수 있다(예: "페그 할래, 블록 할래?"라고 말한 다음, 아동이 장난감을 선택할 때까지 몇 초간 기다림). 아동이 단어, 몸짓(예: 손을 뻗거나 가리키기), 응시 또는 몸을 살짝 돌리는 것을 통해 선택을 표현할 수 있다. 일단 아동이 무언가에 관심을 보이면 놀이를 시작하기 위해 아동에게 놀잇감의 일부를 건네주거나 첫 번째 놀이 단계를 시범 보임으로써 놀이의 첫 번째 단계를 지원할 수 있다. 아동이 방에 적응하거나 장난감을 선택하는 데 어려움을 겪고 있다면 시각적 일과를 사용하여 무엇을 해야 하는지 이해하도록 돕는다. 짧은 사회적 활동을 사용하여 놀이를 시작하기 전에 아동이 성인과 더 많이 가까워지도록 도울 수 있다(〈상자 8-1〉 참고).

상자 8-1

장난감으로 신속한 전이하기 사용하기

때때로 아동들은 더 높은 수준을 요구하는 놀이로 전이하기 위해 '준비' 활동이 필요합니다. 이것은 다양한 형태로 진행될 수 있습니다. 더 쉬운 기본놀이 단계, 잘 숙달된 놀이 루틴 또는 아동의 숙달된 놀이 수준보다 한 단계 낮은 놀이 루틴일 수 있습니다(〈상자 6-1〉 참고). 예를 들어, "Old MacDonald"를 부른 다음 헛간에 동물을 넣으며 장난감으로 전이하는 것과 같이 대인 참여(person engagement)의 순간을 이용할 수도 있습니다. 심각한 조절 문제가 있는 아동의 경우 책 읽기와 같은 대체 활동을 시도할 수 있습니다. 예를 들어, 아동과 함께 『매우 배고픈 애벌레』 책을 읽은 다음, 아동이 평정을 찾고 애벌레 인형 안에 장난감 음식을 넣으므로 참여를 시작함으로 놀이 루틴으로 전이할 수 있습니다(대체 활동에 대한 자세한 내용은 〈상자 16-1〉

참고). 목표는 아동이 먼저 성인과 관계를 형성한 다음에 활동을 시작함으로 성인이 놀이 루틴에서 신속하게 놀이 동력을 만드는 것 입니다. 이러한 전이 활동 동안 성인은 회기 중 사용한 적절한 언어와 몸짓을 지속적으로 시범 보여야만 합니다. 또한 성인이 구성한 JASPER 놀이 루틴의 표적 기술도 지속적으로 시범을 보여야만 합니다. 아동의 참여를 촉진하기 위해 전이 활동을 사용하는 방법에 대한 자세한 내용은 15장, p. 342를 참고하도록 합니다.

(5) 기본놀이 루틴 설정하기

아동이 장난감을 가지고 생산적(기능적)으로 놀기 시작하면 목표는 기본놀이 루틴을 설정하는 것이다. 7장에 있는 환경 전략을 사용하여 놀이 상황을 구성한다. 예를 들어, 그림 8-3에서 아동이 페그보드를 선택했다면, 성인과 아동 사이에 보드를 놓고, 아동의 손이 닿는 곳에 페그가 있는지 확인하고, 다른 놀이 루틴 옵션들은 옆으로 옮겨서 방해가 되지 않도록 한다. 또한 성인의 손이 닿는 곳에 페그보드를 위한 확장놀이 장난감(예: 페그와 함께 쌓을 수 있는 블록, 그림, 깃발)이 있는지 확인해야 한다. 아동의 첫 시작을 지원하려면 9장과 10장에서 다룰 모방, 시범 보이기 및 재시작 전략들을 사용한다. 표 8-1의 가상의 사례는 이 절에서 기술된 전략들을 사용하여 회기를 시작하는 방법을 보여 준다.

표 8-1 회기 시작하기

Javier(4세)	Spence(2세)	Erika(5세)
환경: 사설센터	환경: 아동의 가정	환경: 아동의 학급
참여 및 조절 표적: 3분 이상 몇 분 동안	참여 및 조절 표적: 10초에서 1분 미만의 짧은 기간	참여 및 조절 표적: 대부분의 상호작용 동안(80% 이상)
SPACE 평가 기록: 부끄러움을 타며, 워밍업이 되면 놀이를 즐길 수 있음. 어떠한 몸짓이나 발성 언어를 사용하지 않았으며, 놀이 수준은 조합 단계임.	SPACE 평가 기록: 회기의 절반을 울며 방을 이리저리 돌아다녔고 "다했다."라고 반복함. 놀이 수준은 단순 놀이 단계임.	SPACE 평가 기록: 장난감을 놔두고 떠나기 어려워함. 제스처와 언어를 일부 사용함. 전상징적 놀이 수준을 보임.
Javier와 그의 어머니는 첫 번째 JASPER 회기를 위해 클리닉에 도착하였습니다. 중재사는 그들을 맞이한 후 회기 계획을 공유하고 Javier에게 놀이를 안내하였습니다.	중재사는 정리된 장난감과 놀이 환경을 구조화하기 위한 앉을 만한 작은 이불을 준비하여 Spence의 집에 도착하였습니다. 중재사는 Spence가 엄마와 함께 책 읽는 것을 좋아한다는 것	Erika는 교실에서 미술과 공예활동을 마치고 다음 수업에 가는 것을 힘들어 했기 때문에 Erika의 중재사는 전이를 지원하기 위해 '마무리(all done)' 상자와 시각적 일과를 준비하였습니다.

Javier는 전에 이런 치료 회기에 가 본 적이 없었고 주변을 괴로워하며 둘러보기 시작하였습니다. 중재자는 아동이 기대치를 이해하는 데 도움이 되도록 '먼저, 그다음에.'라는 일과표를 사용하였습니다. 중재자는 시각적 일과를 가리키며 "먼저 앉아서 놀아요."라고 말하였습니다. Javier가 앉은 책상에는 두 개의 놀이 루틴이 있었습니다. 치료사는 아동이 장난감을 보는 동안 주의 깊게 지켜보았습니다. 아동은 블록을 집어 다른 블록 위에 쌓았습니다. 중재자는 아동의 놀이 행동을 흉내 내며 "쌓아!"라고 말하며 다른 놀이 옵션을 옆으로 빠르게 옮겼습니다.	을 기억하고, 중재자가 빠르게 준비하는 동안 Spence가 훑어볼 수 있도록 한 권의 책을 가져왔습니다. 빠른 전이 활동으로 사용하기 위해 함께 읽을 다른 책도 가져왔습니다. 중재자는 놀이 루틴을 구축하기 위해 장난감을 선택할 수 있도록 제시하고 Spence가 선택하기를 기다렸습니다. Spence는 플라스틱 동전을 집어 바닥에 굴리기 시작하였습니다. 치료사는 동전을 돼지 저금통에 넣는 시범을 보이고 돼지 저금통을 Spence 쪽으로 옮겼습니다. Spence는 중재자의 행동을 따라하였고, 중재자는 재빨리 Spence 앞에 더 많은 동전을 추가하여 놀이 루틴을 만들기 시작하였습니다.	중재자는 Erika에게 일정('걷기, 놀기, 정리하기, 미술')을 보여주었고 Erika는 미술 활동을 계속하기 위해 다시 돌아올 것임을 알았습니다. Erika는 자신의 미술 작품을 '마무리' 정리함에 넣고 함께 회기 장소로 걸어갔습니다. 중재자는 세 가지 놀이 루틴 세팅을 진행하다, Erika가 벨크로 컵케이크를 선택함으로 잠시 멈췄습니다. 중재자는 컵케이크를 오븐에 넣는 것을 흉내 냈습니다. 몇 번 놀이 행동을 한 후에 Erika가 "미술!"이라고 말하고는 문으로 달려갔습니다. 중재자는 침착하게 Erika에게 시각적 일과를 보여 주고 Erika가 자리에 앉도록 도왔습니다. 그들은 컵케이크로 놀이 루틴을 만들기 시작하였습니다.

이 표의 각 경우에서 중재자는 아동의 참여와 조절을 적극적으로 지원하였다. 중재자들은 다양한 지원을 준비하였고 각 아동이 긍정적으로 회기를 시작하도록 필요한 지원을 활용했다. 중재자들은 망설임과 조절 문제의 초기 신호를 발견하였을 때 향후 어려움을 예방하기 위해 재빨리 개입하였다. 중재자들은 또한 각 아동에게 결정을 내릴 수 있는 여지를 제공하였고, 아동이 안정을 이루어 가는 순간에 너무 성급하게 지원을 제공하지 않으므로 아동이 장난감을 다룰 기회를 가지도록 하였다.

2) 회기 종료를 지원하기

아동은 회기가 끝날 무렵에도 지원이 필요하다. 아동은 에너지, 참여, 조절이 낮아지기 시작하면서 피곤해지거나, 또는 너무 즐거워서 떠나고 싶지 않을 수 있다. JASPER 회기는 일반적으로 45~60분 동안 지속된다. 마무리 지원하기의 목표는 아동이 조절되지 않거나

떠나려고 시도하는 순간이 아니라 조절되고 참여를 이루는 긍정적인 면으로 회기를 끝내는 것이다. 이것은 긍정적인 행동을 강화하고 아동이 시간이 지남에 따라 인내할 수 있는 힘을 키울 수 있도록 도와준다. 회기 마무리를 지원하기 위해 다음 전략을 사용하도록 한다.

(1) 전이 알림을 주기

아동에게 남은 시간과 다음에 일어날 일을 말해 준다. 예를 들면, "2분 있다가 장난감 정리할 거야."라고 말하는 것이다. 이 알림은 조절 문제에 대한 대응이 아니라 그 이전에 제공되어야 한다. 제공되는 시간의 양은 아동에 따라 다르다. 어떤 아동들은 더 많은 알림이 필요한 반면, 어떤 아동들은 더 적은 알림으로도 잘 해낸다. 예를 들어, 5분 남았을 때와 1분 남았을 때 두 번의 다른 전이 알림를 제공할 수도 있다. 이 단계를 시각 일과에 함께 포함시킬 수도 있다. 할당된 대략적인 시간이 지나면 아동이 놀다가 이동하는 전이를 도와준다.

(2) 적절한 멈춤 지점을 만들기

시간이 지나면 매 회기가 끝날 때마다 반복하여 떠날 시간이라는 신호를 보내는 일관된 계획을 세운다. 작별 노래와 같은 간단하고 조용한 활동은 아동이 순조롭게 전이하는 데 도움이 될 수 있다. 활동은 아동이 참여하기를 원할 정도로 흥미로워야 하지만 아동이 끝내기 어려울 정도로 동기 부여가 되어서는 안 된다. 이것은 아동이 성공적으로 참여한 놀이 루틴, 간단한 청소 활동(〈상자 8-2〉 참고) 또는 짧은 노래가 될 수 있다.

- 한 가지 활동만 할 것
- 불쾌하지 않고 즐겁거나 중간 정도의 흥미를 주는 활동을 선택할 것
- 아동이 하기 쉽고 친숙한 활동을 선택할 것(예: 아동이 학교에서 특정 순서를 따른다면 중재자도 똑같이 할 수 있음).

이 활동 중에 잠시 동안 조절 문제가 발생하여도 아동에게 기대되는 기대치를 지속적으로 유지하면서, 아동의 조절을 돕고(16장의 조절 지원하기 전략 사용) 긍정적인 분위기로 끝맺는다. 청소와 같은 요구를 아동에게 하는 경우, 요구를 하고 있음을 분명히 한 다음 아동이 따라올 수 있도록 도와야 한다. 그러나 모든 아동에게 요구를 할 필요는 없다. 이 단계의 중요한 부분은 회기의 끝을 알리는 것이다. 성인이 몇 가지 장난감을 치워 두는 동안 아동이 지켜보거나 성인이 노래하는 동안 듣고 있는 것은 괜찮다.

(3) '안녕 잘가' 말하기

전이를 성공적으로 완료하고 아동이 안정된 상태라면 작별 인사를 한다! 표 8-2에서 치료사가 각 JASPER 회기를 마무리하는 방법을 살펴보기 위해 표 8-1의 가상 사례를 계속해서 인용하고 있다.

표 8-2 회기 마무리하기

Javier(4세)	Spence(2세)	Erika(5세)
중재자는 회기가 약 3분 남았음을 알아차렸습니다. Javier는 그 순간에 행복하게 안정된 상태로 잘 놀고 있었습니다. 그러나 그의 어머니는 그가 일반적으로 장난감에서 벗어나는 데 어려움을 겪는다고 경고하였습니다. 어머니는 그가 어머니와 함께 노래 부르는 것을 좋아한다고 보고했기 때문에 중재자는 짧은 노래가 Javier가 전이하는 데 도움이 될 것이라고 결정하였습니다. 회기가 끝날 무렵 그들은 배를 가지고 놀고 있었기 때문에, 중재자는 'Row Your Boat'를 부르기 시작하였습니다. Javier는 책상에서 달아나 문 손잡이에 손을 뻗었습니다. 중재자는 Javier에게 시각 일과를 보여 주고 가리키며 "먼저 노래 부르고, 다 했다 하자."고 말하였습니다. 같이 노래를 다 부르자 중재자는 "다 했다!"라고 말하였습니다. 복도에서 어머니를 만나기 위해 Javier와 함께 걸어갔습니다.	30분 후 중재자는 Spence가 놀이 루틴에 매우 열심히 참여했기 때문에 긍정적인 분위기에서 회기를 마치기로 결정하였습니다. 중재자는 Spence에게 "2분만 더 할거야."라는 알림을 주었습니다. 알림을 듣자마자 Spence는 장난감을 내려놓고 방을 뛰어다니기 시작하였습니다. 중재자는 Spence에게 2분짜리 시각적 타이머를 보여 주기로 결정하고 요구사항을 반복하였습니다 "2분만 더 할거야." 그녀는 Spence가 앉는 것을 도왔고 그에게 놀이 루틴을 계속하도록 조각을 건넸습니다. 타이머가 울리자 중재자는 "다 했다. 놀이 잘했다!" 활짝 웃으며 Spence를 부엌으로 데려가 어머니를 찾았습니다.	회기가 끝나갈 무렵에, 중재자는 Erika에게 "1분만 더 할거야."라고 알림을 주었습니다. 약 1분 후 중재자는 놀이 루틴을 확장놀이한 후 적절한 멈춤 지점에 도달하기로 결정했습니다. 중재자는 Erika에게 시각 일과를 보여 주며 "다 놀았다. 이제 정리하고 미술 활동하러 가자." Erika와 중재자는 장난감 몇 개를 치운 다음 중재자는 Erika를 교실로 데려갔습니다. 그들은 Erika의 선생님과 만났고, 선생님은 Erika가 미술 활동을 계속하도록 도왔습니다.

이러한 각 예에서 중재자는 각 아동에게 적절한 양의 지원을 제공한다. 일부 아동은 지원이 덜 필요하고 다른 아동은 더 필요할 수 있다. 이러한 단계가 충분한 지원이 되지 않고 아동이 계속해서 어려움을 겪고 있다면, 환경을 조정하거나(7장), 참여를 해결하거나(15장), 조절 문제를 해결해야 할 수도 있다(16장).

〈연습문제 8-1〉을 통해 다양한 아동 프로필에 적절한 수준의 지원을 선택하는 연습을 하도록 한다.

상자 8-2

마무리 정리를 위한 참고 사항

마무리 정리는 일반적인 전이 활동이며 명확한 회기 종료 루틴을 만들 수 있는 한 가지 방법입니다. 정리를 하기로 결정했다면, 아동이 장난감을 모두 정리하도록 하지 않습니다. 이것은 긴 회기 끝에 큰 요구일 수 있습니다! 적은 수의 장난감을 선택하고 장난감을 몇 개 치워 줌으로써 아동을 도와줍니다.

연습문제 8-1 전이 지원하기

각 아동의 시나리오에 맞는 적절한 양의 전이 지원을 찾으시오.

1. 아동은 하루 종일 아빠와 함께 시간을 보내는 데 익숙하며 회기가 시작될 때 아빠가 떠나면 운다.
2. 아동에게 치우라고 요구하자, 아동은 모든 장난감을 바닥에 던지고 울기 시작한다.
3. 아동이 5살이고 엄마에게 손을 흔들며 작별 인사를 한다. 그리고 가방을 고리에 걸고 교실로 들어가는 유치원 일과를 즐긴다.
4. 회기를 끝내고 아동에게 다 끝났다고 말하자 아동은 발가락을 꼬집고 울기 시작한다.

A. 아동에게 명랑하게 인사하고 재빨리 방으로 이동한다. 아동을 자리로 안내하고 놀이 루틴을 시작한다.
B. '먼저, 그다음에' 시각적 일과를 사용하여 함께 놀고 나면 부모를 보게 될 것임을 아동에게 보여 준다.
C. 좋아하는 노래를 불러서 아동이 진정하도록 도운 다음, 긍정적인 분위기로 회기를 마무리한다.
D. '마무리 정리함'과 같은 시각적 지원를 사용하고 아동이 계획된 요구사항을 따라갈 수 있도록 도와준다.

4 자연스러운 강화제 사용하기

회기 전반에 걸쳐 성인은 외적 보상(예: 빈번한 언어 칭찬 및 외부 강화)보다 주로 사회적으로 동기 부여된 내적 보상(예: 의사소통으로 응답, 놀이 행동 모방, 긍정적 정서와 감정 사용)을 사용한다. 아동이 학습할 수 있는 재미있고 차분하며 매력적인 환경을 제공하는 것의 목표는 아동이 상호작용 자체가 보상적이라는 것을 인식하도록 돕고 결과적으로 외적 보상의 필요성을 제거하는 것이다.

1) 아동 행동을 강화하기 위한 성인의 차례 사용하기

성인의 놀이 차례에 상황 언급하기(6장, p. 139 참고)와 함께 자연스러운 놀이에 기반한 반응을 주요 강화제로 사용한다. 아동의 적절한 행동을 알아차리고 반응함으로써 이러한 행동이 더 자주 일어나도록 장려한다. 강화 제공은 아동이 새로운 기술을 사용하거나 조절 문제와 저조한 참여가 해결된 순간에 특히 중요하다. 예를 들어, 아동이 장난감을 보여 주면 긍정적인 감정으로 자연스럽게 반응하고 "보라색 자동차!"라고 말할 수 있다. 또는 아동이 일정 기간 동안 조절 문제를 겪은 후 버스에 피규어를 올려놓으면, 다른 피규어를 버스에 올려놓고 "버스 위에!"라고 쾌활한 어조로 말함으로써 반응할 수 있다. 아동의 행동을 모방하고 신나게 수준에 맞는 언어로 상황을 묘사하며 즐거운 메시지를 전달하는 동안에 아동이 놀이 상호작용에서 사용할 수 있는 문구를 시범 보일 수 있다. 대부분의 경우, 이것은 행동을 강화하기에 충분한 보상이다.

(1) 구어적 칭찬을 제한하기

일반적으로 JASPER에서 성인은 "놀이를 잘하는구나." "잘 들었어." "말 잘하네." 또는 "말해 줘서 고마워."와 같은 말로 칭찬하는 것을 피하거나 상당히 제한하는 편이다. 구어적 칭찬은 의도하지 않게 아동에게 예상되는 특정한 놀이 행동이 있음을 암시할 수 있다. 또한 성인이 지속적으로 구어적 칭찬을 사용하면, 아동은 의사소통을 시도할 시간과 기회가 적어지고 모방할 수 있는 언어 시범 또한 적어진다.

(2) 외적 보상하지 않기

일반적으로 JASPER에서 성인은 물리적 형태를 가진 강화제, 특수 장난감(예: 거품), 음식, 회기 중 긴 휴식과 같은 외적 보상의 사용을 피하거나 상당히 제한한다. 물리적 형태를 가

진 강화제는 JASPER를 보완하는 수준으로만 보며 대부분의 아동에게 기본놀이적인 사항이 되어서는 안 된다. 동기를 부여하는 감각 장난감과 같은 외적 강화제를 추가하면, 대물 참여(object engagement)로 이어질 수 있으며 놀이 루틴을 확장하기가 매우 어려워진다. 따라서 이러한 것들은 아동이 이 수준의 추가 지원이 특별히 필요한 경우, 짧은 기간 동안만 제공되고 아동이 다른 기술을 숙달하면 빠르게 제거해야 한다.

(3) 벌 주지 않기

벌, 질책, 타임 아웃과 같은 부정적인 사회적 환경을 만들어 내는 전략을 피하라. 이들은 놀이 및 재미와 양립할 수 없다. 일반적으로, 긍정적 강화를 사용하는 것이 아동이 새로운 기술과 행동을 배우도록 돕는 데 더 효과적이고 적절한 접근 방식이다.

2) 긍정적 정서 사용하기

모든 JASPER 회기에는 따뜻하고 긍정적인 사회적 분위기가 있어야 한다. 매력적인 사회적 환경을 만드는 가장 좋은 방법 중 하나는 아동에게 동기를 부여하는 방식으로서 긍정적인 정서를 사용하는 것이다. 긍정적 정서는 개인이 자신의 긍정적인 감정을 경험하고 전달하는 방식을 말한다. 미소 짓기, 명랑한 목소리 사용하기, 아동의 활동에 대한 관심 표현하기 등 긍정적 정서를 사용하는 방법에는 여러 가지가 있다. 긍정적 정서를 사용하는 성인의 목소리가 자연스러워야만 성인을 모방하는 아동도 자연스럽게 들릴 수 있다. 아동과 상호작용하는 동안 이러한 태도가 스며들게 해야 한다. 그러면 아동이 성인과 함께하는 것이 재미있다는 것을 이해하기 시작할 것이다! 아래는 긍정적인 정서를 사용하기 위한 몇 가지 추가 팁들이다.

(1) 아동의 정서 스타일을 확인하기

모든 아동들은 서로 다른 수준의 정서적 표현과 긍정적 정서에 대한 반응을 가지고 있다. 어떤 아동들은 당신이 낙관적이고 긍정적이며 열정적일 때 잘 반응하는 반면, 다른 아동들은 조절된 상태로 참여하기 위해 차분하고 조용한 접근이 필요하다. 일반적으로, 성인은 아동에게 자연스럽게 느껴지는 범위 내에서 긍정적 정서를 시범 보인다. 아동을 알아 가고 아동에게 가장 적합한 분위기를 조성하도록 노력하라. 순간적으로 일어나는 일에 따라 성인의 정서를 조정할 수도 있다. 예를 들어, 아동이 조용하고 특정 놀이 행동에 집중하고 있다면, 부드러운 음성으로 지원이나 격려를 보여 주는 것이 더 적절할 수 있는 반면에 흥분되거나 신나는 순간은 더 높은 고취된 정서(higher affect)가 적합할 것이다.

(2) 정서 조절하기

때때로 아동들은 사회적 맥락과 적절하게 일치하지 않는 정서를 나타낸다. 극단적인 정서(예: 과도한 흥분)는 공동참여를 구축하는 데 어려움을 초래할 수 있다. 이러한 경우, 아동에게 균형 잡힌 적절한 상태를 시범 보이기 위해 성인의 정서를 사용할 수 있다. 예를 들어, 아동은 매우 우스꽝스러운 행동을 하거나 많이 웃으며 재미있는 말이나 행동을 반복해서 계속 하고 싶어할 수 있다. 이것은 좋은 상호 교환처럼 보일 수 있지만, 참여도를 저해하거나 관심을 끌기 위한 행동으로 이어질 수 있다. 아동이 지나치게 흥분하면 좀 더 중립적인 어조와 표정을 사용하여 아동이 안정되도록 도울 수 있다. 반면에 아동의 정서가 예상보다 낮을 수 있으며 상호작용의 가장 흥미로운 측면에서조차도 전혀 동기를 부여받지 못하는 것처럼 보일 수 있다. 예를 들어, 성인은 먹는 소리를 내면서 재밌게 생긴 인형에게 먹이를 준다. 그러나 아동은 성인을 잠깐 쳐다보기만 하거나 전혀 반응을 보이지 않을 수도 있다. 아동이 단조롭고 낮은 흥미의 정서를 가지고 있다면 성인의 긍정적 정서를 증가시켜 아동이 상호작용에서 동기를 찾도록 도울 수 있다.

5 촉진 체계 이해하기

추가 촉진을 제공함으로 더 많은 지원을 제공해야 하는 경우도 있다. 촉진은 새로운 기술을 가르치고 아동이 회기의 기대치를 따르도록 돕는 데 사용할 수 있다. JASPER에서 성인은 이 전략을 정의하고 사용하는 방법에 대해 매우 의도적이어야 한다.

1) 촉진을 사용하는 동안 참여 및 조절 고려하기

촉진에 대한 세부 사항을 논의하기 전에 이 전략이 어떻게 참여와 조절을 지원하거나 실패하게 하는지 고려하는 것이 중요하다. 공동참여 상태를 달성하려면 5장에서 언급한 성인의 동등하고 적극적인 역할이 필요하다는 것을 기억해야 한다. 성인의 역할은 촉진을 통해 아동을 지시하는 것이 아니다. 촉진을 사용하면 새로운 기술을 성공하는 것을 보게 될 때 아동은 보람을 느낄 수 있다. 그러나 성인이 지나치게 지시적이면 아동의 참여하려는 동기가 줄어들고 상호작용이 사회적 활동이 아닌 과제처럼 느껴지기 시작한다. 이것은 또한 더

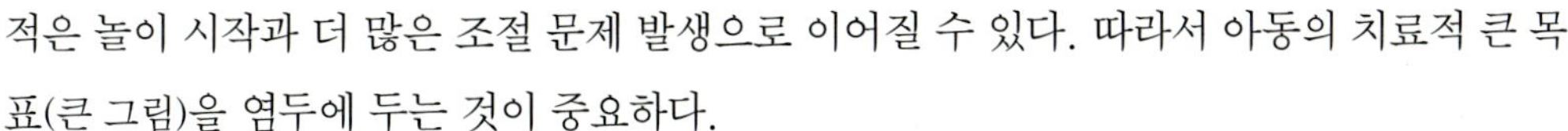

적은 놀이 시작과 더 많은 조절 문제 발생으로 이어질 수 있다. 따라서 아동의 치료적 큰 목표(큰 그림)을 염두에 두는 것이 중요하다.

2) '최소-최대' 촉진 체계 따르기

JASPER에서 성인은 다음과 같은 환경 촉진, 시범 보이기, 몸짓 촉진, 언어 및 신체적 촉진(그림 8-4 참고)을 '최소-최대' 촉진 체계에 따라 제공한다.

- **환경 촉진**: 예상되는 것에 대한 시각적 신호를 제공하기 위해 환경을 재조성한다(예: 장난감 하나를 앞으로 옮기기, 아동에게 장난감을 건네기, 두 가지 선택 항목을 들어 보여주기, 아동에게 시각적 지지 보여주기).
- **시범 보이기**: 아동에게 행동을 보여 준다(예: 생산적인 놀이 행동 또는 몸짓 시범 보이기).
- **몸짓 촉진**: 원하는 행동이나 사물을 향해 몸짓을 함으로 아동을 지원(예: 손바닥을 위로 향하게 하여 손을 뻗어 아동이 성인에게 사물을 주도록 격려).
- **일반적 구어 촉진**: 아동에게 개방형 질문(예: "무슨 일이야?" 또는 "뭐 줄까?")을 한다.
- **구체적 언어 촉진**: 아동에게 표적 기술(target skill, 예: "보여 줘.")을 사용하도록 지시하거나 아동이 사용할 수 있는 단어를 제시한다(예: "'기차 할래요.' 해 봐.").
- **부분적 신체 촉진**: 아동의 팔이나 손을 부드럽게 만진다(예: 아동이 가리키기를 해야 하는 것을 상기시키기 위해 아동의 팔꿈치를 가볍게 두드리기).
- **전체적 신체 촉진**: 아동이 행동을 취하도록 돕는다(예: 아동의 손을 잡아 표적 몸짓이 되도록 부드럽게 형태 만들어 주기).

(1) 암시적이고 지시적인 촉진

환경 촉진 및 시범 보이기는 JASPER에서 암시적 촉진이라고 명명된다. 즉, 아동에게 가능한 '다음 단계'를 제공하지만, 명확한 설명은 하지 않는 것이다. 예를 들어, 장난감을 아동 앞으로 옮겨 줌으로 아동이 한 가지를 선택하기를 희망하며 다음에 무엇을 할 수 있을지를 촉진으로서 시범 보인다. 이러한 촉진은 미묘하고 눈에 거슬리지 않아야 하며 추가적인 언어나 또는 신체적 신호를 포함해서는 안 된다. JASPER에서 아동은 성인에 의한 환경 촉진 및 시범 후에도 성인의 아이디어를 따를 필요는 없다. 오히려 이러한 전략들은 아동이 적절한 놀이 행동을 하도록 권장하는 데 사용된다.

몸짓, 언어 및 신체적 촉진은 지시적 촉진으로 간주된다. 지시적 촉진에는 명확한 요구,

아동에 대한 표적 반응, 아동이 따라야 할 기대사항이 있다. 성인은 목표를 달성하기 위해 지시적 촉진에 지나치게 의존하지 않도록 주의하도록 한다. 그림 8-4에서 볼 수 있듯이 암시적 촉진이 JASPER의 핵심 전략 중 일부이다. 암시적 촉진은 아동에게 기회를 제공하기 위해 자주 사용된다. 지시적 촉진은 조건부 전략이다. 지시적 촉진은 훨씬 덜 자주 사용되며 문제해결을 위해서만 사용된다(핵심 전략과 조건부 전략을 사용해야 하는 경우에 대한 자세한 내용은 1장의 p. 28을 참고).

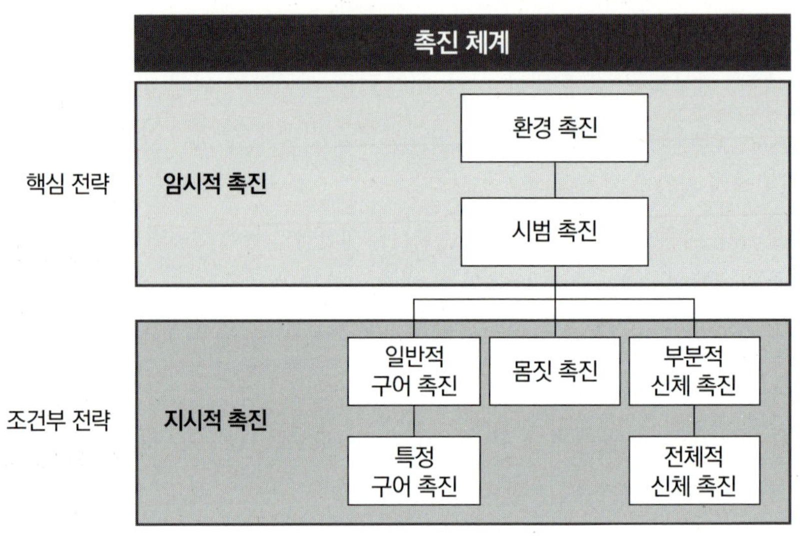

그림 8-4 암시적 촉진부터 시작하여 지시적 촉진으로 나아가는 촉진 체계

3) 촉진에 대한 지침

성공적인 촉진을 제공하려면 다음의 지침을 따르도록 한다.

- **촉진 후에는 잠시 멈추기**: 아동이 촉진에 응답할 수 있는 충분한 여유를 제공한다. 예를 들어, 언어 촉진을 선택한 경우, "뭐 줄까? Joey? 어떤 거 줄까?"라고 말하지 않는다. 대신 아동이 주의를 기울이고 있는지 확인하고 촉진을 한 번 말하고 아동이 응답할 때까지 잠시 멈춘다. 아동이 촉진에 반응하지 않으면 참여를 잃기 전에 더 높은 수준의 촉진으로 이동한다.
- **촉진 체계를 따르기**: 아동이 성공할 수 있도록 촉진 수준을 높인다. 예를 들어, 일반적

인 언어 촉진(예: "뭐 줄까?")로 시작했다면, 구체적 언어 촉진(예: "블록 줄까, 아니면 자동차 줄까?")으로 이동할 수 있다.

- **아동이 지시적 촉진을 따를 수 있도록 돕기**: 아동이 이해하고 따라갈 수 있도록 필요에 따라 명확한 지시와 시각적 지원을 사용하라. 지시적 촉진을 사용하여 성인은 명확한 요구를 하게 되는 것이다. 이것은 JASPER에서 성인이 자주 하는 일이 아니지만, 하게 되면 그렇게 수행하도록 해야만 한다. 이렇게 하면 아동이 기대치를 이해하는 데 도움이 되고 아동이 앞으로 성인의 촉진에 응답할 가능성이 높아진다.

4) 촉진 의존 방지하기

아동들은 쉽게 촉진 의존적이 될 수 있다. 즉, 스스로 기술을 사용하는 방법을 배우는 대신 촉진에 의존하게 되는 것이다. 따라서 촉진을 아껴서 사용하고 지원을 신속하게 제거하여 아동이 성인의 도움을 적게 받아 기술을 사용하기 시작하도록 해야 한다. 다음은 촉진 의존성을 방지하기 위해 사용하는 몇 가지 전략이다.

- **가능할 때마다 핵심 전략을 사용한다.** 지시적 촉진을 사용하기 전에 핵심 전략 및 암시적 촉진의 사용을 고려해야 한다.
- **가장 명료하지 않은 촉진부터 시작한다.** 성공할 것으로 예상되는 가장 덜 명시적인 촉진부터 시작한다. 즉, 강제성이 낮은 촉진으로 기술을 배울 수 있다면 가장 강제성 높은 촉진 형식은 사용하지 않는다(대부분의 경우, 이것은 지시적 촉진보다 암시적 촉진에 의존하는 것을 의미함).
- **촉진을 빠르게 줄인다.** 아동이 촉진(특히 지시적 촉진)에 오랫동안 의존해서는 안 된다. 어느 한 단계의 촉진을 한 후 다음에는 더 낮은 단계로 개입하는 촉진을 하는 것이 좋다. 결국 목표는 아동이 표적 기술을 자발적으로 사용하는 것이다.

성인이 자주 아동의 편안함의 단계를 매번 조금씩 낮춰 줘야 촉진 의존을 방지하고 아동이 결국 스스로 기술을 사용할 수 있게 된다. 그 순간부터는 아동의 학습능력에 대해 낙관적일 수 있게 된다. 아동이 다음 기회에서 조금 더 적은 지원으로 기술을 사용하는 것에 더 근접할 것으로 예상할 수 있다. 항상 잘되는 것은 아니지만, 아동에 대한 기대치를 높게 유지하는 것이 중요하다. 〈연습문제 8-2〉를 사용하여 JASPER에서 촉진 사용에 대한 이해도를 검증하도록 한다.

연습문제 8-2 JASPER에서 촉진 사용하기

JASPER 지침에 따라 각 문장이 참 또는 거짓인지 표시하시오.

1. 아동이 성공할 수 있도록 최소 개입 촉진부터 시작한다.	참	거짓
2. 아동이 기술을 사용할 때까지 같은 촉진을 계속 반복한다.	참	거짓
3. 암시적 촉진을 제공한 후에는 기대치를 끝까지 수행하도록 한다.	참	거짓
4. 가능한 한 빨리 촉진을 줄인다.	참	거짓
5. 구어 촉진 및 몸짓 촉진은 JASPER의 핵심 전략이다.	참	거짓

6 명확한 기대치 설정하기

어떤 경우에는 회기의 장기적인 목표를 달성하기 위해 몇 가지 기대치를 수립해야 할 수도 있다. 예를 들어, 아동이 방을 돌아다니면 장난감과 성인 앞에 머물도록 도와주어야 한다. 이는 중재 초기에 기대치를 설정할 때와 도전적인 행동에 직면할 때 특히 중요하다. 이러한 기대치가 명확해야 성인이 요청하는 내용을 아동이 이해할 수 있고 발달적으로 적절하여 아동이 따를 수 있다.

1) 하나의 명확한 지시를 선택하기

아동을 가르칠 때 그 지시가 구체적이고 달성 가능한지 확인하여야 한다. "와서 앉을까?"와 같이 아동이 거절할 수 있는 질문을 하는 것보다 "앉을 시간이야." 또는 "앉아."와 같이 하나의 명확한 지시를 제공해야 한다. 지시를 한 번 말하고 아동이 반응하도록 기다린다. 아동이 성인의 지시를 따르지 않는다면, 아동이 지시에 반응할 수 있도록 도와주도록 한다. 예를 들어, 의자를 더 가까이 옮기거나, 의자를 가리키거나, 신체적으로 앉도록 도와줄 수 있다. 기대치를 설정하는 데 도움이 되도록 회기 전반에 걸쳐 일관된 계획을 따르도록 한다(예: 아동이 자신이 해야 할 일에 익숙해지도록 일관되고 발달에 적합한 단어 사용).

2) 일관성을 유지하기

아동에게 지시를 주고 나서 아동이 그것을 수행하도록 도와주도록 한다. 성인의 반응은 아동이 무언가를 원할 때 징징거리는 것과 아동 자신에게 도움이 되는 생산적인 의사소통, 이 둘 중 앞으로의 상호작용에서 어떤 유형의 의사소통이 가장 성공적일 수 있는지 아동에게 가르쳐 줄 수 있다. 이러한 순간이 어려울 수 있지만, 아동이 앞으로의 성공을 준비할 수 있도록 차분하고 일관된 기대(요구)를 유지하여야 한다.

3) 자신감을 유지하기

회기 내내 자신감을 유지하여야 한다. 침착함을 유지하고 성인 자신의 감정 표현 상태를 잘 통제해야 한다. 적절한 감정과 어조를 사용하고, 어려운 순간에는 조치를 취하고, 순간적으로 적절한 지원을 제공하고, 요청사항을 지시하고 촉진을 제공해야 한다. 아동이 통제할 수 없는 괴로움을 호소하거나(meltdown) 회기가 실패하는 것처럼 느껴지더라도 성인은 불안, 좌절 또는 괴로움을 나타내는 신호를 아동에게 보이지 않도록 노력하여야 한다. 역할에서 균형을 찾고 너무 소심해지거나 지배적이지 않도록 해야 한다.

성인이 너무 소심할 때 보이는 신호들

- 너무 작거나 조용하게 말함
- 불안하거나 망설이는 모습
- 아동에게 허락 구하기
- 아동의 요구에 굴복
- 촉진 또는 요구하기를 포기
- 얼어 있거나 또는 겁에 질림(허둥지둥함)

성인이 너무 지배적일 때 보이는 신호들

- 퉁명스럽거나 지나치게 거친 목소리 톤 사용
- 너무 지시적임
- 필요한 지원을 제공하지 않고 요구 사항만 제시
- 아동의 경험과 더 넓은 맥락을 간과함

계속 진행하기 전에 〈연습문제 8-3〉에서 명확한 기대치가 수립되었는지를 살펴보도록 한다.

연습문제 8-3 기대치 수립하기

시나리오가 아동에게 명확한 요구를 제시하는지 확인하고 해당 성인이 JASPER 지침을 준수하면 '예'에 동그라미를 치고, 그렇지 않으면 '아니요'에 동그라미를 치시오.

1. 회기 시간이 지났음을 깨닫고 아동에게 "정리하고 신발 신을 시간이야."라고 말한다. 아동이 화를 내기 시작하면 몇 번 더 해당 놀이 루틴를 계속한 뒤 다시 시도할 계획을 세운다. 성인은 아동에게 "정리해. 가고 싶어? 자, 정리하자!"라고 지시한다. 아동이 정리하지 않자 지시를 계속 반복한다.	예	아니요
2. 아동이 책상 밑으로 기어 들어가면 의자에 앉으라고 한다. 아동이 반응하지 않자, 성인은 아동이 의자에 앉도록 도와준다.	예	아니요
3. 아동이 방에 천천히 들어오거나 성인이 요구한 장난감을 천천히 선택할때 "놀고 싶니?"라고 묻는다. 아동이 가만히 있고 대답하지 않자 "자, 놀러 가자. 나랑 놀고 싶지 않아?"라고 말한다.	예	아니요

7 ACT 문제해결 틀

최선의 노력을 했음에도 중재를 시행하면서는 어려움에 직면하게 될 것이다. 궁극적으로, 이러한 어려운 단계를 통해 아동을 돕는 것은 성인의 몫이다. JASPER에서 문제해결을 위한 3단계 과정으로, (A) 상황 평가하기, (C) 계획 세우기, (T) 효과 확인하기(ACT 문제해결 틀)를 제공한다. ACT 문제해결 틀(framework)은 아동의 행동과 성인 자신의 행동을 평가하고 정보에 입각한 가설을 기반으로 전략계획을 생성한 다음, 아동의 전반적인 참여, 조절, 사회적 의사소통 그리고 놀이를 개선하는 방안을 찾을 때까지 계획을 테스트하는 체계적이고 반복적인 과정이다. 문제를 해결할 때 다음 질문을 스스로에게 해 본다.

- **상황 평가하기**(A): 무슨 일이지? 놀이 루틴이나 아동의 행동에서 어떤 어려움이 생긴 거지?
- **계획 세우기**(C): 도우려면 내가 무엇을 해야 할까? 변화를 만들기 위해 핵심 및 조건부 전략을 어떻게 사용할 수 있을까?
- **효과 확인하기**(T): 내 계획이 의도한 효과를 내었는가? 내가 더 할 수 있는 것이 있을까?

다음 장에서는 발생 가능한 문제들을 해결하기 위해 이 구조를 이용한다. 이것은 어려움이 발생하는 순간과 회기 후 자기성찰에서 모두 발생하는 지속적인 과정이다. 도전적인 행동 유형이 특히 당혹스럽거나 해결하기 어려운 경우, 회기가 끝난 후 양식 8-1(ACT: 상황 평가하기, 계획 세우기 및 효과 확인하기)을 작성하여 상황을 자세히 살펴보며 해결책을 고안해야 한다. 양식을 작성하면 상황을 평가하고 해결책을 만들 때보다 확실하고 창의적이 될 수 있다. 이 과정에 대한 설명을 다음에 기술하였다.

1) 상황 평가하기

현재 상황을 평가한다. 무언가 잘못되면 놀이 루틴의 상태와 아동의 행동에서 증거를 보게 될 것이다. 발생하는 변화 자체와 주변 상황을 포함하여 관찰되는 것에 대해 구체적으로 기술해 본다.

(1) 놀이 루틴 점검하기

시간이 지남에 따라 놀이 루틴을 시작하고, 유지하고, 새 단계를 추가하고, 융통성을 부여하는 데 있어 문제가 발생할 수 있다. 성인은 놀이 루틴 내에서 성인의 지나친 요구나 지시가 발생되는 등의 전반적인 놀이 루틴에 대한 질적 변화를 인지할 수도 있다. 이 문제는 다른 놀이 루틴으로 이동하는 전이 활동 중에도 발생할 수 있다.

(2) 아동의 행동 점검하기

아동의 행동에서 신호를 찾으라. 이 경우, 행동, 의사소통, 정서, 진행 속도, 조절, 참여 등 아동이 보이는 모든 신호를 의미한다. 아동은 방을 둘러보고, 장난감을 만지작거리고, 특정 놀이 행동에 몰두하고, 책상에서 장난감을 밀어내거나 울음을 터뜨리는 등의 행동을 보일 수 있다. 참여 감소(15장 참고), 조절 문제(16장 참고) 또는 경직되고 반복적인 행동(17장 참고)의 신호를 찾는 것이다. 문제가 반복적으로 발생하거나 강도가 높을 때 행동의 기능, 즉 아동의 행동이 보내는 메시지를 평가해야 할 수도 있다(16장 참고).

(3) 영향력 평가하기

약간의 방해(예: 아동이 항상 동일한 확장놀이 단계를 시작함)에서 상당한 방해(예: 아동이 울면서 방을 돌아다니고 장난감을 던짐)에 이르기까지 도전적 상황이 현재 회기에 끼치는 영향력을 고려해야 한다. 이 영향력의 정도는 성인이 제공하는 자원의 정도(양)와 전략 선택에도 영향을 준다. 행동이 약간만 방해가 되는 경우, 핵심 전략을 이용하여 약간의 변경만 주면 되는 것에 비해, 보통 이상의 방해가 되는 행동의 경우, 더욱 표적화된 접근(targeted approach)이 필요할 수 있다. 15~17장을 참고하도록 한다.

2) 계획 세우기

문제를 평가한 후 다음 단계는 문제를 해결하기 위한 계획을 세우는 것이다. 6~16장에 있는 전략을 사용하여 환경을 변경하고, 성인 자신의 행동을 개선하고, 아동의 행동 기능에 맞는 반응을 하게 된다.

(1) 환경 수정하기

아동을 지원하는 환경으로 구성해야 한다. 문제가 발생하면 환경 지원 수준을 조정함으로 성인은 아동이 놀고 조절하고 참여하도록 도울 수 있다.

(2) 성인의 놀이 행동 조정하기

아동을 더 잘 지원하기 위해 성인의 놀이 행동을 변경해야 할 수도 있다. 성인 자신이 어려움의 원인일 수도 있다는 것을 기억해야 한다. 성인이 하고 있는(또는 하지 않는) 것이 아동의 행동이나 놀이 루틴의 변화에 기여하는 경우가 종종 있다. 때때로 성인이 너무 융통성이 없거나, 전략의 균형이 잘못되거나, 아동을 너무 세게 밀어붙이거나, 기대치(요구)를 너무 낮게 유지할 때 문제가 발생한다. 발생되는 도전적 상황에서 성인이 수행해야 하는 역할을 인식하고 있어야 한다.

(3) 아동 행동의 기능에 대응하기

16장에서 설명한 대로 핵심 전략과 조건부 전략을 사용하여 아동 행동의 기능에 맞춰 대응해야 한다. 이러한 기능은 행동이 발생하는 이유를 이해하는 데 도움이 되며, 특히 행동이 항상 명확하게 이해가 되지 않을 수 있는 조절 문제의 경우에 적절한 대응을 할 수 있게 한다.

(4) 조건부 전략보다 핵심 전략을 우선시하기

일반적으로, 아동이 성공하는 데 필요한 최소한의 지원부터 시작하여 필요에 따라 지원을 늘리는 등 상황의 필요에 따라 지원 수준을 조정하라. 핵심 전략을 우선시하라. 문제를

해결하기 위해 아동에게 더 많은 지원이 필요한 경우, 조건부 전략을 사용해야 할 수도 있다. 핵심 및 조건부 전략의 지원 수준은 1장(p. 26 참고)에 소개되어 있고 이러한 전략들에 대한 지침은 15~17장에서 자세히 설명하도록 하겠다.

3) 효과 확인하기

마지막 단계는 계획이 성공적인지 평가해 보는 것이다. 계획이 효과가 있었는지, 아니면 문제해결을 계속해야 하는지 확인한다. 호전되기 전에 악화되는 경우도 있다는 점을 유의해야 한다. 아동은 기대치(요구)를 이해하지 못할 수도 있고 오랫동안 해 오던 행동방식을 증가시킴으로써 변화에 저항할 수도 있다. 성공적인 해결책을 찾으려면 여러 번 평가를 시도해야 할 수도 있다. 그리고 해결책을 찾으면 변화를 일으키기 위해 약간의 끈기가 필요할 수 있다.

(1) 무엇이 효과가 있었는지 기록하기

계획의 어떤 측면이 효과가 있었는지 확인하는 것부터 시작한다. 이 정보를 이용하여 다음 회기에서 성공할 준비를 하는 것이다. 예를 들어, 회기 중간에 책상으로 이동하여 환경 구조를 늘리려고 계획했다면, 이러한 전략을 이용하여 다음 회기를 시작한다.

(2) 다음을 위해 계획하기

ACT 문제해결 틀을 통해 수집한 정보를 사용하여 사전 대응하고 향후 발생 가능한 문제를 방지한다. 문제 상황이 놀이 루틴을 방해하기 전에 대응할 수 있도록 아동의 참여 감소 또는 조절 문제의 초기 신호를 알고 있어야 한다. 또한 아동이 성인의 행동에 어떻게 반응하는지 주목하여야 한다. 보고 싶지 않은 행동이 반복되지 않도록 하기 위해서는 해당 행동을 강화하면 안 된다(자세한 내용은 16장 참고). 아동의 독립성과 자발적 시작을 장려하기 위해 지원을 약화할 수 있는 방법도 고려하기 시작해야 한다.

8 참여 및 조절 지원과 관련한 일반적 어려움

다음에서는 몇 가지 일반적인 질문에 답하고 특정 문제의 몇 가지 사례를 제시한다.

1) 일반적 질문

여기에서는 아동을 지원하기 위한 계획을 세울 때 발생할 수 있는 일반적인 질문을 다룬다.

Q. 아동이 방에 들어올 때 지속적으로 조절 문제가 발생하고 있다면?

아동이 놀이방으로 전이하는 동안 조절 문제가 있는 경우, 사용하는 지원의 양을 늘려야 할 수도 있다. 회기를 시작할 시간이 언제인지 아동에게 명확한 알림을 주는 것으로 시작할 수 있다. 예를 들어, 아동이 치료실 대기실에서 놀고 있거나 교실 수업 중 활동에 참여하고 있다면 해당 활동을 끝내야 하는 시간을 알려 주어야 한다. 일부 아동의 경우, 언어적 전이 알림과 시각적 일과를 함께 사용하여 아동에게 앞으로 일어날 일을 정확히 보여 줘야 할 수도 있다. 이러한 기대치를 전달한 후에는 이를 이행하는 것이 중요하다. 또한 16장의 전략을 사용하여 아동의 행동 기능을 평가하고 조절 문제를 해결해야 할 수도 있다.

Q. 아동이 회기에서 보호자가 같이 있기를 원하면 어떻게 합니까?

때때로 아동은 보호자가 회기에 참여하기를 원하지만, 보호자가 같이 있을 때 중재자와 관계를 맺는 데 어려움을 겪을 수 있다. JASPER에서 성인은 종종 보호자와 협력하여 아동을 가장 잘 지원하는 방법을 결정하기도 한다. 많은 보호자는 자신이 주의를 산만하게 할 수 있음을 인식하고 참석하지 않기로 선택한다. 일부 아동, 특히 아주 어린 아동의 경우, 회기에 보호자를 두는 것이 더 발달적으로 적절하고 조절감을 제공할 수 있다. 그러나 다른 아동들에게는 이것이 더 주의를 산만하게 할 수 있으며 바보스럽거나 도전적인 행동을 조장할 수도 있다(이 책은 중재자가 중재하는 JASPER를 다룬다. 보호자가 중재하는 JASPER에서 보호자는 완전한 놀이 참여자가 될 것이다). 이러한 경우, 전이 전략을 사용하여 보호자와 분리하는 연습을 하는 것이 가장 좋다. 예를 들어, 시각적 일과를 이용하여 기대되는 일들에 대해 친절하고 명확한 언어적 지침을 제공한 뒤, 흥미롭고 동기를 부여하는 장난감들이 있는 환경으로 아동을 초대할 수 있다.

2) 사례

(1) 너무 많은 자동차!

JASPER 안녕하세요.

우리 회기에 항상 특별한 것을 가져오는 여자 아동이 있어요. 아동은 모든 자동차를 좋아해요. 때때로 아동은 주머니에 작은 차나 큰 비행기를 가지고 오기도 해요. 우리는 아동이 좋아하는 장난감을 회기에 포함시키려고 노력했지만, 그 아동은 장난감을 너무 좋아해서 우리가 장난감을 만지거나 새로운 방식으로 놀이 루틴에 추가하는 것조차 매우 힘들어해요. 나는 아동의 엄마가 장난감 없이 JASPER 회기에 올 때 아동을 차에 태우는 것이 어렵다는 것을 알고 있기 때문에 그 장난감들을 집에 두는 것은 선택 사항이 아니라고 생각해요. 저는 아동이 도착했을 때 장난감을 가져가려고 노력했지만, 아동은 매우 화를 내며 결국 제가 돌려줄 때까지 계속 요구해요. 이 자동차 장난감들을 어떻게 해야 될까요?

경의를 표하며,

너무 많은 자동차! 드림

너무 많은 자동차! 님에게,

이것은 회기로의 전이가 힘든 상황처럼 들려요. 선생님께서 여자 아동이 좋아하는 장난감의 사용을 시도하는 것은 긍정적이에요. 하지만 아동이 그 장난감들을 융통성 있는 방식으로 가지고 노는 것이 매우 어려운 것처럼 들리며, 이는 선생님의 놀이 루틴과 아동 참여의 진행을 방해하고 있어요. 아마도 회기를 시작하기 전에 아동이 자동차 장난감을 치우도록 계획을 세울 수 있어요. 한 가지 전략은 아동이 사물을 보관할 수 있는 안전한 공간을 마련해 주는 것이에요. 학교에서와 마찬가지로 아동은 외투를 걸고, 가방을 고리에 걸고, 자동차 장난감을 보관함의 특별하고 안전한 장소에 놓을 수 있어요. 회기를 마칠 때까지 자동차가 안전하게 보관함에 있다는 것을 아동이 이해할 수 있도록 보관함과 함께 '먼저, 그다음에' 또는 시각적 일과를 같이 소개해 줄 수 있겠어요.

행운을 빌며!

JASPER 드림

9 결론

그림 8-5를 사용하여 잠시 시간을 내어 이 장에서 배운 전략을 살펴보도록 한다. 시간이 지나 아동과 더 친밀해짐에 따라 회기를 지원하기 위해 더 나은 선택을 하는 방법을 배우게 될 것이다. 우리는 아동이 어떻게 행동할지, 어떻게 반응해야 할지 항상 완벽하게 예측할 수 없다. 성공의 척도는 문제에 직면했는지 여부(앞으로 예상되는)가 아니라 이러한 도전적 행동이 얼마나 자주 발생하는지, 얼마나 오래 지속되는지, 시간이 지남에 따라 심각성이 감소하는지 여부이다. 만일 문제가 발생 빈도가 줄고 지속 시간이 더 짧아지고 방해가 줄어든다는 것을 알게 된다면, 우리는 목표을 향해 진전을 이루고 있고 회기를 위해 이전보다 더 훌륭한 기반을 제공하고 있는 것이다. 이 장에서 3부를 마무리하겠다. 아동의 필요에 부응하는 신체적 · 정서적 환경을 유지하고, 아동의 목표를 발전시키고, 문제가 발생할 때 해결하기 위해서 성인은 이러한 전략들을 다시 찾게 될 것이다. 4부에서는 신중하게 준비한 이 환경 내에서 놀이 루틴을 설정하는 방법을 설명하겠다.

시각적 지원을 준비하기

- 아동을 위한 지원책 마련하기(예: 시각적 일과, 시각 타이머)
- 기대치를 명확화하는 지원책 사용하기

전이 조성하기

- 전이 루틴 설정하기
- 신속하고 즐거운 전이 수립하기
- 긍정적인 분위기로 회기 마무리하기

지원적인 학습 환경 만들기

- 자연스러운 강화제 사용하기(예: 긍정적 정서, 생산적 놀이 및 의사소통)
- 최소-최대 촉진 체계 사용하기
- 촉진 줄이기(용암) 계획하기
- 명확한 기대치 전달 후, 수행하도록 하기

ACT 문제해결 틀로 문제 해결하기

상황 평가하기

- 놀이 루틴 점검하기
- 아동의 행동 점검하기

계획 세우기

- 환경을 수정하기
- 성인 자신의 행동을 조정하기
- 행동의 기능에 맞춰 대응하기

효과 확인하기

- 성공적 측면 기록하기
- 다음 회기 계획하기

그림 8-5 8장 요약

양식 8-1 ACT 평가-계획-효과 확인하기(Assess the situation, Create a plan, Test for success)

아동: ____________________ 성인: ____________________ 작성일: ____________________

상황 평가하기: 어떤 상황인가? 놀이 루틴이나 아동 행동에 어떤 문제가 발생했는가?

놀이 루틴 점검하기	아동 행동 점검하기
	'아동 행동 점검' 양식 활용하기!

계획 세우기: 무엇을 할 수 있는가? 어떻게 핵심 전략과 조건부 전략을 사용하여 변화를 줄 수 있는가?

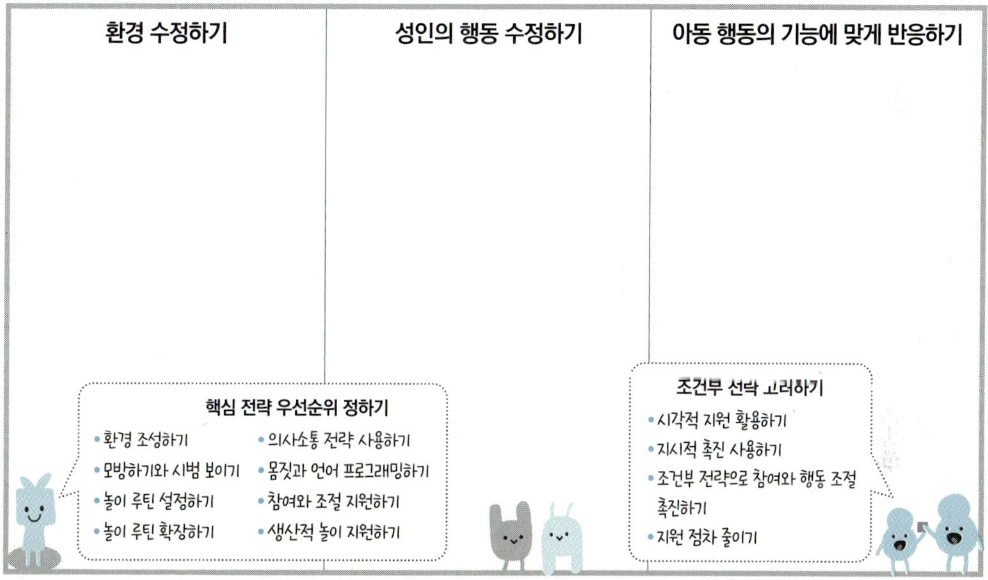

효과 확인하기: 계획 적용 후 원하는 결과를 얻었는가? 앞으로 더 개선할 부분이 있는가?

긍정적 효과	개선할 점
	지원을 줄여 나갈 준비하기!

4부

놀이

4부에서는 모방과 시범 보이기, 기본놀이 수립 및 확장놀이를 통해 역동적인 놀이 루틴을 구축하는 방법을 배우게 된다.

학습목표

✓ 즐겁게 참여하는 놀이 루틴 만들기
✓ 아동의 초기 시작을 장려하기
✓ 놀이의 복잡성, 다양성 증진하기
✓ 놀이의 창의성, 융통성 증진하기

9장

놀이 모방하기와 시범 보이기

1 도입

환경을 준비하는 데 필요한 수단을 가지고 있으므로, 이제는 놀이 전략을 소개하겠다. 이 장에서는 놀이 행동을 시범 보이고 모방하기 위한 지침들에 대해 다룬다. 1장에서 보았듯이 모방은 아동의 행동을 반복하고 강화하는 과정이며, 시범 보이기는 발달적으로 적절한 놀이 행동을 보여 주는 과정이다. 이러한 두 전략은 참여와 생산적 놀이 및 놀이 시작에 대한 아동의 목표를 지원한다. 이러한 전략은 또한 동등하고 적극적인 놀이 상대자로서의 역할에 큰 부분을 차지한다. 모방하고 시범 보이기 하는 방법과 시점을 이해한 다음, 10장과 11장에서 설명한 대로 놀이 루틴을 수립하고 유지 및 확장놀이를 하는 데 사용할 것이다.

2 아동에 대한 반응으로서의 모방과 시범 보이기

모든 JASPER 회기에서 아동의 행동에 대한 반응으로 성인은 놀이 행동을 모방하고 시범 보이기를 한다. 아동이 생산적인 놀이를 하면 성인은 그 놀이를 모방함으로써 아동의 행동을 강화할 수 있다. 아동이 놀이하지 않거나 적절하게 놀이하기 위해 도움이 필요한 경우 지원하기 위해 시범을 보일 수 있다. 어떤 전략을 사용할지, 어떻게 대응하는 것이 최선인지를 결정하기 위해 아동이 그 순간에 무엇을 하고 있는지 주목하는 것이 필수적이다.

3 모방 지침

성인의 주된 역할은 아동의 놀이 행동을 모방하는 것이다(그림 9-1 참고). 아동이 행동을 취하면 비슷한 장난감으로 즉각적인 반응을 보여야 한다(그림 9-2 참고). 예를 들어, 아동이

모방 지침 ☑

- ☐ 생산적 놀이를 모방하기
- ☐ 즉시 모방하기
- ☐ 동일한 형태의 놀이 행동을 모방하기
- ☐ 성인의 역할을 유연하게 수행하기
- ☐ 방해가 되는 놀이 행동을 모방하지 않기

그림 9-1 모방 지침

그림 9-2 다른 인형을 욕조에 넣는 것으로 아동의 생산적 놀이 행동을 성인이 모방하기

모양 끼우기 상자에 모양을 넣으면 성인도 모양 끼우기 상자에 모양을 넣어 모방할 수 있다. 아동이 컵으로 물을 마시는 시늉을 하면 성인도 컵으로 물을 마시는 시늉을 할 수 있다. 모방은 아동의 행동을 강화하는 주요 방법 중 하나이다. 언어적 칭찬이나 외부 강화물을 사용하는 대신, 우리는 아동의 생각이 마음에 든다는 것을 보여 주기 위해 보다 자연스러운 형태의 강화제로서 모방을 한다. 이 전략은 또한 놀이 루틴이 지속되도록 하면서 동등하고 적극적인 놀이 상대자로서의 성인의 역할을 지원한다.

1) 생산적 놀이 행동 모방하기

JASPER에서는 아동의 모든 행동을 모방하지 않는다. 대신 우리는 아동의 생산적인 놀이 행동만을 모방한다. 생산적 놀이 행동은 발달적으로 적절하고 유연하며 공동참여라는 우리의 목표를 지원한다는 점을 기억해야 한다(6장, p. 136 참고). 때때로 아동은 우리가 생각하지 못한 창의적인 생각이나 장난감을 독특하게 사용하는 방법으로 우리를 놀라게 한다. 생산적 놀이 행동이라면 모방해야 한다. 모방을 최대한 활용하기 위한 몇 가지 추가 지침이 있다.

(1) 즉시 모방하기

아동의 놀이 행동 직후 곧바로 모방함으로써 아동의 생각을 따르고 있음을 분명히 한다. 아동은 종종 빠르게 움직이기 때문에 성인 또한 빨리 행동해야 한다. 아동이 다음 차례를 시작하기 전에 성인이 행동을 모방하기 위한 시간은 1~2초밖에 없을 수도 있다.

(2) 유사한 형태의 행동을 모방하기

이것은 성인이 정확히 같은 행동을 모방하거나 아동이 하는 것과 똑같은 방식으로 모방해야 한다는 것을 의미하지 않는다. 예를 들어, 아동이 모양 끼우기에 동그라미를 넣으면 성인은 다른 모양도 모양 끼우기에 넣을 수 있다. 정확히 같은 색깔이나 모양을 넣을 필요는 없다.

(3) 성인의 역할을 수행하기

전상징적 및 상징적 놀이 루틴에서는 아동이 하고 있는 역할을 모방하는 것보다 상호작용 부분에서 성인의 역할을 연기하는 것이 더 적절할 수 있다. 예를 들어, 아동이 선생님인 척하고 "좋아, 얘들아, 앉을 시간이야."라고 말한다면, 성인은 학생인 척하면서 "네, 선생님, 제가 여기 앉을게요."라며 놀이를 따라갈 수 있다. 선생님인 척하면서 똑같은 행동을 반복하는 것은 부자연스럽다.

2) 참여를 방해하는 행동 모방하지 않기

때때로 ASD 아동은 장난기 없고 놀이 루틴의 의도에 도움이 되지 않는 방식으로 장난감을 사용한다. 우리는 이것을 6장에서 방해행동이라고 불렀다. 예를 들어, 그림 9-3에서 아동은 놀이 루틴 내에서 비누통을 놀이 목표로 사용하는 대신 시각적으로 검사하듯이 살펴보고 있다. 이러한 행동은 고집스럽고 반복적일 수 있으며, 감각 추구 역할을 할 수도 있고, 아동의 놀이 수준보다 훨씬 낮을 수도 있다. 이것은 때로 참여가 감소되는 신호이며 개별 사건들로 발생하거나 또는 조절 문제의 초기 신호로 발생할 수 있다. 아동의 행동이 생산적이지 않거나 놀이의 의도에 부합하지 않는다면 모방해서는 안 된다. 이것은 사회적 놀이 시

그림 9-3 아동이 비누통을 살펴볼 때 성인은 흉내 내지 않음

간을 빼앗고 아동이 배우는 시간을 제한한다.

다음은 일반적으로 우리가 모방하지 않는 행동의 몇 가지 추가 예이다.

- 사물 회전시키기
- 문 열기 및 닫기
- 장난감 줄을 세우거나 나열하기
- 반복적으로 장난감을 표면에 두드리기
- 반복적으로 버튼 누르기
- 사물을 상세히 살펴보기
- 장난감을 두드리거나 던지거나 입에 물기
- 손 펄럭이기

이제 〈연습문제 9-1〉를 풀이함으로 앞의 전략들에 대한 이해도를 확인하도록 한다.

연습문제 9-1 모방의 적절한 사용

성인이 JASPER 지침에 따라 모방하는지 확인하시오. 성인이 적절한 반응을 한다면 '예'에, 그렇지 않으면 '아니요'에 동그라미 하십시오.

1. 성인과 아동은 퍼즐을 가지고 놀고 있다. 아동은 각 조각을 퍼즐판에 넣기 전에 퍼즐 조각을 두 번 두드린다. 성인도 조각을 퍼즐에 넣기 전에 조각을 두 번 두드린다.	예	아니요
2. 성인과 아동이 쌓기 상자에 피규어를 넣고 있다. 아동은 "차야."라고 말하며 상자를 운전하는 시늉을 한다. 성인은 "나도 차가 있어!"라고 말한다. 그리고 다른 상자에 피규어를 넣고 몰고 다니는 흉내를 낸다.	예	아니요
3. 성인과 아동이 피자에 토핑을 올리고 있다. 아동은 피자에 페퍼로니를 얹는다. 성인은 피자에 버섯을 얹는다.	예	아니요

4. 아동이 비행기를 집어 들고 방을 가로질러 던진다. 성인은 "날아간다!"라고 말하고는 방을 가로질러 또 다른 비행기를 던진다.	예	아니요
5. 아동은 자신이 요리사이고 성인이 손님인 척한다. 아동이 "내가 요리사야! 여기 음식 나왔습니다!"라고 말한다. 성인은 아동에게 햄버거를 다시 돌려주며 "내가 요리사야! 여기도 음식 나왔습니다!"라고 말한다.	예	아니요

4 시범 보이기 지침

아동이 놀고 참여하는 데 도움이 필요한 순간도 있을 것이다. 이 경우, 시범을 보일 수 있다(그림 9-4 참고). 시범 보이기를 통해 아동을 통제하거나 신체촉진을 하지 않고도 도움을 제공함으로서 상호작용을 지속할 수 있다. 시범 보이기는 또한 생산적 놀이 활동을 조장하고 놀이 루틴에 새로운 아이디어를 부여할 수 있다. 아동에게 새로운 아이디어를 보여 주기 위해 자주 시범을 보이는 것이 좋은 생각처럼 보일 수 있지만, 우리는 아동 자신의 아이디어와 시작을 우선시해야 한다는 것을 기억해야 한다. 우리는 항상 아동을 모방할 기회를 먼저 찾은 다음, 만일 그렇게 할 수 없을 경우 시범을 보인다.

시범 보이기 지침 ☑

- ☐ 아동이 도움을 필요로 할 때 시범 보이기
- ☐ 한 번에 한 가지 놀이 행동만 시범 보이기
- ☐ 아동의 발달 수준에 맞는 시범 보이기
- ☐ 아동이 선택한 장난감으로 시범 보이기
- ☐ 아동이 반응할 시간과 놀잇감을 제공하기

그림 9-4 시범 보이기 지침

1) 아동에게 도움이 필요할 때 시범 보이기

아동이 놀이를 멈추거나 도움이 필요한 경우, 생산적 놀이 행동을 시범 보여 아동에게 무엇을 해야 하는지 보여 준다.

(1) 참여를 높이기 위한 시범 보이기

아동이 장난감을 가지고 무엇을 해야 할지 모른다면, 아동이 할 수 있는 놀이 단계를 보여주기 위해 시범을 보인다. 예를 들어, 아동이 퍼즐을 보고 있지만, 놀이를 하지 않는다면 성인이 퍼즐에 조각을 넣을 수 있다. 아동이 놀다가 멈춘 경우, 아동이 놀이 루틴을 지속할 수 있도록 다른 놀이 행동을 시범 보일 수 있다. 아동의 참여도가 낮아지기 전에 시범을 보여 주어야 한다. 아동이 놀이를 완전히 멈추거나 화를 낼 때까지 기다리면 안 된다. 해당 시점이 되면 아동을 놀이 루틴에 다시 참여시키기가 어려워진다.

(2) 방해행동 이후의 시범 보이기

아동의 행동이 놀이 루틴에 지장을 준다면 장난감으로 할 수 있는 더욱 생산적인 놀이 행동을 아동에게 보여 주기 위해 시범 보이기를 할 수 있다. 그림 9-5에서처럼 아동이 비누통을 흔들고 눈으로 꼼꼼히 살펴보며 비누통에 점점 대물 참여가 되어 가는 모습을 보이면, 더 이상 놀이 루틴에서 생산적인 놀이가 되기 어렵다. 이때 성인은 아동에게 다른 할 것을 보여 주기 위해 비누를 욕조에 넣는 시범 보이기를 하는 것이다. 이러한 성인의 시범 보이기는 아동이 더 생산적인 놀이 행동과 새로운 놀이 방법을 배우는 데 도움을 준다.

2) 아동이 모방할 가능성이 있는 행동을 시범 보이기

아동이 반복하기에 발달적으로 적절하며, 동기를 부여할 만하고, 합리적인 놀이 행동의 시범을 보인다. 시범 보이기의 목표는 아동이 모방하도록 하는 것이다. 시범을 보이는 행

그림 9-5 비누통이 점차 방해가 될 때 욕조에 비누를 넣는 생산적인 놀이 행동을 시범 보이기

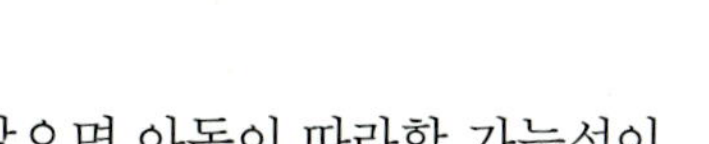

동 단계가 너무 쉽거나, 너무 어렵거나, 적절한 때가 맞지 않으면 아동이 따라할 가능성이 적다. 다음은 시범 보이기를 가장 효과적으로 만들기 위한 몇 가지 지침이다.

(1) 한 번에 한 가지 행동만 시범 보이기

한 번에 하나의 놀이 행동만 시범 보인다. 두 단계로 이루어진 시범 보이기가 음식 장난감을 그릇에 담은 후에 그것을 저어 주는 것인 반면에, 적절한 시범 보이기는 음식 장난감을 그릇에 담는 한 단계로 구성된다. 한 번에 너무 많은 동작을 시범 보이면 아동이 동작을 인식하고 모방하기 어렵다.

(2) 발달 단계에 맞는 놀이 행동을 시범 보이기

시범은 아동의 발달 놀이 수준과 맞을 경우, 성공할 가능성이 가장 높다. 성인이 놀이 루틴을 만들려고 하는 경우에 아동의 숙달한 놀이 수준(또는 가능하면 한 단계 낮은)에서 시범 보이기를 해야 한다. 아동이 지루해하거나 또는 성인이 놀이 루틴을 확장하려고 할 때 아동의 숙달한 놀이 수준 또는 표적 놀이 수준의 행동을 시범 보일 수 있다(11장 참고).

(3) 아동이 선택한 장난감으로 시범 보이기

아동의 관심사를 따른다. 아동이 특정 장난감에 관심을 보이면, 먼저 같은 유형의 장난감으로 행동 단계를 시범 보인다. 예를 들어, 기차, 선로, 화물, 사람 피규어가 포함된 놀이 루틴이 있고 아동이 탁자 위의 화물 조각을 두드리기 시작하면 사람 피규어나 기차가 아닌 화물조각으로 시범 보여야 한다. 아동이 어떠한 장난감도 들고 있지 않거나 보고 있지 않다면 아동에게 동기를 부여할 수 있다고 생각되는 놀이 행동을 선택할 수도 있다.

(4) 아동의 차례를 할 수 있도록 놀잇감을 제공하기

아동이 성인의 시범 보이기에 반응할 수 있는 놀잇감을 가지고 있어야 한다. 예를 들어, 성인이 스쿨버스에 인형을 싣는다면 아동의 손이 닿는 곳에 적어도 하나의 다른 인형이 있어야 한다. 케이크 자르기를 시범 보이는 경우, 아동의 손이 닿는 곳에 또 다른 장난감 칼이 있어야 한다. 이러한 장난감은 눈에 잘 띄고 쉽게 접근할 수 있는 위치에 있어야 한다. 아동이 장난감에 접근할 수 없거나 쉽게 찾을 수 없는 경우에는 하고 싶어도 할 수 없기 때문에 미리 대비하는 것이 중요하다.

3) 아동에게 반응할 시간을 주기

성인이 시범을 보인 후에 아동이 반응할 기회를 주기 위해 잠시 멈추기 바란다. 이 시점에 성인은 간절함과 기대를 가지고 아동을 바라봐야 한다. 장난감을 빠르게 가리키거나 흔드는 등 반응을 불러일으키기 위해 말하거나 다른 행동을 하지 않도록 한다. 더 이상의 촉진이나 지침을 제공하지 않도록 한다. 그냥 몇 초만 기다리면 된다. 아동은 행동을 인식하고 다음에 무엇을 할지 결정할 시간이 필요할 수 있다. 시범 보이기 지침을 소개했으므로 〈연습문제 9-2〉를 통해 이 전략을 적절하게 사용하는 방법을 연습해 보도록 한다.

연습문제 9-2 시범 보이기의 알맞은 사용

JASPER 지침에 부합하는 시범 보이기인지 여부를 확인하시오. 성인이 적절한 반응을 한 것이면 '예'에, 그렇지 않으면 '아니요'에 동그라미 하시오.

1. 아동이 바다 동물 퍼즐을 보고 있지만, 놀이하고 있지는 않는다. 성인은 불가사리 퍼즐 조각을 집어 들어 퍼즐 판을 향해 걸어가는 것처럼 한다.	예	아니요
2. 아동이 차를 일렬로 줄 세우고 있다. 성인은 차를 차고에 집어넣는다.	예	아니요
3. 회기를 시작할 때 컵케이크와 샌드위치라는 두 가지 장난감을 선택하여 환경을 준비한다. 아동이 샌드위치 조각을 보지만 놀이하지는 않는다. 성인이 컵케이크 위를 장식한다.	예	아니요
4. 아동이 나무와 원숭이 인형(꼬리로 연결할 수 있는)이 있는 정글 놀이 루틴 앞에 앉는다. 아동은 원숭이 인형을 쳐다보지만, 놀이하기 시작하지 않는다. 성인은 몇 마리의 원숭이를 함께 연결하고, 그것을 나무에 걸어 준다.	예	아니요
5. 회기를 시작할 때 아동에게 두 가지 장난감(기차 세트와 자석 타일) 중 하나를 선택하도록 한다. 아동은 자석 타일을 집었지만 놀이를 하지 않는다. 성인은 하나의 타일을 다른 타일 위에 쌓는다.	예	아니요

5 성인의 시범에 대한 아동의 반응을 인식하기

성인이 시범 보이기를 하는 목표는 아동이 모방하거나 발달적으로 적절한 또 다른 놀이 행동을 하는 것이다. 성인은 모방을 하거나 더 많은 지원과 함께 시범 보이기를 통해 아동의 행동에 반응할 수 있다.

1) 아동의 반응을 보상하기

아동이 성인의 놀이 행동을 모방한다면, 새로운 행동을 보상하기 위해 그 행동을 모방해 주어야 한다. 성인의 시범은 또한 새로운 아이디어를 유발할 수 있고 아동은 새로운 것을 시도함으로써 반응할 수도 있다. 예를 들어, 간단한 놀이 수준의 놀이 루틴을 수행하는 동안 성인은 탬버린 흔드는 것을 시범 보일 수 있으며 아동은 탬버린을 드럼처럼 두드려 반응할 수 있다(둘 다 구분된 놀이 행동). 성인은 이러한 경우도 모방해야 한다.

2) 시범의 명확성 높이기

어떤 경우에는 아동이 성인의 시범을 이해하고 따르기 위해 더 많은 지원이 필요할 수 있다. 아동이 성인의 시범을 따르기 위해 지속적으로 어려움을 겪고 있다면, 먼저 성인이 시범 보이는 행동의 명확성을 평가하여 그것이 발달상 적합하고 시기적절하며 아동의 시야 내에 있는지 확인해야 한다. 성인의 시범이 명확하다면 도움의 단계를 높이는 것을 고려할 수 있다. 아동이 시범에 반응하는 데 필요한 최소한의 도움을 제공하여야 한다. 표 9-1은 아동의 행동에 대한 적절한 반응이다.

표 9-1 시범의 명확성 높이기

아동의 행동		성인의 반응
놀이 행동을 눈치채지 못함	→	동일한 놀이 행동을 다시 시범 보임
놀이 행동을 알아차렸지만, 관심이 없음	→	다른 놀이 행동을 시범 보임
놀이 행동을 좋아하지 않거나 조절 문제가 발생함	→	다른 놀이 행동을 시범 보임
놀이 행동을 알아차리고 이해했지만, 시도하려면 추가적인 도움이 필요함	→	동일한 놀이 행동을 시범 보이고 장난감을 앞으로 밀거나 아동에게 장난감을 건네줌
다른 생산적인 놀이 행동를 시작함	→	시범 보이기를 중단하고 아동의 놀이 행동을 모방함
참여를 상실함	→	시범 보이려는 시도를 멈추고 대신 아동을 다시 참여시킴(15장 참고)

6 모방과 시범 보이기의 균형 이루기

다른 전략과 마찬가지로 모방과 시범 보이기는 올바른 목표를 위해 적절한 시점에 사용될 때만 효과적이다. JASPER에서는 모방과 시범 보이기를 역동적인 듀오(2인조)로 생각한다. 이 둘은 놀이 루틴에서 서로 다른 역할을 하며 각각 모두 상호작용을 유지하는 데 중요하다. 아동이 생산적인 놀이 행동을 시작하면 성인은 모방한다. 아동에게 더 많은 도움이 필요할 때 성인은 시범을 보인다. 모방과 시범 보이기는 꾸준한 드럼 비트처럼 회기의 속도와 리듬을 유지하는 데 필수적이다. 적절한 균형을 찾으려면 아동과 놀이 루틴의 맥락을 이해해야 한다. 이 균형을 찾는 데 도움이 되는 추가 팁과 그림 9-6을 다음에 제시하였다.

1) 모방을 우선하기

모방해야 할지 시범 보이기를 할지 확신이 서지 않는다면, 모방하는 편을 선택하도록 한다. 이것이 처음에는 쉽게 이해되지 않을 수 있다. 시범 보이기는 특히 아동이 반응하는 경

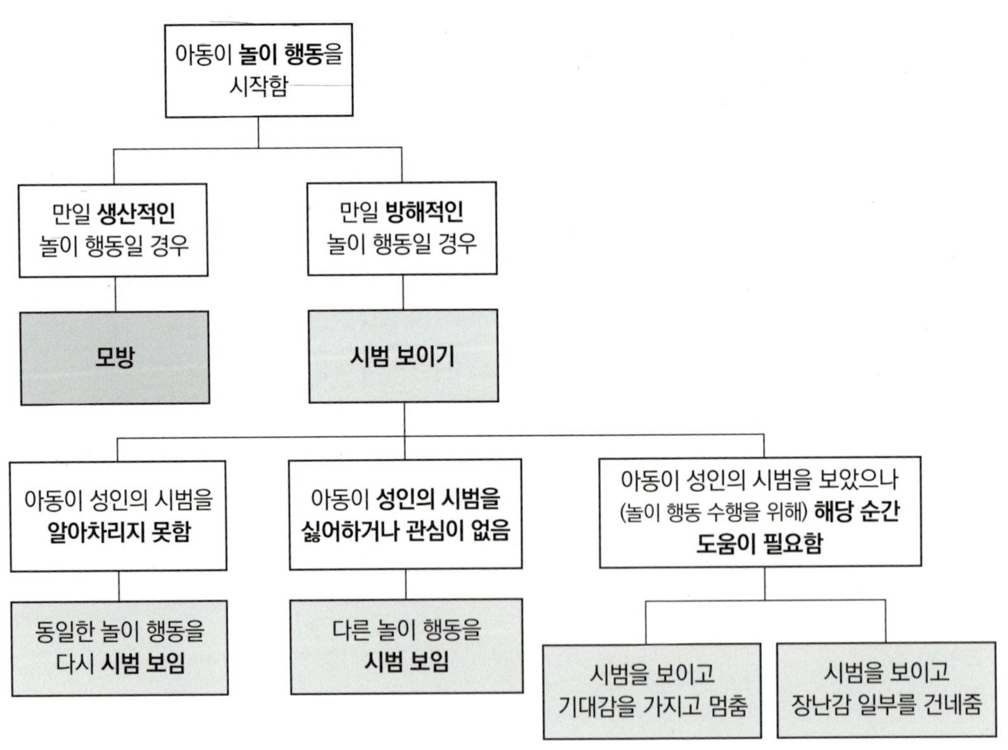

그림 9-6 모방이나 시범 보이기를 이용해 아동의 놀이 행동을 인식하고 반응함

우에 생산적으로 느껴진다. 그러나 시범 보이기를 계속하면 성인이 모든 놀이의 주도 및 시작을 수행하고 아동은 모든 모방 및 응답을 수행하는 역동이 형성된다. 이것은 곧 테스트나 과제처럼 느껴지기 시작한다. 대신, 모방을 사용하여 아동을 리더의 위치로 되돌려 놓는다. 아동을 모방하는 것이 아동의 생산적인 놀이를 보상하고 놀이 루틴을 지속시키는 방법임을 기억해야 한다(성인은 나중에 새로운 놀이 기술을 시도할 수 있는 기회도 갖게 될 것이다. 놀이 루틴의 기초가 확립되고 아동이 놀이에 익숙해지면 환경에 새로운 장난감을 도입하고 확장 놀이를 통해 새로운 놀이 단계를 시작한다. 이렇게 하면 놀이가 너무 반복적이지 않고 아동이 새로운 기술을 배울 수 있는 기회를 갖게 될 것이다).

2) 시범 보이기를 하기 전에 맥락을 고려하기

성인이 적절히 빠르게 모방을 해야 되는 반면에 시범 보이기의 경우에는 얼마나 빨리, 자주 해야 하는지에 대해서는 더욱 신중해야 한다. 놀이 루틴이 시범에 전적으로 의존해서는 안 된다. 아동은 회기의 일정 부분을 스스로 시작할 수 있어야 한다. 성인이 상호작용을 유지하기 위해 지속적으로 놀이 행동을 시범 보이고 있다고 느낀다면 이는 놀이 루틴에서 무언가 잘못되고 있거나 아동에게 다른 형태의 도움이 필요하다는 신호이다. 환경, 장난감 또는 놀이 수준을 평가해야 한다. 시범 보이기 전에 다음 질문들을 생각하여야 한다.

Q. 기다리면 상황이 해결되는가?

아동의 행동이 적절한지 확신이 서지 않는다면, 어떤 일이 일어나는지 보기 위해 시범을 보이기 전에 잠시 기다리도록 한다. 그러나 아동이 참여에서 벗어날 것 같다고 생각되면 신속하게 시범을 보여 놀이 루틴을 유지해야 한다.

Q. 참여에 방해가 되는 행동인가?

일부 행동은 방해가 되지 않는다. 아동의 행동이 참여를 저해하거나 놀이 루틴을 방해하지 않는 경우, 즉시 시범을 보이는 대신 관찰을 계속할 수도 있다. 예를 들어, 아동이 자신의 차례가 되기 전에 책상 위의 장난감을 두드리는 감각적 행동을 보이는 경우에 아동은 여전히 놀이하며 참여하는 것으로서, 이때 성인은 기다린 후 시범을 보일 수 있다. 아동의 행동이 참여를 저해하거나 놀이 루틴을 방해하는 지점까지 가는 경우, 성인은 아동이 더 생산적인 놀이 행동을 통해 놀이 루틴으로 복귀하도록 시범을 보여야만 한다.

Q. 아동이 스스로 할 수 있는가?

어떤 아동들은 어려운 놀이 행동을 하거나 도전적인 운동 기술을 완수하는 데 더 많은 시간이 필요하다. 아동이 스스로 행동을 할 수 있는 경우, 서둘러 급하게 시범을 보이거나 도움을 제공하지 않아야 한다. 아동이 스스로 시도할 기회를 가진 이후와 참여를 잃기 전 시점이 성인이 개입할 적절한 때이다. 아동이 장난감에 더 쉽게 접근할 수 있도록 성인이 장난감의 각도를 조정함으로서 아동이 자신의 놀이 차례를 가지도록 도울 수 있다는 점을 기억하여야 한다(7장, p. 168 참고). 〈연습문제 9-3〉과 〈연습문제 9-4〉에서 아동의 행동에 따라 올바른 전략, 모방 또는 시범 보이기를 선택하는 연습을 하도록 한다.

연습문제 9-3 모방 또는 시범 보이기?

아동의 숙달한 놀이 수준이 전상징적 단계라고 가정할 때 성인이 아동의 행동을 모방해야 하는지 또는 시범을 보여야 하는지 확인하시오.

아동의 행동	성인의 반응	
1. 사람 피규어를 버스에 태워 학교까지 태워 주는 척을 한다.	모방	시범 보이기
2. 버스를 앞뒤로 반복해서 굴린다.	모방	시범 보이기
3. 사람 피규어를 학교에 던진다.	모방	시범 보이기
4. 사람 피규어가 학교에서 선생님인 것처럼 흉내 낸다.	모방	시범 보이기

연습문제 9-4 다음으로 오기에 알맞은 것은 무엇인가?

각 시나리오를 보고 성인이 취할 수 있는 가장 적절한 행동과 연결하시오.

시나리오	성인의 반응
1. 성인과 아동은 인형을 가지고 소풍을 가는 시늉을 한다. 아동은 인형을 가져다가 피크닉 바구니에 넣고 (침대인 척) "잘 자!"라고 말한다.	A. 인형에 이불을 덮고 "아기야 잘 자."라고 말한다. B. 다른 인형을 바구니에 넣고 "아기야. 잘 자."라고 말한다. C. "그건 침대가 아니야."라고 말하고 인형에게 먹을 것을 준다.
2. 성인과 아동은 케이크를 오븐에 넣는다. 아동은 오븐의 버튼을 반복해서 누른다.	A. 오븐을 치우고 "오븐은 이제 끝."이라고 말한다. B. 오븐의 버튼을 누르는 행동을 모방하며 "더 눌러."라고 말한다. C. 오븐에서 케이크를 꺼내면서 "케이크가 다 됐다!"라고 말하는 시범을 보여 준다.

7 모방하기 및 시범 보이기와 관련한 일반적 어려움

다음으로 몇 가지 일반적인 질문을 다룬 뒤, 특정한 아동 사례를 살펴보도록 하겠다. 모방하기와 시범 보이기 사이의 균형을 찾는 데 지속적으로 문제가 있는 경우, 8장의 ACT 문제해결 틀을 사용하여 해결할 수도 있다.

1) 일반적 질문

다음은 모방하기 및 시범 보이기와 관련된 일반적 질문과 답변이다.

Q. 아동이 내 차례를 알아차리지 못한다면?

아동이 항상 성인의 차례를 알아차리지 못하더라도 괜찮다. 이것이 지속적으로 문제가 되는 경우 성인이 아동의 시야 내에 있는지 살펴봐야 한다. 아동이 보고 있는 곳을 확인한 다음 아동의 시야 내에서 행동을 한다. 환경을 확인해야 한다. 성인이 아동과 대면하고 있고 공유된 사물이 여전히 성인과 아동 사이에 바로 있는지 확인한다. 성인의 행동을 언어 및 몸짓과 결합해 성인의 차례를 강조할 수도 있다. 예를 들어, 성인의 차례 때 "쌓아."라고 말하면서 구조물을 가리킬 수 있다(12장 참고). 성인이 이러한 방법을 사용할 때 아동의 주의를 끌리는 촉진을 제공하지 않도록 한다.

Q. 아동이 계속 같은 행동을 한다면?

아동이 놀이 루틴에서 동일한 행동을 계속 반복할 경우 어떻게 해야 할지 궁금할 것이다. 성인이 계속 흉내 내야 하는가? 그것은 놀이 루틴에 따라 다르다. 놀이 루틴을 재시작하기 전에 약 8~12차례 동안 블록을 쌓는 것은 적절하지만, 인형 머리에 비누를 바르는 시늉을 8~12번 하는 것은 적절하지 않다. 만일 아동이 놀이 루틴과 참여에 방해가 될 정도로 같은 행동을 반복해서 하는 것처럼 보인다면, 이는 놀이 행동이 경직된 반복 행동이 되었거나 또는 아동이 지루하다는 신호일 수 있다. 이 경우, 새로운 연관된 선택들을 제시하거나 놀이 루틴을 확장하며 아동에게 다른 할 만한 것을 보여 줄 수 있다(11장 참고).

Q. 아동이 놀이 행동을 시작하거나 모방하지 않는 경우에도 시범 보이기를 계속 해야 하는가?

아동이 참여를 잃고 성인의 역할이 지나치게 지시적이 될 위험이 있기 때문에 아동의 반응 없이 무언가를 반복적으로 시범 보이는 것을 JASPER에서는 일반적으로 하지 않는다. 아동이 모방하지 않거나, 몇 번의 시범 이후에야 놀이 행동을 시작한다면 아동의 참여를 먼저 평가해 봐야 한다(예: 아동이 새로운 것으로 이동할 준비가 되었는가?). 그런 다음, 환경과 장난감 선택을 평가한다(예: 환경이 너무 어수선해서 아동이 성인의 시범 보이기를 알아차리지 못하는가? 이 장난감이 적절한 놀이 수준에 해당하는 것인가? 새로운 장난감을 환경에 제공해야 하는가? 아동은 장난감이 어떻게 작동하는지 이해하는가?). 다음으로 시범의 명확성을 살펴본다(예: 너무 높은 놀이 수준을 시범 보이고 있는가? 아동이 주의 집중할 때 시범 보이고 있는가?). 이러한 각 측면을 평가하고 조정하면, 아동이 성공적으로 성인의 시범을 모방하거나 새로운 것을 아동 스스로 시작할 가능성이 훨씬 높아진다.

2) 사례

다음의 가상 사례는 아동과 관련해서 발생하는 모방 및 시범 보이기 문제를 다룬다.

(1) 모방하거나 모방하지 않거나

JASPER 안녕하세요.

저와 함께하는 아동은 장난감을 좋아하고 장난감을 가지고 노는 방법에 대한 많은 재미있는 아이디어를 가지고 있어요. SPACE에서 아동은 일반적 조합 놀이 수준에서 다양한 놀이 행동을 보여 주었고, 약간의 전상징적 놀이도 보여 주었어요. 저는 또한 아동이 트럭을 앞뒤로 굴리고 여러 장난감을 두드리는 것과 같은 아주 초기 수준의 놀이 행동에 많은 시간을 보냈다는 것을 알게 되었어요. 우리는 이제 세 번째 회기에 있지만, 여전히 놀이 루틴의 진전을 이루기 위해 고군분투하고 있어요. 저는 아동이 탑처럼 쌓아 올리기 좋아하는 레고 블록 같은 일반적 조합 장난감을 가지고 있어요. 이것은 기본놀이 루틴일 수 있지만, 몇 개의 블록을 쌓은 후 아동은 두 개의 블록을 떼어 내어 함께 두드리기 시작해요. 저는 아동의 이러한 놀이 아이디어를 모방하고 싶어서 저 역시 탑에서 블록 하나를 떼어 내지만, 결국 저희는 블록을 두드리는 활동에만 머무르게 돼요. 이 동일한 패턴이 제가 시도하는 쌓기 형태의 장난감마다 계속 반복되는 것 같아요. 제가 계속 흉내 내야 할까요?

감사해요.

모방하거나 모방하지 않거나 드림

모방하거나 모방하지 않거나 님에게

선생님의 평가가 정확해 보여요. 확고한 놀이 루틴을 수립하는 것이 어렵고 선생님께서 언제 모

방해야 하는지 아는 데 더 많은 도움이 필요할 수 있겠어요. 레고 블록 탑 쌓기 기본놀이는 적절하고 생산적이므로 모방하는 것이 맞아요. 그러나 장난감을 두드리는 아동의 '확장놀이'는 생산적이지 않으므로 JASPER에서는 이 행동을 모방하지 않아요. 대신 즉시 블록을 탑에 올려 재빨리 모방을 해 보세요. 때때로 선생님의 차례를 더 빨리 수행해 내는 것만으로도 놀이 루틴 내에서 발생하는 그러한 반복적인 놀이 단계를 '넘어가기' 하는 데 충분히 도움을 줄 수 있어요. 놀이 루틴을 계속 진행할 수 있도록 환경 내에서 사용 가능한 충분한 레고 블록이 있는지 확인하세요. 아동이 이 놀이 루틴을 확장할 준비가 되었을 수도 있어요. 레고 블록으로 만든 탑 맨 위에 놓을 레고 피규어를 추가할 수도 있어요. 비록 이러한 전략이 통하지 않는 경우에도 새로운 놀이 단계를 시범 보이는 것을 두려워하지 마세요!

행운을 빌어요.

JASPER 드림

(2) 젖병 떼기

JASPER 안녕하세요.

저는 아기 인형 놀이를 정말 좋아하는 아동을 만나고 있어요. 회기를 시작하면 아동은 곧장 인형들을 향해 가요. 저는 아동과 같이 아기 인형에게 옷을 입히고, 안아 주고, 젖병으로 먹이는 놀이 루틴를 하고 있어요. 그러나 아동은 아기 인형에게 계속해서 젖병으로 먹이는 것을 정말 좋아해요. 놀이 루틴을 다시 시작하거나 더 많은 놀이 단계를 추가하는 것이 정말 점점 어려워져요. 이러한 아동의 놀이 행동은 아동의 표적 놀이 수준에 해당하는 정말 훌륭한 놀이 행동이라서 제가 모방하고 싶지만, 점점 이 놀이 행동이 아동이 하고 싶은 전부가 되어 버려요! 저는 계속해서 여러 가지 시범을 보여 주려고 노력하지만, 아동은 항상 젖병 놀이 행동으로 돌아가요.

친애하는,

젖병 떼기 드림

젖병 떼기 님에게

선생님께서 이 놀이 루틴을 더 복잡하게 만들고 아동의 표적 놀이 수준에 도달하려고 노력하는 것을 기쁘게 생각해요. 선생님께서 주로 시범 보이기를 사용하여 이 문제를 해결하기 위해 몇 번 시도해 보셨으므로 저는 환경에 초점을 맞춘 몇 가지 팁을 드리고자 해요. 평가를 먼저 해 보시길 제안드려요. 때때로 아동이 장난감으로 무엇을 할 수 있는지에 대한 명확한 시각적 신호를 환경이 제공하지 않거나 아동의 손이 닿는 곳과 시야 내에 사용 가능한 선택(옵션)들이 충분하지 않을 때 아동은 익숙한 것을 계속 하게 되요. 환경 평가는 놀이 루틴에 더 명확한 방향을 제시하는 계획을 세우는 데 도움이 될 수 있어요. 예를 들어, 아동이 인형과 관련된 다른 무언가를 생각하도록 돕기 위해 욕조나 침대를 가져올 수 있어요. 아동이 이러한 놀잇감으로도 다른 것을 시도하지 않으면 시범 보이기를 시도해 보세요. 이러한 전략으로도 해결되지 않는 경우, 놀이 루틴에서 더 다양한 단계를 수립할 때까지 잠시 동안 젖병을 치워 두는 것이 좋아요.

잘하실 거예요!

JASPER 드림

8 결론

모방하기와 시범 보이기는 놀이 루틴을 수립하고 유지하기 위한 필수 전략이다. 잠시 시간을 내어 그림 9-7에서 이러한 전략들을 살펴보기를 바란다. 아동이 처음으로 놀이 루틴을 배울 때는 놀이 행동을 이해하고 참여를 지속하기 위해 더 많은 시범을 필요로 할 수 있다. 시간이 지남에 따라, 목표는 생산적인 놀이 행동을 시작하는 아동의 능력이 향상되고 방해행동이 감소함으로 성인이 더 많이 모방하고 덜 시범 보이게 됨을 확인하는 것이다. 성인의 모방이 강화를 제공하고 성인의 시범이 아동에게는 새로운 행동을 보여 주기 때문에 아동의 능력이 향상되는 것을 볼 수 있다. 이제 언제 어떻게 모방하고 시범을 보여야 하는지에 대한 지침을 얻었으므로 다음 장에서 이러한 전략을 사용하여 기본놀이를 수립할 수 있다.

모방을 우선하기	도움을 제공하기 위해 시범 보이기	모방과 시범 보이기의 균형 이루기
◦ 아동의 생산적 놀이 행동 모방하기 ◦ 즉시, 지속적으로 모방하기 ◦ 성인의 역할을 충실히 수행하기 ◦ 방해행동 모방하지 않기	◦ 아동이 도움을 필요로 할 때 시범 보이기 ◦ 아동이 모방할 만한 놀이 행동 시범 보이기 ◦ 시범을 보인 후 아동의 반응을 위해 잠시 기다리기	◦ 성인이 시범 보이기보다는 아동의 놀이 행동 모방을 더 시도하기 ◦ 성인이 시범을 보인 후에는 모방하기로 돌아가기 ◦ 아동의 속도와 흐름에 맞추기

그림 9-7 9장 요약

10장

기본놀이 설정하기

1 도입

성인과 아동이 놀이를 시작하고 나면, 다음 목표는 놀이 루틴의 기본놀이를 잘 설정하는 것이다. 5장에서 언급하였듯이, **기본놀이**(base)는 아동의 수준에 맞는 친숙한 놀이 단계를 말한다. 기본놀이는 예측할 수 있고 쉬워서 아동이 놀이 행동을 시작하고 유지할 수 있게 한다. 이 장에서는 놀이 루틴의 기본놀이를 설정하는 전략을 다룬다. 먼저, 기본놀이의 핵심 내용에 대하여 설명하고, 놀이 루틴에서의 성인 역할과 잘 설정된 기본놀이의 특징을 살펴본다. 그리고 아동에게 연습이 더 필요할 때 놀이 루틴을 다시 시작하는 방법을 설명한다. 이 장의 후반부에서는 이러한 과정 중 발생할 수 있는 어려움에 대해서 다룬다. 10장에 이르면, 놀이 환경 관리하기, 아동과 동등하면서 적극적인 놀이 역할 주고받기, 모방하기, 시범 보이기와 같은 여러 전략에 이미 익숙해졌을 것이다. 이 전략들을 잘 조합하여 사용하면 놀이 루틴을 진행하면서 아동의 참여를 끌어내고 유지할 수 있다.

2 기본놀이의 원리

기본놀이는 전체 놀이 루틴의 초반 단계로서 이후 놀이 루틴의 토대가 된다. 기본놀이를 설정하는 방법을 다루기 전에 기본놀이의 구체적인 특징을 살펴보자.

1) 기본놀이의 특징

기본놀이는 아동이 이미 **숙달한** 수준의 놀이 단계를 포함해야 하는데, 그러면 아동이 놀이 루틴을 시작할 때 편안함과 자신감을 느끼게 된다.

(1) 놀이 루틴의 문을 여는 기본놀이

기본놀이는 성인이 미리 준비해 둔 장난감에 아동이 흥미를 보일 때 이 흥미를 따르는 것으로 시작한다. 이 과정은 아동이 놀이 루틴에 참여하고자 하는 동기를 주고, 아동-성인 간 공동참여를 촉진한다. 기본놀이는 아동에 따라 한 단계로 끝나기도 하고, 여러 단계가 걸리기도 한다. 몇 단계가 걸리든 기본놀이의 놀이 행동은 차례를 주고받을 수 있도록 반복할 만한 것이어야 하는데, 이때 차례 주고받기는 놀이 루틴의 기조가 된다. 예를 들어, 아동이 포개기 상자 세트를 선택하여 상자를 포개기 시작했다면 성인은 상자 포개기(외형적 조합)를 하다가 그다음에는 상자 쌓기(일반적 조합)를 하면서 기본놀이를 설정할 수 있다. 이러한 놀이 행동을 하는 과정에서 성인은 아동과 차례를 주고받으며 놀이 루틴의 시작점을 설정한다.

(2) 언제든 돌아갈 수 있는 익숙한 단계로서 기본놀이

야구의 '홈베이스'처럼 기본놀이는 아동이 놀이 루틴에 참여하는 동안 편안하게 돌아갈 수 있는 단계다. 상자 포개기 놀이 예시로 돌아가 보자. 성인은 쌓아 올린 상자 탑의 각 층에 피규어를 한 개씩 넣어서(인형에 대한 가작화) **놀이 확장**을 시도할 수 있다. 그러나 만약 아동이 확장하여 어려워진 놀이 단계에 잘 참여하지 않거나 동기를 잃으면, 다시 상자 포개기나 상자 쌓기의 친숙한 단계를 반복하여 놀이 루틴을 **다시 시작**한다. 그러면 아동의 참여 수준과 자신감을 다시 높일 수 있다.

3 놀이 루틴 설정 시 성인의 역할

기본놀이를 잘 설정하기 위해 성인은 놀이 단계마다 아동과 동등하면서도 적극적인 역할을 맡아 아동의 놀이를 지원해야 한다. 동등하고 적극적인 놀이 상대자로서 성인의 역할에는 아동의 차례에 충분히 기다리기, 성인의 차례에 놀이 행동을 모방하기나 시범 보이기, 놀이 루틴 내내 놀이 환경 관리하기가 있다. 이 절에서는 기본놀이를 설정하는 과정에서의 성인 역할에 대한 지침을 설명한다. 이 지침은 놀이 루틴을 유지하고 확장할 때도 적용할 수 있다.

1) 아동의 차례에 충분히 기다리기

아동이 자신의 차례에 놀이 행동이나 언어를 시작할 수 있도록 시간과 공간을 주어야 한다. **이때 성인은 말을 하거나 놀이 행동을 보이지 않는다.** 성인과 공유하기 전에 아동은 자신만의 생각을 구상할 시간이 필요하다. 성인이 빈 곳을 자신의 말과 행동으로 채워 버리면 아동이 놀이를 시작하기 더 어려워진다. 이때 성인의 역할은 말이나 행동을 하는 대신 **아동의 행동과 의사소통 시도를 알아차리고 이에 적절하게 반응할 준비를 하는 것**이다. 성인은 미소를 짓거나 기대에 찬 눈빛으로 바라봄으로써 아동이 공유할 행동을 받아 줄 준비가 되어 있음을 보여 준다. 그러나 어떤 식으로든 아동의 관심을 끌거나 촉진을 해서는 안 된다. 그림 10-1은 성인이 아동을 자세히 지켜보면서 자신의 차례가 왔을 때 즉각 반응해 줄 준비를 하는 모습이다.

그림 10-1 성인은 아동의 차례에 말을 하거나 놀이 행동을 하지 않음

(1) 의도가 있는 모든 신호 살피기

아동이 항상 우리가 예상한 대로 행동하지만은 않는다. 아동은 장난감을 바라보고 집어 들 수도 있고 전혀 새로운 방식으로 가지고 놀 수도 있다. 아동은 성인을 바라보고 몸짓을 해 보이거나, 단어의 일부(word approximation)만 말할 수도 있다. 자신을 표현하기 위해 말을 잘 사용하지 않는다고 해서 아동이 의사소통을 하지 않는 것은 아니다. 말 이외의 다른 표현이나 행동도 주의 깊게 살펴봐야 한다. 그러면 아동이 의욕에 넘치고 신났는지, 아니면 지루하여 흥미를 잃었는지 알아차릴 수 있다. 심지어 조절 문제나 도전 행동의 초기 신호를 발견할 수도 있다. 성인은 이러한 미묘한 신호를 적극적으로 관찰하고 아동의 특성에 맞게 적절하게 대응하면서 놀이 루틴을 계속 진행한다.

(2) 아동이 새로운 기술을 시도할 때 인내심 가지기

아동의 차례에 성인은 서두르지 않는다. 아동이 말을 하거나 어떤 행동을 하려고 한다면 스스로 할 수 있도록 충분히 시간을 준다. 예를 들어, 아동이 서툴게 피규어를 의자에 앉히려 한다면 성인은 도와주거나, 도와줄지 물어보기 전에 아동이 시도할 시간을 준다. 만약 아동이 말을 시작하다가 얼버무려도 스스로 의사소통 시도를 끝마칠 기회를 주어야 한다. 성인의 인내심으로 인해 아동은 새로운 기술을 연습할 기회를 얻는데, 이러한 기회는 다른 방식으로는 얻기 힘들다. 물론 때때로 성인이 도움을 줄 수 있지만, 오직 아동의 놀이 참여를 유지하기 위해 또는 아동의 행동 조절을 위해서만 도움을 주어야 한다.

2) 성인의 차례에 모방하고 시범 보이기

아동이 놀이 행동을 시작하면 성인은 발달적으로 적합한 수준의 놀이 행동으로 반응하여 놀이 루틴의 진행을 돕는다. 9장에서 소개한 바와 같이, 아동이 생산적인 놀이 행동을 하면 성인은 행동을 모방해 주고, 아동에게 도움이 필요하면 적절한 놀이 행동을 시범 보인다. 이때가 바로 성인이 재미있고, 적극적이고, 사회적인 놀이 상대자가 될 기회다(성인은 자신의 차례에 아동의 행동에 반응하거나, 적절한 언어 또는 몸짓 시범을 보여 주면서 의사소통을 할 수 있는데, 이에 관한 내용은 12장을 참고한다).

3) 지속적으로 놀이 환경 관리하기

놀이가 진행되면 놀이 환경도 변한다. 장난감이 섞이기도 하고, 아동이 돌아다녀서 성인이 세심하게 계획한 환경이 더는 효과적이지 않을 수 있다. 주기적으로, 놀이 영역을 점검하여 아동에게 최적의 환경이 되도록 한다. 예를 들어, 그림 10-2에서 성인은 아동이 쌓고 있는 블록이 곧 모자랄 것을 알아차리고 아동의 차례에 조심스럽게 블록을 아동을 향해 밀어놓는다. 이는 7장에서 다룬 환경 조성 전략을 적용한 것이다. 주변을 어수선하지 않게 하고, 비슷한 장난감들끼리 모아 두어 아동이 장난감을 쉽게 찾도록 한다. 아동이 놀잇감을 가지고 놀면서 기본놀이 단계를 유지하도록 장난감을 계속 보충한다. 이러한 행동은 조심스럽고 은근히 이루어져야 하고, 놀이 루틴을 방해하거나 성인의 차례에 해야 하는 놀이 행동을 대체해서는 안 된다.

그림 10-2 기본놀이를 설정하기 위해 성인은 자신의 차례에 신중하게 놀이 환경을 관리함

4 기본놀이가 잘 설정되었는지 점검하기

놀이 루틴을 시작하고 나면 다음 목표는 **기본놀이를 설정하는 것**이다. 기본놀이를 설정한다는 것은 아동이 기본놀이 단계에 익숙해지고 더욱 쉽게 기본놀이를 유지할 수 있게 됨을 의미한다. 놀이하면서 성인은 아동의 참여 수준과 기본놀이 단계에 대한 아동의 친숙도를 점검한다. 아동이 기본놀이의 여러 단계에 익숙해졌는가? 단계들을 연습할 시간이 더 필요한가? 그림 10-3은 잘 설정된 기본놀이와 불안정한 기본놀이의 특징을 보여 준다.

잘 설정된 기본놀이	불안정한 기본놀이
◦ 반복할 수 있는 여러 놀이 단계가 모여 일관성 있게 하나로 연결됨 ◦ 각 놀이 단계를 여러 번 반복함 ◦ 아동이 놀이 순서를 먼저 시작하는 모습이 몇 번 나타남 ◦ 성인과 아동이 동등하게 놀이에 참여함 ◦ 공동참여를 촉진함	◦ 아동이 장난감을 자주 바꿈 ◦ 놀이 단계가 연결되지 않음 ◦ 각 놀이 단계를 거의 반복하지 않음 ◦ 아동이 놀이 순서를 먼저 시작하는 모습이 나타나지 않음 ◦ 동등하지 않은 놀이 역할(예: 성인이 자주 시범을 보임) ◦ 공동참여가 거의 안 나타나거나 깨어지기 쉬움

그림 10-3 잘 설정된 기본놀이와 불안정한 기본놀이의 특징

1) 재시작할지 확장할지 결정하기

기본놀이를 설정하고 나면, 새로운 단계를 추가하여 놀이 루틴을 확장할 수 있다. 그러나 기본놀이가 안정적으로 설정되지 않았다면 놀이 루틴을 다시 시작하여 연습을 계속한다. 5장의 내용을 상기해 보면, **확장하기**(expand)는 놀이 루틴에 하나의 새로운 단계를 추가하는 것이고, **재시작하기**(restart)는 놀이 루틴의 이전 단계로 돌아가는 것이다. 대체로 ASD 아동은 놀이를 확장하기 전에 기본놀이를 탄탄하게 다지기 위한 충분한 시간이 필요하다. 따라서 성인은 새로운 것을 추가하기 전에 기본놀이를 여러 번 재시작한다. 다음 절에서는 놀이 루틴을 재시작하는 방법에 대하여 다룬다(놀이 확장하기는 11장에서 다룬다).

다음 내용으로 넘어가기 전에 〈연습문제 10-1〉을 풀어 각 상황에서 기본놀이가 잘 설정되었는지 확인해 보자.

연습문제 10-1 잘 설정된 기본놀이 판별하기

다음 상황에서 기본놀이가 불안정한지 아니면 잘 설정되었는지 표시하시오.

1. 성인과 아동이 상자로 탑을 쌓고 있다. 성인이 탑을 무너뜨리자 아동이 성인을 바라보고 웃더니 다시 탑을 쌓기 시작한다.	불안정함	잘 설정됨
2. 성인과 아동이 페그보드에 페그를 꽂고 있다. 성인이 시범을 보여 준 후 아동에게 페그를 건네주자 아동이 천천히 건네받아 꽂는다. 다시 성인 차례가 되어 페그를 꽂는데 아동은 페그보드의 구멍을 찬찬히 살펴본다. 성인이 다시 페그를 건네주자 아동은 다시 페그를 꽂는다.	불안정함	잘 설정됨
3. 성인과 아동이 피자 조각 장난감을 접시에 담고, 모양 끼우기 장난감에 두 개의 모양을 끼운다. 그다음에 성인은 폼 블록을 쌓는 시범을 아동에게 보여 준다.	불안정함	잘 설정됨

5 놀이 루틴 재시작하기

기본놀이를 설정하기 위해 필요한 만큼 놀이 루틴을 다시 시작한다. 5장의 내용을 상기해 보면, 성인은 기본놀이 단계들을 실행한 후 (기본놀이를 안정적으로 설정하기 위해) 재시작하거나 놀이를 확장한 후에 재시작할 수 있다. 그리고 아동의 참여를 유지하기 위해 또는 자연스러운 기회가 생겼을 때도 재시작할 수 있다. 이와 같은 상황에서 성인은 그림 10-4

및 다음 설명에 따라 놀이 루틴을 재시작할 수 있다. 놀이 루틴을 재시작해야 하는 상황은 그림 11-11을 참고한다.

1) 이전 단계로 돌아가기

재시작하기 위해서는 놀이 루틴의 이전 단계로 돌아갈 명확한 방법을 찾아야 한다. 이 과정은 상호작용의 일부로 자연스럽게 진행되어야 하며 놀이 루틴의 전체 맥락과 잘 연결되어야 한다. 재시작하기 위한 가장 흔한 방법은 이미 만들어 놓은 것을 분리하는 것이다. 예를 들어, 장난감 구조물을 부수거나, 맞춘 퍼즐 조각들을 흩트리거나, 벨크로 테이프로 붙여 완성한 장난감 음식 조합을 분리할 수 있다(그림 10-5 참고). 이때 장난감 조각을 한 번에 한 개씩 떼어 내지 말고, 완성된 장난감을 한꺼번에 분리한다. 예를 들어, 장난감 컵케이크가 모두 제빵 틀에 들어 있다면, 재빨리 컵케이크를 모두 쏟아 정리한다. 성인이 컵케이크를 하나씩 꺼내면 아동은 성인이 이전까지 했던 놀이 행동을 하나씩 되돌리려 한다고 생각할 수 있으며, 시간이 오래 걸려서 아동의 놀이 참여를 저해할 수 있다.

더 높은 수준의 놀이를 할 때는 놀이 루틴과 관련된 '이야기'를 만들어 재시작할 수 있다. 예를 들어, 자동차에 피규어를 태워서, 학교에 데려다주고, 교실 의자에 앉히는 내용이 포함된 놀이 루틴에서 성인은 인형을 다시 차에 태워서(재시작하기) 집에 데려다줄 수 있다. 이 예시에서 재시작하기는 아동에게 익숙한 단계를 반복하면서도(차 타고 가기), 새로운 방식을 포함하여(새로운 장소에 가기) 융통성이 있고 창의적이다. 이렇게 하면 아동에게 이미 익숙한 여러 단계를 다시 수행하여 기본놀이 설정하기와 재시작하기의 목적을 유지하는 동시에, 놀이 단계를 창의적으로 만들 수 있다. 놀이 루틴을 재시작하는 방법에는 여러 가

재시작하기 지침 ☑

- ☐ 이전 단계로 돌아가기(예: 다 맞춘 퍼즐 조각 흩트리기, 밥상을 차린 후 다음 식사 준비를 위해 피규어가 마트로 돌아감)
- ☐ 이전 상태로 놀잇감 빠르게 되돌리기(예: 장난감 조립해 놓기, 장난감 조각을 아동 근처에 놓기)
- ☐ 놀이 환경 정리하기(예: 여분의 장난감 조각들을 옆으로 치워 놓기)
- ☐ 다음 놀이 단계를 수행하도록 지원하기(예: 아동 모방하기, 장난감 건네주기, 시범 보이기)

그림 10-4 재시작하기 지침

그림 10-5 탑 쌓기 놀이 루틴의 기본놀이로 돌아가기 위해 아동과 성인이 장난감을 무너뜨림

지가 있는데 재미있는 아이디어에 착안하거나, 놀이 루틴 중 발생하는 자연스러운 기회를 활용한다. 예를 들어, 쿠키를 쟁반에 담는 놀이 루틴 중이라면 성인은 쿠키몬스터(역자 주: 미국 PBS 방송국에서 제작한 어린이 대상 TV 프로그램 〈세서미 스트리트〉에 나오는 캐릭터)가 나타나서 쿠키를 다 "먹어 버렸다."라고 하며 쿠키를 쟁반에서 치운다.

2) 놀이 환경 되돌리기

놀이 루틴을 다시 시작하면서 놀이 환경도 신속히 이전으로 되돌린다. 장난감을 일부만 조립해 놓거나(예: 탑 쌓기를 재시작하기 위해 블록 몇 개만 다시 쌓아 놓기), 아동 주변에 바로 사용할 수 있는 놀잇감을 놓는다. 장난감을 재정비하고, 장난감 조각들을 분리해 놓고, 세트 장난감은 아동이 알아채기 쉽게 끼리끼리 모아 놓고, 나중에 추가한 놀잇감들은 옆으로 치운다. 재시작할 때 장난감이 너저분하게 놓여 있으면, 아동은 다음 단계를 시작하지 않거나 놀이 루틴에 계속 참여하기 어려워할 것이다. 신속하게 재정비하여 기본놀이를 다시 시작할 수 있도록 한다.

3) 재시작 후 다음 단계 지원하기

이 단계에서 일부 아동은 놀이 참여 동기를 잃기도 하고, 계속 장난감을 가지고 놀이해도 된다는 것을 이해하지 못할 수 있다. 따라서 재시작 후 다음 단계에서 아동을 잘 지원해야 한다. 만약 아동이 먼저 놀이 행동을 시작한다면, 성인은 그 행동을 모방한다. 만약 아동이 놀이 행동을 시작하지 않으면, 성인은 재빠르게 시범 보일 준비를 한다. 아동이 놀이 루틴에 익숙해지면, 기본놀이를 재시작하는 데 성인의 도움이 많이 필요하지 않을 것이다.

4) 일반적 질문

다음은 놀이 루틴 재시작하기와 관련하여 자주 하는 질문이다.

Q. 놀이 루틴의 어느 단계에서 재시작해야 하는가?

놀이 루틴의 특정 단계에서 재시작할 필요는 없다. 일반적으로, 놀잇감을 다 소진하거나, 기본놀이 단계들을 모두 완료했거나, 놀이를 확장한 후에 재시작한다. 그러나 아동의 참여 수준이나 조절 수준과 같은 여러 요인에 따라 필요하다면 언제든지 재시작할 수 있다. 그리고 재시작할 때 반드시 놀이 루틴의 맨 처음으로 돌아갈 필요는 없다.

Q. 놀이 루틴을 재시작하는 과정에 아동도 참여해야 하는가?

아동이나 놀이 루틴에 따라 달라질 수 있다. '가지고 놀던 인형을 차에 태워 집으로 데려다주기'와 같이 재시작하는 과정이 의미가 있다면 아동이 재시작하는 과정에 참여할 수 있다. 그러나 재시작하는 과정이 단순히 놀잇감을 재정비하는 방식으로 이루어진다면(예: 모양 맞추기 통 안에 들어간 모양 조각 꺼내기) 동기가 있는지에 따라 아동이 재시작하기에 참여할 수도, 참여하지 않을 수도 있다. 놀이 루틴을 반복하다 보면 아동이 스스로 재시작하기를 시도할 수도 있다. 예를 들어, 아동은 상자로 쌓은 탑을 무너뜨릴 준비가 되었다는 신호로 "부숴."라고 말할 수 있다.

Q. 놀이 루틴을 항상 재시작해야 하는가?

일반적으로, 모든 놀이 루틴은 어떠한 놀이 행동을 다시 시작하는 측면을 포함한다. 그렇지만 유연하게 판단해도 되는데, 특히 아동의 놀이 수준이 높은 경우에 그렇다. 재시작하기는 단순히 아동의 참여를 유지하는 한 가지 방법이다. 만약 아동이 여러 가지 놀이 확장 행동을 먼저 시작하고 상호작용을 이끄는 모습을 보인다면, 성인이 놀이 루틴을 자주 재시작할 필요는 없다.

Q. 얼마나 자주 재시작해야 하는가?

재시작하기와 확장하기 간에 균형을 잘 맞추어야 놀이 루틴 중 아동의 동기와 참여를 유지할 수 있다. 기본놀이가 안정적으로 설정되었는지 점검하는 것과 더불어, 놀이를 재시작할지 또는 확장할지를 결정할 때 고려해야 할 몇 가지 요소가 있다. 비교적 새로운 놀이 루틴을 할 때는 기본놀이를 설정하기 위해 여러 번의 반복이 필요하다. 반면, 익숙해진 놀이 루틴을 할 때는 기본놀이를 훨씬 빨리 설정할 수 있다. 놀이 루틴을 재시작할지 확장할지 결정할 때 고려할 사항은 다음과 같다.

- 기본놀이의 지속 시간
- 기본놀이의 수준(예: 기본놀이의 여러 단계와 아이디어를 아동이 잘 숙달했나?)
- 이전까지 재시작한 횟수
- 과거 회기까지 포함하여 해당 놀이 루틴을 실행한 횟수
- 이번 놀이 루틴과 다른 여러 놀이 루틴과의 유사성

이와 같은 사항을 고려하여 기본놀이를 잘 설정하기 위해 얼마나 놀이를 반복할지 판단한다. 그림 11-11에 재시작이 필요한 상황에 대한 추가적인 내용이 있으니 참고한다.

6 아동의 놀이 속도 지원하기

기본놀이를 설정하고 놀이 루틴을 진행해 나갈 때 놀이 루틴의 속도를 잘 지원해야 한다. 여기서 **속도**(pace)라는 개념은 상호작용의 시기, 빠르기, 흐름의 의미를 모두 포함하는데, 종종 놀이 행동 및 의사소통의 발생 비율로 측정한다. 모든 아동은 자신만의 자연스러운 놀이 속도를 가지고 있다. 어떤 아동은 놀이를 빠르게 진행하는 반면, 어떤 아동은 천성적으로 느리거나 꼼꼼하다. 놀이 속도가 빠른 아동은 놀이의 다음 단계에 대해 많은 아이디어를 가지고 있을 수 있다. 이때 성인은 장난감을 계속 보충해 주고, 자신의 차례를 준비하며, 아동의 놀이에 잘 따라가야 한다. 또 놀이 속도가 느린 아동은 각 놀이 단계마다 생각할 시간이 더 필요할 수 있다. 운동 발달 지연이 있어서, 반복 행동을 보여서 또는 사물을 관찰하고 그걸로 무엇을 할지 결정하는 데 시간이 오래 걸려서 그럴 수 있다. 이럴 때 성인은 인내심을 가지고 기다려 주어 아동이 놀이 루틴 안에서 발생하는 상황을 잘 파악할 수 있도록 한다. 비록 여기서 이 전략을 소개하지만, 이 전략은 놀이 루틴 전반에 걸쳐 아동의 참여를 촉

진하는 데 매우 중요하다.

1) 놀이 속도 점검하기

아동의 놀이 속도가 너무 빨라지거나 느려지거나, 속도에 주요한 변화가 생길 수도 있다. 이는 아동의 참여 수준의 변화를 보여 주는 전형적인 지표인데, 이때 성인의 지원이 필요하다. 그림 10-6은 놀이 속도가 너무 빠르거나 느릴 때의 특징이다. 다음 절에서는 놀이가 너무 빠르거나 느린 아동을 위해 속도를 조절하는 방법을 소개한다.

놀이 속도가 너무 빠를 때	놀이 속도가 너무 느릴 때
◦ 차례 주고받기가 두서없고 통제하기 어려움 ◦ 아동이 대물 참여, 즉 사물에만 집중함 ◦ 놀이 행동이 반복적으로 느껴짐 ◦ 아동이 성인의 차례를 거의 기다려 주지 않고 재빨리 자신의 차례를 시작함 ◦ 성인과 아동의 놀이 행동 순간이 자꾸 겹침 ◦ 전반적인 상호작용 질이 낮아짐	◦ 아동이 산만하거나, 지루하거나, 피곤해 보임 ◦ 아동이 장난감을 생산적으로 가지고 놀기보다 그냥 만지작거림 ◦ 아동의 차례에 상당한 시간이 걸림 ◦ 놀이 루틴이 다음 단계로 넘어가지 않음 ◦ 놀이 동력이 떨어지는 것 같음

그림 10-6 놀이 속도가 너무 빠르거나 느릴 때의 특징

2) 놀이 속도 조절하기

아동이 너무 빠르거나 느리게 놀이를 할 때 성인은 **놀이 속도를 조절**해야 한다. 놀이 속도 조절하기란 성인의 차례에 이것저것 변화를 주어 아동이 더 지속 가능한 놀이 비율로 돌아갈 수 있도록 하는 것이다.

(1) 놀이가 너무 빠를 때 속도 늦추기

놀이 속도가 너무 빠르다는 것은 종종 아동이 장난감에 대한 동기나, 놀이 루틴을 수행하고 싶은 동기는 매우 높지만, 이를 성인과 공유하는 데는 관심이 적다는 것을 의미한다. 이럴 때 성인은 자신의 차례에 적절하게 치고 들어가거나, 현재 진행하는 놀이 루틴에 맞게 놀잇감을 준비하기 어려울 수 있다. 아동이 놀이를 너무 빨리 진행하면, **놀이의 속도를 늦추**

어 아동이 성인과 교감하도록 한다. 놀이 속도가 너무 빠를 때 사용하는 전략은 다음과 같다.

- 성인의 차례에 느린 속도로 놀이하기(성인의 차례를 시작하기 위해 초반에는 빠르게 행동하지만, 그 후 놀이 차례를 마무리할 때까지 놀이 행동의 속도를 늦춤)
- 차분한 정서 보이기
- 말하는 속도를 늦추기
- 놀잇감을 일부 제한하여 아동이 주어진 장난감들만 천천히 탐색하도록 하기(예: 한 번에 세 가지만 제시함)
- 보다 구조화된 움직임을 요구하는 장난감 사용하기(예: 특정 방식으로만 끼울 수 있는 블록)

(2) 놀이가 너무 느릴 때 동력 주기

놀이 속도가 너무 느리다는 것은 종종 아동의 동기나 참여도가 낮고 성인이 놀이 루틴에 대한 동력을 잃고 있음을 의미한다. 놀이 속도가 느린 아동에게는 가지고 놀 수 있는 놀잇감을 명확하게 보여 주고, 정서를 적절하게 고조시켜 놀이 동력을 유지함으로써, 궁극적으로 아동이 흥미를 잃지 않도록 한다. 이때의 목표는 **아동의 놀이 루틴에 대한 동기와 참여를 증진하는 것이다.** 놀이 속도가 너무 느릴 때 사용하는 전략은 다음과 같다.

- 아동의 놀이 행동을 즉각적으로, 명확하게, 아동의 시선이 향한 곳에서 모방하기
- 장난감을 건네주어 아동이 다음 차례에 놀이 행동을 하기 쉽게 하도록 하기(암시적 환경 촉진 사용)
- 놀이 환경 지원하기(예: 장난감이 아동을 향하도록 배치하기, 놀잇감을 손에 닿을 거리에 놓기)
- 놀이 루틴에 대한 동기를 북돋기 위해 성인의 정서 고조시키기
- 공동관심 언어와 몸짓 시범을 보여 아동이 탐색하는 것을 공유하도록 하기(예: 아동이 바라보는 것을 가리키고 언급하기)
- 아동이 지루해하면 놀이 확장을 위한 여러 선택지 제시하기
- 새로운 놀이 루틴을 위한 선택지 제시하기

7 기본놀이를 설정할 때 발생하는 일반적 어려움

기본놀이를 설정하는 것이 항상 쉽지만은 않다. 여기서는 놀이 루틴의 기본놀이를 설정하는 과정에서 발생할 수 있는 일반적인 어려움에 대해 다루고, 이 어려움을 헤쳐 나가도록 추가적인 전략을 소개한다. 만약 기본놀이를 설정하는 데 고군분투하고 있다면, 8장의 ACT 문제해결 틀로 돌아가 원인을 찾고 대처 계획을 세운다.

1) 일반적 질문

다음은 기본놀이 설정과 관련하여 자주 하는 질문이다.

Q. 여러 장난감 선택지를 줬을 때 아동이 산만해진다면?

회기 초반, 아동이 가지고 놀 장난감을 선택하면 다른 장난감을 손에 닿지 않는 곳으로 치운다. 만약 아동이 여전히 주변의 다른 장난감에 주의가 흐트러져서 기본놀이를 시작하지 않는다면, 나머지 장난감을 보이지 않게 완전히 숨긴다. 놀이를 재시작하거나 확장할 때 새로운 장난감을 추가하는 방법과 시기를 신중하게 결정한다. 만약 아동이 다른 장난감에 쉽게 주의를 잃는다면, 기본놀이를 안정적으로 시작할 때까지 다른 놀이 단계를 추가하지 않고 기다리는 것이 좋다.

Q. 재시작할 때 아동이 다시 놀이에 참여하지 않는다면?

성인의 놀이 속도를 높이고, 놀이 환경을 활용하여 아동이 계속 놀이 루틴에 참여하도록 한다. 예를 들어, 기본놀이를 위한 놀잇감들을 빠르게 처음으로 되돌리고 주의를 산만하게 할 다른 것들은 치운다. 성인 근처에 여분의 장난감을 두고, 아동이 놀잇감이 모자랄 때 신속하게 꺼내 주거나, 장난감 조각을 직접 건네주어 아동의 차례를 다시 촉진한다. 이 방법이 효과가 없다면, 성인은 신속하게 시범을 보인 후 또 다른 조각을 아동에게 건넨다. 그리고 티가 나지 않게 놀이를 재시작하여 놀이 루틴이 끊어지기보다 자연스럽게 이어지는 느낌을 준다. 예를 들어, 재시작하기 위해 아동의 눈앞에서 돼지 저금통 속 동전을 다 쏟지 말고, 아동이 보지 않는 곳에서 재빨리 동전을 꺼내고 이 놀잇감들을 탁자 위에 다시 올려놓아 기본놀이 단계를 반복한다. 또는 아동과 성인이 번갈아 가며 돼지 저금통에서 동전을 꺼내어, 이 과정이 명확히 구분된 재시작이나 놀이가 잠시 멈추는 지점이 아니라 자연스럽게 연결되는 놀이 단계로 인식되도록 한다.

Q. 기본놀이를 다 설정하기도 전에 아동이 놀이를 허물어 버린다면?

만약 아동이 기본놀이를 자꾸 허물면(예: 피자 조각을 접시에 놓지 않고 계속 빼냄), 성인은 환경 전략과 속도 전략을 잘 조합하여 아동에 대한 지원을 늘리고 기본놀이가 순조롭게 이루어지도록 한다. 이때 쉽게 무너지거나 해체되지 않는 놀잇감을 사용한다(예: 끼우기 블록, 자석이나 벨크로 테이프가 부착된 음식물 모형). 이때 놀이 속도를 높일 수도 있는데, 아동이 적절한 놀이 행동을 했을 때 신속하게 이를 모방하고, 장난감을 내밀거나 건네는 암시적 촉진을 하여 놀이 루틴을 지속한다. 만약 아동의 놀이가 특정 방식으로 경직되어 있거나 아동의 다른 반복 행동 때문에 이러한 어려움이 발생한다면, 17장의 내용을 참고한다.

2) 사례

기본놀이를 설정할 때 발생하는 문제를 다룬 여러 가상 사례를 소개한다.

(1) 우당탕탕 정신없는 놀이

JASPER 안녕하세요.

저는 요즘 '라이트닝 맥퀸(역자 주: 디즈니 픽사 영화 〈카〉에 등장하는 경주용 자동차 캐릭터)'을 만나고 있어요. 이 여자아이는 너무 빠르거든요! 이 아이는 외형적 조합 단계를 훌륭하게 숙달하여 신나는 놀이를 하고 있습니다. 우리의 기본놀이는 괜찮게 시작해요. 그러나 몇 분 만에 장난감 조각이 온갖 군데 날아다니고 저는 도저히 아이를 따라잡을 수 없게 돼요. 이 아이는 너무 빠른데, 제 생각엔 전반적인 놀이 속도가 마음에 안 드는 것 같아요. 통제하기 어려울 정도로 놀이 속도가 빨라지면 아이와 교감하기도 어려워요. 그리고 제 말과 놀이 행동에 주의를 기울이는 것 같지 않아요. 가끔 제가 거기 있다는 걸 알고 있는지 의문이 들어요. 기본놀이를 설정하는 과정에서 아이가 놀이와 상호작용에 잘 참여하면서, 행동도 잘 조절하도록 하려면 어떻게 해야 할까요?

안부를 빌며,

우당탕탕 정신없는 놀이 드림

우당탕탕 정신없는 놀이 님 안녕하세요.

말씀하신 아동은 놀이 속도가 매우 빠르고 놀이할 때 대물 참여, 즉 사물에만 관심을 두는군요. 그럼 아동의 놀이 속도를 늦출 계획을 세워 봅시다. 먼저, 놀이 환경에 놓여 있는 장난감 조각의 수를 점검해 보세요. 아동 주변에 한번에 두세 개의 장난감 조각만 놓아서 아동이 여러 개 사이를 왔다 갔다 하는 것을 줄일 수 있습니다. 두 번째로 성인의 차례를 느리게 가져갈 수 있습니

다. 아동의 놀이 속도에 따라가기보다 성인이 천천히 놀이하는 시범을 보여 줄 수 있지요. 일단 장난감을 집어들 때는 아동이 보는 앞에서 빨리 움직여야 합니다. 고리 끼우기 장난감을 가지고 놀 때를 예로 들면, 선생님 차례에 얼른 고리를 집어 들어 고리 끼우기 막대 위로 올립니다. 그 이후부터는 천천히 고리를 막대에 끼웁니다. 차분하고, 긍정적이면서, 느긋한 속도로 놀이하는 시범을 보여 줌으로써 아동의 놀이 속도를 늦출 수 있습니다. 세 번째로 상황이 정신없이 돌아가면 성인의 정서와 언어를 조절해야 합니다. 성인의 차례를 천천히 가져가며 차분한 정서를 보여 주는 것이 도움이 됩니다. 마지막으로, 아동이 외형적 조합 수준의 기본놀이에 숙달한 것으로 보이는데, 다음 수준인 일반적 조합 수준의 기본놀이를 시도해 보세요. 새롭고 도전적인 놀이를 하려면 더 높은 집중력과 노력이 필요합니다. 새로운 놀이 행동을 소개하면 아동은 놀이 상대자인 성인을 의식하게 되고, 다시 공동참여의 상태로 돌아갈 수 있을 거예요.

힘내세요.

JASPER 드림

(2) 놀이가 뚝 끊겨요

JASPER 안녕하세요.

제가 지원하는 남자아이의 표적 놀이 수준은 목적을 가진 물리적 조합입니다. 이 아이는 그동안 엄청난 발전을 보여 줬어요. 이제 15분 동안이나 놀이 루틴을 유지할 수 있게 되었어요! 아이는 큰 블록을 가지고 노는 것을 좋아합니다. 그래서 우리는 블록으로 신나게 높은 탑을 쌓고 무너뜨리는 놀이를 합니다. 탑이 무너지면 우리 둘 다 얼마나 배꼽 잡고 웃는지요! 그럴 때 정말 특별한 교감을 나누지만, 그 직후부터 더는 놀이 루틴에 참여하지 않아요. 그때부터 다른 장난감을 밀어 넘어뜨리거나 장난감 통을 다 쏟아 버립니다. 아이를 진정시키고 다시 놀이로 돌아오게 하는 것이 너무 어렵습니다. 블록 탑 쌓기 놀이 루틴에는 아동이 너무 재미있게 참여하는데, 그 순간을 유지하고 발전시키는 게 힘드네요. 놀이 루틴이 끊김 없이 더 생산적으로 이어지게 하려면 어떻게 해야 할까요?

진심을 담아,

놀이가 뚝 끊겨요 드림

놀이가 뚝 끊겨요 님 안녕하세요.

선생님은 아동과 매우 재미있는 시간을 보내는 것 같네요. 그렇지만 아동이 너무 흥분하면 조절 문제를 보이는군요. 탑 무너뜨리기를 할 때는 성인이 통제할 수 있는 탑을 쌓는 것이 중요합니다. 아동이 탑 무너뜨리기 놀이에 잘 참여하게 하면서도 성인이 놀이를 적절하게 통제하여, 아동이 조절 문제를 보이거나, 놀이 상대자와 교감이 끊어지지 않도록 해야 합니다. 그리고 아동이 고조된 정서를 자주 보이는 것 같군요. 탑이 무너지는 모습이 재미있고 신나더라도 성인은 긍정적이면서 더 차분하게 반응하여 아동의 고조된 정서와 균형을 맞춰 줍니다. 그런데 성인이 반응

강도를 줄이면, 아동은 성인에게 더 큰 반응을 얻어 내려고 할 수 있습니다. 탑 무너뜨리기는 조절 문제를 초래하므로 이 행동에 반응을 보여 강화하지 말고, 아동이 놀이 루틴의 새로운 단계를 시도하거나, 성인이 시범 보인 행동을 모방할 때 정서적 반응으로 강화해 주세요.

힘내세요.

JASPER 드림

8 결론

기본놀이는 중재의 여러 목표를 달성하기 위한 중요한 토대가 된다. 특히 놀이 루틴 중 아동의 참여를 다지고 굳건하게 하는 역할을 한다. 또한 아동이 시작행동을 연습할 수 있는 편안하고 친숙한 기반을 제공한다. 기본놀이가 잘 설정될 때까지 계속 아동의 행동을 모방하고, 시범 보이고, 놀이 환경을 관리하고, 놀이를 재시작한다. 어떤 아동과 놀이할 때는 기본놀이가 금방 설정된다. 또 어떤 아동과는 시간이 좀 걸린다. 기본놀이가 잘 설정되면 이제 놀이 루틴을 확장할 수 있다. 시간이 지남에 따라 아동이 놀이 루틴에 익숙해지면서 기본놀이를 설정하는 것이 쉬워질 것이다. 다음 장으로 넘어가기 전에 그림 10-7을 통해 기본놀이를 설정하기 위한 전략을 복습해 보자.

기본놀이 설정하기

- 반복할 수 있는 여러 놀이 단계를 밟아 일관성 있게 하나로 연결하기
- 각 놀이 단계를 여러 번 반복하기
- 아동이 놀이 차례를 시작하도록 촉진하기
- 아동과 성인 간 동등한 놀이 참여 촉진하기

성인 차례에 모방하고 시범 보이기

- 아동의 시선이 닿는 범위 안에서 성인의 놀이 행동 보이기
- 아동 행동 모방하기나 시범 보이기를 통해 놀이의 동력 얻기
- 놀이 행동을 언어 및 몸짓에 연결하기

아동이 시작행동을 하도록 기다리기

- 아동의 차례에 말이나 놀이 행동을 하지 않기
- 아동의 행동과 의사소통을 주의 깊게 살피고 적절하게 반응하기

기본놀이 지원하기

놀이 환경 관리하기
- 장난감이 너저분하면 구조화하기
- 놀이하면서 장난감 보충하기

놀이 루틴 재시작하기
- 이전 단계로 돌아가기

놀이 환경을 처음으로 되돌리기

성인의 놀이 속도를 조절하여 아동의 놀이 지원하기

그림 10-7 10장 요약

11장

놀이 루틴 확장하기

1 도입

기본놀이를 잘 설정하고 나면, 다음 목표는 새로운 놀이 단계를 한 번에 하나씩 추가하면서 놀이 루틴을 확장하는 것이다. 5장에서 소개한 바와 같이, **확장하기(expand)**란 놀이 루틴에 새로운 여러 놀이 단계를 추가하는 것이다. 재시작하기와 마찬가지로 확장하기는 아동이 놀이 루틴 중 의미 있게 놀이에 참여하는 시간을 늘려나가게 한다. 또한 확장하기는 놀이 루틴에 대한 동기를 계속 불어넣는다. 만약 성인이 새로운 놀이 단계를 전혀 소개하지 않는다면, 놀이 루틴이 단조로워지고 아동은 결국 지루해하거나 다른 활동으로 주의를 돌릴 것이다. 이때 성인은 놀이 루틴을 끝내는 대신 확장해 주어 아동이 잘 설정된 편안한 놀이 상황에서 새로운 놀이 단계를 연습하도록 한다. 그러면 시간이 지남에 따라 융통성 있는 시작행동이 나타날 수 있고, 아동의 놀이 행동의 다양성과 복잡성이 증가한다. 놀이 루틴을 확장하는 것은 때론 어렵다. 확장하기를 하면 아동은 종종 이전에 해 보지 못한 새로운 놀이 단계를 시도하게 되는데, 이때 장난감을 새로운 방식으로 가지고 놀기 위해서는 융통성이 필요하다. 따라서 아동이 확장하기를 통해 시도하는 다음 놀이 단계를 잘 지원해야 한다. 이 장에서는 놀이를 확장하기 위해 장난감 준비하기, 환경 준비하기, 아동이 놀이 루틴을 확장하도록 충분히 기다려 주기 전략을 설명한다. 아동이 놀이 루틴을 확장하면 성인은 이를 모방하여 이 새로운 놀이 단계를 전체 놀이 루틴 안에 연결하여 넣는다. 이 장의 후반부에는 아동이 놀이를 확장하지 않을 때 어떻게 추가 지원을 할지에 관해 다룬다.

2 확장하기의 원리

확장하기는 아동이 새로운 놀이 기술을 배우고, 놀이 아이디어를 공유하고, 더 다양하고 복잡한 기술을 연습하는 주요 방법 중 하나다. 놀이 확장하기 예시를 살펴보자.

> 성인과 아동이 엄마와 딸이 되어 '집' 기본놀이를 하고 있다. 함께 아침을 먹는 시늉을 한 후 아동이 "엄마, 학교 갈 시간이에요."라고 말하며 블록을 가져와 학교에 타고 갈 자동차를 만든다.

아동이 이렇게 새로운 놀이 단계를 시작하면 아동의 흥미를 토대로 놀이가 발전하며, 전체 놀이 루틴 동안 아동의 참여는 계속 이어진다. 시간이 지남에 따라 성인은 이러한 여러 놀이 단계를 (심지어 여러 놀이 루틴을) 서로 연결할 수 있다. 놀이를 확장하는 방법에 관해 다루기 전에, 먼저 놀이 확장하기의 유형, 특징, 시기에 대하여 살펴보자.

1) 확장하기 유형

놀이 확장하기에는 수평적 확장과 수직적 확장의 두 가지 유형이 있다. **수평적 확장**은 최근에 한 놀이 단계와 같은 수준에 있는 새로운 놀이 단계를 말한다. 예시를 살펴보자. 그림 11-1에서 성인과 아동은 포개기 상자를 쌓는 것으로 놀이를 시작했는데, 이는 일반적 조합 수준의 놀이 단계다. 그러다가 다른 유형의 쌓기 블록을 놀이에 추가했는데, 이 역시 일반적 조합 수준의 놀이 행동이다.

수직적 확장은 현재보다 한 수준 높은 놀이 단계를 말한다. 예를 들어, 아동이 현재 일반적 조합 수준에서 놀이한다면 여기서 수직적 확장은 전상징적 놀이, 즉 관습적 조합 또는 인형에 대한 가작화 수준의 놀이 행동을 하는 것이다. 그림 11-2에서 아동은 일반적 조합 수준인 블록 쌓기로 놀이를 시작하다가, 쌓은 탑에 인형을 추가함으로써 인형에 대한 가작화 수준(전상징적 놀이)의 놀이 행동으로 확장하였다.

그림 11-1 포개기 상자로 탑을 쌓다가 다른 블록을 추가하여 일반적 조합 수준에서 수평적 확장을 함

그림 11-2 탑 쌓기에 인형을 추가하여 인형에 대한 가작화 수준으로 수직적 확장을 함

수평적 확장은 현재 아동의 놀이 수준 안에서 놀이 행동의 수를 증가시켜 놀이의 **다양성**을 높인다. 수직적 확장은 현재 수준보다 높은 놀이 행동의 수를 증가시켜 아동 놀이의 **복잡성**을 높인다. 수평적 확장은 아동에게 익숙하거나 아동이 이미 할 수 있는 놀이 행동과 비슷하여 수직적 확장보다 쉽다. 반면, 수직적 놀이 행동은 현재보다 더 높은 놀이 수준이라 더 어렵다. 놀이 루틴 안에 두 유형의 확장하기를 모두 포함해야 하는데, 그렇게 함으로써 성인은 아동이 이미 숙달한 수준의 놀이와 표적으로 삼는 수준의 놀이를 모두 담아 놀이의 다양성을 구축할 수 있다.

2) 확장하기의 특징

성공적으로 놀이를 확장하기 위해서는 놀이 루틴의 질을 높일 새로운 내용을 자연스럽게 추가해야 한다(5장, p. 121 참고). 놀이를 확장할 때 다음 사항을 고려한다.

(1) 놀이 루틴의 방향성 따르기

확장하기는 항상 기본놀이와 명확하게 연결되고 놀이 루틴의 줄거리와 내용이 통해야 한다. 높은 수준의 놀이에서 이 줄거리는 서사(narrative)가 된다. 예를 들어, 아기 인형이 목욕하고, 양치질하고, 잠자리 들기 전에 동화책을 보고, 잠이 든다. 초기 수준의 놀이에서는 성인이 아동을 위해 논리적으로 연결된 여러 놀이 단계를 엮어 준다. 예를 들어, 성인은 동전을 돼지 저금통에 넣다가, 동전을 상자 위에 쌓고, 이어서 상자로 탑을 쌓는다. 이때 놀이 단계 간에 연관성을 유지하는 것이 중요하다. 마구잡이로 이 놀이에서 저 놀이로 옮겨 다니지 않고, 아동이 회기 내내 지속할 수 있도록 일관적으로 연결된 놀이를 구성해야 한다. 가장 일반적으로 하는 실수가 바로 이전 단계와 논리적 연관성이 없는 놀이 행동을 아동에게 소개하는 것이다. 일례로 돼지 저금통에 동전을 넣고, 아이스크림 쌓기를 하고, 모양 끼우기 틀에 모양을 끼우는 식으로 놀이를 진행해서는 안 된다. 모두 외형적 조합 수준에 해당하는 놀이 단계지만, 자연스럽게 하나로 흐름으로 연결되지 않는다. 아동이 현재 수행하는 놀이와의 연관성을 명확히 이해하지 못한다면, 다음 놀이 단계를 잘 수행하지 못할 가능성이 크다.

(2) 아동의 흥미와 경험에 맞게 확장하기

항상 아동의 관점에서 논리적이면서 명확하게 놀이를 확장해야 한다. 예시를 살펴보자. 성인이 작은 배에 피규어를 올려놓으며 놀이 루틴을 시작한다. 아동이 당연히 '낚시하기' 개념을 알고 있으리라 착각하여, 성인은 낚싯대, 생선을 구울 요리 장난감을 추가하여 놀이를 확장한다. 여기서 성인이 추가한 장난감은 상징놀이 낚시 루틴에 적합하다. 그러나 이 아동은 낚시를 잘 모르기 때문에 놀이에 덜 참여하게 되고, 다른 놀이 단계도 시작할 수 없어 놀이 루틴을 계속 진행하기 어려워진다.

(3) 작은 변화를 주어 확장하기

놀이 루틴을 확장하기 위해 대단한 것을 추가할 필요는 없다. 이전 단계의 내용을 조금 수정하는 것만으로 아동의 놀이에 융통성과 다양성을 줄 수 있다. 예를 들어, 구조물을 짓는 놀이를 한다면, 구조물 모양에 변화를 주거나(예: 높고 좁은 구조물 대 낮고 넓은 구조물), 구조물을 지을 새로운 놀잇감을 추가하거나(예: 블록과 포개기 상자를 섞어서 쌓기), 같은 놀이 행동을 다른 대상에게 할 수 있다(예: 자신의 머리를 빗다가 인형의 머리를 빗어 주기).

(4) 아동의 시작행동을 촉진하는 확장하기

놀이 루틴을 확장할 때마다 아동은 새로운 아이디어를 공유할 기회를 얻는다. 성인과 아동 모두 놀이 루틴에 새로운 것을 추가하여 확장할 수 있다. 그러나 아동이 먼저 확장하기를 시도하면 시작행동이 촉진되고 놀이 루틴에 대한 동기도 높아지기 때문에 더 이상적이다.

3) 놀이 확장 시기

확장하기는 기본놀이를 잘 설정한 후에 그리고 아동의 참여가 감소하기 전에 이루어져

야 한다. 대체로 아동은 주위를 둘러보고, 다른 장난감을 찾고, 이전보다 현재 놀이에 흥미를 덜 보임으로써 자신이 새로운 것을 시도할 준비가 됐음을 알린다. 이때 성인은 놀잇감을 미리 준비해 두고 아동이 이러한 모습을 보이기 **전에** 놀이 루틴을 확장해야 한다. 10장에서 언급한 바와 같이, 놀이 확장 기회는 놀이 루틴을 시작한 지 얼마 안 되어 생길 수도 있고, 아동이 새로운 단계를 시도하기까지 기본놀이를 설정하는 시간이 오래 걸릴 수도 있다. 그림 11-3은 놀이를 확장하기에 너무 이른 시기, 적절한 시기, 늦은 시기를 비교하여 보여 준다.

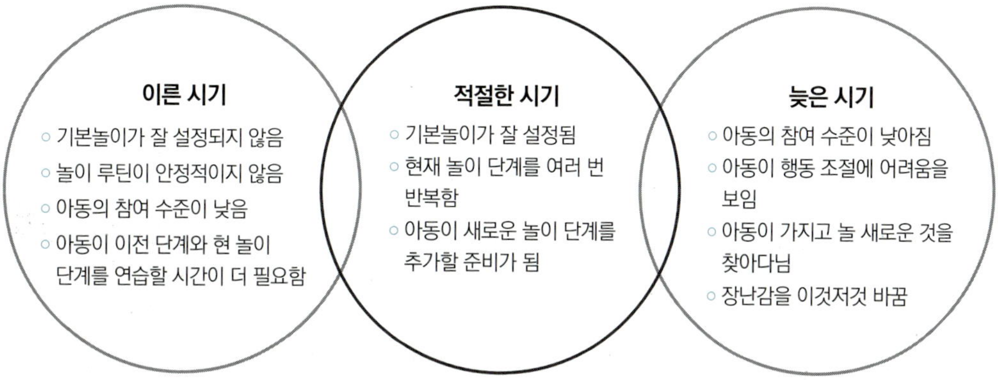

이른 시기
- 기본놀이가 잘 설정되지 않음
- 놀이 루틴이 안정적이지 않음
- 아동의 참여 수준이 낮음
- 아동이 이전 단계와 현 놀이 단계를 연습할 시간이 더 필요함

적절한 시기
- 기본놀이가 잘 설정됨
- 현재 놀이 단계를 여러 번 반복함
- 아동이 새로운 놀이 단계를 추가할 준비가 됨

늦은 시기
- 아동의 참여 수준이 낮아짐
- 아동이 행동 조절에 어려움을 보임
- 아동이 가지고 놀 새로운 것을 찾아다님
- 장난감을 이것저것 바꿈

그림 11-3 놀이 확장 시기

3 놀이 확장을 위해 환경 준비하기

놀이를 확장하기 위해서는 장난감과 놀이 환경을 미리 준비해 두어야 한다. 놀이 환경을 미리 준비해 두면 성인은 놀이가 다음 단계로 넘어가는 시기에 필요한 것을 바로 사용할 수 있다. 이때 성인이 준비해 둔 새로운 장난감을 아동이 알아차리고, 새로운 놀이 아이디어를 떠올려서 스스로 놀이 루틴을 확장하는 것이 가장 이상적이다.

1) 놀이 확장을 위한 장난감 선정하기

6장에서 다룬 바와 같이, 성인은 놀이를 확장하기 위해 장난감과 놀이 행동을 미리 준비해 두어야 한다. 그림 11-4는 놀이 확장을 위한 지침을, 표 11-1은 놀이 수준별로 특정 기본놀이에 대한 수평적 확장과 수직적 확장의 예시를 각각 보여 준다.

놀이 확장을 위한 지침 ☑

☐ 아동의 발달에 적합한 장난감과 놀이 행동 선정하기
☐ 수평적 확장과 수직적 확장하기
☐ 융통성 있고 다양한 놀이 행동을 촉진하는 장난감과 놀이 행동 선정하기
☐ 새로운 장난감이나 놀이 행동을 기존 놀이 루틴 단계와 명확하게 연결하기
☐ 놀이의 일관된 방향성 따르기
☐ 아동의 흥미와 경험에 맞게 확장하기

그림 11-4 놀이 확장을 위한 지침

표 11-1 놀이 루틴 확장하기

장난감과 놀이 수준	기본놀이 단계	수평적 확장	수직적 확장
똑딱 구슬 끼우기 (단순 놀이)	구슬을 경사로에 굴리기(구분된 놀이 행동)	구슬을 상자에 넣기 (구분된 놀이 행동)	구슬을 서로 끼워 연결하기(외형적 조합)
고리 끼우기 (외형적 조합)	나무 고리를 봉에 끼워 쌓기(외형적 조합)	천 고리를 봉에 끼워 쌓기(외형적 조합)	다 끼워진 봉 위에 상자 쌓기(일반적 조합)
블록 (일반적 조합)	블록으로 상자 만들기 (일반적 조합)	상자 안에 자동차 넣기 (일반적 조합)	블록으로 차고 만들기 (목적을 가진 물리적 조합)
소꿉놀이 장난감과 인형(전상징적 놀이)	컵을 입에 가져가기 (자기 가작화)	숟가락을 입에 가져가기 (자기 가작화)	인형 입에 숟가락 가져가기(인형에 대한 가작화)
다과 놀이 세트 (상징놀이)	차를 찻잔에 따르는 시늉하기(상상적 사물로 상징놀이)	차에 설탕을 넣는 시늉하기(상상적 사물로 상징놀이)	인형이 설탕과 차를 섞고 마시도록 하기(다중 도식 연결)

2) 놀이 확장을 위해 장난감 배치하기

놀이 확장을 위한 장난감 몇 가지를 놀이 환경 안에 배치한다. 놀이 확장을 위한 여러 장난감을 아동이 볼 수 있고, 손에 닿을 수 있는 거리에 두되, 현재 진행하는 기본놀이 단계를 방해하게 해서는 안 된다. 그림 11-5의 피자 놀이 루틴에서 성인은 오븐과 토끼, 이 두 가지 장난감 선택지를 준비해 두었다.

그림 11-5 성인은 아동 주도의 놀이 확장을 촉진하기 위해 옆에 오븐과 토끼를 배치해 둠

(1) 놀이 확장을 위해 장난감 미리 꺼내 놓기

아동이 놀이 확장을 준비하기 **전**에 미리 장난감을 놀이 환경 안에 배치해 둔다. 즉, 놀이 루틴을 시작하기 전이나 기본놀이를 잘 설정한 이후에 배치할 수 있다. 놀잇감을 준비하느라 아동을 기다리게 하거나, 아동의 집중력을 흐트러뜨려서는 안 된다. 만약 아동이 그런 모습을 보인다면, 그것은 성인이 장난감을 미리 꺼내 놓지 않았음을 보여 주는 것이다.

(2) 여러 가지 선택지 제공하기

놀이 확장을 위해 몇 가지 선택지를 제공할지는 아동에게 달려 있다. 아동이 놀이 루틴을 어떻게 확장할지 직접 선택하는 것이 좋으므로, 일반적으로 두 가지 선택지를 제시하기를 추천한다. 두 가지 선택지를 주면 아동은 자신에게 의미가 있고, 동기를 부여하는 한 가지 놀이 단계를 고를 수 있다.

4 아동이 놀이를 확장하도록 기다리기

놀이 환경을 잘 준비하였다면, 이제 아동이 스스로 놀이 루틴을 확장하도록 여유를 가지고 기다린다. 기본놀이를 잘 설정한 후 미리 배치해 둔 장난감을 아동이 알아차리고 이 장난감으로 새로운 놀이 단계를 떠올릴 수 있도록 조용한 시간과 공간의 여유를 준다. 여기서 조용한 시간이란 아동이 자기 생각을 표현하도록 성인이 기대하며 기다리는 시간을 의미

한다. 이때 손가락 두드리기, 사물 두드리기, 극적인 숨소리 내기 또는 다른 구어적 촉진을 해서는 안 된다.

1) 새로운 행동이나 흥미 살피기

여러 신호를 주의 깊게 살펴 아동이 놀이를 확장할 준비가 되었는지 확인한다. 이상적인 상황에서 아동은 주변에 있는 장난감을 둘러보고, 다음 놀이 단계를 위한 아이디어를 제시할 것이다. 그림 11-6에서 아동은 주변에 있는 오븐을 알아차리고 가지고 놀던 피자 조각으로 요리를 하여 놀이 루틴을 확장한다. 때로는 아동의 놀이 확장 행동이 빨리 지나가 버리거나 분명하지 않을 수 있다. 또 아동이 장난감을 보고 집어 들었지만, 그것으로 무엇을 해야 할지 모를 수도 있다. 아동의 흥미를 나타내는 모든 신호를 주의 깊게 살펴서 이에 바로 반응해 주어야 한다!

그림 11-6 아동이 피자를 오븐에 넣으며 놀이 루틴을 확장함

2) 아동의 놀이 확장 행동 모방하기

아동이 기존 놀이 루틴과 연결된 생산적인 놀이 확장 행동을 시작하면 성인은 이를 모방하여 아동의 아이디어를 강화해야 한다! 그림 11-6의 예시에서 성인은 즉시 아동을 따라 오븐에 피자 조각을 넣으며 아동을 모방해 줘야 한다(만약 아동의 놀이 행동이 놀이 루틴과 명확하게 연결되지 않거나 놀이 루틴을 방해한다면, 성인은 아동의 아이디어를 놀이 루틴과 연결 지어 반응해 준다).

5 놀이 확장을 위한 추가적인 지원

만약 아동이 스스로 놀이 루틴을 확장하지 않는다면, 성인이 추가적인 지원을 하여 확장해 줄 수 있다. 그림 11-7에 추가적인 지원 방법을 제시하였으며, 다음 여러 절에 걸쳐 이를 설명한다.

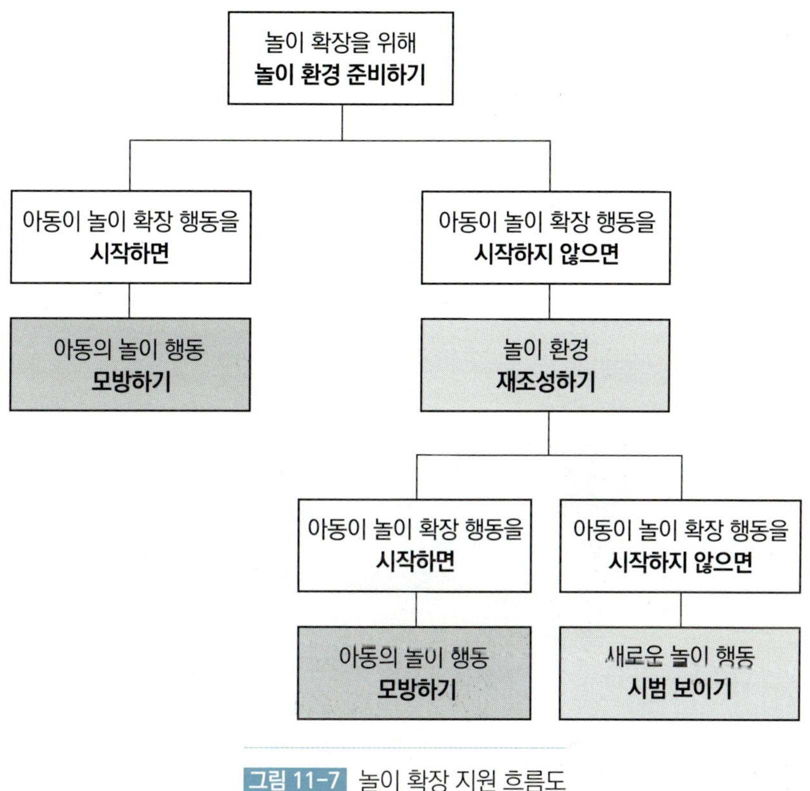

그림 11-7 놀이 확장 지원 흐름도

1) 놀이 환경 재조성하기

놀이 확장을 위한 장난감을 다시 정비하여 아동이 자신에게 주어진 놀이 선택지를 잘 알아차리도록 한다. 기본놀이 장난감을 치우고 확장놀이를 위한 장난감들을 아동에게 가까이 가져다 놓음으로써 보다 명확하게 보여 줄 수 있다. 환경적 촉진이 늘 그러하듯이 이 과정 역시 빠르고 신중하게 이루어져야 한다. 아동이 스스로 놀이 단계를 시작하지 않으면, 성인은 장난감 선택지 중 하나를 아동에 가깝게 밀어 지원의 수준을 높인다. 예를 들어, 그림 11-8에서 성인은 토끼를 탁자 중앙으로 옮기고 아동이 어떤 행동을 취하는지 기다리며 지켜본다. 이렇게 함으로써 성인은 시범을 보이지 않고 아동이 놀이 루틴을 확장할 방법을 직접 선택하도록 한다.

이 방법이 효과가 없다면, 성인은 아동에게 직접 장난감 하나(예: 토끼에게 먹일 음식 장난감)를 건네줄 수 있다.

2) 놀이 확장 시범 보이기

성인이 환경적 촉진 전략을 사용한 후에도 아동이 먼저 놀이를 확장하지 않으면, 새로운 놀이 행동 하나를 시범 보인다. 그림 11-9에서 성인은 토끼에게 피자 한 조각을 먹여 주는 모습을 시범 보인다. 여기서 목표는 아동이 성인의 놀이 확장 행동을 모방하고, 이 새로운 놀이 단계를 놀이 루틴에 통합하는 것이다.

그림 11-8 성인은 토끼를 아동 쪽으로 밀어 아동이 놀이를 확장하도록 지원함

그림 11-9 성인은 토끼에게 음식을 주는 시범을 보여 놀이를 확장함

(1) 놀이 확장을 명확하게 보여주기

성인의 놀이 확장 시범은 아동이 잘 알아차리고 따라 할 수 있도록 명확해야 한다. 다음은 명확한 놀이 확장 시범의 특징이다.

- 발달 수준에 적절함
- 아동의 시선 안에서 이루어짐
- 적절한 시기에 제공됨(성인 차례에, 아동 차례가 끝난 직후)
- 아동의 흥미, 경험, 동기를 고려함
- 이전 놀이 단계들과 명확하고 일관적으로 연결됨

성인이 시범을 보인 놀이 확장 행동이 명확하지 않거나, 아동이 쉽게 따라 하기 어려울 수 있다. 놀이 수준이 너무 높거나, 성인이 놀이 확장을 너무 많이 했거나, 아동이 동기 부여가 되지 않았을 때 그런 모습이 나타난다. 어떤 경우가 되었든지, 성인이 시범 보인 확장 행동을 아동이 꼭 따르지 않아도 괜찮다. 잠시 시간을 두고 다른 때 다시 시도해 본다. 성인의 놀이 확장 시범이 명확했음에도 아동이 아무 반응을 보이지 않는다면, 다음 단계로 넘어간다.

3) 다시 시범 보이기

성인의 놀이 확장 행동을 아동이 반드시 모방해야 하는 것은 아니다. 아동이 그 특정 놀이 단계에 관심이 없거나 아직 준비가 안 되었을 수 있다. 이럴 때 성인은 다음 중 하나를 선택할 수 있다. 다음번 성인의 놀이 차례에 이전에 보여 주었던 놀이 확장 시범을 다시 보여 주며 장난감을 건네주거나 아니면 다른 놀이 확장 아이디어를 시도한다.

4) 나중에 다시 시도하기

아동이 여전히 놀이를 확장하지 않는다고 해서 성인이 계속 촉진하거나 추가 지원을 할 필요는 없다(〈상자 11-1〉 참고). 그저 놀이 루틴을 진행하면서 다른 시점에 다시 시도한다. 아동이 성인의 확장 행동을 모방하거나, 자신만의 놀이 확장 아이디어를 시도할 때까지 그림 11-7에 제시한 바와 같이 지원 수준을 달리하여 계속 아동에게 기회를 준다. 다음은 이 모든 단계가 하나의 놀이 루틴 안에서 어떻게 작동하는지를 예시와 함께 보여 준다.

- **놀이 루틴의 기본놀이 설정하기**: 성인과 아동이 학교를 짓는다.
- **놀이 환경 준비하기**: 성인은 기본놀이를 진행하면서 아동의 손 닿는 거리에 작은 책상과 인형을 배치해 둔다.
- **기본놀이로 돌아가기**: 학교에 교실을 여러 개 만들고 나니, 아동은 이 놀이 단계들을 자신 있게 수행하여 놀이를 확장할 준비가 되었다는 신호를 보인다.
- **놀이 환경 재조성하기**: 성인은 놀이 확장을 위한 놀잇감으로 준비한 책걸상 장난감을 아동 쪽으로 밀어 준다. 아동이 새 장난감을 알아채고 책상을 집어 든다. 성인은 아동의 다음 행동을 기다리지만, 아동은 책상을 계속 바라보기만 한다.
- **시범 보이기**: 몇 초 기다린 후에 성인은 책상 장난감을 교실 안에 놓는다. 아동은 이 모습을 관찰하지만, 놀이 행동을 취하지는 않는다.
- **추가적 지원하기**: 성인은 아동에게 책상 장난감을 건네주고 기다린다. 아동은 책상 장난감을 그냥 내려놓는다.
- **다른 때 다시 시도하기**: 아동이 성인의 놀이 확장 시범을 따르지 않으므로 성인은 학교를 다시 지음으로써 놀이 루틴을 재시작하고 아동이 다시 놀이에 참여하도록 한다. 몇 번의 놀이 차례를 주고받은 후 다시 확장하기를 시도한다(아까와 같은 방법 또는 다른 방법으로).

상자 11-1

놀이를 확장하기 위해 지시적 촉진을 해도 되나요?

일반적으로, 놀이를 확장할 때 지시적 촉진을 권하지 않습니다. 우리의 경험상 지시적 촉진은 아동의 놀이를 너무 침범하는 데다, 아동에게 놀이 확장 기술을 가르칠 다른 적절한 전략들이 있습니다. 왜 권하지 않을까요? 지시적 촉진은 자연스러운 놀이 행동을 유발하지 않습니다. 지시적 촉진을 하게 되면, 놀이가 '훈련'이 되어 놀이를 통한 상호작용의 즐거움을 앗아 갑니다. 그리고 아동이 유연하고, 자연스럽게 자기 생각을 놀이에 펼치도록 하기보다 '옳은 놀이 행동'을 찾도록 합니다. 구어적 촉진, 몸짓 촉진, 신체적 촉진 대신 우리는 환경 조성이나 시범 보이기와 같은 암시적 촉진을 사용하여 놀이 확장을 은근히 촉진합니다. 일반적으로, 아동이 새로운 놀이 행동을 시작하도록 지원하는 데 이 정도의 지원이면 충분합니다. 만약 아동이 놀이를 확장하지 않는다면, 지시적 촉진이 필요한 게 아니라 대게는 놀이의 다른 차원에 문제가 있을 수 있습니다(11장, p. 257에서 아동이 놀이를 확장하지 않는 다른 이유를 확인해 보세요).

앞의 단계별 예시에서 성인은 아동에게 놀이를 확장할 기회를 충분히 주었으나 아동은 놀이를 확장하지 않았다. 이때 아동은 놀이 확장에 대한 동기가 생기지 않았거나, 성인이 기대하는 바를 잘 이해하지 못했을 수 있다. 놀이 루틴을 계속 진행하면서 나중에 같은 단계를 반복하거나, 새로운 놀이 확장 시범(예: 침대에 베개나 담요 놓기)을 보이면서 계속 시도한다. 계속 시도해도 놀이를 확장할 수 없다면, ACT 문제해결 틀을 활용하여 양식 8-1을 작성하고 문제를 바로잡아 놀이 루틴을 발전시킨다.

〈연습문제 11-1〉을 풀며 놀이 루틴을 확장하는 방법을 확인해 보자.

연습문제 11-1 놀이 루틴 확장하기

JASPER 지침에 따라 다음 상황에서 성인이 취해야 할 최선의 행동을 고르시오.

1. 성인과 아동은 기찻길을 둥글게 연결하여, 그 위에서 기차를 운전하다가 기찻길을 부수는 기본놀이를 한다. 이 일련의 단계를 세 번 반복하고 나니 아동의 행동이 느려지고, 자리에서 벗어나려는 모습을 보인다. 다음 중 성인이 가장 먼저 보여야 하는 행동은 무엇인가?
   A. 기차놀이 장난감을 치우고 새 장난감을 꺼낸다.
   B. 놀이 차례마다 아동이 장난감 만지는 것을 잠시 멈추게 하고 장난감을 요구하도록 한다.
   C. 잠재적 놀이 확장 자료인 여러 피규어와 포개기 상자 세트를 아동에게 가까이 밀어 놓는다.
   D. 기찻길 위에 상자를 쌓는 시범을 보여 준다.

2. 성인과 아동이 피자 조각들을 맞추고 피자를 자르는 기본놀이를 한다. 이후 아동이 피자 조각을 쌓아 탑을 만들며 놀이를 확장한다. 성인이 취할 수 있는 가장 적절한 다음 단계는 무엇인가? (아동이 외형적 조합의 놀이 수준을 숙달한 것으로 가정하기)
   A. 피자 조각을 다시 맞추어 기본놀이로 돌아간다.
   B. 피자 조각을 더 건네주어 아동의 놀이 확장 아이디어를 스스로 완성하도록 한다.
   C. 성인의 차례에 피자 탑 쌓기를 한다.
   D. 접시에 피자 조각 담기와 같이 다른 단계의 놀이 행동 시범을 보인다.

3. 성인과 아동은 외양간에 동물을 집어넣는 놀이 루틴을 시작한다. 그러다 아동이 외양간 문을 반복적으로 여닫는 행동을 한다. 놀이 루틴을 지속하기 위해 성인이 할 수 있는 행동은 무엇인가? (아동이 단일 도식 연결 놀이 수준을 숙달한 것으로 가정하기)
   A. 아동의 놀이 확장 행동인 문 여닫기를 모방한다.
   B. 문으로 하는 더 생산적인 놀이 단계의 시범을 보여 준다(예: 동물이 문을 노크하는 모습).
   C. 새로운 놀잇감을 가져와 아동이 놀이를 확장하도록 한다(예: 동물에게 먹일 음식).
   D. B 또는 C.

6 확장 후 놀이 루틴 지속하기

성공적으로 새 단계를 추가하여 놀이를 확장하고 나면, 놀잇감(원래대로)이 다 떨어지거나, 서로 차례를 충분히 주고받거나, 아동이 다른 놀이를 할 준비가 될 때까지 놀이 루틴을 지속한다. 이 시점에 오면 성인은 놀이를 재시작하거나 다시 확장하기 중 하나를 선택할 수 있다. 이것도 놀이 루틴을 발전시키는 과정이다.

1) 아동의 참여 수준 점검하기

놀이를 확장했을 때 아동의 참여 수준이 높아지는지 낮아지는지 살핀다. 이를 통해 성인은 다음 행동을 결정할 수 있다. 아동의 참여가 감소한다면, 그림 11-10과 같이 놀이를 재시작할 때가 온 것이다. 아동의 참여가 증가한다면, 이는 아동이 현 수준의 놀이 루틴을 유지할 수 있거나 혹은 다시 한번 확장을 시도할 수 있다는 신호다. 결국, 놀이 루틴은 자연스럽게 마무리되거나 아동이 더는 놀이에 흥미를 보이지 않게 된다. 이 시점에 성인은 환경 조성 전략을 사용하여 새로운 놀이 루틴으로 전이하도록 지원한다. 그림 11-11에 놀이 루틴의 재시작, 놀이 루틴의 지속적 확장, 새로운 놀이 루틴으로의 전이가 필요한 상황을 제시하였다.

그림 11-10 성인과 아동이 놀이 루틴을 재시작함

이럴 때 재시작하기	이럴 때 다시 놀이 확장하기	이럴 때 새 놀이 루틴으로 전이하기
◦ 아동이 현재 놀이 단계를 잘 수행하지 못함 ◦ 아동의 참여 수준이 낮음(예: 눈 맞춤 잘 안 됨, 놀이 차례 주고받는 속도 느려짐) ◦ 아동이 시작행동을 거의 안 함 ◦ 아동이 전보다 공동관심이나 요구하기 기술을 잘 사용하지 않음 ◦ 성인이 시범 보이는 빈도가 높아짐 ◦ 놀이 루틴이 방향성을 잃음 ◦ 놀이 루틴의 줄거리가 자연스럽게 다시 시작하는 방향으로 진행됨	◦ 아동이 놀이 루틴에 잘 참여하고 즐거워함 ◦ 아동이 현재 놀이 단계를 잘 수행함 ◦ 이전 회기에서 아동과 이 놀이 루틴을 해 본 적이 있음 ◦ 아동이 약간 지루해하거나 놀이 속도가 줄어듦 ◦ 아동이 장난감을 짧게 가지고 놂 ◦ 성인이 놀이를 재시작하면 아동이 잘 참여하지 않음 	◦ 놀이 루틴이 자연스럽게 종료됨 ◦ 이미 놀이 루틴을 창의적이고 유연한 방식으로 여러 번 확장했음 ◦ 놀이 루틴의 '줄거리'를 다양한 방식으로 진행했거나 여러 번 반복함 ◦ 놀이 루틴이 아동의 발달 수준에 맞지 않게 복잡해짐(예: 다양한 수직적 확장을 함) ◦ 아동의 놀이 속도, 참여도, 의사소통 시도가 감소하며 흥미가 떨어진 모습이 보임 ◦ 아동이 반복적 행동에 더 몰두함

그림 11-11 아동의 참여 수준에 따라 놀이 루틴의 흐름 조정하기

7 놀이 루틴 풍부하게 하기

놀이 루틴을 확장하면 융통성과 다양성을 더할 수 있다. 이를 통해 성인은 아동이 다양하고 복잡한 놀이 기술을 갖추게 하며, 놀이 루틴이 너무 지루하거나, 고정되거나, 반복되는 것을 막을 수 있다.

1) 수준별로 놀이에 융통성 더하기

성인이 놀이 루틴에 다양성을 더하는 방법은 아동의 놀이 수준에 따라 달라진다. 성인은 이전 놀이 단계에 작은 변화를 주거나 추가적 요소를 넣음으로써 놀이의 융통성을 높일 수 있다. 그림 11-12에서 성인과 아동은 돼지 저금통에 동전을 넣는 놀이로 놀이 루틴을 시작하였고, 돼지 저금통에 쿠키를 넣는 비슷한 단계로 놀이를 확장하였다. 다른 놀잇감을 추가하고 섞어서 놀이함으로써 아동의 놀이 루틴은 유연해진다. 수준별로 놀이를 확장하는 방법과 예시를 여기에 소개한다.

(1) 단순 놀이 루틴

단순 놀이에 적합한 장난감은 대부분 하나의 명확한 놀이 행동을 끌어내는 인과관계가 확실한 장난감이다. 이런 장난감은 일반적으로 다양한 방식으로 놀거나 다른 장난감과 함께 가지고 놀도록 개발된 것이 아니다. 따라서 이러한 장난감으로 놀이를 확장하려면 창의성이 필요하다. 단순 놀이 루틴을 확장할 때는 대체로 여러 가지 장난감을 가지고 비슷한 놀이 행동을 하며 놀이 단계를 연속적으로 밟아 나간다. 다음은 단순 놀이 루틴을 확장하는 방법의 예시다.

- 인과관계가 분명한 장난감을 다양한 방식으로 가지고 노는 것 보여주기(예: 다양한 자동차 장난감을 바닥에서 굴리고, 길 위에서 굴리고, 차고까지 굴리기)
- 다양한 놀잇감 선택하기(예: 다양한 종류의 공을 아동과 성인이 주고받다가 경사로 아래로 굴리기)
- 서로 다른 장난감을 비슷한 방식으로 가지고 놀기(예: 드럼을 두드리다 실로폰을 두드리기)

(2) 조합 놀이 루틴

조합 놀이 루틴은 일반적으로 놀잇감을 쌓거나 서로 결합하는 방식을 포함한다. 이 놀이 수준에서는 여러 가지 놀잇감을 섞어서 사용해도 괜찮다. 아동은 대체로 놀잇감의 상징적 기능보다는 장난감의 조합에 초점을 맞추기 때문에 놀잇감의 원래 기능을 크게 고려하지 않은 채 여러 놀잇감을 섞어서 사용하는 것도 발달적으로 적절하다. 그림 11-12에서 성인과 아동은 쿠키와 동전을 돼지 저금통에 집어넣으며 놀이한다. 이와 비슷하게 성인은 동물 퍼즐 조각들을 덤프트럭 위에 싣거나 포개기 상자 위에 쌓을 수도 있다. 성인의 관점에서

그림 11-12 성인과 아동은 돼지 저금통에 동전을 넣다가 쿠키를 넣음

이 놀이가 타당한가를 생각하기보다 아동에게 타당한 게 무엇인지를 생각해야 한다. 또 장난감의 종류, 배치, 놀이 순서에 약간의 변형을 줄 수 있다. 이와 관련된 몇 가지 아이디어를 다음에 소개한다.

- 다양한 외형적 조합 장난감을 섞어 일반적 조합 수준의 놀이하기(예: 모양 맞추기 조각들을 포개기 컵 안에 넣기)
- 구조물을 쌓을 때 다른 놀잇감 추가하기(예: 블록을 포개기 상자, 나무 블록, 폼 블록 또는 신발 상자 위에 쌓기)
- 구조물에 새로운 모양 추가하기(예: 여러 정사각형으로 만든 구조물에 삼각형이나 직사각형 모양 추가하기)
- 서로 다른 모양의 구조물 만들기(예: 높고 좁은 탑과 낮고 넓은 탑 세우기)
- 다양한 음식 장난감을 섞어 사용하기(예: 케이크 위에 아이스크림 쌓기)

이 놀이 수준에서 놀잇감을 섞어서 사용하는 것은 괜찮지만, 놀이 단계들이 타당하고 잘 연결되어야 한다. 아무런 이유 없이 마구잡이로 놀잇감을 섞어서는 안 된다. 모든 놀잇감을 다 섞은 후 트럭에 싣는 것은 놀이를 확장하는 것이 아니다. 놀이 행동에는 목적이 있어야 하고, 놀이 루틴의 방향성에서 따라 진행해야 한다.

(3) 전상징적 놀이 루틴

전상징적 놀이 루틴은 주로 하나의 주제 아래 여러 가지 개별 놀이 행동이 모여서 이루어지는데, 일례로 인형을 침대에서 일으키고, 옷을 입히고, 아침을 먹이는 연속된 놀이 행동이 있다. 전상징적 놀이 루틴을 확장할 때는 주로 놀이 루틴의 주제 아래 몇 가지 내용을 추가한다(예: 인형 양치질하기, 아침밥을 먹기 위해 의자에 앉히기, 팬케이크 만들기). 또한 놀이 루틴에 변주를 줄 수도 있다(예: 인형을 침대에 누이고 담요를 덮거나, 통학버스에 태우기). 몇 가지 아이디어를 여기에 소개한다.

- 피규어를 추가하기 전에 놀이 상황의 각 요소를 미리 구성해 놓기(예: 집을 짓고, 집 주변에 울타리를 두르고, 정원에 나무와 꽃을 놓고 나서 사람 피규어를 집 안에 넣기)
- 피규어에 여러 가지 음식 먹이기(예: 아기 인형 입에 숟가락으로 먹이다가, 우유병으로 우유 먹이기)

- 하루 일과에서 착안한 여러 가지 자잘한 단계 추가하기(예: 채소 썰고, 전자레인지에 넣고, 그릇에 담고, 숟가락으로 음식 섞고, 음식 먹는 시늉하기)
- 창의적인 장소나 상황 만들기(예: 수영장, 학교, 우주 정류장, 식료품 가게, 궁전)

(4) 상징놀이 루틴

전상징적 놀이 루틴과 비슷하게, 상징놀이 루틴에서 놀이 단계를 확장할 때는 일반적으로 주제를 이어 가거나, 관습적인 상호작용 절차(예: 다과모임, 보물찾기, 목욕 시간, 놀이공원)를 따르는 방식으로 진행한다. 그러나 이 단계에 이르면 아동이 인형에 생명을 불어넣고, 자신도 특정 역할을 맡고, 사물을 대체하여 놀 수 있으므로 성인은 더 많은 창의적 요소를 더할 수 있다. 놀이 루틴이 여러 주제를 포함할 정도로 커지면, 놀이를 명확하게 다시 시작하거나 기본놀이로 돌아가는 대신 놀이 확장 전후에 익숙한 놀이 단계나 아이디어로 되돌아갈 수 있다. 예를 들어, 피규어가 집, 학교, 놀이터를 연결하는 길을 왔다 갔다 하는 반복된 놀이 단계를 진행할 수 있다. 시간이 지남에 따라 각 놀이 주제는 더 다양한 놀이 행동을 포함하도록 발전해야 한다. 그러면 아동은 여러 놀이를 왔다 갔다 하지 않고, 다양하고 복잡한 놀이 아이디어를 차곡차곡 쌓아서, 궁극적으로 오랫동안 놀이에 참여하게 된다. 이와 관련된 몇 가지 아이디어를 다음에 소개한다.

- 아동이 경험한 재미있는 사건을 활용하여 하나의 줄거리 속에서 이어지는 여러 놀이 단계 만들기(예: 성인과 아동이 집을 짓고, 파티를 열어 손님들을 초대하고, 케이크를 굽고, 풍선을 불어 묶고, '그대로 멈춰라' 게임을 하고, 선물 열어 보기)
- 아동이 읽은 책의 내용을 놀이 루틴 주제로 활용하기[예: 해적이 보물을 발견함, 발견한 보물을 보물상자에 담기, 보물상자를 배에 싣기, 타일로 바다 만들기, 배 타고 섬으로 가기, 나무에 올라가 과일 따 먹기, 찾은 보물로 차(tea) 사기, 다과 파티 열기]
- 놀이 줄거리를 연기할 다양한 인물 등장시키기(예: 여러 동물이 와플을 만들고, 식탁에 앉고, 아침 식사를 하고, 통학버스를 타기 위해 줄 서고, 버스를 타고 학교에 가서, 교실로 들어감)

2) 놀이 루틴 연결하기

놀이 단계를 여러 번 확장하고, 융통성과 다양성을 더하여 여러 개의 놀이 루틴을 잘 설정한 후에 놀이를 확장해 나가는 또 다른 방법으로 서로 다른 놀이 루틴을 '연결하는' 방법이 있다. **연결하기(bridging)**는 두 개 이상의 놀이 루틴을 크고 더 복잡한 하나의 놀이 루틴으로 잇는 과정이다. 놀이 루틴 연결하기가 모든 아동에게 시급한 목표는 아니다. 연결하고자 하는 두 개 이상의 놀이 루틴을 아동이 매우 안정적으로 수행할 수 있고, 성인이 각 놀이 루틴을 다양하게 확장한 이후에 연결하기를 시도하는 것이 좋다. 연결할 놀이 루틴들은 서로 비슷한 유형의 놀이 행동을 포함하면서 아동이 관점에서 공통점이 있는 주제를 가지고 있어야 한다. 그림 11-13에서 아동은 두 개의 서로 다른 놀이 루틴을 실행하였다. 오른쪽은 인형들이 놀이터에서 노는 내용이고, 왼쪽은 인형의 집에서 인형이 잘 준비를 하는 내용이다. 둘 다 이미 잘 설정된 놀이 루틴이고, 비슷한 놀이 단계로 구성되어 있다. 따라서 성인은 이 둘을 연결하여 더 긴 줄거리를 만들어 낼 수 있다. 예를 들어, 성인은 먼저 놀이터에서 인형으로 첫 번째 놀이 루틴을 시작한다. 이후 인형을 차에 태워 집으로 가서 이 인형들이 잠잘 준비를 하도록 한다.

아동이 다양한 놀이 확장을 통해 잘 설정된 놀이 루틴을 여러 번 경험하였고, 더 높은 차원에서 놀이 아이디어를 서로 연결할 수 있을 때 연결하기를 시도해야 한다. 만약 아동이 아직 놀이 루틴을 연결할 준비가 되지 않았다면, 기존 놀이 루틴 안에서 놀이를 계속 확장해 나가도 괜찮다.

아동이 준비되었다면 다음의 지침에 따라 놀이 루틴을 연결한다.

1. 서로 연결할 두 개 또는 그 이상의 놀이 루틴을 선정한다.
2. 회기 시작 전 각 놀이 루틴을 위한 놀잇감을 따로 그러나 서로 가깝게 배치해 둔다.

그림 11-13 집과 공원 사이에 길을 만들면 명확한 시각적 단서가 되어 두 놀이 루틴을 연결할 때 도움이 됨

3. 놀이 루틴을 어떻게 연결할지 여러 아이디어를 생각해 두고 그에 필요한 놀잇감을 준비한다.
4. 회기가 시작하면 아동이 선택한 놀이 루틴을 따른다. 두 번째 놀이 루틴과 연결을 시도하기 전에 첫 번째 놀이 루틴이 안정적으로 설정되었는지 확인한다.
5. 첫 놀이 루틴이 잘 설정되면 놀이를 확장하여 다른 놀이 루틴과 연결한다. 만약 아동이 먼저 연결하기 아이디어를 제시하면 그 아이디어에 따른다. 아동이 연결하기를 먼저 시작하지 않으면 첫 단계에 대한 시범을 보여 주거나, 아동이 다음 단계를 시작하도록 추가적인 지원을 제공한다.

놀이 루틴을 연결하는 것이 처음이라면, 장난감을 준비할 때 두 놀이 루틴을 연결하는 명확한 시각적 또는 물리적 연결고리를 만들어 놓으면 도움이 된다. 그림 11-13에서 성인은 두 가지 명확히 구분된 놀이 루틴 사이에 길을 만들어 서로 연결했다. 이렇게 하면 아동이 '놀이터'에서 '인형의 집'으로의 연결을 쉽게 이해할 수 있다. 서로 다른 놀이 루틴을 시각적으로 연결해 주는 장난감들이 있다. 다음은 놀이 루틴을 연결할 때 활용할 수 있는 장난감이다.

- 살아 움직이는 것처럼 가지고 놀 수 있는 사물(예: 등장인물이 될 수 있는 인형, 동물, 피규어)
- 등장인물이 지나갈 수 있는 길(예: 경사로, 계단, 사다리, 통로)
- 등장인물이 탈 교통수단(예: 배, 차, 비행기, 기차)
- 교통수단이 지나갈 수 있는 길(예: 도로, 기찻길, 터널)

처음에는 아동이 놀이 루틴을 연결하기 위해 성인의 도움이 필요할 수 있다. 큰 놀이 주제들을 연결하는 데 점차 익숙해지면 아동은 놀이 루틴을 연결하기 위한 단계를 스스로 시작할 것이다.

3) 아동 주도의 놀이 확장 비중 늘리기

놀이 루틴을 확장하고 변화시켜 가면서, 성인이 주도하는 놀이 확장과 아동이 주도하는 놀이 확장 사이에 균형을 맞추어야 한다. 놀이 루틴을 만드는 초반에는 아동이 놀이 확장을 대부분 주도하거나(놀이가 경직되어 있음을 보여 주는 신호), 성인만 주로 놀이 확장을 하여

(아동의 시작행동 증진이 필요함을 보여 주는 신호) 균형이 맞지 않을 수 있다. 결국에는 성인과 아동 사이에 적절한 균형을 찾게 될 것이다. 융통성 있는 놀이 루틴들을 계속 만들어 나가면 성인과 아동의 상호작용은 시간이 지남에 따라 향상될 것이다.

8 놀이 확장 시 발생하는 일반적 어려움

아동에게 놀이 확장은 어려울 수 있다. 아동이 놀이를 확장할 준비가 되지 않았거나, 현재 장난감으로 하는 놀이에 만족하여 변화를 원치 않을 수도 있다. 융통성을 높이는 방향으로 놀이를 확장해 나갈 때 아동의 저항에 부딪힐 수 있음을 예상해야 한다. JASPER를 배우는 초반에 성인은 아동이 당황하게 할 때마다 포기하고 싶은 마음이 들 수 있다. 그러나 이러한 과정을 통해 아동의 변화가 나타나므로 아동의 저항 속에서도 계속 시도해야 한다. 아동이 놀이 루틴과 회기의 구조에 익숙해지면, 다양하고 창의적이고 유연한 놀이 기술을 점차 보여 줄 것이다. 자신감을 가지고 자연스럽게 놀이를 확장할 수 있게 되려면 여러 다양한 시도를 해 봐야 한다. 여기서는 놀이 루틴을 확장할 때 생기는 일반적 질문과 어려움에 관한 가상 사례를 소개한다. 다음과 같은 상황에서 8장에서 다룬 ACT 문제해결 틀을 활용하여 문제해결을 위한 계획을 세울 수 있다. 계속 시도해 보고, 필요하다면 계획을 조정한다.

1) 일반적 질문

여기서는 놀이 루틴을 확장할 때 생기는 일반적인 질문과 어려움에 대해 다룬다.

Q. 놀이 루틴을 진행하면서 어떻게 명확한 방향성을 유지하나?

놀이 루틴의 방향성은 아동의 놀이가 확장함에 따라 변할 수 있다. 아동은 성인이 예상치 못했거나 미처 대비하지 못한 아이디어, 또는 성인이 구상했던 놀이 계획에 잘 맞지 않은 놀이 아이디어를 제시하기도 한다. 성인이 구상해 둔 놀이 루틴을 포기하게 되더라도, 아동의 생산적인 아이디어를 지지하고 아동이 의도한 놀이 방향대로 따른다. 아동의 아이디어를 놀이 루틴에 연결하거나, 놀이 루틴을 새로운 방향으로 틀기 위해서 새로운 놀잇감이 필요할 수 있다. 이때 다음의 내용을 고려한다.

- 한 단계 앞서 생각한다. 앞으로의 단계에 어떤 놀잇감이 필요할지 미리 판단하고, 놀이 루틴의 줄거리를 지지하기 위해 수행할 놀이 단계를 준비한다. 아동이 놀이에 새로운 아이디어를 추가할 때 성인은 융통성 있게 아동의 주도를 따르는 한편, 이 놀이 루틴을 지속하기 위한 예비 아이디어를 구상해 둔다.
- 성인의 차례에 아동의 아이디어를 지원하거나 비계(scaffold)를 설정하여 전체 놀이 루틴에 잘 연결한다. 예를 들어, 성인이 벨크로 테이프 음식 장난감을 붙이고 있는데 아동이 아기 인형을 들어 흔든다면, 성인은 아기 인형을 흔들고 나서 아기에게 음식을 먹이는 시범을 보여 준다. 이렇게 함으로써 성인은 아동의 시작행동을 강화하고 동시에 현재 놀이 루틴을 지속할 수 있다.
- 놀이 환경 내 장난감 수를 조정하여 아동의 여러 아이디어가 잘 연결되도록 한다. 어떤 아동은 다양한 아이디어를 내는 것 같지만, 하나의 아이디어로 한 단계의 놀이만 수행하고 다른 장난감으로 넘어가 버린다. 이럴 때 성인은 놀이 환경 내 장난감 선택지에 제한을 두고 한두 개의 장난감만 남겨 놓는다. 그러면 아동은 하나를 선택하여 놀이를 확장하고, 성인은 놀이 환경을 잘 통제하면서, 결국 놀이 루틴의 방향도 통제할 수 있다.
- 놀이 루틴을 재시작하는 것도 고려할 수 있다. 만약 놀이 루틴이 방향을 잃거나 혼란스럽다면, 기본놀이로 돌아가거나 놀이 루틴의 전 단계로 돌아가서 더 분명한 방향을 다시 설정한다.

Q. 놀이 아이디어가 바닥난다면?

성인이 놀이 루틴과 확장하기에 대한 개념을 잘 이해했다 하더라도 JASPER 회기 도중 특정 놀이 단계나 놀이 확장을 고안하는 것은 여전히 어려울 수 있다. 훈련 과정의 중재자가 아동과 놀이할 때 새로운 놀이 확장 아이디어가 떠오르지 않는 것은 흔한 일이다. 자주 사용하는 장난감으로 놀이 수준별 다양한 확장 아이디어를 5개에서 10개 정도 미리 적어 두면 도움이 된다. 다음은 피자 놀이 장난감으로 할 수 있는 수준별 놀이 확장 아이디어다.

조합 놀이

- 피자 위에 토핑 올리기
- 피자 조각을 맞추어 피자 완성하기
- 피자 조각 쌓아 올리기

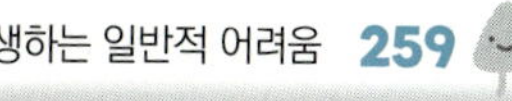

전상징적 놀이

- 피자 자르기
- 장난감 오븐에 피자 넣기
- 피규어에 피자 먹이기
- 피자 토핑을 그릇에 넣고 식기로 섞기
- 피자 먹는 척하기
- 블록으로 피자 오븐 만들기
- 피자를 접시에 담기

상징놀이

- 블록을 피자 토핑인 것처럼 피자 조각에 올리기
- 피자가 뜨거운 듯 호호 불기
- 계산대가 있는 피자 가게에서 피자 사기

이때 아동에게서 영감을 얻는 것이 중요하다! 아동이 놀이 행동을 시작하고 성인이 모방하는 것이 가장 이상적이다. 따라서 아동이 재미있고 생산적인 새로운 아이디어를 시도하면, 그것을 성인의 놀이 확장 아이디어 목록에 추가해 둔다.

Q. 아동이 성인의 놀이 확장 아이디어를 좋아하지 않는다면?

가끔 성인의 놀이 확장 아이디어가 잘 안 풀릴 때가 있다. 이때 낙담하면 안 된다! 그런 일은 종종 있으며, 잘 안 풀려도 괜찮다. 시도했던 새로운 놀이 확장 아이디어는 다른 상황, 다른 놀이 루틴을 위해 남겨 두고, 아동의 참여를 촉진할 다른 재미있는 방법을 찾는다. 아이디어가 막히면 놀이 환경을 둘러보고 놀이를 확장할 다른 장난감을 찾아본다. 때로는 잠시 멈추고 찬찬히 생각해 보는 것이 새로운 놀이 확장 아이디어에 불을 지필 수 있다.

Q. 아동이 놀이 루틴을 너무 빨리 진행한다면?

놀이 속도가 문제라면(10장, p. 230 참고), 각 놀이 단계를 하는 데 걸리는 시간을 점검한다. 성인이 제시한 놀이 확장 아이디어(예: 강아지의 털을 빗고, 밥그릇을 꺼내고, 밥그릇에 사료를 채우고, 강아지가 사료를 먹도록 하기)를 너무 빨리 진행하는 것은 전상징적 놀이나 상징놀이 수준의 놀이 루틴에서 일반적으로 발생하는 문제다. 단계를 여러 번 반복하더라도, 얼마 지나지 않아 더는 할 놀이 행동이 남아 있지 않게 된다. 이때 추가적인 놀이 확장 아이디어를 찾아보고, 이와 더불어 놀이 루틴 속 개별 단계의 수행 시간을 늘린다. 또한 다음 내용을 고려한다.

- 피규어의 수를 늘린다. 성인과 아동이 여러 피규어로 놀이 행동을 하면 더 많이 차례를 주고받을 수 있다.
- 큰 놀이 아이디어를 작은 단계로 쪼갠다. 목욕 놀이 루틴의 예로 들면, 성인은 인형을 욕조에 넣었다가 꺼내는 놀이를 계획한다. 그 안에 다른 놀이 단계를 여러 개 추가할 수 있는데, 인형 몸에 비누 칠하기, 인형 얼굴 씻기기, 샴푸 칠하기, 머리 말리기와 같은 단계가 있다. 더 많은 단계를 끼워 넣을수록 더 오래 놀이 루틴을 이어 갈 수 있다. 놀이 루틴을 늘린 후에 다음 단계의 놀이 아이디어(예: 침대에 인형 재우기)로 넘어갈 수 있다.
- 인형으로 놀이할 때 더 높은 수준의 조합 놀이 행동들(일반적으로 놀이 차례를 주고받을 때 시간이 더 오래 걸림)을 섞는다. 예를 들어, 인형을 위한 학교를 만들고 나서, 인형을 가지고 학교를 주제로 놀이 루틴을 진행한다.

2) 사례

다음은 놀이 확장 시 발생하는 어려움을 다루기 위한 가상 사례다.

(1) 신나는 캠핑

JASPER 안녕하세요.

저와 제가 만나는 꼬마 여자아이는 엄청나게 멋진 캠핑 놀이 루틴을 만들었어요. 그런데 어떤 지점에 이르고 나면 더는 놀이를 확장할 수가 없어요. 우리는 갈색 블록으로 모닥불을 만들어 놀이를 시작하고 빨간 블록을 그 위에 쌓아 불을 만들어요. 그리고 스모어(역자 주: 북미에서 모닥불을 피울 때 주로 만들어 먹는 간식, 마시멜로를 불에 구워 크래커나 쿠키 사이에 끼워 먹음)를 만들기 위해 불 위에 마시멜로 굽는 놀이를 해요. 또 우리는 스모어를 먹고 인형에게도 먹이며 놀이합니다. 이 지점까지는 놀이 루틴이 매우 성공적이에요. 이후 놀이 확장을 위한 선택지는 너무나도 많은데요. 이 아이는 모든 걸 다 해체한 후 계속 같은 놀이 루틴을 반복합니다. 이 아이는 놀이 루틴의 초반 단계들을 정말 좋아해요. 아이가 주도하는 대로 따르고 싶지만, 이미 이 놀이 루틴을 매우 안정적으로 수행하기 때문에 새로운 놀이 단계도 추가하고 싶어요. 새로운 몇 가지 아이디어를 시범 보여 주고 아이의 손에 닿는 곳에 확장을 위한 놀잇감들도 배치해 뒀는

데요. 아이는 알아차리지 못하거나 관심을 주지 않아요. 어떻게 하면 아이가 놀이를 확장하도록 도울 수 있을까요?

진심을 담아,

신나는 캠핑 드림

신나는 캠핑 님 안녕하세요.

엄청나게 재미있는 놀이 루틴을 진행하셨군요! 아동이 현 놀이 단계를 매우 유창하게 수행한다고 하시니, 저희도 놀이를 확장할 시기가 왔다는 데 동의합니다. 놀이 확장을 도울 몇 가지 방법을 여기에 공유합니다. 먼저, 환경 조성 시기를 잘 맞추세요. 아동이 스모어 만들기 놀이를 끝내기 전에 놀이 확장을 위한 선택지들을 미리 계획해야 합니다. 이렇게 하면 아동이 장난감들을 원상태로 해체하기 전에 다음 단계에 대한 시각적 단서를 볼 수 있습니다. 두 번째로, 다음 놀이 단계로 확실하게 이끄는 놀이 확장 장난감을 선택하세요. 예를 들어, 핫도그나 물고기 장난감을 주변에 두어 구워 먹기를 시도할 수 있습니다. 만약, 이런 시기적절한 환경 조성 전략이 효과가 없다면, 아동이 스모어 만들기를 다시 시작하기 전에 성인이 새로운 놀이 행동의 시범을 보여 줍니다.

내용을 읽어 보니 선생님은 수직적 놀이 확장을 많이 하고 계신데요. 전상징적 놀이에서는 수평적 확장을 통해 효과를 볼 수 있습니다. 예를 들어, 삼각형 모양의 블록으로 인형을 위한 텐트를 만들고 나서(목적을 가진 물리적 조합) 침낭이나 베개를 추가할 수 있습니다(관습적 조합). 스모어에 사탕을 올리거나 다른 종류의 피규어(예: 인형이 아닌 동물)에 스모어를 먹이는 등의 수평적 확장을 하는 것도 이미 설정된 놀이 단계를 확장하는 방법입니다. 만약 이런 전략들이 효과가 없다면, 아동은 이 고정된 놀이 방식에 고착되어 있을 수 있습니다. 그럴 때 성인은 놀이에 융통성을 불어넣어 줘야 합니다(예: 기본놀이들의 순서를 바꾸어 평소와 다른 기본놀이 단계로 시작하기).

행운을 빌어요!

JASPER 드림

(2) 미궁에 빠진 놀이

JASPER 안녕하세요.

저는 일반적 조합 놀이에 갇혀 빠져나오지 못하겠어요! 제가 지원하는 학생은 조합 놀이 기술을 잘 숙달한 상태고 일부 전상징적 놀이 기술도 잘 수행합니다. 예를 들어, 이 학생은 장난감 과일을 자신이 먹는 것처럼 놀다가, 저에게도 주고, 동물 장난감에도 먹여 줘요. 또 인형을 여러 가지 의자, 탈 것, 구조물에 앉히고 놀 수도 있어요. 그런데 목적을 가진 물리적 조합 단계로 넘어갈 수가 없어요. 블록으로 도로, 집, 자동차, 건물 등 수없이 많은 것을 만들어 보려고 했지만, 이 학생에게는 그냥 일반적 조합 놀이가 되어 버립니다.

그래도 계속 시도해 봐야겠지요?

진심을 담아,

미궁에 빠진 놀이 드림

미궁에 빠진 놀이 님 안녕하세요.

선생님은 아동의 놀이 단계를 잘 진단하여 다음 단계가 무엇인지 파악하고(목적을 가진 물리적 조합 놀이), 그 단계로 넘어가기 위해 애쓰고 계시네요. 말씀하신 놀이 수준으로 넘어가기 위해서는 아동이 무언가를 만드는 더 추상적인 방법을 이해해야 하므로 어려운 일입니다. 아동이 목적을 가진 물리적 조합 놀이를 하도록 지원할 때 사용할 수 있는 하나의 전략은 특정 사물을 명확하고 구체적으로 표현할 수 있는 장난감을 활용하는 것입니다. 예를 들어, 만들고자 하는 최종 완성품과 물리적으로 유사한 블록을 사용합니다(예: 자동차 바퀴에 원형 블록 사용). 만들고자 하는 구조물이 구체적일수록 아동이 놀이의 목적을 쉽게 이해할 수 있습니다. 또 다른 전략은 아동에게 동기를 부여하는 것, 아동이 살면서 이미 경험해 본 것을 목적을 가진 물리적 조합 놀이의 소재로 삼는 것입니다. 예를 들어, 아동이 우체국에 가는 것을 좋아한다면, 성인은 건물을 만들고, 우체국 간판을 붙이고, 우체통을 만들고, 우체통에 우편물을 넣는 놀이를 합니다. 목적을 가진 물리적 조합 놀이를 할 때 실제에 가까운 구체적인 사물을 활용할 수도 있습니다. 예를 들어, 놀이 루틴 초반에는 장난감 의자를 사용하다가 놀이에 등장하는 인형이 앉을 새 의자들을 직접 만들어 볼 수 있습니다. 성인이 이러한 전략을 계속 시도하는데도 학생이 목적을 가진 물리적 조합 놀이를 이해하기 어렵다면, 발달상 아직 준비되지 않은 상태일 수 있습니다. 다른 전상징적 놀이를 통해 놀이 루틴의 단계를 발전시키고 나서 다시 목적을 가진 물리적 조합 수준의 놀이를 시도해 보세요.

행운을 빌어요!

JASPER 드림

(3) 놀이가 너무 짧아요

JASPER 안녕하세요.

저는 18개월 작은 꼬마 아이를 지원하고 있어요. 이 아이는 이제 막 놀이를 배우는 중이랍니다. 우리는 단순 놀이를 연습하고 있고, 최근에는 외형적 조합 놀이도 나타나고 있어 매우 신이 납니다. 그런데 우리의 놀이 루틴의 길이가 너무 짧아서 걱정돼요. 저는 놀이 환경 안에 대략 다섯 가지 놀이 선택지를 두고, 그 아이가 돌아다니며 스스로 놀이를 선택하도록 합니다. 아이는 봉에 고리를 끼우며 노는 것을 즐겨 하고요. 드럼, 실로폰과 같은 악기도 좋아합니다. 그런데 이런 놀이 루틴은 고작 한두 단계에서 끝나고 맙니다. 이거 괜찮은 건가요?

안부를 보내며,

놀이가 너무 짧아요 드림

놀이가 너무 짧아요 님 안녕하세요.

재미있는 놀이를 진행하고 계시네요. 계속 놀이를 발전해 나가시길 응원합니다! 아이가 놀이에 흥미를 보이고 잘 참여하는 것 같네요. 멋진 놀이 순간들을 계속 발전해 나가시길 빌어요. 한 가지 기억할 점은, 나이가 아주 어린 아동은 나이가 더 많거나, 더 높은 수준의 놀이를 하는 아동에 비해 놀이 루틴의 길이가 짧을 수 있다는 거예요. 그러나 아동이 발달함에 따라 주의집중 및 참여 시간을 점차 늘려 나가야 합니다. 선생님의 놀이 환경과 놀이 행동에 변화를 주어 놀이 루틴 지속 시간을 늘릴 계획을 세울 때가 온 것 같습니다.

- 만약 아동이 이 장난감에서 저 장난감으로 자꾸 옮겨 다닌다면, 놀이 환경 내 놀잇감 종류를 두세 개로 명확하게 줄여 보세요.
- 이제 막 아동에게 나타나는 외형적 조합 수준의 놀잇감 종류를 늘려 보세요. 새롭게 놀이를 확장하고자 할 때 다양하고 새로운 선택지를 제공해 줍니다. 또 여러 외형적 조합 장난감을 배치해 두고, 아동이 이미 숙달한 '분리하기' 수준의 기본놀이를 시작한 후 점차 표적 수준의 놀이로 확장할 수 있습니다.
- 놀이를 확장할 준비를 하세요. 서로 조합할 수 있는 놀잇감들을 골라 두세요. 놀이를 갑자기 바꾸기보다 자연스럽게 연결될 수 있게 하세요. 예를 들어, 돼지 저금통 놀이 루틴을 할 때 돼지 저금통에 넣을 수 있는 다른 놀잇감들을 근처에 두세요(예: 동전, 쿠키, 피자 토핑 등).
- 아이에게 친숙하거나, 아이가 좋아하는 노래를 활용하여 악기로 하는 놀이 루틴의 지속시간을 늘려 보세요(예: '우리 모두 다 같이' 동요를 부르며 드럼 연주하기).
- 놀이를 재시작할 때 완전히 새로운 놀이로 바꾸지 말고, 속도를 높이고 정서를 고조시킨 상태에서 놀이 행동 시범을 보여 놀이 루틴의 지속 시간을 늘려 보세요.

계속 노력해 보세요!

JASPER 드림

(4) 놀이를 연결해 주세요

JASPER 안녕하세요.

제가 만나고 있는 어린 여자아이는 수백 가지 상징놀이 아이디어가 있어요! 저는 이 아이의 아이디어를 따라 주고 싶은데, 그러면 놀이가 좀 이상해져요. 왜냐면 놀이가 곧 방향을 잃어버리거든요. 아이가 놀이를 하긴 하는데 놀이 행동이 서로 연결되지 않아요. 예를 들어, 저는 아이가 제일 좋아하는 고양이 인형을 꺼내 놔요. 그리고 우리는 여러 놀이 스테이션을 만들어요. 고양이들이 나무를 타고 새를 쫓는 곳이 있고, 고양이가 먹고 자는 집이 있고, 다른 고양이들을 의사에게 데려갈 보호소도 있고, 여러 스테이션이 있어요. 아이는 이 모든 놀이를 다 수행할 수 있는데요. 놀이하다 보면 우리가 이 행동에서 저 행동으로, 또 이 스테이션에서 저 스테이션으로 그냥 옮겨 다니는 것 같아요. 이 모두가 훌륭한 놀이 아이디어지만, 놀이를 연결하는 무엇인가가 없어요. 계속 이 아이의 아이디어에 따라야 할까요?

진심을 담아

놀이를 연결해 주세요 드림

놀이를 연결해 주세요 님 안녕하세요.

모든 놀이 행동이 잘 연결된 응집력 있는 놀이 루틴이 되려면, 이 창의적인 고양이 놀이 루틴은 구조화가 필요해 보이네요. 다음 놀이 스테이션으로 넘어가기 전에 각 스테이션에서 하는 놀이 행동의 수를 늘려 보세요. 각 놀이 스테이션은 하나의 명확하게 구분된 복합적인 놀이 루틴이 될 수 있습니다. 스테이션은 '장(chapter)'이고 이 장이 모이면 하나의 큰 '줄거리(story)'가 된다고 생각해 보세요. 각 장을 길게 늘림으로써 줄거리의 길이와 복잡성을 더할 수 있습니다. 예를 들어, 현재 나무 스테이션에서 두 가지 놀이 단계, 즉 나무 오르기와 새 쫓기를 하고 있다면 이를 적어도 10단계 이상으로 늘릴 놀잇감을 준비해 보세요. 그러고 나서 성인은 놀이 단계나 장난감을 추가하여 이야기의 장을 서로 연결할 수 있습니다. 각 스테이션 사이에 고양이들이 지나다닐 통로를 만드는 것이 한 예가 될 수 있지요. 마지막으로, 다음 전략들을 고려해 보세요.

- 각 스테이션의 놀잇감을 점검: 현 스테이션에 여러 놀이 단계를 촉진할 놀잇감이 충분히 있는가? 새롭고 참신한 놀이 단계를 위한 놀잇감이 있는가?
- 놀이 스테이션의 수와 각 스테이션 간의 거리를 점검: 아동이 앞에 놓인 놀잇감에 집중할 수 있도록 각 스테이션이 적절하게 떨어져 있는가? 스테이션 간 놀이를 자연스럽게 연결할 놀잇감이 있는가?
- 모방하기와 시범 보이기의 속도를 점검: 아동이 다른 스테이션으로 넘어가기 전에 멈칫하거나, 다음에 무엇을 할지 잘 모르는 것 같은가? 현재 진행하는 놀이 루틴을 확장하기 위해서 성인의 시범이 필요한가?

계속 노력해 보세요!

JASPER 드림

9 결론

이 장을 끝으로 4부, 놀이에 대한 장을 마무리한다. 놀이 확장하기에 이르면 지금까지 다뤄 온 전략들은 절정의 순간에 다다른다. 성인이 표적 기술을 정하고, 놀이 환경을 준비하고, 기본놀이를 설정해 나가는 과정은 모두 이 순간, 즉 놀이 확장을 통해 아동의 시작행동, 놀이 기술, 융통성, 참여를 높이는 순간으로 이끌기 위함이다. 놀이를 확장하면 아동이 그 과정에서 새로운 기술을 습득할 뿐만 아니라, 놀이 루틴이 더 복잡하고, 다양해지며, 오래 유지되어 놀이 자체가 더 재미있어진다. 그림 11-14에 놀이 루틴을 확장하기 위한 전략을 요약하였다.

5부에서는 놀이 루틴의 다음 요소인 의사소통에 대하여 소개한다. 의사소통 전략은 놀이 전략 층과 겹쳐지며, 3부에서 다룬 전략들과 통합하여 사용해야 한다.

놀이 확장 준비하기

- 수평적 확장을 계획하여 현 놀이 수준에서 다양성 더하기
- 수직적 확장을 계획하여 더 높은 놀이 수준으로의 복잡성 더하기
- 기본놀이를 잘 설정한 후 놀이 확장을 위해 적절한 장난감 준비하기

아동의 놀이 확장 모방하기

- 아동이 스스로 놀이를 확장하도록 기다려 주기
- 아동의 생산적인 놀이 확장 행동 모방하기
- 아동에게 발현하는 놀이 아이디어 비계 설정하기

놀이 확장 지원하기

- 암시적 촉진으로서 놀이 환경 재정비하기
- 아동이 확장을 시도하지 않으면 성인이 시범 보이기
- 성인의 시범은 아동의 발달 수준에 적합하게, 명확하게, 아동의 시선 안에서 보여주기

점차 놀이에 변화 주기

- 놀이 루틴에 작은 변화를 주어 놀이의 융통성 높이기
- 아동의 놀이 확장 아이디어와 성인의 아이디어 간 균형 맞추기
- 잘 설정된 여러 개의 놀이 루틴을 서로 연결하여 하나의 복합적인 놀이 루틴 만들기

그림 11-14 11장 요약

5부

의사소통

학습목표

✓ 아동의 시작행동 촉진하기

✓ 공유하기 및 요구하는 의사소통 증진하기

✓ 몸짓과 언어 사용 증진하기

5부에서는 아동의 의사소통에 반응하고 확장하는 방법, 프로그래밍 전략을 사용하는 방법, 조기 언어 학습자를 지원하기 위해 음성산출장치를 사용하는 방법에 대하여 다룬다.

12장

핵심 의사소통 전략

1 도입

이 장에서는 놀이 루틴에 의사소통 전략을 접목하는 방법에 대하여 다룬다. 다음 예시를 살펴보자.

> 성인과 아동은 여러 동물 피규어, 트랙터, 헛간을 가지고 놀이 루틴을 진행한다. 아동이 동물 하나를 트랙터 위에 올려놓고 성인을 바라본다. 성인은 자신의 동물을 트랙터에 놓기 전에 아동에게 보여 주고 "말!"이라고 말한다.

놀이 전략에서와 마찬가지로 성인은 동등하고 적극적인 의사소통 상대자가 되어야 한다. 성인은 아동이 의사소통하도록 기다려 주고, 아동의 반응을 살피고, 의사소통 시범 보이기와 모방하기를 (언어 확장 전략과 함께) 사용할 것이나. 성인은 이러한 의사소통 전략을 놀이 전략과 함께 사용하여 놀이 루틴 안에서 더 많은 사회적 의사소통을 촉진할 수 있다. 이 장의 전반부에서는 **모방하기**와 **확장하기**를 통해 아동의 생산적인 의사소통을 강화하는 방법에 대하여 설명한다. 그다음에는 의사소통 **시범 보이기**에 대해서 다룬다. 후반부에는 아동의 비전형적인 의사소통, 놀이 회기와 관련 없는 요구하기, 도전 행동, 조절 문제 등 의사소통 관련 어려움에 대처하는 방법을 설명한다. 의사소통 모방하기, 확장하기, 시범 보이기에 대한 구체적인 내용을 다루기 전에, 그림 12-1을 통해 여태까지 소개한 의사소통 지침을 복습해 보자.

전략 복습

동등하고 적극적인 의사소통 상대자 되기	아동에게 적절한 언어 사용하기
✓ 너무 수동적이거나 지시적으로 의사소통하지 않기	✓ 아동의 언어 수준에 맞추기
✓ 아동이 의사소통을 시도하도록 기다려 주기	✓ 상황 언급해 주기
✓ 아동의 차례에 말하거나 몸짓 보이지 않기	✓ 지시문 사용하지 않기
✓ 언어 및 공동관심 몸짓을 놀이 행동과 연결하기	✓ 융통성 있고 자연스러운 억양과 음색으로 말하기
✓ 구어적 칭찬은 최소한으로 하기	✓ 단어 사용 시 일관성과 다양성 간 균형 맞추기

(5, 6, 8장 참고)

그림 12-1 전략 복습

2 의사소통 의도를 보여 주는 신호 살피기

놀이 전략과 마찬가지로 놀이 루틴을 진행할 때 성인은 아동이 의사소통을 시도하도록 기다려 주어야 한다. 다시 말하면, 성인은 아동의 차례에 말을 하거나, 아동의 주의를 끌거나, 촉진을 해서는 안 된다. 대신에 아동을 지켜보며 의사소통하기를 기다리고, 의사소통 의도를 보여 주는 신호를 살펴야 한다. 특히 아동은 자신의 놀이 차례에 의사소통을 시도할 가능성이 크므로 아동 차례에 이 지침을 반드시 지킨다. 성인은 면밀하게 주의를 기울여서, 미묘할 수도 있는 아동의 모든 의사소통 시도를 알아차리고 이에 반응해야 한다. 그림 12-2는 놀이 회기 중 성인이 살펴보아야 할 의사소통 신호의 예시를 보여 준다.

표적 기술	발현하는 기술	비전형적인 의사소통
◦ 눈 맞춤, 몸짓, 언어 사용 ◦ 공유하기 또는 요구하기 위한 의사소통 ◦ 시작행동과 반응행동 ◦ 비구어적 의사소통과 구어적 의사소통 함께 사용하기 	◦ 흘깃 바라보기 ◦ 몸짓의 일부 표현하기 ◦ 단어의 일부 표현하기 또는 의사소통 의도가 명백한 소리 내기 ◦ 너무 빨리 또는 너무 작게 말해서 잘 안 들리는 단어 ◦ 명백하게 성인을 향한 것은 아니지만, 놀이 루틴과 관련이 있는 의사소통	◦ 대사 같은 말 ◦ 반향어 ◦ 원하는 사물이 있을 때 성인의 손 잡아끌기 ◦ 모호하거나, 대상이 없거나, 반복적이거나, 발음이 정확하지 않은 의사소통 ◦ 지속적으로 소리 지르거나 울기 

그림 12-2 놀이 회기 동안 아동이 보이는 모든 유형의 의사소통 점검하기

3 생산적인 의사소통 모방하고 확장하기

놀이 루틴 동안 성인은 **모방하기**와 **확장하기**를 통해 아동의 의사소통에 반응한다. 의사소통 모방하기란 아동의 의사소통을 융통성 있게 반복하는 과정이며, 확장하기란 한 가지 이상의 새로운 단어를 추가하는 과정이다. 예를 들어, 그림 12-3에서 아동이 "돼지, 들어가."라고 말하면 성인은 "말, 안에 들어가."라고 말하여 아동의 말을 모방하고 새 단어를 한 개 추가한다.

모방하기와 확장하기는 아동의 의사소통을 강화할 뿐만 아니라 아동이 시도할 수 있는 기술들을 보여 준다. 그림 12-4의 예시처럼 아동이 성인을 바라보든, 몸짓을 사용하든, 언어(이 사례에서는 문장의 일부)를 사용하든 간에 성인은 아동이 해당 내용을 전달하기 위해

그림 12-3 성인은 자신의 차례에 아동의 언어를 모방하고 확장함

그림 12-4 아동의 다양한 의사소통 시도에 성인은 풍부한 반응을 보임

사용할 다양한 기술을 보여 줄 수 있다. 성인이 보여 준 의사소통 기술을 아동이 알아차리고 이해하는 순간을 적극적으로 활용하여 시작행동을 발전시켜 준다. 다음에서는 놀이 루틴 중 효과적인 모방하기와 확장하기를 위한 몇 가지 지침을 소개한다.

1) 아동의 발달 수준에 맞게 모방하고 확장하기

모방하기와 확장하기 전략은 아동의 발달 수준에 맞게 사용해야 한다. 만약 아동이 한 단어 수준의 발화를 한다면, 성인은 두 단어로 반응해 주면서 모방과 확장을 한다(언어 확장은 밑줄로 표시함).

- 아동이 "차"라고 하면, 성인은 "노란 차!" 또는 "빠른 차!"라고 말한다.
- 아동이 인형을 **가리키면**, 성인은 똑같이 **가리키며** "인형!"이라고 말한다.

만약 아동이 길게 발화를 할 수 있다면 성인은 온전한 문장으로 모방과 확장을 한다.

- 아동이 "우리 낚시하러 가."라고 말하면 성인은 "우리 배 타고 낚시하러 가!"라고 말한다.
- 아동이 "나는 선장 할 거야."라고 말하면, 성인은 "나는 어부 할 거야!"라고 말한다.

표 12-1의 언어 확장 방법을 참고한다.

표 12-1 의사소통 모방 및 확장하기

아동의 의사소통		성인의 확장하기
아동이 소리를 내거나 눈을 맞춤	→	단어 1개로 확장하고 몸짓을 추가하기
아동이 몸짓을 사용함	→	몸짓을 모방하고 단어 1개를 추가하기
아동이 몸짓을 사용하고 단어 1개로 말함	→	몸짓을 모방하고 단어 2개로 확장하기
아동이 1~3개 단어로 말함	→	2~4개 단어로 확장하고 몸짓을 추가하기
아동이 짧은 구절로 말함	→	긴 구절로 확장하고 몸짓을 추가하기
아동이 긴 구절로 말하고 몸짓을 사용함	→	몸짓을 모방하고 온전한 문장으로 확장하기
아동이 문장으로 말함	→	대화 속 역할을 자연스럽게 이어 나가기
아동이 같은 단어를 반복적으로 말함	→	같은 내용의 다른 표현을 사용하기

(1) 즉각 반응하기

성인은 아동에게 즉각 반응을 해 주어 아동의 소통 시도를 잘 알아차리고 받아들였다는 것을 보여 준다. 만약 아동이 상대의 반응을 얻기 위해서 행동을 여러 번 반복해야 한다면, 자신의 의사소통이 충분치 않다거나, 상대가 자신의 의도를 잘 이해하지 못한다거나, 의사소통을 시도할 가치가 없다고 생각할 수 있다. 놀이 속도가 빠른 아동이라면 성인은 자신의 놀이 차례에 아동의 시도에 반응해 준다. 놀이 속도가 느리거나, 의사소통이 드물게 나타나는 아동이라면 성인은 예외적으로 아동의 놀이 차례에 반응해 주어 아동의 의사소통을 효과적으로 강화한다(이때 성인은 동등하고 적극적인 놀이 상대자의 역할을 유지하기 위해 다음 자신의 차례에는 가급적 말을 하지 않는다).

(2) 표현이 명확하지 않아도 반응하기

아동이 말하고자 하는 바를 짐작하여 내용을 완성하려 노력한다. 아동이 의사소통을 배우는 과정에서 그저 소리를 내거나, 단어의 일부만 말하거나, 말이 불명확하거나, 무슨 이야기를 하는지 확실하지 않을 때가 있다. 그럴 때 성인은 6장(p. 137 참고)에서 다룬 바와 같이 명확한 하나의 단어로 아동에게 반응해 주어야 한다. 아동에게 다시 말해 보라거나 잘 말해 보라고 요구하지 않는다. 대신에 최선을 다해 추측하고, 아동이 말했다고 생각하는 단어에 맞게 반응해 준다. 이러한 반응은 아동이 올바른 단어를 배우는 데 도움이 되고, 아동에게 자신의 의사소통이 효과적이었음을 알려 준다. 그림 12-5의 예시에서 아동이 "우-"라고 단어의 일부를 말하자 성인은 전체 단어인 "위에!"라고 하며, 전체 단어에 대한 시범을 보여 아동의 의사소통을 발전시킨다.

그림 12-5 아동이 단어 일부를 말하면 성인은 전체 단어를 명확히 말해 줌

마찬가지로 성인은 놀이 루틴에 도움이 된다면 아동이 낸 소리도 발전시켜 줄 수도 있다. 만약 아동이 놀이 행동과 관련된 소리를 낸다면 성인은 이 소리를 모방해 주고 의미 있는 단어를 추가해 준다. 예를 들어, 아동이 자동차를 굴리며 "부릉!"이라고 말하면 성인은 "부릉! 달리자!"라고 말할 수 있다. 만약 아동이 공을 성인에게 굴려 주며 "꺄!"라고 말하면 성인은 "꺄! 공이다!"라고 반응해 준다. 그러나 아동이 내는 소리가 놀이 루틴과 관련이 없거나 고정된 대사 같거나, 반복해서 소리를 낸다면, 성인은 이를 무시하거나 더 적절한 언어 시범을 보여 준다.

(3) 의사소통 몸짓을 성공적으로 사용하도록 지원하기

아동이 몸짓으로 시작행동을 하지만, 아직 명확하게 수행하지 못할 수 있다. 이럴 때 성인은 적절한 촉진을 하여 아동이 성공적으로 몸짓을 사용하게 돕고, 다시 이에 적절히 반응을 보여 준다. 만약 아동이 "새!"라고 말하며 공동관심-보여주기를 시도하고 자신의 손을 성인을 향하지 않고 자기 옆에 둔다면, 성인은 부분적 신체 촉진을 하여 아동이 보여 주려는 사물이 상대방을 향하도록 가볍게 손을 건드려서 상기시켜 준다. 그다음에는 새를 가리키며 "빨간 새."라고 말하여 아동의 시도에 반응해 준다. 이와 마찬가지로 만약 아동이 자신의 손에 닿지 않는 사물을 요구할 때 가리키기를 명확하게 수행하지 못한다면, 성인은 전체 신체 촉진을 하여 부드럽게 아동의 손을 가리키는 모양으로 만들고 나서 아동의 요구에 반응해 준다.

(4) 긍정적인 정서로 반응하기

성인은 긍정적인 정서를 활용하여 반응한다. 우리는 8장에서 자연적 강화제로서 상황 언급하기와 정서의 활용에 대하여 다루었다(8장, pp. 186-187 참고). 아동의 의사소통에 고조된 정서로 반응하면 성인이 아동의 의사소통에 흥미를 있음을 확실히 보여 주고 아동의 의사소통 기술을 강화할 수 있다. 또한 긍정적인 정서를 활용하면 놀이가 더 재미있어진다! 그러나 아동에 따라 정서 수준을 적절하게 조절해야 한다.

2) 대화 속 역할을 자연스럽게 이어 가기

더 높은 수준의 아동과 의사소통할 때 성인은 대화 속 역할을 자연스럽게 이어 나간다. 예를 들어, 아동이 "카우보이들이 터널 속으로 달린다."라고 말하면, 성인은 "보안관에게 잡히기 전에 빨리 가자!"라고 하거나 성인이 보안관 역할이라면, "다 나한테 잡혔어!"라고

말할 수 있다. 높은 수준의 의사소통을 하는 아동의 말을 성인이 그대로 모방하는 것은 거추장스럽고, 대화 진행을 방해하며, 놀이 차례 간 균형을 맞추는 데도 적절하지 않다.

〈연습문제 12-1〉에 아동의 의사소통 시도와 그에 따른 성인 반응의 예시를 제시하였다. 문제를 풀면서 성인의 적절한 반응을 찾아보자.

연습문제 12-1 의사소통 모방하고 확장하기

다음 성인의 반응이 JASPER 지침에 따른 것인지 확인하고 반응이 적절하면 '예', 적절하지 않으면 '아니요'에 표시하시오.

상황 설명	성인 반응의 적절함	
1. 아동이 인형을 든 채로 성인을 바라본다. 성인은 인형을 가리키며 "곰!"이라고 말한다.	예	아니요
2. 아동이 차를 차고에 넣으면서 "들어가."라고 말한다. 성인은 차를 차고에 넣으며 "차고에 들어가."라고 말한다.	예	아니요
3. 아동이 "나는 경찰관이야. 너를 체포한다."라고 말한다. 성인은 "나도 경찰관이야! 너를 체포한다."라고 말한다.	예	아니요
4. 아동이 구조물 안에 호랑이를 넣고 "동물원에 호랑이."라고 말한다. 성인은 "이 동물들도 넣어 봐!"라고 말한다.	예	아니요
5. 아동이 "고-고(공)."라고 말한다. 성인이 "고-고 굴러간다!"라고 말한다.	예	아니요

4 성인 차례에 언어 시범 보이기

아동이 생산적으로 놀이를 하도록 놀이 행동을 시범 보이는 것처럼, 성인은 아동이 의사소통하지 않거나 적절하게 하지 않을 때 언어 시범을 보여 지원한다. JASPER를 적용할 때 놀이 루틴 전반에 걸쳐 성인은 자신의 놀이 차례에 언어와 몸짓 시범을 보여 주어야 한다. 그러면 아동은 자신의 차례에 성인의 촉진 없이 스스로 사용할 수 있는 단어와 몸짓을 꾸준히 접하게 된다. 그림 12-6에서 성인은 자신의 차례에 "분홍 돼지."라고 말하며 공동관심-보여주기 시범을 보여 준다. 다음에서는 놀이 루틴 중에 효과적으로 시범을 보이기 위한 지침을 소개한다.

그림 12-6 성인은 자신의 놀이 차례에 몸짓과 언어를 연결 지어 풍부한 의사소통 시범을 보임

1) 아동의 발달 수준에 맞게 시범 보이기

6장에서 다루었던 상황 언급하기 시범을 아동의 언어 수준에 맞게 보여 준다. 이때 성인은 아동의 발달 수준에 적절하면서도 놀이 루틴과 연관이 있는 단어를 사용해야 한다. 촉진, 지시어, 시험하는 질문 또는 다른 방식의 요구하는 표현은 피한다.

2) 사회적 의사소통을 증진하기 위한 시범 보이기

언어 기술을 표적 기술로 삼을 때는 넓은 사회적 맥락을 늘 염두에 두어야 한다. 성인의 시범은 아동이 새로운 의사소통 방식을 배우도록 촉진하지만, 아동의 사회적 상호작용을 향상하기 위해 그리고 놀이 루틴 속 상호작용을 일으키는 순간을 강조하기 위해서도 한다. 즉, 성인은 의사소통뿐만 아니라, 공동참여, 사회적 교감 그리고 재미있는 놀이 상대자의 역할에 대한 시범을 보여야 한다. 성인의 시범은 놀이 루틴 속에서 튀지 않고 물 흐르듯 자연스러워야 한다. 시범을 보이는 순간은 아동과 교감하는 순간이지 아동을 지도하는 순간이 되어서는 안 된다.

그림 12-7에서 성인과 아동은 케이크를 함께 만들고 있다. 성인은 아동에게 초를 건네며(공동관심-건네주기) "초!"라고 말한다. 적절한 순간에 이러한 시범을 보이면 즐겁게 관심을 공유하게 된다. 적절하지 않게 시범을 보이면, 이 순간은 성인이 무언가를 요구하는 상황처럼 느껴질 것이다. 성인은 요구하지 않고, 관심을 공유할 순간이 확실히 올 때까지 기다리며 긍정적인 정서를 보여 주어야 한다. 만약 아동이 반응을 보이지 않으면 계속 놀이 루틴을 진행한다.

그림 12-7 성인은 언어 시범과 공동관심-건네주기 시범을 보여 줌

3) 공동관심 몸짓 시범 보이기

놀이 루틴 중 자연스러운 순간에 공동관심 몸짓을 사용한다(그림 12-8 참고). 여기서 목표는 이러한 몸짓을 빈번하게 그리고 자연스럽게 사용하여 아동에게 공동관심 몸짓을 어떻게 사용하는지 보여 주는 것이다. 이러한 몸짓은 동기를 부여하는 사물이나 행동을 강조하기 위해 사용해야 하지 놀이 루틴을 방해하는 방식으로 사용해서는 안 된다. 다음은 자연스러우면서도 아동의 이목을 끌 수 있는 몸짓 시범 보이기 지침이다.

그림 12-8 성인은 자신의 차례에 동물을 짐차에 넣으며 공동관심-가리키기와 언어 시범을 보여 줌

(1) 몸짓을 언어와 놀이 행동에 연결하기

성인은 자신의 차례에 몸짓 시범을 보일 때 언어와 놀이 행동과 연결 지어서 시범을 보여야 한다. 다음은 성인의 차례에 공동관심 몸짓을 언어와 연결 지어 보여 주는 예시다(밑줄

친 부분이 몸짓).

- 성인과 아동은 높은 탑을 짓고 교대로 동물을 올려놓고 있다. 아동이 동물을 바라본다. 성인은 자신의 차례에 동물을 향해 공동관심-가리키기를 하며 "블록 위에!"라고 말한다.
- 성인과 아동은 교대로 인형에 음식을 먹이고 있다. 성인이 공동관심-보여주기를 하며 아동에게 음식을 보여 주고, "당근!"이라고 말한 후 인형에게 먹인다.
- 성인과 아동은 교대로 주전자에 담긴 음료를 잔에 따르는 놀이를 하고 있다. 성인은 자신의 차례에 공동관심-건네주기를 하며 아동에게 잔을 주고 "주스 줄게!"라고 말한다.
- 성인과 아동은 음악회 놀이를 하고 있다. 아동이 "드러머 어딨어?"라고 말한다. 성인은 "드러머 여기 있어!"라고 말하며 공동관심-보여주기를 하여 아동에게 인형 드러머를 보여 준다.

(2) 명확한 몸짓 시범 보이기

성인이 시범 보이는 몸짓은 분명하고 확실해서 아동이 알아차리기 쉬워야 한다. 보여주기와 가리키기를 동시에 사용하지 말고 한 번에 한 몸짓만 시범 보인다.

- **보여주기**를 할 때는 아동을 향해 손과 팔을 약간 뻗어 사물을 들어 보인다. 사물을 아동의 얼굴 앞에서 흔들지 않는다.
- **가리키기**를 할 때는 팔과 집게손가락을 뻗고 나머지 손가락들은 확실히 오므려서 온전하게 가리키는 모습을 만든다. 손가락으로 장난감을 두드리거나 건드리지 않는다.
- **건네주기**를 할 때는 팔을 완전히 쭉 펴고 손바닥이 위를 향하게 하며 사물을 아동을 향해 든다. 아동이 내키지 않는데, 사물을 받도록 강요하지 않는다.

(3) 분명하고도 자연스러운 몸짓 보여주기

몸짓 시범은 명확하면서도 자연스럽게 보여 준다. 아동의 시선이 머무는 곳에서 몸짓을 보여 주고 평소보다 조금 더 길게(1~2초 정도) 몸짓을 유지하여 아동이 이를 알아차릴 기회를 준다. 만약 아동이 알아차리지 못하거나 반응하지 않으면 그냥 넘어간다. 놀이 루틴을 지속하기 위하여 반드시 아동이 장난감을 바라보거나, 몸짓을 모방하거나, 건네준 장난감을 받을 필요는 없다. 아동의 주의를 끌기 위해 추가 조치를 하지 않는다. 성인은 너무 오래

행동을 멈추거나, 손이나 장난감을 흔들어 보이거나, 아동의 얼굴 가까이에서 몸짓을 보여 주거나, 눈 맞춤을 시도하기 위해 장난감을 부자연스럽게 눈 가까이 들어 올리지 않는다. 이 시점에서의 목표는 아동에게 이러한 기술이 있음을 알아차릴 기회를 주는 것이다. 아동이 이러한 몸짓을 연습할 수 있도록 특정 기회를 만들어 주는 **프로그래밍** 전략은 13장에서 다룰 것이다.

4) 적절한 양의 시범 보이기

아동에 따라 또 놀이 루틴에 따라 보여 주는 시범의 양은 달라진다. 성인이 보여 준 기술을 아동이 알아차릴 기회가 많으면 좋겠지만, 그렇다고 성인이 놀이 차례마다 시범을 보여야 하는 것은 아니다. 항상 아동이 의사소통을 시도할 시간을 보장해 주어야 한다. 만약 놀이 루틴 중에 성인이 대부분 말을 하거나, 아동의 행동을 중간에 끊거나, 아동의 놀이 차례까지 말을 하고 있다면 시범을 너무 많이 보이는 것이다. 성인이 의사소통할 때마다 몸짓을 사용할 필요는 없다. 그러나 놀이 회기 전반에 걸쳐 일관적이면서 자연스럽게 몸짓을 사용해야 한다.

5 의사소통과 관련하여 발생하는 일반적 어려움

아동의 의사소통 시도에 어떻게 반응해야 할지 잘 모를 때가 있다. 어떻게 해야 할지 막막할 때는 아동의 의사소통을 자세히 들여다봐야 한다. 알아채기 어렵고 미묘하더라도 놀이 회기 중에는 항상 성인이 반응해 줄 수 있는 의사소통 기회들이 있다. 어렵겠지만 언어를 촉진할 기회를 잘 파악하고, 아동이 사용하는 기술을 알아차리는 데 전문가가 되어, 순간적으로 지나가는 의미 있는 순간을 최대한 활용하여 반응해 준다. 여기에 핵심 의사소통 전략 사용과 관련된 일반적인 질문과 사례를 소개한다.

1) 일반적 질문

다음은 의사소통과 관련하여 받는 일반적인 질문들이다.

Q. 아동의 의사소통이 명확하지 않다면?

아동의 의사소통이 명확하지 않거나 불완전할 때 아동에게 다시 말해 보라거나 잘 말해 보라고 하지 않는다. 대신에 아동의 언어를 있는 그대로 반응하려고 최대한 노력한다. 아동의 의사소통 시도를 재빨리 강화하여 지금 나누는 대화를 지속하는 것이 가장 중요하다. 성인의 차례가 왔을 때 정확한 발음을 시범 보임으로써 아동이 해당 단어나 구절을 더 명확하게 다시 말하도록 지원할 수 있다.

Q. 아동이 고정된 대사 같은 말을 계속한다면?

이때 성인의 반응은 아동의 의사소통이 적절한지에 따라 달라진다. 만약 아동이 성인과 의사소통하려는 의도를 보이거나 말의 내용이 놀이 루틴과 밀접하게 연관이 있다면 성인은 아동의 말을 완성해 주거나 더 적합한 언어 시범을 보여 준다. 예를 들어, 아동이 기차를 가지고 놀면서 "토마스 기차가 온다."라는 고정된 표현을 반복한다면, 성인은 아동에게 새 기차를 보여 주고 "얘는 Joey야! 같이 학교 가자!"라고 말하여 기차가 학교에 가는 놀이를 할 수 있다. 성인의 이러한 반응은 고정된 표현 대신에 아동이 사용할 수 있는 적절한 단어들을 알려 준다. 만약 아동의 발화가 놀이 루틴과 관련이 없다면(예: 외워서 반복하는 표현, 관련 없는 노래 부르기), 이는 아동의 조절 또는 참여 수준이 낮음을 의미한다. 성인은 모방하고 확장하기 대신 놀이 행동 시범을 보이거나 적절한 언어 시범을 보여 아동의 의사소통 방향을 전환해 준다.

Q. 아동이 요구하면 항상 들어줘야 하는가?

아동이 요구하면 성인은 요구를 들어주어 아동의 의사소통을 이해하고 있음을 보여 주고, 놀이 동기를 부여하는 환경을 조성해야 한다. 그러나 요구하기 기능이 무엇이냐에 따라 성인의 반응은 달라질 수 있다.

이럴 땐 아동의 요구를 들어줌	이럴 땐 아동의 요구를 들어주지 않음
• 합리적인 요구	• 아동의 놀이 참여를 낮추는 요구
• 놀이 루틴을 연장, 확장하는 요구	• 놀이 루틴을 방해하는 요구
• 새로운 기술이나 발현하는 기술을 사용하는 요구	• 활동에서 벗어나게 하는 요구
• 아동의 참여 수준을 높이는 데 도움이 되는 요구	• 행동의 고착 또는 경직성을 높이는 요구
• 생산적인 놀이로 이어질 수 있는 요구	• 방해행동으로 이어질 수 있는 요구

비록 성인이 항상 요구를 들어주지 못할지라도 아동의 요구하기 시도를 인정해 주는 것이 중요하다. 놀이 루틴 방해를 최소화하면서 들어줄 수 있는 요구라면, 재빨리 들어준다. 만약 그렇지 않은 요구라면, 아동의 의사소통 시도를 인정해 주고 아동이 다시 놀이로 돌아

갈 수 있도록 방향을 전환해 준다. 예를 들어, 성인은 "먼저 놀이를 하고, 그다음에 책을 읽을 거야."라고 말해 줄 수 있다. 많은 아동이 활동에서 벗어나기 위해 요구하기 기술을 쓴다. 특히 요구가 충족된 후에도 아동이 계속 요구하기를 한다면 활동에서 벗어나기 위함이 명확하다. 예를 들어, 아동이 놀이 루틴 전반에 걸쳐 계속 "책 읽고 싶어! 책 읽고 싶어!"라고 요구한다면, 이는 활동에서 벗어나기 위한 시도일 가능성이 큰데, 이때 성인은 아동이 놀이 루틴으로 돌아가도록 지원해야 한다. 마지막으로, 아동이 놀이 참여를 방해할 수 있는 장난감을 요구할 때 방향을 전환해 줄 필요가 있다. 예를 들어, 성인이 "오늘은 이 장난감들을 가지고 놀 거야."라고 응답하고 오늘 가지고 놀 수 있는 장난감들을 가리킨 후 재미있는 놀이 단계 시범을 보여 준다(만약 이러한 과정에서 아동이 조절 문제를 보인다면, 16장으로 가서 더 많은 지원 전략을 확인한다).

Q. 비전형적인 의사소통을 할 때 어떻게 반응하는가?

만약 아동이 전형적이지 않은 방식으로 의사소통한다면, 성인은 적절한 기술로 확장해 준다. 예를 들어, 아동이 성인의 손을 잡고 근처 장난감이 있는 곳으로 끌고 간다면, 성인은 장난감을 가리키고 "장난감 주세요!"라고 말하며 적절하게 요구하는 행동을 보여 준다. 만약 아동이 성인의 손을 병 위에 얹고 열어 달라고 요구하면, 성인은 병을 가리키고 "도와주세요."라고 말한다. 성인은 이런 상황을 새로운 기술을 프로그래밍할 기회로 활용할 수 있다(13장 참고).

Q. 도전 행동이나 조절 문제를 보일 때 어떻게 반응하는가?

성인의 반응이 아동의 바람직하지 않은 행동을 강화하는 상황이라면 반응을 최소화한다. 아동이 소리 지르며 성인을 바라보면서 관심을 끌려고 하거나, 농장 놀이를 할 때 알파벳 노래를 계속 부른다면, 이는 조절 문제를 보여 주는 상황 혹은 비생산적인 고정된 대사를 하여 놀이 참여를 저해하는 상황이다. 이런 상황에서는 아동의 행동을 모방해 주기보다 아동 행동의 기능에 맞게 대응한다(16장 참고).

2) 사례

(1) 제 말만 따라 해요

JASPER 안녕하세요.

학생이 새로운 표현을 사용하게 하려면 어떻게 해야 할지 고민입니다. 이 학생은 모방을 기가 막히게 잘합니다. 놀이할 때 제가 하는 말을 다 모방할 수 있어요. 그런데 이 학생이 자신만의 새로운 표현을 사용하는 경우는 거의 없어요. 제가 말을 너무 많이 하는 걸까요? 아니면 제가 말을 더 많이 해 줘야 할까요? 제가 한 말을 이 학생이 따라 할 때 다시 그 말을 계속 모방해 줘야 할까요?

안부를 전하며,

제 말만 따라 해요 드림

제 말만 따라해요 님 안녕하세요.

학생의 행동을 자세히 진단하여 학생이 과도하게 모방에 의존하고 있음을 잘 파악하셨군요. 이 학생에게는 새로운 의사소통을 시작할 여지를 줘야 할 것 같습니다. 성인의 의사소통 비율을 줄여서 학생이 자신의 차례에 말을 할 시간을 더 주세요. 이 학생이 의사소통을 시도할 것 같은 상황에서 정서와 미묘하고도 자연스러운 표현(예: 기대하면서 잠시 행동 멈추기 또는 격려하는 표정)을 잘 활용해 보세요. 이때 자연스럽게 행동하되 너무 오래 기다리지는 마세요. 또 다른 유용한 방법은 새로운 단어 사용을 장려하기 위해 성인이 다양한 언어 시범을 보이는 것입니다. 예를 들어, 비행기 안에 인형을 놓을 때마다 "넣어."라고만 말하는 대신, 여자, 앉아, 날아, 비행기와 같은 단어의 시범을 보일 수 있습니다. 비록 학생이 새로운 단어를 시작하지 않더라도 성인은 계속 언어를 확장해 줘야 합니다. 예를 들어, 성인이 "피자 먹어."라고 언어 시범을 보이면 학생이 "피자 먹어."라고 모방하겠지요. 이때 성인은 다시 "피자 더 먹어." 또는 "우리 피자 먹어."라고 반응해 줄 수 있습니다. 만약 학생이 또 이를 따라 하면 성인은 계속 융통성 있게 다시 모방해 줍니다(예: "페퍼로니 피자 먹어.").

성공하시길 빌어요.

JASPER 드림

(2) 입이 트였으면

JASPER 안녕하세요.

제가 만나는 어린 남자아이는 말을 잘 안 해요. 놀이하는 데 관심을 보이고 소리도 내지만, 이 아이가 무엇을 말하려 하는지 잘 모르겠어요. 간단한 단음절 단어로 상황 언급하기를 시도해 봤지만, 제가 말하는 단어를 전혀 알아채지 못하는 것 같아요. 어떤 단어를 선택해야 좋을까요? 어떻게 이 아이가 말하도록 도울 수 있을까요?

고맙습니다.

입이 트였으면 드림

입이 트였으면 님 안녕하세요.

아동이 말을 거의 하지 않는 상황에서 단음절의 언어 시범을 보이니 잘하고 계십니다. 다음은 선생님이 시도할 수 있는 몇 가지 전략입니다. 먼저, 선생님의 상호작용 속도를 점검해 보세요. 그리고 아동이 자신의 차례에 말을 하도록 많이 기다려 줍니다. 아동이 소리를 내면 명확한 한 단어로 반응해 주어 이러한 시도를 강화합니다. 아동이 내는 소리를 참고하여 반응해 줄 단어를 고를 수 있습니다. 예를 들어, 아동이 '브' 소리를 낸다면 '블록'이나 '부릉'과 같은 단어로 반응해 줍니다. 이때 아동이 "블."이라고 하며 성인의 언어 시범을 따라 한다면 이를 모방해 주고 다시 '블록!'이라고 말하여 확장해 줍니다. 이렇게 하면 아동이 시도한 말을 강화할 뿐만 아니라, 아동이 성인의 언어 시범을 다시 한번 들을 기회를 줍니다. 또한 언어 발달을 촉진하기 위해 보완대체 의사소통(Augmentative and Alternative Communication: AAC) 체계를 도입하는 것을 고려해 보세요(14장 참고).

포기하지 마세요!

JASPER 드림

(3) 같은 대사만 반복해요

JASPER 안녕하세요.

제가 만나는 여자아이는 이제 막 상징놀이 기술을 보입니다. 최근에 우리는 아이가 제일 좋아하는 TV 캐릭터들을 놀이 루틴에 등장시켰어요. 그런데 이 아이가 높은 수준의 놀이 행동을 보이기는 하지만, 대사 같은 말을 반복합니다. 제가 놀이 루틴과 관련된 새로운 표현을 시범 보여도 이 아이는 자신이 좋아하는 TV 프로그램 속 캐릭터들이 하는 대사를 반복해요. 아이가 생산적인 놀이를 하고 있고, TV 캐릭터들을 등장시키면 놀이 참여 동기가 높아지기 때문에 캐릭터를 놀이에서 완전히 빼 버리고 싶지는 않습니다. 아이가 더 유연한 언어를 사용하게 하려면 어떻게 해야 할까요?

고맙습니다.

같은 대사만 반복해요 드림

같은 대사만 반복해요 님 안녕하세요.

사연 속 아동은 놀이 기술에서 큰 발전을 보였는데, 언어 기술은 별로 그렇지 않군요. 우리도 아동에게 놀이 동기를 부여하는 요소를 그대로 유지하는 것이 옳다고 봅니다. 아동의 놀이가 계속 발전을 보이니까요. 선생님이 설정한 이 아동의 의사소통 목표를 한 번 진단해 보세요. 아이가 대사 같은 말을 할 때만 긴 구절을 사용하나요? 만약 그렇다면 이 아이가 실제 숙달한 발화 길이는 선생님이 생각한 것보다 훨씬 짧을 수 있습니다. 대사가 아닌 아동의 자연스러운 발화의 평균 길이에 맞게 언어 시범을 보여 주세요. 또 다른 전략은 아동의 대사를 점진적으로 바꾸

> 어 주는 겁니다. 아동이 하는 대사를 그대로 모방하고 확장하는 대신 성인이 하는 놀이 행동과 관련된 유연한 언어로 바꾸어 반응해 주세요. 예를 들어, 성인이 인형을 건물에 놓을 때 아동이 "우리가 구조하러 간다."라는 말을 반복한다면, 성인은 '올라간다!'라고 말하여 반응해 줍니다. 이때 긍정적인 정서를 보여 주고, 몸짓을 함께 사용하여 이때 한 말을 강조해 줄 수 있습니다.
>
> 힘내세요!
>
> JASPER 드림

6 결론

의사소통 모방하기, 확장하기, 시범 보이기는 중재가 성공하는 데 이바지하는 핵심적 요소지만 적절한 시기에 시도하고 서로 조화롭게 사용해야 효과가 있다. 이 기술들을 초반에 연습할 때 모방 및 확장 기회를 잘 포착하고, 너무 많은 시범을 보이지 않도록 주의한다. 시간이 지남에 따라 아동의 의사소통은 놀이 루틴과 함께 진보를 보이게 될 것이다. 친숙한 놀이 루틴을 진행하면서 성인이 아동의 표현과 몸짓을 반복해 주면 아동이 이를 알아차리고 의사소통을 하기 위해 다시 그 기술을 사용하게 된다. 아동이 별로 주의를 기울이는 것 같지 않더라도 이러한 과정에 익숙해지면 아동의 놀이 참여는 향상할 것이다. 아동은 성인이 일관적으로 사용하는 단어와 몸짓을 알아차리고 성인이 제공하는 의사소통 기회에 더 반응하게 될 것이다. 초반에는 아동이 모방이나 반응 표현을 많이 하겠지만, 점차 시작행동으로서 언어표현을 하게 될 것이다. 그림 12-9는 우리가 다룬 핵심 의사소통 전략을 요약한 것이다. 다음 장에서는 의사소통 프로그래밍 및 촉진 전략을 소개한다.

모방하고 확장하기	성인의 차례에 시범 보이기	말과 공동관심 몸짓 연결하기
◦ 의사소통 의도를 보여 주는 신호에 반응하기 ◦ 아동의 발화 길이에 맞게 반응하기 ◦ 발현하는 의사소통에 즉각 반응하기 ◦ 대화 속 역할을 자연스럽게 이어 나가기 ◦ 긍정적인 정서 활용하기	◦ 아동의 수준에 맞게 의사소통 시범 보이기 ◦ 사회적으로 교감하기 위해 성인의 차례에 시범 보이기 ◦ 성인의 언어 시범의 양 조절하기	◦ 명확하게 몸짓 시범 보이기 ◦ 놀이 전반에 걸쳐 자연스러운 순간에 몸짓 시범 보이기 ◦ 발현하는 몸짓을 성공적으로 사용하도록 지원하기

그림 12-9 12장 요약

13장

몸짓과 언어 사용을 위한 프로그래밍

1 도입

이 장에서는 의사소통 전략의 다음 층(layer)인 프로그래밍에 대해 다룬다. **프로그래밍**이란 잘 설정된 놀이 루틴 안에서 언어와 몸짓을 사용하도록 가르치기 위해 명확하고 체계적인 기회를 제공하는 과정이다. 이 장에서 소개하는 전략들은 12장의 핵심 의사소통 전략과 밀접한 관련이 있다. 프로그래밍의 목적은 아동이 표적 기술을 사용하도록 추가적인 지원을 하는 것이다. 이 과정은 다음의 단계를 포함한다. 놀이 루틴 전반에 걸쳐 공동관심 몸짓과 언어 **시범 보이기**, 아동이 표적 기술을 사용하도록 분명한 **기회 제공하기** 또는 자연스럽게 발생한 **기회를 적극적으로 활용하기**, 아동이 의사소통을 시작하도록 **잠시 행동 멈추기**, 아동의 행동에 적절하게 **반응하기**(촉진을 통해 추가적인 지원을 하거나 아동의 의사소통 강화하기; 그림 13-1 참고).

다음 예시는 놀이 회기 중 성인이 이 과정에 따라 공동관심-가리키기를 프로그래밍하는 상황이다. 이 장 전반에 걸쳐 성인이 프로그래밍하여 제공한 기회에 밑줄을 쳐서 분명하게 표시하였다.

> 성인과 아동은 함께 성을 만들고, 피규어가 성의 꼭대기까지 올라가는 놀이를 한다. 놀이 루틴 전반에 걸쳐 성인은 상황을 언급해 주고, 자신의 놀이 차례에 놀이를 수행하면서 공동관심-가리키기 시범을 보일 순간들을 선택해야 한다. 성인은 놀이 루틴을 확장할 준비를 하면서 아동이 볼 수 있고 닿을 수 있는 곳에 두 개의 공룡 손인형을 꺼내어 놓는다. 성인은 미소를 지으며 행동을 잠시 멈추고 기대하면서 아동을 바라본다. 아동은 인형을 바라보지만, 가리키지는 않는다. 이에 성인은 일반적 구어 촉진을 사용하여 "뭐가 보이니?"라고 말하고 기다린다. 아동은 공룡을 향해 공동관심-가리키기를 해 보인다. 성인은 아동의 몸짓을 모방하고, 긍정적인 정서를 담아 "큰 공룡이다!"라고 말하여 아동의 의사소통을 강화한다.

놀이 환경에 인형을 꺼내어 놓고, 기대하며 잠시 행동을 멈춤으로써 성인은 아동에게 무언가 새롭고 신나는 것을 공유(가급적이면 공동관심-가리키기를 통해)할 기회를 준다. 공유하는 기회를 만들기 위해 촉진과 같은 직접적 전략이 필요할 때도 있지만(앞의 사례와 같이), 항상 더 자연스럽고 은근한 방법부터 시도하는 것이 좋다. 성인은 놀이 회기 전반에 걸쳐 이러한 프로그래밍 기회를 만들어서 아동이 표적 의사소통 기술을 사용하도록 해야 한다. 프로그래밍과 촉진에 대한 자세한 내용은 아래에서 차차 다룰 것이다. 이 장의 후반부에서는 프로그래밍과 관련된 일반적인 질문과 문제해결 방안에 대해서 다룬다.

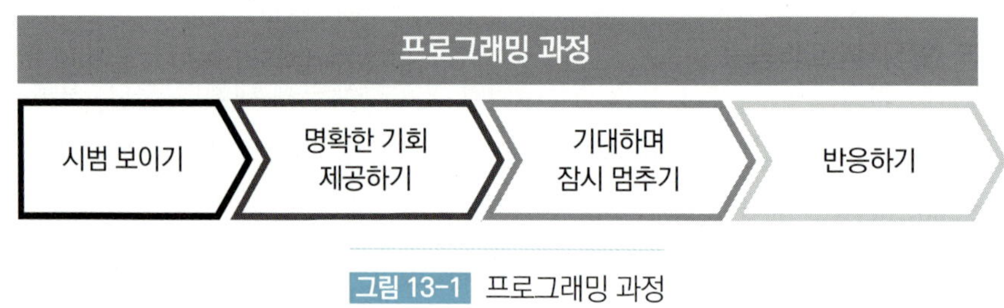

그림 13-1 프로그래밍 과정

2 프로그래밍의 원리

프로그래밍에 대한 지침을 자세히 살펴보기에 앞서 이 전략에 관한 몇 가지 기본적인 질문에 다루고자 한다.

1) 어떤 기술을 프로그래밍해야 하나

아동의 표적 의사소통 기술을 프로그래밍한다. JASPER를 적용할 때 성인은 공동관심 및 요구하기 몸짓과 언어를 가르치기 위해 프로그래밍을 한다. 그림 13-2를 참고하여 2장에서 다룬 의사소통 기술을 검토해 보자.

2장에서 다루었듯 몸짓은 모든 아동에게, 심지어 이미 언어를 시작한 아동에게도 중요한 발달지표다. 따라서 성인은 비구어적·구어적 의사소통 수단을 함께 가르쳐야 한다. JASPER에서는 아동의 공동관심 및 요구하기 기술을 발달시키기 위해 몸짓과 언어를 모두 표적 기술로 삼는다. 어떤 아동은 '공유하기 위해 바라보기' 또는 '요구하기 위해 바라보기'를 표적 기술로 삼아야 할 수도 있다. 그러나 이런 바라보기 표적 기술은 다른 몸짓 표적 기술과 쌍으로 가르쳐야 하고 단독으로 사용하도록 촉진해서는 안 된다. 프로그래밍을 하기 위해서는 4장에서 다루었던 아동의 표적 기술의 우선순위를 정해야 한다. 예를 들어, 아동의 표적 기술이 공동관심-가리키기라면 성인은 놀이 루틴 안에서 이러한 기술이 나타날 기회를 여러 번 만들어 줘야 한다. 만약 기회가 생긴다면 성인은 아동의 표적 기술 외에 다른 기술을 프로그래밍할 수도 있다. 이때 놀이 루틴 맥락에 맞는 자연스러운 기술을 선택한다.

표적 기술 복습

공동관심 기술	요구하기 기술
✓ 공동관심에 반응하기*	✓ 요구하기 위해 바라보기*
✓ 공유하기 위해 바라보기*	✓ 요구하기 위해 뻗기
✓ 공유하기 위해 보여주기	✓ 요구하기 위해 건네주기
✓ 공유하기 위해 가리키기	✓ 요구하기 위해 가리키기
✓ 공유하기 위해 건네주기	✓ 요구하기 위해 언어 사용하기
✓ 공유하는 언어 사용하기	

(2~4장 참고)

*이 기술이 표적 기술이라면 다른 몸짓도 표적 기술에 추가한다. 이 기술을 지원하기 위해 지시적 촉진은 삼간다.

그림 13-2 사회적 의사소통 표적 기술 복습

2) 왜 프로그래밍을 해야 하나

프로그래밍은 언어와 몸짓을 가르치는 여러 방법의 하나다. 어떤 아동은 성인이 놀이 루틴 전반에 걸쳐 의사소통 시범을 보이면 이를 관찰하여 기술을 배우지만, 어떤 아동은 이러한 기술을 알아차리고 연습하기 위해 더욱 체계적인 기회가 필요하다. 또한 프로그래밍은 성인이 놀이 루틴 중 발생하는 자연스러운 학습 기회에 더 주의를 기울이도록 한다. 성인은 종종 너무 빨리 의사소통을 시작하고, 아동이 의사소통하도록 기다려 주지 않는다. 예를 들어, 재미있는 사건이 발생하면 성인은 곧바로 순간을 나누기 위해 아동을 바라보고, 아동이 도움이 필요하면 즉시 반응하여 도움을 준다. 프로그래밍으로 성인은 이러한 순간들을 의식하고, 아동이 반응할 더 많은 시간과 지원을 제공할 수 있다.

3) 언제 프로그래밍을 하나

프로그래밍은 항상 잘 설정된 놀이 루틴(10장 정의 참고) 안에서 시도해야 한다. 아동의 동기가 높고, 공동참여의 신호가 나타나는 적절한 순간을 잘 활용한다. 예를 들어, 아동이 신나 보이고 여러 번의 놀이 차례에서 시작행동을 보였다면 이는 프로그래밍을 시도하기 적절한 순간인데, 이럴 때 아동이 의사소통할 가능성이 크다. 13장(p. 290 참고)에 제시된 프로그래밍하기 적절한 순간에 대한 지표를 참고하기 바란다. 다음에 제시한 바와 같이 성인은 놀이 루틴 안에서 자연스러운 기회가 발생했을 때 프로그래밍할 수도 있고, 명확하게 프로그래밍할 순간을 만들어야 할 수도 있다.

(1) 자연스러운 기회 포착하기

때로는 프로그래밍할 기회가 놀이 루틴 안에서 자연스럽게 발생한다. 탑 위에 있던 장난감이 갑자기 떨어졌을 때 성인은 이 자연스러운 사회적 순간을 공동관심 기술 프로그래밍에 활용할 수 있다. 만약 아동이 어떤 장난감을 찾고 있는데 성인 근처에 그 장난감이 있다면, 성인은 장난감을 들어 보이고 잠시 행동을 멈추어 요구하기 기술을 프로그래밍할 수 있다.

(2) 새로운 기회 만들기

성인이 직접 프로그래밍 기회를 만들 수도 있다. 예를 들어, 놀이 루틴 중 전략적으로 엉뚱하거나 예상치 못한 놀이 단계를 수행하여 공동관심을 일으키고 그 순간을 공유할 수 있다. 또는 의도적으로 아동의 손이 닿지 않는 곳에 장난감의 일부를 놓아 요구하기 기술을 사용하게끔 할 수 있다. 이러한 상황을 사전에 계획할 수도 있지만 놀이 루틴 안에서 최대한 자연스럽게 기회를 만들어야 한다.

4) 얼마나 자주 프로그래밍을 해야 하나

프로그래밍은 항상 사용하는 전략은 아니다. 아동이 표적 기술을 연습할 전략적 순간에 체계적으로 적용한다. 프로그래밍을 얼마나 하느냐는 아동, 놀이 회기, 놀이 루틴에 따라 크게 달라진다. 일반적으로, 성인은 잘 설정된 놀이 루틴을 할 때마다 몇 번 프로그래밍을 시도하고 그 결과에 따라 판단한다. 만약 아동이 놀이 회기 동안 표적 몸짓을 사용할 기회를 여러 번 얻지 못했거나, 공동관심 및 요구하기 기술을 연습할 기회를 얻지 못했거나, 시간이 지나도 표적 몸짓을 보이지 않는다면, 성인이 프로그래밍을 **너무 적게** 한 것이다. 만약 프로그래밍 과정이 성인의 놀이 차례까지 이어지거나, 성인이 동등하고 적극적인 놀이상대자의 역할을 더는 못 하게 되거나, 아동의 놀이 참여도가 낮아지거나, 조절 문제가 발생한다면, 성인이 프로그래밍을 너무 **자주** 하는 것이다. 성인은 동등하고 적극적인 놀이 상대자가 되어야 함을 명심하라. 성인은 자신의 놀이 차례에 연속적으로 프로그래밍하는 것을 삼가야 한다. 놀이 차례마다 아동에게 장난감을 요구하도록 프로그래밍하거나, 아동의 놀이 아이디어에 반응하는 대신 프로그래밍을 하는 것은 성인이 동등하고 적극적인 놀이 상대자가 되는 것을 방해한다.

왜 프로그래밍을 계속하면 안 될까? 프로그래밍은 아동으로부터 반응을 끌어내기 때문에 종종 매우 효과적인 전략처럼 느껴진다. 그렇지만 이 전략을 쓰면 아동에게 많은 요구를 하게 되고, 놀이 루틴의 흐름을 끊어 점차 아동의 참여를 감소시키거나 조절 문제를 초래할 수 있다. 게다가 프로그래밍은 보통 아동의 시작행동이 아닌 촉진된 반응을 끌어낸다. 프로그래밍은 아동이 의사소통의 역학을 이해하도록 돕는 유용한 도구지만, 자발적인 시작행동이라는 궁극적 목적으로 가는 길의 한 정류장일 뿐이다. 이 목적을 향해 전진하기 위해서 성인은 놀이 루틴 전반에 걸쳐 동등하고 적극적인 놀이 상대자 역할을 잘 유지하고, 지원은 줄여 나가며, 시작행동을 강조하는 방향으로 다시 균형을 맞추어야 한다. 지금까지 프로그래밍의 일부 특징에 대하여 설명하였다. 이제부터는 놀이 루틴 안에서 이 전략을 사용하는 방법에 대하여 설명할 것이다.

3 프로그래밍 준비하기

프로그래밍을 시도하기에 앞서 성인은 잘 설정된 놀이 루틴 안에서 프로그래밍을 통해 제공할 기회에 아동을 잘 준비시켜야 한다. 여기에서 목표는 놀이 루틴 전반에 걸쳐 아동에게 기대하는 의사소통 기술이 무엇인지 알게 하고, 아동이 이러한 기대에 단어나 몸짓으로 부응할 기회를 주는 것이다. 다음의 단계를 밟아 성공적으로 프로그래밍을 통한 기회를 만들어 보자.

1) 놀이 루틴에 안정적으로 참여시키기

5장부터 12장까지 다룬 전략들을 사용하여 아동이 놀이 루틴에 잘 참여하도록 한다. 놀이 루틴은 놀이 자체를 위한 맥락이 될 뿐만 아니라 의사소통을 위한 맥락이 된다. 놀이에 확실하게 참여하지 않는 상태에서, 또 의사소통할 맥락이 조성되지 않은 상태에서 아동이 표적 기술을 사용하리라 기대해서는 안 된다. 아동이 안정적으로 참여하는 놀이 루틴은 아동이 새로운 기술을 사용할 기반이 되고, 새롭거나 어려운 것을 시도할 수 있도록 행동을 조절하고 집중할 수 있게 한다.

2) 놀이 루틴 전반에 걸쳐 의사소통 표적 기술 시범 보이기

성공적인 프로그래밍을 위해 성인은 전체 놀이 루틴 동안 프로그래밍할 공동관심 몸짓과 언어 시범을 더 열심히 보여야 한다(12장 설명과 그림 13-3 참고). 시범을 통해 성인은 아동이 사용하기를 기대하는 기술을 소개한다. 일부 아동은 성인의 시범만으로 이러한 기술을 배울 수 있지만, 대부분 아동은 프로그래밍을 통해 제공하는 더 명확한 연습 기회가 필요하다. 성인이 시범을 보여 주면 아동은 성인이 기대하는 기술에 익숙해지고, 자신이 사용할 수 있는 몸짓이나 표현에 대한 명확한 예시를 접할 수 있다.

성인은 프로그래밍을 준비할 때 요구하기 몸짓 및 언어 시범도 보일 수 있다. 그러나 이는 덜 일반적이며 자연스러운 순간에만 시도해야 한다(〈상자 13-1〉 참고). 대개 공동관심 시범만으로 충분하다. 프로그래밍을 준비하는 방법에 관해 설명했으니, 이제 놀이 루틴 안에서 명확한 기회를 만드는 데 사용하는 전략들을 소개한다.

그림 13-3 성인은 이후에 시도할 공동관심 프로그래밍을 대비하며 의사소통 시범을 보임

3) 적절한 프로그래밍 순간 찾기

만약 놀이 루틴을 잘 설정하였고, 성인이 언어 시범과 몸짓 시범을 보였는데도 아동이 여전히 시작행동을 하지 않는다면, 이제 프로그래밍할 적절한 순간을 찾아야 한다. 프로그래밍을 통해 만든 기회는 적절한 시기에 제시해야 하고, 아동이 알아챌 만한 것이어야 성공할

수 있다. 성인은 아동의 동기와 참여도가 높고, 의사소통할 가능성이 클 때 시범을 보여서 이러한 기회를 더 두드러지게 할 수 있다. 이렇게 하면 최소한의 지원으로 아동이 반응할 절호의 기회가 생긴다. 그림 13-4에 프로그래밍할 시기가 너무 이르거나, 너무 늦었음을 보여 주는 상황의 예시를 제시하였다.

4 프로그래밍을 통해 기회 제시하기

확실하게 의사소통 맥락을 설정하고 아동에게 기대하는 의사소통 기술을 보여 주었다면, 이제 프로그래밍을 통해 분명한 기회를 만들어서 아동이 표적 기술을 연습할 수 있도록 해야 한다. 13장(p. 287 참고)에서 언급했듯, 성인은 자연스럽게 발생하는 기회를 활용할 수도 있고, 분명한 의사소통 기회를 직접 만들 수도 있다. 그림 13-5는 공동관심이나 요구하기 기술을 프로그래밍할 수 있는 여러 가지 기회의 예시를 보여 준다. 이것은 완전한 목록이라기보다 확실한 기회를 만들어 내는 데 효과가 있는 몇 가지 전략을 모은 것이다. 이러한 전략을 사용할 때 성인은 말을 하지 않고 '기대하면서' 행동을 잠시 멈추고, 기대하는 눈빛으로 아동을 바라본다. 이때 성인은 말을 하거나, 촉진을 하거나, 아동의 관심을 끌려고 하거나(극적인 숨소리나 음향 효과 내기), 특정 사물로 주의를 끌거나(톡톡 치기, 흔들기, 장난감끼리 두드리기) 다른 방식으로 아동에게서 기술을 끌어내려 해서는 안 된다. 그저 침묵하며 잠시 기다린다. 우리는 아동이 자연스러운 상황에서 의사소통을 배우고, 배운 기술을 다른 환경에서도 적용하기 원한다. 만약 아동이 표적 기술을 사용하면 성인은 이에 반응해 주어 아동의 의사소통을 강화한다(13장, p. 300 참고). 만약 프로그래밍과 잠시 멈추기가 아동의 기술을 끌어내기에 충분치 않다면, 성인은 지시적 촉진을 추가하거나(13장, p. 302 참고) 다른 때 다시 시도할 수 있다. 공동관심 프로그래밍과 요구하기 프로그래밍 과정은 약간 다르다. 여기서는 먼저 공동관심을 위한 전략을 다루고, 그다음에 요구하기를 위한 전략을 다룰 것이다.

상자 13-1

요구하기 기술 시범을 보여 줘야 할까요

성인은 주로 '공동관심' 몸짓과 언어에 대한 시범을 보여 주게 됩니다. '요구하기'는 놀이 루틴 안에서 자연스럽게 시범 보일 기회가 많지 않습니다. 예를 들어, 성인은 요구하기 기술 시범을 보여 주기 위해 아동에게 무언가를 고치는 걸 도와달라고 하거나, 아동에게 멀리 있는 장난감 집는 것을 도와 달라고 요청해서는 안 됩니다. 그러나 아동의 요청에 대한 반응으로써 요구하기 시범을 보일 수는 있습니다. 예를 들어, 아동이 아기 인형을 집기 위해서 손을 뻗을 때 성인은 요구하기 위해 가리키기를 하면서 "아기 주세요!"라고 말하며 '요구하기 위해 말하기' 시범을 보일 수 있습니다.

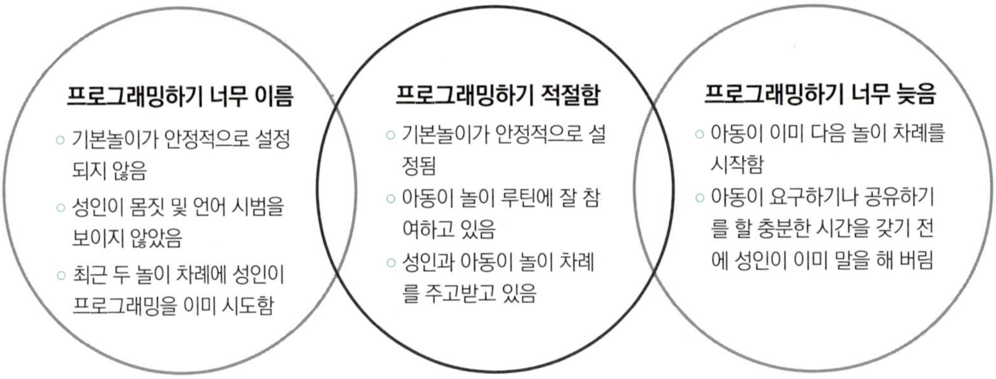

프로그래밍하기 너무 이름
- 기본놀이가 안정적으로 설정되지 않음
- 성인이 몸짓 및 언어 시범을 보이지 않았음
- 최근 두 놀이 차례에 성인이 프로그래밍을 이미 시도함

프로그래밍하기 적절함
- 기본놀이가 안정적으로 설정됨
- 아동이 놀이 루틴에 잘 참여하고 있음
- 성인과 아동이 놀이 차례를 주고받고 있음

프로그래밍하기 너무 늦음
- 아동이 이미 다음 놀이 차례를 시작함
- 아동이 요구하기나 공유하기를 할 충분한 시간을 갖기 전에 성인이 이미 말을 해 버림

그림 13-4 프로그래밍 시기

프로그래밍을 통해 기회 만들기 ☑

공동관심	요구하기
☐ 예상치 못한 순간 활용하기	☐ 자연스러운 기회 활용하기
☐ 흥미로운 놀이 확장 장난감 소개하기	☐ 놀잇감이 부족하게 하기
☐ 엉뚱한 놀이 단계 소개하기	☐ 두 가지 선택지 보여주기
☐ 불투명한 통에 놀잇감 넣기	☐ 예측 가능한 놀이 단계 전 잠시 행동 멈추기
	☐ 도움이 필요한 상황 만들기

그림 13-5 프로그래밍을 통해 기회 만들기

1) 공동관심 기술 프로그래밍하기

놀이 루틴 안에서 아동의 표적 공동관심 기술을 프로그래밍하기 위한 전략을 선정한다. 여기에서의 목표는 아동이 사물이나 사건을 성인과 공유하고 싶어지는 순간을 만들어 내는 것이다. 아동의 공동관심을 장려하기 위해 성인이 활용할 수 있는 전략의 예시를 소개한다.

(1) 예상치 못한 순간 활용하기

놀이 루틴 진행 중에 발생하는 흥미롭고 예상치 못한 순간들을 최대한 활용하여 표적 기술을 프로그래밍한다. 그러한 순간들이 발생했을 때 성인은 기대하며 행동을 잠시 멈추고, 아동이 자신의 반응에 대해 의사소통하기를 기다린다.

> 성인과 아동은 자석 타일로 구조물을 만들고 그 위에 몇 개의 인형을 놓는다. 인형을 여러 개 놓자 구조물이 무너진다. 성인은 기대하며 잠시 행동을 멈추고, 아동이 의사소통하기를 기다린다.

성인은 순간 놀라서 성급하게 반응하지 말고, 기대하며 잠시 행동을 멈추고 아동이 의사소통을 시도하는지 지켜보아야 한다.

(2) 흥미로운 놀이 확장 장난감 소개하기

아동은 때때로 흥미로운 것을 보면 그것을 성인과 공유하고 싶어 공동관심을 시도한다. 다음 예시를 살펴보자.

> 성인과 아동은 컵케이크 장난감에 케이크 프로스팅을 올린다. 성인은 공동관심-가리키기와 "프로스팅."이라고 말하며 공동관심 언어 시범을 보인다. 놀이 루틴의 기본 놀이가 안정적으로 설정되고, 표적 몸짓 시범을 지속적으로 보이고 난 후, 성인은 아동이 볼 수 있고 손이 닿을 수 있는 거리에 초 장난감을 꺼내 놓는다. 성인은 기대하며 잠시 행동을 멈추고 아동이 새 장난감에 대해 말을 하는지 기다린다.

성인이 아무 말도 하지 않은 채 잠시 행동을 멈추고 반응할 시간을 줌으로써 아동은 즐거움을 공유할 기회를 얻게 된다.

(3) 엉뚱한 놀이 단계 소개하기

엉뚱하거나 예상치 못한 놀이 단계를 익숙하게 이어지는 연속된 놀이 안에 집어넣어 아동이 재미나 놀라움을 표현하도록 프로그래밍한다. 예시는 다음과 같다.

> 성인과 아동은 장난감 샌드위치를 만들고, 케이크를 먹는 익숙한 놀이 루틴을 하고 있다. 성인은 케이크 한 조각을 샌드위치 위에 쌓는 엉뚱한 놀이 단계를 해 보이고 기대하며, 잠시 행동을 멈추어 아동이 의사소통을 시도하는지 기다린다.

(4) 불투명한 통에 놀잇감을 넣기

아동이 불투명한 통을 열게 하여 통 안에서 무언가를 발견하는 놀라움을 공유하도록 한다(그림 13-6 참고). 성인과 아동이 번갈아 가며 통 안의 사물을 꺼내면서 공동관심 기술을 사용할 기회를 프로그래밍할 수 있다. 통 속 장난감을 놀이 루틴의 다음 단계에 사용한다면 이 전략은 놀이 확장 단계로도 활용할 수 있다. 예시는 다음과 같다.

그림 13-6 성인은 음식 장난감을 소풍 바구니에 담아 공동관심 기술 기회를 만듦

> 성인은 뚜껑이 덮인 소풍 바구니를 탁자에 놓고, 아동이 바구니를 여는 동안 기대하며 잠시 행동을 멈춘다. 아동은 바구니에서 과일을 꺼내 성인에게 보여 주고, "동물이 먹을 사과!"라고 말한다.

이 방법은 공동관심을 프로그래밍하는 재밌는 방법이지만, 놀이 루틴의 많은 부분을 차지해서는 안 된다. 4개에서 6개 정도의 장난감 조각을 고르고, 놀이 회기 동안 이 전략을 사용할 순간을 몇 번 계획하고, 다른 때는 평소 하던 놀이 루틴으로 돌아간다.

2) 요구하기 기술 프로그래밍하기

아동은 무언가를 원하거나 충족해야 할 요구가 있을 때 의사소통을 할 가능성이 크다. 이러한 순간에 아동의 동기를 활용하여 요구하기 표적 기술을 프로그래밍한다. 아동이 요구하면 즉시 반응하는 것이 중요하다. 이는 우리가 아동의 여러 기술을 강화하는 주요한 방식이다. 여기에서의 목표는 계속 장난감을 주지 않거나 아동을 좌절시키는 것이 아니라 아동이 표적 기술을 사용할 확실한 기회를 만드는 것이다.

(1) 자연스러운 기회 활용하기

놀이 루틴 중 아동이 무언가를 원하거나 도움이 필요한 순간에 성인은 잠시 행동을 멈춘다. 예시는 다음과 같다.

> 성인과 아동이 트럭에 동물을 싣고 있는데 트럭 문짝이 떨어진다. 성인은 기대하며 잠시 행동을 멈추고 아동이 도움을 요청하기를 기다린다.

이러한 순간에 성인은 아동이 원하는 바를 바로 들어주는 대신 프로그래밍을 할 수 있다.

(2) 놀잇감 부족하게 하기

놀이 루틴 중 놀잇감을 계속 보충하는 대신 아동의 놀잇감이 부족해질 때까지 기다리고, 잠시 행동을 멈추어 아동이 요구하도록 한다. 예시는 다음과 같다.

> 성인과 아동은 폼 보드에 페그를 끼우고 있다. 성인은 아동 가까이에 페그 가져다 놓기를 멈추고 아동이 주변에 있는 페그를 다 쓸 때까지 기다린다. 다음 아동 차례에 아동은 페그를 찾기 위해 탁자 주변을 둘러본다. 성인은 기대하면서 행동을 잠시 멈추고 아동이 요구할 때까지 기다린다.

이때 나머지 장난감 조각들은 아동의 손에 닿지 않게 성인 주변에 놓아야 한다(〈상자 13-2〉 참고).

(3) 두 가지 선택지 보여주기

장난감을 선택할 기회를 주어 아동이 요구하기 기술을 사용할 기회를 만든다(그림 13-7

참고). 아동에게 다른 선택지가 없는 상황에서 성인은 서로 다른 두 사물을 아동의 손이 닿을 수 없는 거리에서 들어 보여 준다. 예시는 다음과 같다.

> 성인과 아동은 자석 타일과 동물 인형을 가지고 놀이 루틴을 진행하고 있다. 아동이 자신 앞에 놓인 마지막 타일을 쌓아 올린다. 성인은 한 손에는 네모 타일, 다른 손에는 세모 타일, 즉 두 개의 선택지를 들어 보이며, 기대하면서 행동을 잠시 멈춘다. 그리고 아동이 둘 중 하나의 모양을 요구하길 기다린다.

이때 구어적 촉진은 하지 않는다. 그저 두 가지 선택지를 들어 보이고, 조용히 아동이 요구하기를 기다린다. 아동이 손을 뻗어 스스로 잡지 못하도록 선택지가 아동이 손에 닿지 않도록 주의한다(〈상자 13-2〉 참고).

그림 13-7 아동의 장난감이 소진되면 성인은 아동의 손이 닿지 않는 거리에서 두 가지 선택지를 들어 보이고 기대하면서 잠시 행동을 멈춰 요구하기 기술을 프로그래밍함

상자 13-2

요구하기 기술을 프로그래밍할 때 장난감 관리하기

아동이 특정 사물을 원하는 상황에서 요구하기 기술을 프로그래밍한다면, 사물을 아동의 손에 닿지 않는 곳에 놓아 요구하기 기술을 사용할 명확한 시기와 기회를 만들어 줍니다. 만약 사물이 손에 닿을 곳에 있다면 아동은 손을 뻗어 잡거나, 성인 손에서 빼어갈 수 있습니다. 이 상황에서의 목표는 아동이 표적 기술을 사용하여 의사소통하는 것입니다(예: 요구하기 위해 손 뻗기 또는 가리키기). 잡아채 가는 것은 적절한 요구하기 방법이 아니지요. 이는 아동의 표적 기술도 아니고, 강화할 행동도 아닙니다. 따라서 성인은 아동이 잡아채 가는 걸 방지하여 이러

한 상황에 대비합니다. 그리고 이 기회를 활용하여 아동이 구어적·비구어적 요구하기를 더 생산적이고 적절한 방식으로 연습할 수 있도록 해야 합니다.

(4) 예측 가능한 놀이 단계 전 잠시 행동 멈추기

놀이 루틴 중 일정한 순간에 표적 기술 시범을 보여 특정 단계에서 어떤 의사소통이 일어나는지 명확한 예시를 보여 주고, 잠시 행동을 멈춘다. 여기에서 목표는 아동이 의사소통하여 놀이 루틴을 지속하는 것이다. 예시는 다음과 같다.

> 그림 13-8에서 성인은 동물을 구조물 안에 넣을 때마다 그것을 가리키고 "동물이 들어간다!"라고 말한다. 일관적으로 의사소통 기술 시범을 보인 후 성인은 다음 자신의 차례에 잠시 행동을 멈추고 기대하며 아동을 바라본다. 아동은 "동물 또 넣어!"라고 말한다.

이러한 기회가 성공적이려면 성인은 안정적이고, 아동의 동기가 높은 놀이 루틴을 진행하면서 일관적으로 표적 기술 시범을 보여 주어야 한다. 만약 성인이 아동에게 기대하는 바를 잘 보여 주지 않은 채로 잠시 멈추기를 시도한다면, 아동은 성인이 왜 멈추는지 이해할 수 없을 것이다.

그림 13-8 성인은 잘 설정된 놀이 루틴 안에서 예측 가능한 단계 전에 잠시 행동을 멈춰 의사소통 기술을 프로그래밍함

(5) 도움이 필요한 상황 만들기

인형을 의자에 앉히거나, 맞추기 틀에 모양 끼우기와 같이 소근육 운동기술이 필요한 상황에서 종종 이러한 전략을 쓸 수 있다. 예시는 다음과 같다.

> 성인과 아동은 아기를 목욕시키고 옷을 입히고 있다. 아동이 아기 바지를 입히기 어려워하자 성인은 기대하면서 잠시 행동을 멈추고 아동이 몸짓이나 언어로 도움을 요청하기를 기다린다.

또 다른 방법으로는 아동이 선호하는 사물들을 열기 어려운 통에 넣어 두고, 아동이 열어 달라고 도움을 요청하도록 잠시 멈추는 것이 있다. 익숙한 놀이 루틴 안에서 아동이 매우 좋아하는 확장놀이가 있을 때 이 전략은 특히 유용하다. 예시는 다음과 같다.

> 아동이 곤충을 매우 좋아하기 때문에 성인은 블록으로 나무를 만드는 기본놀이를 설정하고, 이후 장난감 나비가 들어 있는 투명한 통을 꺼내 놓는다. 성인은 아동이 통을 열려고 시도하도록 놔두고, 기대하면서 잠시 행동을 멈추어 아동이 도움을 요청하기를 기다린다.

3) 기회 제공 후 아동이 반응하기를 기대하며 잠시 멈추기

앞에서 설명한 전략과 단계들을 통해 공동관심이나 요구하기를 프로그래밍한 후에 성인은 잠시 행동을 멈추고 아동이 표적 기술을 시도할 시간을 주어야 한다. 예시는 다음과 같다.

> 성인과 아동은 마을 사람들을 위한 성을 만들고 있다. 성인은 공룡 인형 몇 개를 탁자 위에 꺼내 놓는데, 아동의 손에 닿을 거리에 둔다. 아동의 관심을 그리로 끌기보다 성인은 기대하며 잠시 행동을 멈추고 아동이 공룡 인형을 알아차릴 시간을 준다.

잠시 멈추기는 프로그래밍 과정에서 필수적인 부분이다. 잠시 멈추기를 할 때 성인은 말을 하지 않으며, 촉진을 하거나 아동의 관심을 끌려고 해서는 안 된다. 이어지던 놀이 행동이 잠시 멈추면, 아동은 성인이 자신에게 무언가를 기대하고 있음을 알아차리고, 반응할 준비를 하게 된다. 아동에 따라 성인이 기다리는 시간은 달라진다. 너무 오래 기다려서 아동이 집중력을 잃거나 조절 문제가 나타나게 해서는 안 된다.

잠시 시간을 내어 〈연습문제 13-1〉을 풀고, 각 상황에서 프로그래밍을 통해 기회를 만들어 내는 최상의 방법을 찾아보자.

연습문제 13-1 프로그래밍을 통한 기회 만들기

지금까지 다룬 내용을 토대로 성인이 다음 놀이 차례에 사용할 가장 적절한 전략을 고르시오.

상황	성인의 행동
1. 성인과 아동은 아기 인형을 목욕시키고 닦아 준다. 성인은 아동이 요구하는 가리키기를 사용하도록 기회를 만들고 싶다.	A. 아기 인형을 들어 아동이 만지지 못하게 한다. B. 머리빗과 셔츠를 들어 보인다.
2. 성인과 아동은 케이크를 만들고, 초를 꽂고, 케이크를 자르는 놀이 루틴을 설정했다. 성인은 지금 하는 놀이에 대해 아동이 말로 표현할 기회를 만들고 싶다.	A. 성인은 케이크에 대해 말할 때마다 목소리 크기를 키운다. B. 치즈 조각처럼 엉뚱한 사물을 케이크 위에 올린다.
3. 성인과 아동은 퍼즐을 맞추고 있다. 성인은 아동이 요구하는 건네주기를 사용하도록 기회를 만들고 싶다.	A. 아동이 스스로 완성하기 어려운 퍼즐을 고른다. B. 퍼즐 조각 몇 개를 아동이 열기 힘든 통에 넣는다.
4. 성인과 아동은 원목 소재의 벨크로 테이프 과일 조각을 맞추고 있다. 성인은 아동이 공동관심-가리키기를 사용하도록 기회를 만들고 싶다.	A. 바나나 조각에 오렌지를 붙인다. B. 과일 조각이 든 통을 흔들어 아동의 관심을 끈다.
5. 성인과 아동은 높은 집을 쌓고 있다. 집이 높아질수록 아동이 블록을 맨 위에 쌓기 어려워진다. 성인은 아동이 요구하는 건네주기를 사용하도록 기회를 만들고 싶다.	A. 아동이 맨 위에 블록을 쌓으려고 시도할 때 기대하면서 잠시 행동을 멈춘다. B. "블록 주세요."라고 말한다.

5 아동의 반응 알아차리기

프로그래밍을 하는 순간에 아동의 반응을 알아차리기 어려울 수 있으므로 성인은 모든 종류의 의사소통 신호에 주의를 기울여야 한다. 아동이 표적 기술로 반응한다면 가장 이상적일 것이다. 만약 아동이 반응을 보이면 아동의 의사소통을 모방하거나 언어 및 몸짓으로 확장하여 강화해 준다(12장의 지침 참고). 만약 아동이 반응을 보이지 않으면 성인은 촉진을 통해 추가적인 지원을 하거나, 다음 기회에 다시 시도한다(특히, 성인의 시범이 불명확했을 때). 다음 예시는 꽃밭놀이 루틴 중 기회 만들기, 잠시 멈추기, 아동 반응 알아차리기를 종합하여 사용하는 과정을 보여 준다.

- **요구하기 기술 프로그래밍.** 성인과 아동은 꽃 만들기 장난감으로 모든 줄기를 만들었다. 이 익숙한 놀이 루틴의 다음 단계는 꽃잎을 줄기에 다는 것이다. 성인은 꽃잎이 든 닫혀 있는 통을 탁자에 올려놓는다. 성인은 아동이 통을 열려고 시도하는 동안 기대하며 잠시 행동을 멈춘다. 아동은 성인을 잠시 바라보다가 통을 성인에게 건네주며 도움을 요청한다. 성인은 통을 받아들고, 가리키고, "꽃 주세요!"라고 말한다. 성인은 통을 열고 아동에게 건네준다(강화).
- **공동관심 기술 프로그래밍.** 성인은 밝은 색깔의 벌레 인형 4~6개가 들어 있는 안이 보이지 않는 자루를 탁자 위에 올려놓고 아동의 손에 닿을 수 있는 거리에 두었다. 아동은 자루를 발견하고 안을 들여다본다. 성인은 잠시 멈추고 기대하면서 아동을 바라본다. 아동은 벌레 모형을 하나 꺼내 자신의 얼굴 앞에 들어 보이며 잠시 관찰하고 "벌레."라고 말한다. 성인은 부드럽게 아동의 팔꿈치를 만져 팔을 뻗게 하고 벌레 인형이 성인을 향하게 한다(촉진). 성인은 벌레 모형을 가리키고 "분홍 벌레!"라고 말한다(강화).

그림 13-9는 프로그래밍의 전 과정을 보여 준다. 다음에는 아동의 각 반응에 대한 구체적인 내용을 설명할 것이다.

1) 아동의 의사소통 강화하기

아동이 표적 기술을 성공적으로 사용하거나, 기회를 준 순간에 의사소통하기 위해 최선을 다한다면 성인은 모방하기와 확장하기로 아동의 의사소통 시도를 바로 강화해야 한다. 이때 성인은 적극적이고 긍정적인 정서를 담아서 반응한다.

반응할 때 성인은 아동의 몸짓을 그대로 모방하거나(예: 아동이 무언가를 건네주면 성인도 바로 건네줌), 다른 몸짓으로 반응할 수 있다(예: 아동이 성인을 향해 보여 주면 성인은 그것을 가리킴, 그림 13-10 참고). 만약 아동이 시선만으로 반응하더라도 성인은 언어와 몸짓 시범으로 이를 모방하고 확장해 줄 수 있다. 다음 예시는 아동이 표적 기술이 아닌 다른 기술로 반응하는 상황이다.

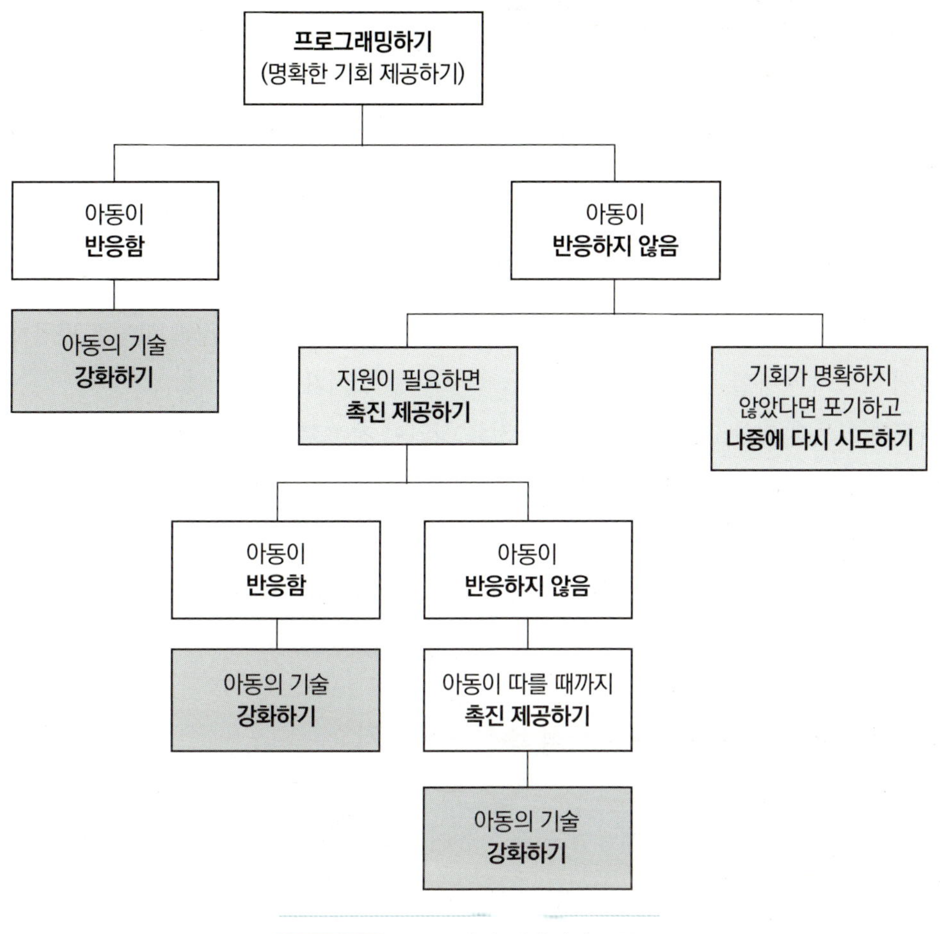

그림 13-9 프로그래밍 의사결정 흐름도

그림 13-10 아동의 의사소통에 성인은 다른 몸짓과 언어로 반응해 줌

> 성인은 요구하는 가리키기를 표적 기술로 삼았다. 성인이 두 개의 장난감을 들어 보이고 잠시 행동을 멈추자 아동은 그중 하나의 장난감을 바라본다. 성인은 해당 장난감을 가리키고, 장난감 이름을 말하고, 장난감을 아동에게 건네주며 아동의 의사소통을 확장한다.

아동이 비록 표적 기술을 사용하지는 않았지만 요구하는 시선을 사용하여 적절하게 의사소통을 시도하였다. 아동이 놀이에 집중하고 있는 순간에 성인이 몸짓과 언어로 반응해 줌으로써 아동이 사용할 수 있는 다른 기술들을 보여 준 것이다.

이렇게 아동의 의사소통을 강화하는 과정은 성인이 지시적 촉진을 제공한 후에도 적용된다(13장, p. 302 참고). 아동이 성인의 촉진에 대한 반응으로 의사소통 기술을 사용하면, 성인은 아동의 의사소통에 반응하고 확장하여 그 기술을 강화한다. 아동이 새로운 기술을 배우기 위해 노력하는 상황에서 아동이 배우고 있는 기술에 반응해 주고 강화해 주는 것은 매우 중요하다.

2) 표적 기술을 사용하도록 지시적 촉진 사용하기

프로그래밍을 통해 기회를 제공했을 때 아동이 몇 초 이내로 반응을 보이지 않지만 놀이에 여전히 잘 참여하고 있다면, 성인은 구어, 몸짓, 신체적 촉진을 통해 아동에게 기대하는 바를 확실해 알려 주어 아동이 표적 기술을 사용하도록 도울 수 있다.

- **시범 보이고 기대하며 잠시 멈추기**: 프로그래밍을 통해 기회를 만들고, 다시 시범을 보인다. 그리고 아동이 표적 몸짓을 사용하기를 기대하면서 잠시 행동을 멈춘다(예: 가리키기 시범을 보인 채로 멈추어 있기).
- **몸짓 촉진**: 손바닥을 위로 향한 채 손을 뻗어 아동이 사물을 건네주는 행동을 하도록 지원한다.
- **일반적 구어 촉진**: 아동에게 개방형 질문을 하거나[예: "무슨 일이지?"(공동관심을 보이도록), "뭐가 필요하니?"(요구하기를 하도록)] 또는 일반적인 표현(예: "나도 그게 필요해.")을 한다.
- **구체적 구어 촉진**: 아동이 표적 기술을 사용하도록 지시하거나(예: "가리켜 줘." "보여 줘." "주세요.") 아동이 할 말을 알려 준다(예: "'기차 주세요.'라고 해야지.").
- **부분 신체 촉진**: 부드럽게 아동의 팔이나 손을 건드려 특정 몸짓을 상기시킨다.

- **전체 신체 촉진:** 부드럽게 아동의 손이 표적 몸짓을 하도록 만들어 준다.

아동의 독립성을 최대한 허용하는 촉진 유형을 선택한다. 촉진 전략에 대한 지침은 8장에 소개하였는데, 그 내용을 다음에 요약하였다.

촉진을 위한 지침(자세한 내용은 8장을 참고)

- 가장 덜 침입적인 형태의 지원부터 시작한다. 아동에 대해 잘 알게 되면, 성인은 상황에 가장 적절한 촉진으로 바로 넘어갈 수 있게 될 것이다.
- 각 촉진은 한 번씩만 사용한다(성인의 촉진을 아동이 알아차리지 못한 경우는 예외로 한다. 그런 경우에는 아동이 성인에게 주목하는 순간에 촉진을 반복할 수 있다). 예를 들어, 성인은 "무엇을 원하니? Joey야 무엇을 원하니? 이걸 원하니?"라고 해서는 안 된다. 아동이 반응하지 않을 때 같은 촉진을 반복하는 것은 성공할 가능성이 작다. 그리고 아동은 첫 번째 촉진 상황에서 성인이 자신의 반응을 기대하지 않는다고 생각할 수 있다.
- 아동이 촉진에 반응할 시간을 충분히 주되, 아동의 놀이 참여도가 낮아지지 않도록 주의한다.
- 아동이 촉진에 반응하지 않는다면 아동이 성공할 수 있도록 지원 수준을 높인다(예: 일반적 구어 촉진으로 시작했다면 다음에 구체적 구어 촉진으로 넘어간다).
- 아동이 표적 기술을 사용할 때까지 여러 촉진을 단계적으로 시도한다.
- 아동이 독립적으로 의사소통하는 방법을 배울 수 있도록 촉진을 빠르게 줄여 나간다.

표 13-1은 구체적인 놀이 루틴 중 여러 가지 공동관심 기술을, 표 13-2는 요구하기 기술을 각각 표적 기술 삼아 지원을 제공하는 예시를 보여 준다.

〈연습문제 13-2〉를 풀면서 프로그래밍을 통해 제공하는 기회와 그때 사용하는 촉진에 대한 이해도를 점검해 보자.

표 13-1 공동관심을 위한 프로그래밍과 촉진 전략

표적 기술	명확한 기회 만들기	시범 보이고 기대하기	몸짓 촉진	일반적 구어 촉진	구체적 구어 촉진	부분 신체 촉진	전체 신체 촉진
상황: 성인과 아동은 블록과 동물인형으로 동물원 놀이 루틴을 설정하였다. 놀이 루틴 동안 성인은 여러 가지 동물을 집어 들어 아동에게 보여 주고 어떤 동물을 가졌는지 말해 준다(예: 나는 원숭이가 있어.").							
공동관심-보여주기	성인은 새로운 또는 제일 좋아하는 동물을 아동에게 건네준다.	성인은 원숭이를 집어 아동에게 보여 주고 "나는 원숭이가 있어."라 말하고 기대하며 잠시 행동을 멈춘다.	해당 사항 없음	아동이 원숭이를 들고 있을 때 "너는 뭘 가지고 있니?"라고 말한다.	성인은 "보여 줘."라고 말한다.	성인은 아동의 팔꿈치를 건드려서 아동이 팔을 위로 올리도록 한다.	성인은 아동의 손을 보여 주는 형태로 직접 만들어 준다.
상황: 성인과 아동은 케이크, 오븐, 인형으로 생일파티 놀이 루틴을 설정하였다. 성인은 놀이 루틴 동안 공동관심-가리키기 시범을 보이는데, 케이크를 가리키고 "케이크가 떨어졌어!"라고 말한다.							
공동관심-가리키기	성인은 케이크를 오븐에 넣다가 떨어뜨린다.	성인은 케이크를 가리키고 기대하며 잠시 행동을 멈춘다.	해당 사항 없음	성인은 "아이고, 무슨 일이야?"라고 말한다.	성인은 "가리켜 봐."라고 말한다.	성인은 부드럽게 아동의 손목을 건드린다.	성인은 부드럽게 아동의 손가락을 가리키기 모양으로 만들어 준다.
상황: 성인과 아동은 아기 인형, 욕조, 수건, 비누, 머리빗으로 목욕놀이 루틴을 설정하였다. 놀이 루틴 동안 성인은 아동에게 여러 가지 장난감을 건네주어 아동이 자신의 놀이 차례에 아기 인형을 목욕시킬 수 있도록 한다.							
공동관심-건네주기	성인은 수건과 빗을 아동에 가까이 놓고 기다린다.	성인은 자신이 사용하던 다른 빗을 아동에게 주고 "여기도 빗이 있어."하며 기대하며 잠시 행동을 멈춘다.	성인은 손바닥을 위로 향하여 내민다.	성인은 "빗이 필요해."라고 말한다.	성인은 "빗 줘."라고 말한다.	성인은 아동의 팔꿈치를 건드려서 아동의 손이 성인의 손바닥 쪽으로 이동하게 한다.	성인은 부드럽게 아동의 손을 잡아 아동이 성인에게 빗을 건네주게 한다.
상황: 성인과 아동은 동물, 헛간, 트랙터로 동물농장 놀이 루틴을 설정하였다. 놀이 루틴 동안 성인은 관심을 공유하기 위한 언어 시범을 아동의 언어 수준에 맞게 제공한다.							
공유하는 언어 사용	성인은 공룡 피규어를 꺼내 놀이 루틴에 추가한다.	성인은 아동에게 보여 주며 "공룡이다!"라고 말한다.	아동이 음성산출장치를 사용하지 않는 한 해당 사항 없음 (표 14-1 참고)	성인은 "이게 뭐지?"라고 말한다.	성인은 "이건 공룡이야."라고 말한다.	아동이 음성산출장치를 사용하지 않는 한 해당 사항 없음 (표 14-1 참고)	아동이 음성산출장치를 사용하지 않는 한 해당 사항 없음 (표 14-1 참고)

표 13-2 요구하기를 위한 프로그래밍과 촉진 전략

표적 기술	명확한 기회 만들기	시범 보이고 기대하기	몸짓 촉진	일반적 구어 촉진	구체적 구어 촉진	부분 신체 촉진	전체 신체 촉진
상황: 성인과 영아는 풍선을 쳐서 주고받다가 네트 안에 던져 넣는 놀이 루틴을 하고 있다. 아동이 새 풍선을 바라볼 때 성인은 풍선을 향해 손을 뻗고 풍선을 명명하는 시범을 보인다.							
요구하기 위해 뻗기	성인은 정전기로 풍선을 천장에 붙인다.	성인은 풍선을 향해 손을 뻗다가 기대하며 잠시 행동을 멈추고 아동이 손을 뻗는지 본다.	해당 사항 없음	성인은 "뭘 줄까?"라고 묻는다.	성인은 "손을 뻗어."라고 말한다.	성인은 부드럽게 아동의 팔꿈치를 건드려서 아동이 손을 들어 올리게 한다.	성인은 부드럽게 아동의 손을 풍선 방향으로 들어 올린다.
상황: 성인과 아동은 큰 종이 블록 벽돌, 타일, 브리슬 블록으로 블록 놀이 루틴을 하고 있다. 놀이 루틴 동안 성인은 아동에게 다양한 블록을 건네준다.							
요구하기 위해 건네주기	성인과 아동이 블록으로 탑을 높이 쌓자 나중에는 아동의 손이 꼭대기에 닿지 않는다.	성인은 아동에게 블록을 건네준다.	성인은 손바닥을 위로 향하게 내밀어 아동이 쉽게 블록을 건네주도록 한다.	성인은 "어떻게 해 줄까?"라고 묻는다.	성인은 "주세요." 라고 말한다.	성인은 아동의 손을 건드려 아동이 성인에게 블록을 건네주게 하고, 받은 블록을 탑에 쌓는다.	성인은 부드럽게 아동이 블록을 건네주게 하고, 블록을 탑에 쌓는다.
상황: 성인과 아동은 음식, 식기, 접시, 인형으로 소풍놀이 루틴을 하고 있다. 놀이 루틴 동안 성인은 공동관심-가리키기 시범을 보인다. 아동이 사물을 집기 위해 손을 뻗으려고 하면 성인은 가리키기 행동 시범을 보이고 "컵 주세요."라고 말한다.							
요구하기 위해 가리키기	성인은 샌드위치와 컵을 아동 손이 닿지 않는 곳에 둔다. 아동이 컵을 집으려 손을 뻗는다.	성인은 컵을 가리키고 기대하며 잠시 행동을 멈추어 아동이 가리키는지 기다린다.	해당 사항 없음	성인은 "뭐가 필요해?"라고 묻는다.	성인은 "가리켜 줘."라고 말한다.	성인은 부드럽게 아동의 손가락을 건드려 아동이 손가락을 구부리도록 한다.	성인은 부드럽게 아동의 손가락을 직접 가리키기 모양으로 만들어 준다.
상황: 성인과 아동은 블록과 인형으로 우주선 놀이 루틴을 설정하였다. 놀이 루틴 동안 성인은 아동의 평균발화길이(MLU)에 맞는 언어 시범을 보인다.							
요구하는 언어 사용	성인은 "3-2-1… 출발."이라고 말하고 우주선을 발사한다.	성인은 우주선을 발사하기 전에 "출발."이라고 말한다.	아동이 음성산출장치를 사용하지 않는 한 해당 사항 없음 (표 14-1 참고)	성인은 "우주선이 뭘 해야지?"라고 묻는다.	성인은 "출발이라고 해."라고 말한다.	아동이 음성산출장치를 사용하지 않는 한 해당 사항 없음 (표 14-1 참고)	아동이 음성산출장치를 사용하지 않는 한 해당 사항 없음 (표 14-1 참고)

연습문제 13-2 프로그래밍과 촉진하기

JASPER 지침에 근거하여 각 내용이 참인지 거짓인지 표시하시오.

1. 성인은 아동이 눈 맞춤을 하도록 신체 촉진을 할 수 있다.	참	거짓
2. 아동이 다른 의사소통 형식으로 반응한다면 표적 기술을 촉진하지 않아도 된다.	참	거짓
3. 성인은 프로그래밍을 통해 기회를 만들고 나서 바로 지시적 촉진을 사용해야 한다.	참	거짓
4. 아동이 표적 기술을 사용하도록 성인은 촉진 수준을 점차 높인다.	참	거짓
5. 촉진을 가능한 한 빨리 줄이기 위한 계획을 세워야 한다(심지어 한 놀이 회기 안에서도).	참	거짓
6. 성인은 놀이 차례를 주고받을 때 적어도 한 번 걸러 한 번씩은 프로그래밍과 촉진을 제공한다.	참	거짓

3) 다음번에 다시 시도하기

프로그래밍을 통해 의사소통 기회를 만드는 것은 매우 중요하지만, 빠르게 진행되는 상호작용 안에서 적용하기는 쉽지 않다. 기회를 만들고자 했으나 적절한 상황이 아니었음을 깨닫게 되는 때도 있을 것이다. 프로그래밍할 때마다 꼭 촉진을 할 필요는 없다. 다음은 프로그래밍을 다음번에 다시 시도해야 함을 보여 주는 신호다.

- 성인이 아동이 보지 않는 상황에서 기회를 만들어서 아동이 알아채지 못함
- 성인이 신속하게 기회를 제공하지 못해서 아동이 벌써 다른 놀잇감이나 놀이 루틴의 다음 단계로 넘어가 버림
- 기회를 제공하는 시기가 적절하지 않고, 아동은 흥미를 잃음(〈상자 13-3〉 참고)

상자 13-3

아동의 참여 지원하기

성인이 프로그래밍을 통해 기회를 제공했는데, 아동의 놀이 참여도가 낮아진다면 프로그래밍 시도를 중단하고 아동이 다시 놀이 루틴에 잘 참여하도록 지원합니다. 아동이 다시 놀이 루틴에 안정적으로 참여하게 되면 아동의 표적 기술을 연습시킬 새로운 순간을 찾습니다. 만약

아동이 계속 집중하지 못하여 다시 놀이 루틴에 참여시키기 어렵다면, ACT 문제해결 틀을 사용하여 다른 요인을 점검합니다. 프로그래밍을 통한 기회 이외에 다른 요인이 이러한 상황에 영향을 미칠 수 있으므로(예: 아동이 지루해하고 놀이 확장이 필요한 상황이라 놀이 참여도가 낮음) 중재의 모든 측면을 살펴보아야 합니다. 점차 놀이 루틴 안에서 성공적으로 프로그래밍을 할 수 있을 것입니다.

만약 아동에게 제공한 기회가 명확하지 않음을 알게 되었다면, 성인은 아동에게 표적 기술을 하도록 끝까지 강요하지 않는다. 그냥 다음 기회에 다시 시도한다. 다음 예시를 살펴보자.

> 성인은 공동관심-가리키기를 표적 기술 삼아 강아지 보호소 놀이 루틴을 진행하고 있다. 강아지 한 마리가 같이 만든 강아지 집 밖으로 떨어지자, 성인은 잠시 행동을 멈추고 아동을 바라본다. 그러나 아동의 관심은 벌써 자신의 강아지를 목욕시키는 곳으로 데려가는 것으로 옮겨 갔고, 떨어진 강아지를 알아차리지 못했다.

이때 발생한 기회는 아동의 관심 밖에서 일어났고, 아동은 이미 놀이 루틴의 다음 단계를 진행하고 있으므로 성인은 그냥 넘어가야 한다. 다음은 요구하기 표적 기술에 대한 예시다.

> 성인과 아동은 세탁소 놀이 루틴을 진행하고 있다. 둘이 번갈아 가며 세탁기에 옷을 넣는데 아동이 주변을 살핀다. 성인은 놀이 확장 선택지 두 개, 즉 옷이 더 들어 있는 바구니와 세탁기에 넣을 세제를 들어 보인다. 그때 아동은 자신의 발밑에 옷가지 몇 개가 떨어져 있는 것을 발견하고 그것을 세탁기에 넣기 시작한다.

이러한 순간에 성인은 아동의 관심을 자기 쪽으로 끌거나 촉진을 제공하지 말고, 그저 아동의 행동을 모방해 주고, 다음 기회에 다시 시도한다. 아동이 표적 기술을 바로 사용하지 않는다고 혹은 프로그래밍할 시기를 잘 잡는 것이 어렵다고 해서 낙담할 필요는 없다. 특히 공동관심의 경우, 아동이 성인이 기대하는 행동을 이해할 때까지 이러한 과정을 여러 번 반복해야 할 수 있다.

6 양질의 프로그래밍과 촉진 제공하기

이제 프로그래밍의 기본을 배우는 것을 넘어 아동에게 가장 효과적인 방식으로 프로그래밍하는 법을 연습해야 한다. 우리의 경험상 프로그래밍은 신입 JASPER 치료사들이 가장 숙달하기 어려워하는 전략 중 하나다. 여기에서는 프로그래밍을 통해 제공하는 기회를 최대한 활용하기 위해 고려할 점을 소개한다.

1) 명확한 기회 만들기

프로그래밍을 통해 제공한 기회가 얼마나 아동에게 명확했는지 생각해 보고, 시기, 맥락, 빈도를 평가한다. 다음은 프로그래밍 시 성인이 염두에 두어야 할 내용을 요약한 것이다.

프로그래밍을 통해 제공한 기회가 명확함

- 놀이 루틴이 안정적으로 설정되었고, 아동의 동기가 높을 때 프로그래밍함
- 프로그래밍하기 전에 공동관심 몸짓 시범을 보임
- 아동의 시야가 머무는 곳에서 프로그래밍함
- 놀이 루틴 안에서 적절한 시기에 프로그래밍함
- 프로그래밍을 통해 기회를 제공하자 의도한 기술이 매우 확실하게 나타남
- 기회를 제공한 후 성인은 아무 말도 하지 않고 행동을 잠시 멈춤
- 적절한 빈도로 프로그래밍함

프로그래밍을 통해 제공한 기회가 명확하지 않음

- 시기가 적절하지 않음
- 아동이 알아채지 못함
- 프로그래밍했을 때 아동의 관심이 이미 다른 곳으로 옮겨 감
- 성인이 여러 가지 촉진을 하거나 아동의 관심을 끔(예: 극적인 숨소리 내기, 두드리기, 사물 흔들기)

2) 아동의 요구에 맞게 프로그래밍하기

몸짓 기술과 언어 기술에 대한 프로그래밍은 이전 장들에서 다룬 전략들과 어우러져 실

행해야 한다. 프로그래밍은 아동에게 새로운 기술을 가르칠 매우 가치 있는 순간을 만들어 주지만, 다른 핵심 전략들과 균형을 맞추지 못하거나, 해당 순간 아동의 요구를 잘 반영하지 못하면 의미가 없다.

(1) 아동의 참여도와 조절 상태 고려하기

성인의 주요 초점은 표적 몸짓을 시범 보이는 것이다. 놀이 회기 중 아동이 유난히 행동을 잘 조절하고 높은 집중도를 보이는 순간이 있다. 성인은 이러한 상황을 최대한 활용하여 표적 기술을 프로그래밍할 수 있다. 만약 아동이 놀이 루틴에 참여하기 어려워하거나 조절 문제의 초기 신호를 보일 때는 프로그래밍을 시도할 적기가 아니다. 아동의 상태가 좋을 때 프로그래밍을 통해 기회를 제공한다. 놀이 참여가 제한적이고, 조절에 어려움을 겪는 아동과도 회기마다 적어도 한두 번은 프로그래밍할 기회가 생기는데, 이러한 기회를 노려야 한다. 이상적인 순간을 찾기 위해 아동의 참여도와 조절 상태를 면밀히 점검한다.

(2) 아동의 진전도 고려하기

아동이 표적 기술에 느리게 도달하고 있다면, 성인은 특정 표적 기술을 위한 기회를 더 많이 제공할 수도 있다. 예를 들어, 아동의 표적 기술이 공동관심-보여주기라면 성인은 먼저 아동이 제일 좋아하는 캐릭터 인형을 불투명한 통에 담아서 놀이 루틴을 준비한다. 그런 다음 교대로 통에서 인형을 꺼내면서 여러 번의 기회를 만들어 공동관심-가리키기를 연습하고 촉진할 수 있다.

(3) 창의적이고 유연하게 프로그래밍 계획하기

아동에게 동기를 부여하는 것들을 활용하여 프로그래밍 기회를 계획한다. 예를 들어, 아동이 블록 쌓기를 좋아한다면, 성인은 요구하기 위해 건네주기를 프로그래밍하기 위해 종이블록으로 탑을 매우 높이 쌓아 아동 손에 닿을 수 없게 한다. 이런 방법은 아동에게 좌절감을 주는 활동보다(예: '요구하기 위해 건네주기' 기회를 만들기 위해 아동이 맞출 수 없는 퍼즐 주기) 성공 가능성이 크다. 해당 아동에게 어떤 기회가 가장 효과적일지 고민하는 것은 매우 중요하다. 만약 아동이 잘 열리지 않는 사물에 쉽게 짜증을 낸다면, 더 나은 대안으로서 두 개의 선택지를 들어 보이는 방법을 시도할 수 있다. 만약 아동이 신체 접촉을 특별히 싫어한다면, 신체적 지시 촉진보다 구어적 촉진을 더 많이 사용하는 것이 좋다.

3) 동등하고 적극적인 놀이 상대자 역할 유지하기

프로그래밍을 통해 기회를 만들 때 성인은 자신의 놀이 차례에 재미있고 매력적인 상호작용을 계속 시도해야 한다. 프로그래밍을 너무 자주하면 상호작용은 아동에게 부담이 되고, 그로 인해 탄탄한 놀이 루틴을 유지하기 어려울 수 있다. 궁극적으로, 우리는 아동이 표적 의사소통 기술을 중재가 아닌 다른 상호작용 상황에서도 사용하기를 원한다. 놀이 루틴 중 프로그래밍을 통해 제공하는 기회가 너무 많아지면, 아동은 반응자의 위치에 남게 되고 궁극적인 목표인 시작행동에서 멀어진다. 따라서 우리는 항상 프로그래밍과 중재의 다른 목표 간 균형을 맞추어야 한다.

4) 지원 점차 줄여 나가기

프로그래밍과 촉진은 종종 아동의 반응을 잘 끌어내기 때문에 여러 전략 중 해결사처럼 느껴지지만, 너무 의존하지 않는 것이 좋다. 우리의 목표는 단순히 아동이 표적 기술을 사용하여 반응하는 것이 아니라 아동이 프로그래밍과 촉진에 반응하기에서 자연스러운 시작행동 하기로 발전하도록 돕는 것이다. 프로그래밍과 촉진을 통해 우리는 아동이 자신에게 기대되는 기술을 아주 명확하게 이해하도록 돕고, 표적 기술을 연습할 기회를 제공한다. 성인이 기대하는 바를 아동이 이해하고 잘 따라오기 시작하면 지원을 줄여 나가야 한다. 아동이 자신에게 기대되는 기술이 무엇인지 잘 이해하게 되면, 다음번에 성인은 더 적은 지원만으로 같은 기술을 끌어낼 수 있을 것이다. 이러한 과정을 거치면서 아동은 성인의 지원이 점점 적어져도 표적 기술을 사용할 수 있고, 결국에는 표적 기술을 먼저 자발적으로 해 보일 수 있다.

7 프로그래밍과 관련하여 발생하는 일반적인 어려움

프로그래밍은 성인에게 높은 수준의 집중과 협응력을 요구하지만, 이와 동시에 아동에게도 많은 것을 요구한다. 프로그래밍은 어려울 수 있지만 표적 기술을 가르치는 데 필수적인 전략이다. 프로그래밍할 때 성인은 아동이 집중력을 잃거나, 새로운 기술 사용을 거부하거나, 어떤 기술을 해야 하는지 혼란스러워하는 등 다양한 난관에 부딪힐 수 있다. 다음에서 프로그래밍과 관련된 일반적인 질문과 사례를 소개한다.

1) 일반적 질문

다음은 JASPER 놀이 루틴을 수행하며 프로그래밍하는 과정 중에 생기는 일반적인 질문과 답변이다.

Q. 아동이 표적 기술이 아닌 다른 기술을 사용하여 반응한다면?

가끔 아동은 성인이 프로그래밍한 기술이 아닌 다른 기술을 사용하기도 한다. 예를 들어, 성인은 공동관심 몸짓을 프로그래밍하는데, 아동이 공동관심 언어로 응답할 수 있다. 만약 아동이 다른 기술로 반응하면, 성인은 아동이 수행한 기술을 모방하기와 확장하기를 통해 비계(scaffold)를 설정하고, 표적 기술은 다른 때 프로그래밍한다. 아동이 표적 기술이 아닌 자신이 이미 숙달한 기술로만 반응한다면, 성인은 촉진을 통해 아동이 표적 기술을 사용하도록 해야 한다. 촉진을 제공하기로 하였다면, 성인은 아동이 특정 몸짓을 할 때까지 계속 지원한다. 다음 상황을 살펴보자.

> 성인은 블록을 무너뜨리며 공동관심-가리키기 시범을 보인다.
>
> 다음번에 블록이 무너질 때 성인은 기대하며 잠시 행동을 멈추고(자연스럽게 발생한 상황을 적극적으로 활용하여) 아동이 가리키기를 기다린다.
>
> 아동은 "무너져!"라고 말하지만 가리키기를 하지 않는다.
>
> 성인은 공동관심-가리키기를 명확하게 시범 보이고 "블록이 무너져!"라고 말한다(강화).

여기서 아동이 몸짓을 사용하지 않았기 때문에 성인은 공동관심-가리키기 시범을 보여주고, 아동의 언어를 확장하고, 다시 시도한다. 그다음에는 추가 지원을 제공한다.

> 블록이 무너진 후 성인은 기대하며 행동을 잠시 멈추고(자연스럽게 발생한 상황을 적극적으로 활용하여) 아동이 가리키는지 기다린다.
>
> 아동은 "무너져!"라고 말하지만, 여전히 가리키지 않는다.
>
> 성인은 공동관심-가리키기 시범을 보이며 말을 하지 않은 채 계속 행동을 멈추고 있다(시범 보이고 기대하며 잠시 멈추기).
>
> 아동이 반응을 보이지 않는다.
>
> 성인은 아동의 팔꿈치를 건드려(부분 신체 촉진) 아동이 가리키도록 상기시킨다.

아동이 가리키면 성인도 가리켜서 모방해 주고, "블록이 무너졌어!"라고 말하여 확장한다(강화).

너무 많은 단계처럼 느껴지겠지만, 이 과정은 순식간에 일어난다. 여기서 목표는 성인이 행동을 잠깐 멈추어 어떤 기술을 아동에게 기대하고 있다는 것을 알려 주고, 아동이 해당 기술을 해내도록 지원하는 것이다.

Q. 아동이 지시적 촉진에만 반응하다면?

성인이 여러 가지 촉진을 계속 사용해야만 아동이 겨우 표적 기술을 사용한다면 기회 제공 시기와 기회의 명확성을 재고해야 한다. 아마도 아동이 기회를 알아차리지 못했거나 놀이 루틴 맥락 안에서 기회를 잘 이해하기 어려웠을 수 있다. 또는 발달상으로 아동이 성인이 선정한 기술을 수행할 준비가 안 되었을 수 있는데, 이럴 때는 다른 표적 기술을 선정한다.

Q. 아동이 조절 문제를 보인다면?

프로그래밍하거나 촉진을 제공할 때 아동은 때로 이러한 과정을 거부하거나 조절 문제를 보이곤 한다. 이러한 문제가 발생할 때 침착하게 통제력을 유지하며, 아동의 반응이 성인의 감정 상태에 영향을 미치지 않도록 한다. 16장에서 소개하는 전략을 활용하여 아동이 다시 행동을 조절하도록 지원하고, 놀이 루틴을 다시 설정하고, 기본놀이를 설정하고, 다시 촉진을 시도한다. 상황이 어렵고, 아동의 저항에 직면하더라도 계속 시도해 본다. 지금까지 우리가 소개한 전략은 아동이 의사소통 기술을 학습할 맥락을 만들어 준다. 아동이 이러한 표적 기술을 배우도록 끝까지 지원하지 않은 채로 놀이 루틴 설정하기, 시범 보이기 등의 단계를 계속 밟아 나가는 것은 좋은 기회를 낭비하는 것이다.

2) 사례

다음 가상 사례들은 몸짓 및 언어 기술을 프로그래밍할 때 발생할 수 있는 어려움을 다룬다.

(1) 잘하다가 왜 그럴까요

JASPER 안녕하세요.

저는 JASPER 훈련을 받는 새내기입니다. 최근 놀이 회기 중 프로그래밍을 시도하기 시작했어요. 제가 만나는 아동 중 한 명이 요구하기 위해 뻗기 기술에 숙달했고, 현재 요구하기 위해 가리키기를 표적 기술로 삼아 노력하고 있습니다. 제가 두 개의 선택지를 들어 보이면 아동은 거의 매번 가리키기를 해서 프로그래밍 전략은 매우 효과적인 것 같아요. 가장 성공적인 프로그래밍 놀이 루틴은 모양 맞추기 장난감으로 하는 것인데요. 저는 아동의 놀이 차례가 시작하기 전에 매번 두 개의 모양을 들어 보여요. 이제 그 아이는 자신이 가리켜야만 모양 조각을 받을 수 있음을 알게 되었고요. 이 놀이는 그간 잘 진행되었는데, 최근 몇 번의 회기에서 아동이 모양에 관심이 적어진 것 같아요. 모양 조각을 몇 개 요구하다가 곧 짜증을 내더라고요. 제가 뭔가 잘못하고 있는 건가요?

감사합니다.

잘하다가 왜 그럴까요 드림

잘하다가 왜 그럴까요 님 안녕하세요.

선생님은 아동의 표적 기술을 요구하기 위해 뻗기에서 가리키기로 상향 조정하셨는데, 발달상으로 적합하게 잘하셨네요. 훌륭합니다! 그러나 아동의 조절 문제가 증가한다는 내용으로 미루어 보아, 프로그래밍을 너무 자주하고 있는 것 같습니다. 성인은 늘 동등하고 적극적인 놀이 상대자 역할을 유지해야 합니다. 프로그래밍하는 것이 성인의 놀이 차례를 대신해서는 안 됩니다. 예를 들어, 놀이 차례 시작 전 매번 선택지를 들어 보이면, 아동의 놀이는 촉진에 의존하게 되고 결국 놀이가 아닌 하나의 과제가 됩니다. 프로그래밍을 통해 제공하는 기회는 아동이 장난감을 얻기 위해서 반드시 수행해야 하는 요구조건이 되어서는 안 되고 특별히 동기 부여가 되는 순간에 이따금 제공해야 합니다. 프로그래밍 빈도를 줄여 보세요. 그리고 아동이 생산적인 놀이 행동을 하면 성인 차례가 왔을 때 즉시 그리고 일관적으로 이를 모방해 주세요. 이런 방법들은 아동의 놀이 참여를 높이고, 아동이 자신의 차례에 자연스럽게 몸짓을 사용할 기회를 마련해 줍니다. 프로그래밍을 시도하기로 했다면, 다양한 프로그래밍 기회를 섞어서 제공하고, 최대한 자연스러운 기회를 만들어 보세요. 예를 들어, 사물 요구하기를 위해 두 가지 선택지를 보여 주기만 하지 말고 몇몇 장난감을 아동의 손에 닿지 않는 곳에 옮겨 보세요.

잘하실 수 있습니다!

JASPER 드림

(2) 공동관심은 사랑입니다

JASPER 안녕하세요.

제가 만나고 있는 아이는 최근 몇 회기 동안 정말 많은 의사소통을 보였답니다! 이 여자아이는 제가 선반 위에 올려둔 장난감을 가리키고, 탑 꼭대기에 손이 닿지 않으면 저에게 블록을 건네주고, 이러한 몸짓을 할 때 단어를 섞어서 표현하기 시작했어요. 그런데 공동관심 기술이 향상하지는 않는 것이 문제예요. 아이가 매우 신이 났을 때는 협응된 공동 눈 맞춤(coordinated joint eye contact)을 가끔 보이는데요. 공동관심 몸짓이나 말은 안 나타나요. 공동관심 기술을 더 사용하도록 하려면 어떡해야 할까요?

고맙습니다.

공동관심은 사랑입니다 드림

공동관심은 사랑입니다 님 안녕하세요.

아동이 의사소통을 더 자주 하게 되었다니 훌륭합니다! 선생님이 설정한 공동관심 표적 기술을 잠시 점검해 보세요. 아동이 협응된 공동 바라보기(coordinated joint look)를 이미 사용한다면, 이 아동의 표적 기술은 공유하기 위해 보여주기와 한 단어로 표현하기가 될 거예요. 이 기술들을 프로그래밍하고 확장해 줄 순간을 계획해 보세요. 첫째, 공유하기 위해 눈 맞춤을 사용할 때 몸짓과 언어 시범 보이기로 반응해 주세요. 둘째, 놀이 회기 전반에 걸쳐 일관적으로 표적 기술 시범을 보여 주세요. 셋째, 공동관심-보여주기 기회를 프로그래밍할 계획을 세우세요. 예를 들어, 아이들은 가끔 흥미로운 장난감을 발견했을 때 공유하기 위한 보여주기를 시도합니다. 동물 피규어를 불투명한 통에 준비해 두고, 아동이 동물을 꺼내 볼 때 기대하며 행동을 잠시 멈춰 보세요. 또 전체 또는 부분 신체 촉진을 하여 아동의 놀이 차례 전에 손에 쥐고 있는 동물을 성인에게 보여 주도록 할 수 있습니다.

계속 힘내세요!

JASPER 드림

8 결론

프로그래밍과 촉진하기는 아동이 표적 의사소통 기술에 도달하도록 돕는 필수적인 단계다. 이 장 전반에서 이야기한 대로, 성인은 놀이 루틴 중 너무 자주 프로그래밍을 해서 동등하고 적극적인 놀이 상대자의 역할을 놓치지 않도록 조심해야 한다. 그러나 프로그래밍을 너무 적게 하는 것도 좋지 않다. 여러 방면에서 프로그래밍은 (촉진 전략과 함께) JASPER

의사소통 전략의 정점이자 최종 수준의 지원에 해당하는데, 아동이 새로운 표적 기술을 배우게 하려면 이 전략을 다른 전략들과 균형 맞춰 함께 사용하는 것이 중요하다.

이 장과 이전 장에서 논의한 핵심 전략들은 의사소통을 위한 토대가 된다. 성인은 아동의 참여도를 높이고, 대화를 할 수 있는 놀이 맥락을 조성하고, 아동의 의사소통을 모방 및 확장하고, 의사소통 시범을 보인다. 그리고 프로그래밍을 통해 성인은 상호작용의 주요 순간을 적극적으로 활용하여 아동이 새로운 기술을 연습할 분명한 기회를 마련해 준다. 성인이 놀이 루틴 맥락 안에서 프로그래밍을 하면 아동은 자신에게 기대되는 기술이 무엇인지 이해하고 사회적 상호작용에 적극적으로 참여하게 되며, 궁극적으로 새로운 의사소통 방법을 배우게 된다. 프로그래밍에 성공하여 아동이 새로운 기술을 사용하면 성인은 아동이 의미 있는 진보를 보인 것에 대해 축하해야 한다! 아동이 표적 기술을 자발적으로 시작할 때까지 성인은 이 과정을 반복하면서 점차 지원의 수준을 낮춰 나간다. 13장에서 다룬 전략들을 그림 13-11을 보며 복습해 보자.

프로그래밍 준비하기	프로그래밍을 통해 기회 제공하기	아동의 행동에 반응하기
◦ 표적으로 삼을 몸짓 및 언어 기술 선정하기 ◦ 놀이 루틴에 아동이 잘 참여하도록 하기 ◦ 몸짓 및 언어 기술 시범 보이기	◦ 공동관심 기술을 위한 기회 만들기 ◦ 요구하기 기술을 위한 기회 만들기 ◦ 아동의 반응을 기대하며 잠시 행동 멈추기	◦ 아동이 의사소통하면 몸짓과 언어로 반응하기 ◦ 아동에게 지원이 필요하면 가장 덜 침입적인 촉진을 사용하여 성공적으로 기술을 사용하도록 돕기 ◦ 점차 촉진 줄여 나가기

그림 13-11 13장 요약

14장

음성산출장치 사용하기

1 도입

만약 아동이 구어 사용에 제한이 있다면 놀이 회기를 진행할 때 보완대체 의사소통(Augmentative and Alternative Communication: AAC) 체계를 활용하여 더 쉽게 요구하기나 공유하기를 하도록 한다. 보완대체 의사소통의 유형은 다양한데, 도구를 사용하지 않는 체계(예: 수어와 같이 신체만 사용함)와 도구를 사용하는 체계(예: 신체와 더불어 그림, 전자기기 등의 도구를 사용함)로 구분할 수 있다. 또 AAC는 로우테크(예: 그림 교환 체계)를 활용하거나 하이테크(예: 음성산출장치)를 활용할 수도 있다(Beukelman & Mirenda, 2013; Romski, Sevcik, Barton-Hulsey, & Whitmore, 2015). 이 모든 형식의 AAC를 JASPER에 적용할 수 있다. 이 장에서는 특별히 음성산출장치(Speech-Generating Device: SGD)에 초점을 맞출 예정인데, 음성산출장치를 활용한 JASPER 적용 실험 연구에서 연구 참여자의 보완된 언어 발달 및 구어 발달에 효과가 있음이 보고된 바 있다(Kasari et al., 2014a). 그러나 이 장에서 다루는 지침 대부분은 다른 AAC 유형에도 적용할 수 있다. 우리의 목표는 AAC 체계에 대해 배우고, 아동에게 이 체계를 명확히 알려 주고, 보완된 언어와 구어로 명확하게 반응해 주는 것이다. 만약 아동에게 언어재활사(Speech-Language Pathologist: SLP)가 있다면, 협력하여 아동과 AAC 체계에 맞는 계획을 개발할 수 있다. 다음 절부터는 음성산출장치를 설정하는 방법과 12장, 13장에서 다룬 의사소통 모방하기, 확장하기, 시범 보이기, 프로그래밍 전략을 음성산출장치와 함께 적용하는 방법을 소개할 것이다.

2 의사소통 장치 준비하기

놀이 회기에서 음성산출장치를 사용할 때 여러 가지 고려할 사항이 있다. 장치는 아동이 놀이 루틴 중 사용하기에 최대한 쉬워야 하는데, 기본 설정도 사용하기 쉬워야 하고 장치에 포함할 단어도 아동 수준에 적절해야 한다.

1) 기본 설정하기

새 장치를 설정할 때나 아동이 기존에 양육자, 언어재활사 또는 다른 치료사와 사용하던 장치를 조정해야 할 때 음성산출장치를 준비할 시간을 충분히 계획한다. 놀이 회기 내내 장치를 잘 다루어야 하므로 회기 시작 전에 미리 장치와 장치의 현재 구성 내용, 아동의 장치 사용 정도에 대해 숙지해야 한다.

(1) 이미 음성산출장치를 사용하는 아동

아동이 사용하고 있는 AAC 체계를 확인하고, 아동이 현재 그 AAC 체계에 얼마나 익숙하며, 잘 활용하고 있는지 확인한다. 아동이 이미 사용하고 있는 아이콘 중에서 놀이 회기와 관련된 아이콘들이 있는지 잘 살핀다. 아동이 단어를 조합하거나, 구절이나 문장을 만들 수 있는지도 점검한다. 더불어 아동이 화면 안에서 스크롤을 할 수 있는지, 여러 화면 또는 폴더 사이를 이동할 수 있는지, 어떻게 이동하는지 그리고 아동이 새 아이콘을 추가할 수 있는지도 확인한다. 기존 장치에 설정된 내용을 JASPER 놀이 회기에 어떻게 적용할지 고려한다. 성인은 기존 아이콘 목록에 필요한 아이콘들을 추가할 수도 있다(예: 놀이 루틴에 자주 등장하는 장난감이나 놀이 행동 아이콘 추가). 때에 따라서 성인은 JASPER 회기를 위한 폴더를 새로 만들어서 더 융통성 있게 AAC 체계를 구성할 수도 있다.

(2) 음성산출장치를 처음 사용하는 아동

음성산출장치가 익숙하지 않은 아동은 한두 개의 아이콘으로 시작하고 점차 아이콘 수를 늘려 간다. 각 화면에 뜨는 아이콘의 수는 한두 개에서 수십 개까지 늘어날 수 있다. 대부분의 신규 사용자는 4개 정도의 아이콘에서 시작하고 차츰 수를 늘려 나간다. 처음부터 너무 많은 아이콘을 사용하면 부담이 되며 아동의 주의가 분산될 수 있다. 성인은 아동에게 아이콘 식별 과제를 제시하여 아동이 여러 아이콘 사이를 옮겨 가며 탐색할 수 있는지 평가할 수 있다. 예를 들어, 성인은 아동이 잘 알고 있는 사물을 사진 4개, 9개, 16개, 또는 그 이상이 담긴 화면 안에서 잘 찾을 수 있는지 평가한다. 이러한 과정을 통해 성인은 한 화면에서 몇 개의 아이콘을 제시할지 결정할 수 있다.

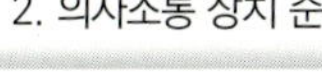

(3) 아이콘 분류하기

폴더를 만들고 아이콘을 조직적으로 배치하여 놀이 루틴 중에 쉽게 찾을 수 있도록 한다(그림 14-1 참고). 한 화면을 사용하거나 여러 화면을 사용하여(예: 놀이 루틴당 한 화면) 아이콘을 검색할 때의 혼란을 줄인다.

그림 14-1 음성산출장치 폴더

각 폴더에는 놀이 루틴과 관련된 다양한 단어를 넣는다. 아동이 음성산출장치를 처음 사용한다면 성인은 한 화면을 만들어 놓고, 여러 놀이 루틴에 걸쳐 자주 사용할 수 있는 명사와 동사를 몇 개만 골라 넣는다(그림 14-2 참고). 성인이 초반에 담은 아이콘을 아동이 사용하기 시작하면 아이콘의 수를 늘린다. 또 다른 방법으로 여러 화면을 만들고(예: 놀이 루틴마다 하나씩) 이 화면들을 한 폴더 안에 다 넣어 각 화면에는 적은 수의 단어가 뜨게 한다.

음성산출장치 사용 시 적절한 아이콘의 숫자나, 명사와 동사를 배열하는 특정 방법에 대해서는 아직도 연구가 활발히 진행되고 있다. JASPER 적용 실험 연구에서는 아이콘의 구성 방법을 유통성 있게 적용하였다. 만약 JASPER 회기에서 만나는 아동에게 담당 언어재활사가 있다면, 협력하여 이러한 부분을 결정한다.

(4) 물리적 접근성 고려하기

각 아이콘의 크기를 결정한다. 많은 애플리케이션이 아이콘의 기본 크기를 2×2inch(약 5×5cm)로 제시하고 있다. 소근육 운동 기능에 어려움이 있는 아동은 작은 아이콘을 누르기 어려우므로, 아이콘이 커야 활성화하기 훨씬 쉽다. 아동의 요구에 맞는 아이콘 크기를 선택한다.

그림 14-2 음성산출장치 화면 예시

2) 명확한 아이콘 선정하기

매 놀이 회기가 시작하기 전 놀이 루틴과 관련된 단어와 아이콘을 애플리케이션에 업데이트한다. 아동이 의사소통하기를 바라는 사물 및 행동과 연관된 명사와 동사의 조합을 고른다. 사진이나 그림 상징으로 명확하게 시각화할 수 있는 단어들을 선정한다. 그림 14-2는 생일케이크 놀이 루틴을 위한 상징이 담긴 화면이다. 이 화면에 놀이 루틴의 단계와 잘 맞는 여러 단어를 골라 넣었다(케이크, 촛불, 잘라요, 불어요).

(1) 상징의 도상성 고려하기

음성산출장치를 처음 사용하는 아동을 위해 기본 내용을 설정할 때 상징의 도상성(iconicity)을 고려한다. 아이콘은 실제 사물의 사진처럼 매우 구체적일 수도 있고 그림처럼 추상적일 수도 있다. 아이콘을 사진으로 할지 상징으로 할지 결정하려면 아동이 여러 상징을 구별할 수 있는지, 그리고 특정 상징이나 그림이 실제 사물이나 행동을 표상하고 있음을 이해하는지 평가해야 한다. 만약 아동이 아이콘이 표상하는 것이 무엇인지 이해하지 못한다면, 실제 장난감이나 행동을 사진으로 찍어서 활용하는 것이 도움이 될 것이다. 그림 14-3은 다양한 도상성의 방식을 보여 주는데, 블록을 실제 블록 사진, 만화 그림으로 그린 것, 흑백 선화로 그린 것이 있다. 성인이 선택한 아이콘의 추상적인 정도는 아동이 이해할 수 있는 수준이어야 한다.

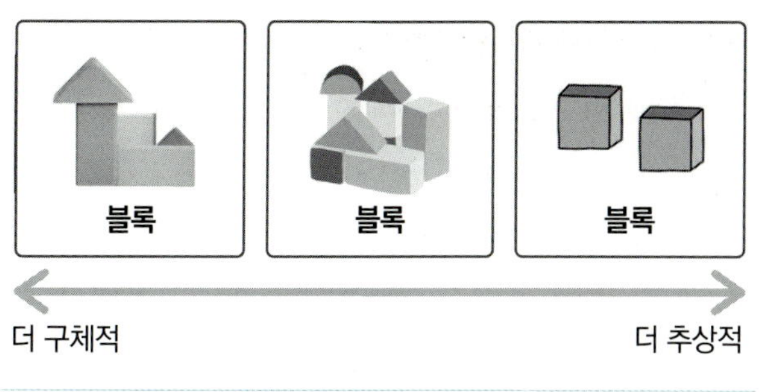

그림 14-3 추상적인 정도에 따라 다양한 유형의 아이콘이 있음

(2) 언어의 복잡성 고려하기

구어와 마찬가지로 아동의 언어 수준에 맞는 아이콘을 선정해야 한다. 만약 아동이 한 단어 발화로 의사소통한다면, 단일 명사나 단일 동사와 같이 한 단어를 반영한 아이콘을 사용해야 한다. 아동이 두 단어 조합을 사용한다면, 버튼을 한 번 눌러 두 단어 조합이 산출되도록 하거나 두 버튼을 연속으로 눌러 단어를 조합하여 산출할 수 있다. 더 정교한 의사소통을 하는 아동을 위해서는 문법의 다른 측면이나 언어의 복잡성도 고려해야 한다(예: 대명사, 복수형, 관사).

(3) 다양한 단어 제시하기

각 놀이 루틴에서 자주 사용하는 명사와 동사를 섞어서 제시한다. 예를 들어, 인형의 집 놀이 루틴을 할 때 성인은 '인형' '침대' '자다' '코를 골다'와 같은 아이콘을 선택할 수 있다. 의사소통이 다채롭고 재미있으려면 다양한 아이콘 선택지를 제공해야 한다.

(4) 언어의 기능 고려하기

아동이 상황 언급하기나(예: "만들다.") 요구하기(예: "더.")를 할 때 사용할 수 있는 아이콘을 제공한다. 그렇게 하기 위해서는 미리 생각을 해 둬야 한다. 놀이 루틴 전반에 걸쳐 아동에게 동기를 부여하는 것이 무엇인지, 성인과 의사소통하고 싶은 주제가 무엇인지 생각해 보고 그러한 요구를 충족할 수 있는 적절한 아이콘을 제공한다.

3) 방해 요인 줄이기

아동은 음성산출장치의 다른 특성에 주의가 쉽게 산만해질 수 있다(예: 화면 스크롤하기,

키보드 누르기, 다른 애플리케이션 활성화하기). 놀이 회기에서 음성산출장치를 꺼내기 전에 장치의 다른 기능에 접근 제한 설정을 하여 이런 잠재적 방해 요인의 영향력을 줄인다.

(1) 다른 기능에 대한 접근 제한하기

일부 태블릿 기기는 애플리케이션 접근 권한을 사용자가 원하는 대로 설정할 수 있다. 성인은 아동 사용자 로그인 계정을 생성하거나, 아동이 다른 애플리케이션에 접근하는 것을 제한하거나, AAC 애플리케이션 종료 시 비밀번호를 입력하도록 설정할 수 있다. 또한 기기가 전적으로 의사소통용임을 확실히 알려 주기 위해 게임, 오락 관련 애플리케이션, 인터넷 브라우저 등 다른 재미있는 기능을 삭제할 수 있다. 일부 애플리케이션은 편집, 키보드 사용, 홈으로 돌아가기 버튼, 스크롤 등의 기능에 대한 설정이 가능하다. 놀이 회기 동안에는 이러한 기능을 해제하는 것이 좋다. 어떤 아동은 스크롤 기능에 주의가 산만해진다. 사용하고 있는 기기에 스크롤 해제 기능이 없다면 그림 14-1과 같이 아이콘들을 폴더에 넣어 스크롤 할 기회를 줄이거나 아이콘이 한 화면에 다 나타나도록 조정한다.

4) 어휘 업데이트하기

여러 회기에 걸쳐 놀이 루틴이 발전하고 변화함에 따라 장치에 새로운 단어를 계속 업데이트한다. 아이콘을 변경하고 추가해 주면 아동이 표현할 수 있는 다양한 단어를 제시해 주어 아동의 어휘 확장에 도움이 될 뿐만 아니라, 언어를 시작하지 않은 아동에게도 도움이 된다. 아동이 사용하는 언어 표현이 증가함에 따라 더 복잡한 단어 조합, 더 긴 구절, 더 많은 아이콘을 화면에 추가한다. 일반적으로 잘 사용하지 않는 단어나 구는 삭제한다. 예를 들어, 샌드위치 놀이 루틴을 4개에서 6개 정도의 아이콘으로 시작한다. 여러 회기 동안 놀이 루틴을 반복하면서 아동의 의사소통 비율과 발화 길이에 따라 화면 속 아이콘을 12개 혹은 그 이상으로 늘려 나간다. 그림 14-4를 참고하기 바란다.

그림 14-4 샌드위치 놀이 루틴을 위한 음성산출장치 화면

3 놀이 회기에서 음성산출장치 사용하기

놀이 환경과 의사소통을 위한 JASPER 지침은 음성산출장치를 활용할 때도 똑같이 적용된다. 놀이 환경 안에 음성산출장치를 준비하고 이전 여러 장에서 다룬 전략들을 사용하여 놀이 루틴 중 아동으로부터 더 많은 의사소통을 끌어낸다.

1) 환경적 고려 사항

음성산출장치를 도입함으로써 물리적인 놀이 환경에 주요한 요소 하나가 추가되었다. 원래 세 가지 요소, 즉 성인-아동-장난감으로 구성되었던 상호작용이 음성산출장치를 추가하여 네 가지 요소가 된 것이다. 성인은 장치가 놀이 루틴을 방해하지 않으면서도 아동이 장치에 쉽게 접근할 수 있도록 한다.

(1) 아동의 손에 닿는 위치에 음성산출장치 놓기

장난감과 마찬가지로 음성산출장치는 성인과 아동 사이에 있어야 한다. 이때 화면은 성인이 아닌 아동을 향하게 둔다(그림 14-5 참고). 시선이나 신체를 움직이는 데 어려움이 있는 아동의 경우, 장치를 훨씬 더 사용하기 쉽게 조정해야 한다. 예를 들어, 작은 탁자나 의자, 상자에 받쳐 주거나, 케이스나 고정 스탠드를 활용해 장치가 아동을 향하게 할 수 있다. 성인과 아동이 이동할 때 성인은 장치를 가지고 다니며 늘 아동의 손에 닿는 위치에 둔다.

(2) 놀이 루틴과 관련된 화면 띄우기

애플리케이션은 항상 최신의 놀이 루틴에 맞게 업데이트해 두어야 한다. 놀이 루틴이 바뀌거나 음성산출장치에 여러 화면을 설정해 두었다면, 현재 놀이 단계에 맞는 화면으로 바꾸어 놓는다.

그림 14-5 음식 놀이 루틴 중 아동이 음성산출장치를 쉽게 사용할 수 있도록 함

2) 말과 보완된 언어 연결하기

12장의 의사소통에 대한 지침을 따른다. 구어로 의사소통할 때와 마찬가지로 성인은 자신의 놀이 차례에 의사소통 시범을 보이고 아동이 자신의 놀이 차례에 의사소통을 연습하도록 기다려 주어야 한다. 성인이 의사소통할 때 언어 시범을 보이든지 아동의 의사소통에 반응하든지 간에 성인의 말과 보완된 언어를 연결해 주어야 한다. 예를 들어, 성인과 아동이 아이스크림을 콘에 쌓는 기본놀이를 하고 있다면, 성인은 자신의 차례에 아이스크림 한 개를 쌓고, "아이스크림."이라고 말하고, 음성산출장치에서 '아이스크림' 아이콘을 누른다. 음성

산출장치 아이콘을 먼저 누르느냐 아니면 단어를 먼저 말하느냐와 관련하여 정해진 순서는 없으며 두 행동을 연속해서 시범 보이면 된다. 이 과정을 자연스럽게 진행하고, 아동이 성인과 의사소통을 하고자 하는 동기가 높아졌을 때를 적극적으로 활용한다.

(1) 아동이 의사소통을 시도하도록 기다리기

아동의 놀이 차례에 성인은 말을 하거나 음성산출장치를 사용하지 않는다. 대신 아동이 하는 행동을 주의 깊게 살펴본다. 그림 14-5를 보면, 아동이 자신의 차례에 장치를 사용하고 성인은 이에 반응할 준비를 한다. 아동이 음성산출장치 화면 속 나열된 아이콘을 훑을 시간을 준다. 아동이 장치 자체에만 집중하는 것은 적절치 않지만, 아동이 말하고 싶은 것을 결정하거나, 그에 맞는 아이콘을 찾는 데는 시간이 필요하다.

(2) 아동의 의사소통을 모방하고 확장하기

아동이 장치로 의사소통을 하면, 성인은 자신의 차례에 이를 모방하고 언어를 확장하여 반응한다. 음성산출장치로 의사소통할 때는 말과 함께 사용해야 한다. 즉, 성인은 같은 단어를 말과 AAC라는 두 가지 다른 형태로 시범 보이는 것이다. 예를 들어, 그림 14-6에서 성인은 그림 14-5에서 보여 준 아동의 시작언어인 "샌드위치."에 "샌드위치를 먹어요!"라고 반응하여 확장하고, 음성산출장치에서 '샌드위치'와 '먹어요' 아이콘을 누른다. 이렇게 한 후 성인은 자신의 놀이 차례를 수행하는 것도 잊으면 안 된다.

그림 14-6 성인은 말과 음성산출장치로 아동의 의사소통을 모방하고 확장함

(3) 말과 보완된 언어로 시범 보이기

아동이 의사소통을 시도하지 않는다면, 성인의 차례에 말과 음성산출장치로 언어 시범을 보여 준다. 예를 들어, 아동이 음식을 먹는 척 놀이를 하면 성인도 음식을 한 입 먹는 척하고, "먹어요."라고 말하며, 장치에서 '먹어요' 아이콘을 누른다.

(4) 몸짓 사용하기

평소에 하듯 놀이 행동을 하며 몸짓을 활용한다. 기본적으로, 성인은 자신의 놀이 차례에 아동에게 말, AAC, 몸짓 이 세 가지 형태의 의사소통을 보여 주게 된다. 예를 들어, 성인은 치즈를 가리키고, "치즈."라고 말하고 음성산출장치에서 '치즈' 아이콘을 누를 수 있다. 이 과정을 유창하게 수행하기 위해서는 협응과 연습이 필요하다. 초반에 성인의 손이 매우 바쁠 것이다. 그러나 매 차례에 몸짓을 사용할 필요는 없다. 아동의 참여가 높은 순간을 잘 선택한다.

음성산출장치로 프로그래밍과 촉진하는 법을 배우기 전에 〈연습문제 14-1〉을 통해 놀이 회기에 음성산출장치를 적용하기 위한 지식을 점검해 보자.

연습문제 14-1 음성산출장치 적용하기

다음 내용이 참인지 거짓인지 표시하시오.

1. 놀이 회기 중 성인은 장치에 입력된 단어만 사용해야 한다.	참	거짓
2. 아동의 언어 수준에 맞게 명사, 동사 및 다른 품사들을 장치에 입력해야 한다.	참	거짓
3. 아동이 음성산출장치로 인해 주의가 분산되면 장치를 숨기고 놀이 회기 동안 더는 사용하지 않는다.	참	거짓
4. 장치를 설정할 때 상징에 대한 아동의 이해도를 고려하여 아동이 이해할 수 있는 아이콘을 선정한다.	참	거짓
5. 음성산출장치를 활용하여 모방하기 또는 언어 확장하기를 한다면 말과 몸짓을 추가로 사용할 필요는 없다.	참	거짓
6. 성인은 놀이 회기 전반에 걸쳐 장치가 아동을 향하고 손에 닿을 위치에 있도록 장치를 조정해야 한다.	참	거짓

3) 음성산출장치로 프로그래밍과 촉진 제공하기

성인이 시범을 보인 후에도 아동이 음성산출장치를 사용하지 않는다면, 13장의 지침에 따라 음성산출장치로 언어 및 몸짓을 프로그래밍하고 촉진을 제공할 순간을 찾아야 한다. 예를 들어, 아동이 장난감을 찾을 수 없는데, 요구하는 법을 모른다면 성인은 잠시 멈추고 아동이 장치를 사용해 원하는 것을 요구하도록 도울 수 있다. 아동이 의사소통을 여전히 시도하지 않는다면, 성인은 촉진을 제공하여 지원 정도를 높일 수 있다. 다음 예시는 음성산출장치로 촉진을 제공하는 방법을 보여 준다. 먼저, 명확한 의사소통 기회를 만든다. 한 예로 아동이 어떤 장난감을 찾고 있다. 성인은 음성산출장치를 아동의 시선과 손이 닿는 곳에 가져다 두고 기대하면서 행동을 잠시 멈춘다. 그리고 상황에 맞는 촉진 방법을 선택한다.

- **환경적 촉진**: 아동이 장치를 사용하도록 시각적 신호로서 장치를 들어 올리거나 아동에 더 가깝게 옮겨 놓는다.
- **시범 보이기**: 성인의 차례에 아이콘을 활성화하여 아동에게 장치를 어떻게 사용하는지 보여 준다.
- **일반적 구어 촉진**: 아동에게 간단한 말로 무엇을 원하는지 물어본다. “뭐가 필요해?” 또는 “왜 그러니?”
- **구체적 구어 촉진**: 아동이 할 수 있는 표현을 알려 준다(예: “‘블록’이라고 말해 봐.”).
- **몸짓 촉진**: 아동이 사용하기를 원하는 아이콘 위에 검지를 대고 기다린다.
- **부분 신체 촉진**: 아동의 팔이나 손을 가볍게 건드려 장치를 사용하도록 상기시킨다.
- **전체 신체 촉진**: 아동이 검지로 아이콘을 누르도록 신체적으로 도와준다.

항상 그렇듯이 성인은 가장 덜 침입적인 촉진을 사용하여 아동이 성공적으로 의사소통하도록 도와야 한다. 촉진 방법들을 연결해서 사용할 수도 있다. 예를 들어, 구체적 구어 촉진으로 “‘블록’이라고 말해 봐.”라고 하고 ‘블록’ 아이콘을 장치에서 누르는 시범을 보일 수 있다. 표 14-1은 음성산출장치로 표적 기술을 사용하도록 촉진을 제공하는 구체적 예시를 보여 준다.

표 14-1 음성산출장치를 사용하여 프로그래밍과 촉진 제공하기

표적 기술	명확한 기회 만들기	환경적 촉진	시범 보이고 기다리기	몸짓 촉진	일반적 구어 촉진	구체적 구어 촉진	부분 신체 촉진	전체 신체 촉진
상황: 성인과 아동은 피규어, 야생동물, 사파리 트럭으로 사파리 놀이 루틴을 설정하였다. 놀이 루틴 동안 성인은 다양한 동물 이름을 말하고, 음성산출장치에서 다양한 동물 아이콘을 누른다(예: 사자, 얼룩말, 코끼리).								
공유하는 언어 사용	성인은 아동이 가장 좋아하는 용을 다른 동물 옆에 꺼내 놓고 잠시 행동을 멈춘다.	성인은 음성산출장치를 아동 가까이 놓는다.	성인은 음성산출장치 속 용 아이콘 누르는 시범을 보이고 잠시 행동을 멈춘다.	성인은 검지를 '용' 아이콘 위에 올려놓는다.	성인은 아동에게 "뭐가 보이니?"라고 묻는다.	성인은 아동에게 "'용'이라고 말해 봐."라고 한다.	성인은 부드럽게 아동의 손이나 손목을 건드린다.	성인은 아동이 검지로 '용' 아이콘을 누르도록 부드럽게 도와준다.
상황: 성인과 아동은 다양한 모양의 자석블록으로 블록 놀이 루틴을 설정하였다. 놀이 루틴 동안 성인은 자신의 차례에 블록을 붙이며 "블록."이라고 말하고, 음성산출장치에서 블록 아이콘을 누른다.								
요구하는 언어 사용	성인은 블록을 아동에게 건네주지 않고 가지고 있다.	성인은 장치를 아동 앞에 가져다 놓는다.	성인은 '블록' 아이콘을 눌러 시범을 보이고 잠시 행동을 멈춘다.	성인은 검지를 '블록' 아이콘 위에 올려놓는다.	성인은 아동에게 "뭐가 보이니?"라고 묻는다.	성인은 아동에게 "'블록'이라고 말해 봐."라고 한다.	성인은 부드럽게 아동의 손이나 손목을 건드린다.	성인은 아동이 검지로 '블록' 아이콘을 누르도록 부드럽게 도와준다.

4 음성산출장치 사용 시 발생하는 일반적 어려움

놀이 회기에 음성산출장치를 사용하는 과정에서 여러 가지 어려움에 직면할 수 있다. 여기에서는 일반적으로 생길 수 있는 질문과 사례를 다루어 이러한 어려움을 해결하는 데 도움을 주고자 한다.

1) 일반적 질문

다음은 음성산출장치와 관련된 몇 가지 일반적인 질문들이다.

Q. 음성산출장치에 들어 있는 단어만 사용해야 하는가?

성인이 사용하는 단어를 장치 속 단어로만 제한하지 않아도 된다. 음성산출장치 목록 속에 없는 단어를 사용하고 싶다면 그냥 말로 한다. 미리 준비된 아이콘만 엄격하게 사용하는 것보다 자연스럽게 의사소통하는 것이 더 중요하다. 놀이 루틴과 관련하여 새로운 특정 단어가 여러 번 등장한다면, 재빨리 화면에 추가하거나 놀이 회기가 끝난 후 추가한다.

Q. 아동이 의사소통이 아닌 다른 목적으로 아이콘을 누른다면?

음성산출장치를 처음 접할 때 아동은 아이콘을 이것저것 눌러보며 탐색 하여 장치에 익숙해질 시간이 필요하다. 이는 자연스러운 반응이다! 아동이 장치를 탐색할 시간을 충분히 주고, 어떤 아이콘을 시도하는지 관찰하고, 아동이 누른 아이콘에 해당하는 장난감이나 놀이 행동을 연결 지어 반응해 준다. 예를 들어, 아동이 '케이크' 아이콘을 누르면 성인은 자신의 놀이 차례에 공동관심-보여주기로 케이크를 아동에게 보여 준다. 케이크를 보여 주는 행동을 시범 보이고, "케이크."라고 말한 후 음성산출장치의 '케이크' 아이콘을 누른다. 시간이 오래 걸릴 것 같지만, 이 과정은 빠르고 자연스럽게 할 수 있다. 아동이 누른 아이콘에 반응해 줌으로써, 성인은 음성산출장치가 특정 의미가 있는 행동이나 후속결과와 연결됨을 알려 준다. 만약 놀이 회기 내내 아동이 음성산출장치로 인해 주의가 산만해진다면, 먼저 잘 집중하도록 안정적인 놀이 루틴을 설정한 후에 장치를 꺼내야 한다. 아동이 장치의 용도를 파악하고 나면 장치를 놀이 회기가 끝날 때까지 계속 사용한다.

Q. 아동이 이미 다른 의사소통 체계를 사용하고 있다면?

그림 교환 의사소통 체계(PECS; Frost, 2002), 수화, 그림 의사소통 상징 등 아동이 이미 다른 AAC 체계를 효과적으로 사용하고 있다면, 이러한 방법들을 JASPER 회기에 적용할 수 있다. JASPER 놀이 회기에 아동이 현재 사용하고 있는 의사소통 체계를 도입하기 위해서는 다른 서비스 제공자(예: 언어재활사)와 협력해야 한다. 그러고 나서 아동의 AAC 체계를 활용하여 의사소통 모방하기, 시범 보이기, 확장하기와 같은 핵심 의사소통 전략들을 적용한다.

2) 사례

다음 가상의 사례는 특정 아동에게 음성산출장치를 적용할 때 발생하는 어려움에 대해 다룬다.

(1) 소통의 오류

JASPER 안녕하세요.

저와 함께 시간을 보내는 이 여자아이는 장난감을 매우 좋아하고, 놀이 루틴을 진행할 때 다양한 아이디어를 냅니다. 그렇지만 이 아이는 말을 거의 하지 않아요. 그래서 우리는 서로 굉장히 답답해요. 이 아이는 종종 공간을 둘러보며 놀이 루틴에 추가할 무엇인가를 찾아다닙니다. 아이가 원하는 걸 제가 도통 알아차리지 못하니, 이 아이는 곧 짜증 내며 울어 버립니다. 제가 아이를 잘 이해하지 못해서 재미있던 놀이 루틴은 곧 망가져 버려요. 어떻게 하면 이 아이가 자기 생각을 잘 표현하도록 도울 수 있을까요?

안부를 담아,

소통의 오류 드림

소통의 오류 님 안녕하세요.

매우 답답한 상황이군요. 그렇지만 상황을 잘 진단하여 아동 행동의 이유를 알아낸 부분은 긍정적입니다. 아동이 표현하고 싶은 여러 아이디어가 있는데, 상대방이 잘 이해하지 못하면 굉장히 답답하겠지만, 아동이 계속 시도를 하고 있다는 점은 참 다행입니다. 먼저, 놀이 환경을 진단해 보세요. 장난감을 더 쉽게 찾을 수 있도록 환경을 구성할 수 있나요? 장난감을 아동의 손이 닿는 선반에 놓거나, 투명한 통에 담아 아동이 장난감 선택지를 확실하게 볼 수 있게 해 주세요. 그리고 더 많은 어휘를 표현할 수 있도록 놀이 회기에 AAC 장치를 도입하는 것을 추천합니다. AAC 장치를 도입함으로써 이 아동은 자신의 아이디어를 공유하거나 장난감을 요구할 새로운 수단을 얻게 됩니다. 놀이 루틴 중 자주 사용하는 장난감 및 놀이 행동에 대한 아이콘과 더불어 새로운 놀이 단계를 위한 표현도 장치에 넣어 주세요. AAC를 사용할 때 아동의 상황 언급하기나 요구하기를 구어로도 확장해 줍니다. 예를 들어, 아동이 '자동차' 아이콘을 누르면, "녹색 자동차!"라고 말하여 반응하고, '녹색'과 '자동차' 버튼을 누르는 시범을 보이고, 아동에게 녹색 차를 건네줍니다.

계속 시도해 보세요!

JASPER 드림

(2) 음성산출장치 때문에 힘들어요

JASPER 안녕하세요.

저와 함께하는 남자아이는 구어를 거의 사용하지 않아요. 그래서 음성산출장치를 사용하면 큰 도움이 될 것 같았습니다. 저는 이 아이와의 놀이 회기를 위해 폴더를 만들고, 우리가 사용하는 장난감 아이콘을 폴더 안에 넣어 놨어요. 또 아이가 놀이 회기 동안 쉽게 장치에 접근할 수 있도록 준비해 뒀는데요. 장치는 그냥 거기 놓여 있고요. 아이가 의사소통을 위해 장치를 사용하지 않아요. 오히려 음성산출장치 화면만 보면 주의가 산만해지는 것 같아요. 어떻게 하면 음성산출장치를 활용해서 아동을 더 잘 지원할 수 있을까요?

음성산출장치 때문에 힘들어요 드림

음성산출장치 때문에 힘들어요 님 안녕하세요.

놀이 회기에 음성산출장치를 도입하셨다니 잘하고 계시네요! 아이들이 특히 테크놀로지와 관련된 새로운 것을 접했을 때 그것을 탐색하려 하는 것은 흔한 일입니다. 이 장치는 새로운 형태의 의사소통 방식이고 아동의 주의를 산만하게 할 수 있습니다. 먼저, 현재 가지고 노는 장난감을 표현하는 한두 개의 아이콘으로 시작해 보세요. 그다음에 음성산출장치로 상황 언급하기와 요구하기를 하는 방법을 시범 보여 주세요. 예를 들어, 성인의 놀이 차례에 관련 아이콘을 누르고, 아이콘에 맞는 단어를 말해 줍니다. 이를 통해 아동이 성인의 시범을 모방할 기회를 줍니다. 만약 아동이 성인을 따라 하지 않으면, 프로그래밍을 통해 기회를 만들고 직접적 촉진(예: 신체적 촉진)을 제공하여 직접 음성산출장치를 사용하는 방법을 알려 줍니다. 놀이 회기 내내 음성산출장치를 아동이 볼 수 있고 닿을 수 있는 곳에 두고, 현재 진행하고 있는 놀이 루틴과 관련 있는 아이콘을 열어 두세요. 성인이 JASPER의 다른 전략에 몰두하고 있을 때 이러한 지침을 잊기 쉬운데요. 음성산출장치로 의사소통 연습 기회를 꾸준히 만들어 주는 것이 매우 중요합니다.

행운을 빌어요!

JASPER 드림

5 결론

음성산출장치를 사용하면 아동에게 지속적인 언어 시범을 보여 줄 수 있고, 추가적인 의사소통 양식을 제공해 주어 도움이 된다. 음성산출장치를 미리 잘 준비해 두고 놀이 회기 동안 쉽게 사용할 수 있도록 장치를 아동에 가까이 놓는다. 그림 14-7의 목록을 통해 음성산출장치 관련 전략을 복습해 보자.

이 장을 끝으로 5부를 마무리한다. 5부에서는 놀이와 의사소통을 위한 전략을 다루었다. 6부에서는 놀이 참여, 행동 조절, 제한적이고 반복적인 행동과 관련된 어려움에 대해 다룰 것이다.

음성산출장치 준비하기	놀이 회기에 음성산출장치 사용하기
○ 음성산출장치 선정하기 ○ 아동의 언어 수준에 맞는 아이콘의 수와 종류 정하기 ○ 아이콘 구조화하기 ○ 장치의 다른 기능 및 주의 산만 요소 줄이기 ○ 장치 속 어휘 지속적으로 업데이트하기	○ 음성산출장치를 아동의 볼 수 있고 손이 닿는 곳에 두기 ○ 성인의 놀이 차례에 음성산출장치와 구어로 시범 보이거나 반응하기 ○ 자연스러운 언어 사용하기 ○ 음성산출장치로 의사소통 기회 프로그래밍하기

그림 14-7 14장 요약

6부

문제 해결하기

학습목표
✓ 놀이 참여 시간 및 조절 시간 증진하기
✓ 상호작용의 질 증진하기

6부에서는 핵심 전략과 조건부 전략을 적용하여 아동의 참여, 조절, 생산적 놀이와 관련된 문제를 해결하는 방법에 대하여 다룬다.

15장

참여 지원하기

1 도입

이 장에서는 참여에 대한 개념으로 돌아가 본다. 2장에서 논의한 바와 같이, ASD 아동은 전형적인 발달을 보이는 또래보다 공동참여(joint engagement)에 더 적은 시간을 보낸다. 적절한 지원이 제공되지 않으면 ASD 아동은 돌아다니거나, 장난감을 고르지 못하거나, 장난감을 자꾸 바꾸거나, 하나의 놀이 루틴을 유지하지 못하는 등 다양한 어려움을 보일 수 있다. ASD 아동은 비참여나 대물 참여와 같이 낮은 수준의 참여 상태에 오래 머무르고, 놀이와 의사소통 시 시작행동을 잘 보이지 않는다. 우리의 목표는 아동이 낮은 수준의 참여 상태에서 벗어나 학습에 결정적인 맥락을 제공하는 공동참여로 넘어오도록 돕는 것이다. 아동이 사물과 사람에 관심을 보이며 공동참여를 하는 상태일 때 우리는 JASPER의 여러 목표와 표적 기술을 가장 잘 다룰 수 있다. 이를 위해서 성인의 적극적인 개입과 지원이 필요하다. 공동참여가 성인의 개입 없이 그냥 나타날 수는 없다. 우리는 이미 8장에서 아동의 참여를 지원하기 위한 토대를 마련하였다. 이제 ACT 문제해결 틀을 참여 영역에 적용하여 전체 놀이 회기에서 아동 참여의 질과 시간을 향상할 것이다(그림 15-1 참고).

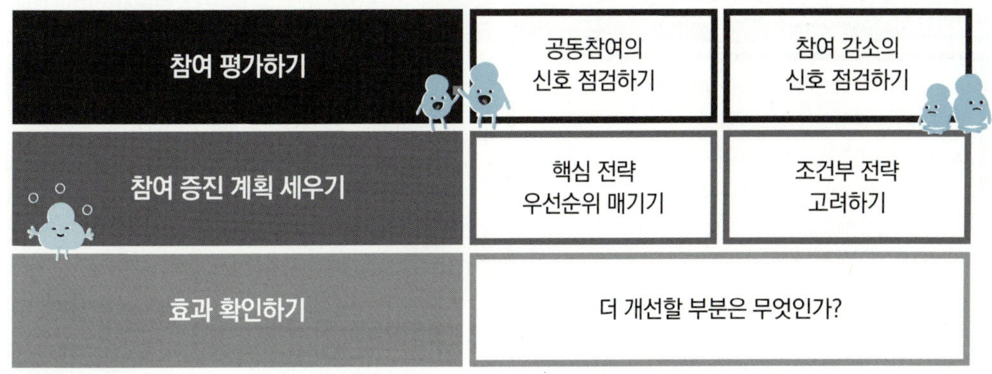

그림 15-1 참여 지원을 위해 ACT 문제해결 틀 적용하기

먼저, 놀이를 하면서 아동의 참여를 평가하는 방법, 즉 공동참여의 신호 및 참여 감소의 신호를 파악하는 방법에 대하여 다룬다. 그런 다음, 핵심 전략과 조건부 전략을 사용하여 계획을 세우는 방법을 설명한다. 참여를 높이기 위한 접근법 대부분은 5장에서 14장까지 다룬 핵심 전략이다. 이러한 핵심 전략은 아동의 참여를 촉진하며, 아동의 참여가 감소할 때 제일 처음 제공하는 지지선이 된다. 조건부 전략은 아동 참여를 향상하기 위해 추가 지원이 필요할 때 특별히 적용할 수 있다. 이 장의 전반에 걸쳐 사례를 제시하여 여러 전략을 구체적으로 설명하고 전략을 조합하여 사용하는 방법을 안내한다. 마지막에서는 일반적인 질문과 요약사례를 통해 참여 지원의 효과를 확인하는 과정을 소개한다. 이 장은 참여와 관련된 문제를 해결하는 데 필요한 정보를 다 제시하는 것이 아니라, 우리의 접근 방식을 소개하는 데 초점을 둔다. 추가적인 정보나 피드백은 JASPER 교육 중에 제공된다. JASPER 교육을 통해 각 아동에 대한 접근 방식을 개별화하고, 상황에 맞는 전략을 선택하고, 핵심 전략과 조건부 전략을 조합하여 사용하고, 점차 성인의 지원을 감소시키는 방법을 배우게 될 것이다.

2 참여 평가하기

JASPER에서는 놀이 루틴 전반에 걸쳐 아동의 참여를 점검한다. SPACE 평가와 초반 몇 번의 놀이 회기에서 아동의 참여에 대한 기초선을 파악하고, 참여 수준에 변화가 생길 때 이를 자세히 관찰한다. 그림 15-2는 참여 수준이 높거나 낮을 때 나타나는 일반적인 신호를 보여 준다. 아동의 대부분이 상호작용 기간 내내 공동참여를 보이기는 어렵다(일부 아동의

공동참여의 신호	참여 감소의 신호
◦ 눈 맞춤으로 표현되는 공동관심의 증가 ◦ 공동관심 몸짓 및 언어의 사용 ◦ 요구하기 몸짓 및 언어의 사용 ◦ 사회적, 상호작용적, 협동적 놀이 ◦ 상호작용 상대자를 인지하고 있음 ◦ 공유된 정서의 증가 	◦ 관심의 전환(예: 주위 둘러보기) ◦ 자리의 이동 또는 상호작용으로부터 멀어짐 ◦ 사회적 의사소통의 감소 ◦ 장난감에만 몰두함 ◦ 제한적, 반복적 행동의 증가 ◦ 조절 문제의 증가 ◦ 놀이 속도의 변화 ◦ 정서의 변화 

그림 15-2 참여의 신호

경우 초반에는 매우 적은 공동참여를 보일 것이다). 아동이 보이는 공동참여 지표를 잘 파악하고 나면 아동의 요구에 맞는 지원을 제공할 수 있게 된다.

1) 참여 감소 수준 평가하기

아동의 참여가 감소한 정도를 점검한다.

- **약간 감소한 수준**: 아동이 놀이를 하고 있지만, 사회적 상호작용의 질이 낮아지거나 일관적이지 않다. 약간 저하된 사회적 의사소통, 놀이 속도, 정서 수준으로 나타날 수 있다. 놀이 차례를 주고받는 시간이 평소보다 더 길어지고, 아동이 이따금 주위를 둘러본다.
- **중간 정도로 감소한 수준**: 아동이 여전히 놀이 루틴에 관심을 두지만, 속도는 확연히 느려지고 대물 참여 혹은 방관자적 상태로 옮겨간다. 의사소통, 주의집중, 정서 수준이 확연히 저하된다(그림 15-3 참고). 놀이 속도는 느려지거나 매우 빨라질 수도 있다. 아동은 성인의 놀이 차례를 지켜볼 수도 있고, 장난감을 만지작거리거나, 꼼지락거리며 다른 할 일을 찾는 모습을 보인다.
- **매우 감소한 수준**: 아동은 비참여나 대물 참여 상태가 되어 놀이 루틴에 관심을 두지 않는다. 아동은 놀이 공간을 떠나서 동요하거나, 화를 내거나, 조절 문제를 보일 수 있다. 성인의 놀이 차례를 심하게 거부하거나 방해할 수 있다. 놀이 공간을 떠나지는 않지만, 어떤 것에도 관심을 두지 못하거나 특정 사물이나 장난감에만 몰두하여 더

그림 15-3 아동이 천장을 바라보며 참여 감소의 신호를 보이기 시작함

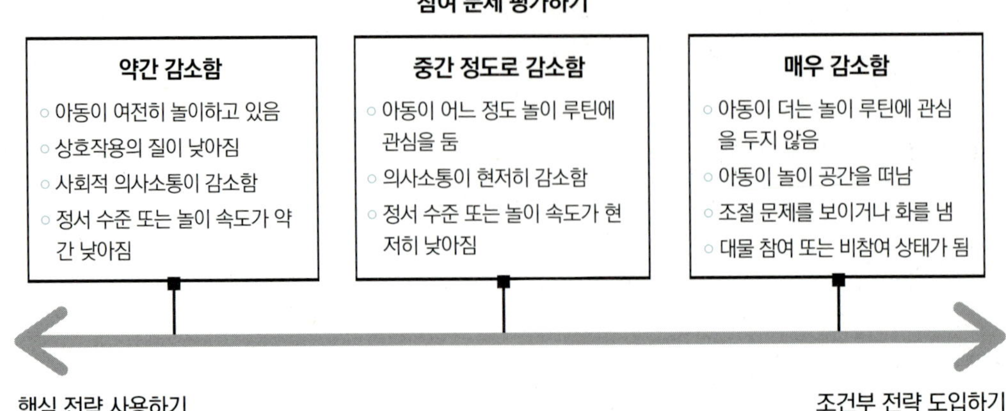

그림 15-4 효과적으로 대응하기 위해 아동의 참여 문제의 심각도 점검하기

는 사회적 상호작용 상대를 인식하지 못할 수도 있다. 참여 문제가 약간에서 중간 사이일 때는 보통 핵심 전략으로 대응한다. 참여 문제가 중간 이상에서 매우 심각할 때는 그림 15-4와 같이 아동에게 핵심 전략과 조건부 전략을 함께 적용한다.

3 참여 증진 계획 세우기

이 절에서는 놀이 루틴 전반에 걸쳐 참여를 지원하기 위해 사용하는 핵심 전략과 조건부 전략에 관해 설명한다. 이 전략들은 아동의 개별적인 요구와 상황의 어려움에 맞게 적용할 수 있는 '지원 도구 상자'다. 참여 문제가 약간에서 중간 사이일 때는 일반적으로 핵심 전략을 적용하는 것만으로 충분하다. 참여 문제가 중간 이상에서 매우 심각할 때는 핵심 전략과 조건부 전략을 조합하여 적용할 필요가 있다. 일반적으로 일정 기간 아동의 행동 패턴을 파악한 후 비참여 상태가 되기 **전에** 이러한 전략을 적용하여 지원한다. 그림 15-5는 참여 지원을 위한 핵심 전략과 조건부 전략 간의 차이를 보여 준다.

1) 참여 증진을 위한 핵심 전략

참여 문제를 다룰 때 성인의 핵심 전략 사용에 대한 평가부터 시작한다. 5장에서 14장까지 소개한 많은 전략 역시 참여를 증진한다. 장난감을 선택하고, 놀이 환경을 조성하고, 놀이 루틴을 설정하고, 의사소통을 촉진함으로써 성인은 아동의 참여를 촉진하는 것이다!

그림 15-6에서 성인은 놀이 루틴 중 공동참여를 높이기 위해 상호작용의 각 측면을 촉진한다. 여기에서는 이러한 익숙한 전략(굵게 표시함)을 참여 문제에 어떻게 적용하여 아동의 성공을 다지고 참여 감소의 순간에 대응할지 설명한다. 그리고 이러한 과정을 구체적으로 설명하기 위해 여러 사례를 소개한다.

참여 지원 전략 ☑

핵심 전략	**조건부 전략**
☐ 환경 관리하기	☐ 대인 참여 활동을 통해 다시 교감하기
☐ 동등하고 적극적인 놀이 상대자 되기	☐ 아동이 숙달한 놀이 루틴 제시하기
☐ 생산적이고 유연한 놀이 촉진하기	
☐ 놀이 루틴 설정 및 확장하기	
☐ 의사소통에 반응하기	

그림 15-5 참여 지원 전략

그림 15-6 아동이 수의사 캐릭터를 보여 주며 시작행동을 하자 성인이 반응함

(1) 환경 관리하기

참여를 극대화하고 산만함을 최소화할 수 있는 환경을 조성한다. 항상 **발달상 적합한 장난감을 제공**하고 **장난감의 수는 상황에 맞게 조정**한다. 아동의 참여를 유지할 만큼 충분한 수의 장난감을 제공해야 하지만, 너무 많이 제공하여 주의를 산만하게 하면 안 된다. 장난감이 **최적의 위치**, 즉 성인과 아동 사이에 있는지도 확인한다. 아동을 따라 움직이며 참여 수준을

점검하고 아동의 사회적 행동 시도에 반응한다. 놀이 회기 전반에 걸쳐 놀이 **확장을 위한 장난감 선택지를 추가**하여 각 놀이 루틴에서의 참여를 확장한다. 문제가 발생하면 **환경을 재구성**하여 지원을 제공한다. 놀이 공간을 정리하고 탁자나 바닥으로 자리를 이동하거나, 성인이 선정해 놓은 장난감들을 재평가한다. 자세한 내용은 7장을 참고한다.

(2) 동등하고 적극적인 놀이 상대자 되기

놀이 루틴을 진행하는 동안 놀이하고 의사소통하면서 아동에게 사회적 상대와 관계를 맺는 모습을 잘 보여 준다. 소극적으로 촉진하거나 과도하게 놀이를 지시하는 것은 피해야 하는데 이러한 역할은 아동의 참여를 더 어렵게 만든다. 놀이 역할에 균형을 맞추고, 아동이 놀이 및 의사소통을 **시작하도록 기다려 주어야** 한다. 아동이 너무 느리게 또는 너무 빨리 놀이를 시작하면 **놀이 루틴의 속도를 조절**하여 서로 교감하며 함께 놀이할 수 있도록 한다. 아동의 정서 수준이 너무 높거나 낮아지면 **성인의 정서를 조절**하여 적절한 상태가 되도록 한다. 자세한 내용은 5장, 8장, 10장을 참고한다.

(3) 생산적이고 유연한 놀이 촉진하기

놀이의 여러 요소가 공동참여에 도달하는 것을 방해할 수 있다. **주의를 너무 산만하게 만드는 장난감이나 행동은 피한다.** 특히 방해행동을 유발하거나 대물 참여에 몰두하게 하는 장난감은 피한다. 가능한 한 아동의 놀이 아이디어를 따르는데, 아동의 참여 노력을 인정하며 반응해 주기 위해 **일관적이고 즉각적으로 모방**해 준다. 아동의 참여 수준이 낮아지거나 놀이의 생산성이 떨어지면 적절한 놀이 행동 **시범**을 보인다(17장 참고). 방해되는 장난감들은 한동안 제거했다가 나중에 다시 적용해 본다. 자세한 내용은 6장과 9장을 참고한다.

(4) 놀이 루틴 설정하고 확장하기

참여의 토대가 되는 놀이 루틴의 **기본놀이를 잘 설정**한다. 놀이 루틴이 너무 어려워지거나 방향성을 잃으면 **이전 단계로 돌아가거나 놀이 루틴을 재시작**하여 명확한 방향을 제시할 수도 있다. **수평적 확장**과 **수직적 확장**을 조합하여 동기를 부여하고 놀이 루틴을 확장한다. 잘 설정된 여러 놀이 루틴을 **서로 연결**하여 놀이 회기 동안 아동의 참여 시간을 늘린다. 최대한 아동이 놀이 루틴을 유지하도록 지원한다. 아동이 새로운 장난감이나 활동에 관심을 보일 때 또는 현재 놀이 루틴이 더는 생산적이지 않고 아동의 흥미를 끌지 못할 때는 **새로운 놀이 루틴으로 전이**한다. 자세한 내용은 5장, 10장, 11장을 참고한다.

(5) 아동의 의사소통에 반응하기

아동이 의사소통하도록 **충분히 기다려 주고**, 아동의 **사회적 의사소통 시도에 반응한다**. 이러한 전략은 성인이 아동이 하는 말에 관심이 있음을 아동에게 확실히 알려 주어 참여의 순간을 쌓아 나간다. 아동이 의사소통을 시도하지 않으면 **적절한 언어 시범**을 통해 잘 참여하는 사회적 상호작용 상대자의 모습을 보여 주고, 아동을 더 높은 참여 상태로 이끈다. 자세한 내용은 12장을 참고한다.

〈연습문제 15-1〉을 풀면서 앞에서 다룬 JASPER 전략을 다음 네 가지 상황에 적절하게 적용하는 연습을 해 보자.

연습문제 15-1 참여 지원하기

각 상황에서 참여를 지원하는 가장 적절한 전략을 고르시오.

상호작용 상황 설명	사용할 전략
1. SPACE 평가를 할 때 아동은 블록으로 집을 짓고, 퍼즐 동물들을 집 안에 넣고, 인형에 빗질하고, 큰 그릇 안에 여러 쿠키를 섞을 수 있었다. 성인은 페그보드와 포개기 상자 세트로 놀이 회기를 시작한다. 아동은 주변을 둘러보고, 마지못해 페그를 보드에 끼우지만, 이내 몸을 돌린다.	A. 발달에 적합한 장난감을 고른다. B. 아동의 놀이 차례에 충분히 기다려 준다. C. 아동의 앞쪽으로 이동한다.
2. 성인과 아동은 차례대로 10번씩 인형의 뱃속에 음식 장난감을 집어넣는다. 성인이 아동이 음식 장난감을 넣는 행동을 모방해 주지만, 아동 차례에 아동의 행동은 느려지고 의사소통도 줄어든다.	A. 일관적이고 즉각적으로 모방해 준다. B. 놀이를 확장하여 놀이 루틴을 지속한다. C. 적절한 언어 시범을 보인다.
3. 성인과 아동은 믹서에 음식 장난감을 넣고 있다. 이 놀이 루틴은 보통 아침밥을 먹고 학교 갈 준비하기로 발전했는데, 지금은 기본놀이 이상으로 넘어가지 않는다. 성인은 아동의 놀이 수준에 맞게 놀이를 진행하며, 여러 가지 놀이 확장을 시도했지만, 아동의 참여 수준은 점점 낮아지고 조절 문제의 초기 신호까지 나타난다.	A. 새로운 놀이 루틴으로 전이한다. B. 기본놀이를 설정한다. C. 아동의 앞쪽으로 이동한다.
4. 성인은 새로운 놀이 루틴에 대한 아동의 아이디어를 알고 싶어서 아동이 로켓에 사람을 태우는 것을 지켜본다. 성인은 아동의 놀이 행동을 말로 표현해 주지만, 아동은 성인을 인식하지 못하는 것 같다.	A. 일관적이고 즉각적으로 모방해 준다. B. 방해되는 장난감을 제거한다. C. 성인의 정서 수준을 조절한다.

2) 참여 증진을 위한 조건부 전략

핵심 전략이 놀이 회기 전반에 걸쳐 사용되는 반면, 조건부 전략은 참여 수준이 낮아지는 것을 예방하거나 적절히 대응하기 위해 특정한 경우에만 사용한다. 아동의 행동이 중간 정도 또는 매우 심하게 방해가 되면, 성인은 놀이 루틴 진행 시 일반적으로 필요한 전략을 사용하기 전에 조건부 전략을 사용하여 사회적 교감을 끌어내고 참여도를 재정비한다. 다음에서는 각 전략의 기본 지침을 설명하고, 사례를 통해 이 지침을 적용하는 방법을 제시한다.

(1) 대인 참여를 높이는 활동을 통해 다시 교감하기

대인 참여가 이루어지는 순간을 활용하여 낮은 참여 상태(예: 비참여, 방관 또는 대물 참여)에서 더 높은 참여 상태(지원된 또는 협응된 공동참여)로 전이한다. 이러한 대인 참여는 노래나 간단한 활동을 할 때 나타날 수 있는데 다음 예시를 살펴보자.

- **동요**: 알파벳 노래, '거미가 줄을 타고 내려옵니다' '노, 노, 노를 저어라'
- **간단한 게임**: 까꿍놀이(아주 어린 아동들을 위한), 간지럼 태우기, 손뼉치기 게임(예: 쎄쎄쎄)
- **몸 놀이**: 그네타기, 폴짝 뛰기

대인 참여 활동을 할 때도 JASPER 의사소통 전략을 계속 사용한다. 아동의 의사소통에 반응하고, 언어와 몸짓 시범을 보이고, 동등하고 적극적인 상대자 역할을 유지한다. 아동과 교감을 나누고 양질의 대인 참여 상태에 이르면, 다시 장난감을 추가하여 공동참여 상태로 전이한다. 이 전략은 아동의 요구에 따라 놀이 회기의 여러 시점에 사용할 수 있다. 대인 참여 활동을 회기 시작 시, 놀이 루틴 사이 또는 조절 문제가 끝난 후 놀이 루틴으로 자연스럽게 전이할 때 활용하거나, 놀이 루틴을 하면서 재미있는 동기부여 단계로 활용할 수 있다(그림 15-7 참고). 몇 가지 예시를 소개한다.

- 회기 시작 후 30분 정도가 지나면 아동은 대개 피곤해하고 조절 문제를 보이기 시작한다. 이런 상황을 예방하기 위해서 놀이 루틴에 맞는 노래나 활동을 미리 준비한다. 그리고 아동이 조절 문제를 보이기 전에 노래나 활동을 소개하여 아동의 동기와 참여 수준을 잘 유지시킨다.

그림 15-7 성인은 '생일 축하' 노래를 불러 생일 케이크 놀이 루틴에 대인 참여 활동을 적용함

- 아동이 한참 울고 조절 문제를 보인 후에 진정하기 시작하지만, 아직 장난감에 관심을 보이지는 않는다. 이때 '버스의 바퀴가 데굴데굴'이라는 동요를 부르며 버스에 피규어를 태운다. 아동이 같이 놀이를 하기 시작하면 노래를 멈춘다.

(2) 아동이 잘 숙달한 놀이 루틴 제시하기

아동의 참여 수준이 낮아지면 아동이 이미 숙달한 수준(또는 한 단계 아래)의 놀이 루틴을 제시한다. 이는 아동에게 익숙한 놀이 루틴, 놓기 부여가 잘 되는 놀이 루틴 또는 아동이 잘 숙달한 놀이 루틴일 수 있다(6장, p. 134 참고). 몇 가지 예시를 소개한다.

- 아동이 일반적 조합 수준의 놀이를 한다면, 모양 맞추기 틀에 모양을 끼우면서(외형적 조합) 참여의 토대를 다진다. 그러고 나서 차례를 주고받으며 포개기 상자를 쌓고(일반적 조합), 인형을 포개기 상자의 구멍 속에 넣는다(인형에 대한 가작화).
- 아동이 상징놀이 수준에서 놀이한다면, 성인은 먼저 공룡이 사는 동굴을 만들어(목적을 가진 물리적 조합) 참여의 토대를 다진다. 그러고 나서 인형에게 영웅 옷을 입혀서 동굴을 공격한다(인형 매개 상징놀이).

일단 아동의 참여 수준이 높아지면 다시 아동의 발달 수준에 맞는 놀이 루틴으로 돌아간다. 〈연습문제 15-2〉를 통해 아동의 참여가 불안정할 때 조건부 전략을 적용하는 방법을 점검해 보자.

연습문제 15-2 아동의 참여가 불안정할 때 대처하기

핵심 또는 조건부 전략을 사용하여 아동의 참여가 불안정할 때 대처할 가장 적절한 방법을 고르시오.

1. 놀이 회기 초반, 성인은 아동이 숙달한 수준의 놀이 루틴을 설정하기 위해 케이크 조각을 접시에 담는 기본놀이를 시작한다. 그러나 아동은 바라보기만 할 뿐 자신의 차례에 놀이 행동을 시작하지 않는다. 참여 수준을 높이기 위해 놀이 루틴에서 바꿀 내용은 무엇인가?
   A. 아동이 적극적으로 놀이에 참여하도록 아동의 차례에 신체적 촉진을 한다.
   B. 케이크에 초를 꽂는 더 낮은 수준의 조합 놀이로 루틴을 시작한다.
   C. 케이크를 접시에 담기 전에 '생일 축하' 노래를 불러 대인 참여 활동을 시도한다.
   D. B 또는 C

2. 아동이 하나의 장난감으로 한두 번만 놀이 차례를 주고받고 곧장 다른 장난감으로 넘어가 버려서 기본놀이 루틴을 잘 설정할 때까지 아동의 참여를 유지하기 어렵다. 적절한 대처 방법은 무엇인가?
   A. 항상 아동의 주도에 따라야 하므로 아동의 각 놀이 행동을 모방한다.
   B. 기본놀이가 잘 설정될 때까지 다른 장난감들은 치워 놓는다.
   C. 아동이 가지고 놀아야 할 장난감을 두드리거나 장난감으로 주의를 끈다.
   D. 놀이 회기의 전반부에는 아동이 각 장난감을 충분히 탐색하게 하고 이후 자신이 가지고 놀 장난감을 고르게 한다.

3. 아동이 블록으로 구조물을 만들기 시작하자, 성인은 아동의 아이디어를 돕기 위해 블록을 건네준다. 성인은 상황 언급하기 전략을 시도하지만, 아동은 사물에 집중하며 블록만 살핀다. 아동이 공동참여를 하도록 도울 방법은 무엇인가?
   A. 매번 블록을 건네주지 않고 가지고 있으면서 아동이 성인을 바라보고 탑에 올릴 블록을 더 달라고 요청하게 한다.
   B. 재빨리 블록을 치우고 다른 장난감을 소개한다.
   C. 놀이 차례마다 "여기 보세요."라고 말하며 구어적 촉진을 제공하여 성인을 인식하도록 한다.
   D. 성인의 놀이 차례에 상황 언급하기 전략을 사용하여 동등하고 적극적인 상대자의 역할을 보여준다.

4. 회기 전반에 걸쳐 환경 전략을 사용하고, 동등하고 적극적인 역할을 하고, 재미있는 새로운 놀이 단계 시범을 보였음에도 성공적인 놀이 루틴을 설정하는 데 어려움을 겪고 있다. 아동의 놀이 수준에 맞게 시작하여 놀이 루틴을 잘 설정한 것 같다가도 아동이 계속 놀이 루틴을 거부하여 참여도가 낮아진다. 참여도를 높이기 위해 바꿀 수 있는 내용은 무엇인가?
   A. 아동의 상태가 좋지 않은 날이므로, 감각 놀이 장난감만 가지고 놀기로 한다.
   B. 아동이 자신의 차례에 놀이 행동을 보일 때마다 젤리곰과 같은 유형 강화제를 제공한다.
   C. 아동이 잘 숙달한 놀이 루틴을 시작하고 점차 표적 수준의 놀이 루틴으로 넘어간다.
   D. 아동이 해당 놀이 루틴을 잘 이해할 수 있도록 아동의 차례에 매번 구어적 촉진을 한다.

4 효과 확인하기

참여 지원 계획을 실행하고 나면 개선할 점들이 나타난다. 계획을 되돌아보면서 더 예방적으로 아동을 지원하기 위해 어떤 부분을 수정할지 살펴본다. 아동의 성공을 돕고, 성인의 대처 방법을 개선하기 위해 추가로 할 수 있는 것들은 항상 존재한다. 여기에서는 시간이 지남에 따라 성인의 접근 방법을 개선하는 방법에 대하여 설명하고, 이 과정에서 할 수 있는 일반적 질문에 답한다. 마지막으로, 요약 사례를 통해 중재자가 놀이 회기 전반에 걸쳐 ACT 문제해결 틀을 적용하여 핵심 전략과 조건부 전략 간 균형을 맞추는 과정을 보여 준다.

1) 미래를 위한 계획

중재를 진행하면서 아동의 동기나 참여 수준 변화에 계속 민감하게 대처한다. 아동의 요구에 맞는 지원을 하기 위해 환경, 장난감 및 지원 내용을 수정한다. 아동을 잘 알아 갈수록 더 효율적으로 반응하게 될 것이다. 그러면 아동이 낮은 수준의 참여를 보이는 시간이 줄어들고, 조건부 전략도 덜 사용하게 될 것이다.

(1) 비참여 패턴을 파악하여 미리 지원하기

시간이 지나 익숙해지면, 성인은 아동의 비참여 패턴을 파악하게 된다. 문제가 발생할 때 대응하지 말고 이런 패턴을 일찍 발견하여 너무 늦기 전에 지원한다. 아동에게 가장 잘 맞는 전략들이 무엇인지 파악하고 나면, 아동이 얼마간 비참여 상태를 보이더라도 다시 빨리 참여 상태로 돌아오게 할 수 있다.

(2) 지원 줄여 나가기

아동이 진전을 보임에 따라 성인의 접근 방식을 계속 업데이트한다. 몇 번의 회기를 진행한 후 초반 아동의 참여 수준과 현재 참여 수준을 비교해 본다. 처음에 사용한 전략이 여전히 유효한가? 대부분의 경우, 성인은 지원을 줄여 나가서 조건부 전략에 덜 의존하고, 핵심 전략에 더 의존할 수 있게 된다. 아동의 참여 능력이 변화하리라 기대하고 그에 따라 기대치와 지원 수준을 조정해야 한다.

참여를 지원할 때 놀이 회기의 더 큰 그림과 넓은 목표를 지향해야 한다. 조건부 전략에 지나치게 의존하면 놀이 회기의 전반적인 진행이 정체될 것이다. 조건부 전략을 사용하면 순간적으로 참여의 일부 측면이 개선될 수 있지만(예: 아동이 비참여에서 대인 참여 상태로 이동), 이 전략에만 의존하면 공동참여나 새로운 기술을 습득할 기회가 제한될 수 있다. 조건부 전략은 아동이 더 높은 공동참여의 상태로 돌아가도록 돕는 과도기에만 사용해야 한다.

2) 일반적 질문

다음에서는 참여 전략과 관련된 일반적인 질문을 살펴본다.

Q. 아동의 참여 수준이 낮아질 때 효율적으로 대응하려면?

아동이 비참여 상태가 될 때 바로 높은 참여 상태로 되돌아가기 어려울 수 있다. 최대한 공동참여 상태에서 놀이 루틴을 진행하려고 하는데 이런 문제가 발생하면 좌절감을 느끼게 된다. 이럴 때 신속하고 효율적으로 대응하는 방안을 몇 가지 소개한다.

- 참여 감소의 초기 신호를 보일 때 아동이 너무 사물에 몰입하거나 완전히 비참여 상태가 되기 **전**에 지원 수준을 높인다.
- 조건부 전략은 짧게 사용한다. 아동이 다시 참여 상태로 돌아오면 이러한 전략을 지속할 필요는 없다.
- 아동이 성인과 교감을 하면, 다시 양질의 놀이 루틴으로 돌아간다. 기존의 놀이 루틴을 유지하며 기본놀이 재시작하기, 장난감을 아동 앞에 옮겨 놓기, 놀이 행동 시범 보이기를 통해 간단히 할 수도 있고, 아예 새로운 놀이 루틴을 시작해야 할 수도 있다.
- 아동의 참여 문제가 예상보다 오래 지속된다면 상호작용의 다른 측면을 살펴본다. 놀이 수준이 아동에게 적절하지 않거나, 환경의 구조화가 더 필요하거나, 놀이 확장 전에 기본놀이 설정에 더 많은 시간이 필요할 수 있다. 아동을 계속 참여시키기 위해 조건부 전략에 크게 의존할 필요는 없다.
- 반복되는 패턴을 파악하여 미리 지원한다. 놀이 회기나 놀이 루틴의 특정 측면에서 아동이 어려움을 겪는 것을 파악했다면 해당 상황에 이르기 전에 추가적인 지원을 제공한다.
- 점차 아동의 인내심을 길러 준다. 아동의 참여 능력이 증진되는 것을 확인하게 될 것이다.

Q. 무슨 전략을 선택할지 어떻게 결정하는가?

답은 아동의 특성, 어려움의 정도, 어려움의 내용 그리고 이것이 일시적인 문제인지 반복되는 문제인지에 따라 달라진다. 일반적으로, 아동을 다시 참여 상태로 되돌리는 데 필요한 최소한의 지원부터 시작하여 지원의 양을 늘려 간다. 경험이 쌓이면 성인의 접근 방식이 발전하여 지원 도구 상자에서 올바른 전략을 찾아서 아동이 공동참여 상태로 돌아가도록 도울 수 있게 된다.

Q. 아동이 놀이 루틴에 관심이 없다면?

놀이 루틴은 때론 자연스럽게 끝나기도 하고, 성인의 노력에도 불구하고 아동이 특정 장난감을 가지고 놀 동기를 잃기도 한다. 이러한 상황이 너무 자주 발생해서 안정적인 놀이 루틴을 설정할 수 없는 경우가 아니라면, 아동의 흥미에 따라 새로운 놀이 루틴으로 전이한다(추가적인 고려 사항은 11장, 그림 11-11 참고). 이는 8장에서 다룬 '회기 시작하기' 과정과 유사하다. 새로운 놀이 루틴을 시작하려면 놀이 환경에 새로운 장난감 선택지를 제시하되 현재 놀이 루틴을 진행할 여지를 남겨 둔다. 만일 아동이 새로운 선택지 중 하나를 골라 스스로 놀이를 시작한다면, 새 장난감을 가지고 노는 아동의 주도를 따르며 아동의 초반 놀이 행동을 모방하여 기본놀이를 설정한다. 새로운 놀이 루틴을 시작하기 위해 아동에게 지원이 필요하다면, 두 개의 서로 다른 장난감 선택지를 들어 보여 아동이 선택할 수 있게 한다. 예를 들어, 아동이 현재 장난감을 원하는지 새로운 장난감을 원하는지 물어본다. 아동이 어떤 장난감에 관심이 있는 것처럼 보이지만, 놀이 행동을 시작하지는 않는다면 성인은 첫 번째 놀이 단계를 시범 보여 준다.

Q. 아동이 대인 참여 활동만 집착한다면?

만약 아동이 대인 참여 활동에 '꽂혀서' 계속한다면 대인 참여 활동 상황을 점검한다. 만약 아동이 대인 참여 활동이 너무 재미있어서 상대적으로 어려운 장난감 놀이를 피하거나 도망치려는 상황이라면 놀이 루틴은 매우 짧아질 것이다. 놀이 루틴에 오래 참여하게 하려면 '먼저, 그다음에'에 대한 설명을 하거나 시각적 자료를 제시하여 아동이 대인 참여 활동을 원하는 것을 성인이 이해했지만, 먼저 장난감 놀이를 할 것임을 알려 준다. 또한 놀이 루틴 속 하나의 단계로 대인 참여 활동을 포함할 수도 있다.

Q. 놀이 루틴에 따라 참여도가 왜 달라지는가?

놀이 루틴에 따라 아동의 참여도가 달라지는 이유는 다양하다. 가장 분명한 이유로 아동이 놀이 단계에 동기 부여가 되지 않아서, 놀이 루틴의 단계가 아동의 놀이 수준과 맞지 않아서 또는 아동이 같은 놀이에 싫증이 나서를 들 수 있다. 놀이 회기 초반이나 말미에도 참여도는 낮아진다. 또 다른 일반적인 이유로 놀이 루틴의 복잡성을 들 수 있다. 성인이 표적으로 삼는 기술과 놀이 루틴의 난이도에 따라 참여와 행동 조절 정도가 달라질 수 있다. 만약 아동이 목적을 가진 물리적 조합 수준에 숙달했다면, 익숙하고 편안하므로 해당 수준의 놀이 단계에서 더 높은 참여 수준, 더 오래가는 놀이 루틴, 더 많은 시작행동을 보일 것이다. 반면, 가작행동이 포함된 놀이 루틴에서는 대부분 놀이 단계가 아동에게 덜 친숙할 것이다. 놀이 루틴이 복잡해지면 당연히 아동은 낮은 참여 수준, 짧게 지속하는 놀이 루틴, 더 적은 시작행동을 보이게 된다. 놀이 루틴의 진행 속도는 서로 다르다. 다양한 기술을 지원할 수 있도록 여러 가지 놀이 루틴을 진행하는 것이 좋다. 중요한 점은 놀이 루틴에 따라 참여도가 달라지더라도 여러 놀이 루틴 속에서 아동의 참여도가 점차 향상하는 방향으로 나아가는 것이다.

3) 사례

여기서는 여러 사례를 통해 핵심 및 조건부 전략을 조합하여 놀이 회기 중 발생할 수 있는 참여 관련 문제에 대응하는 방법을 제시한다.

(1) 김이 새 버려요

JASPER 안녕하세요.

제가 요즘 만나는 이 여자아이는 놀이 회기 초반에는 적극적입니다. 이 아이는 제가 준비해 둔 놀이 루틴 중에서 하나를 선택합니다. 최근에는 기본놀이를 설정한 후 놀이를 확장하기 시작했어요. 우리는 약 스무 가지 놀이 확장을 하는 것 같아요. 예를 들어, 성 놀이 루틴을 진행하면서 성을 쌓고, 왕족들이 말을 타고, 해적이 성을 습격하고, 해자(역자 주: 외부의 침입을 막기 위한 구덩이)의 물이 넘치고, 사람들이 성탑에 오르는 놀이를 합니다. 하지만 아이는 이내 놀이 루틴에 흥미를 잃습니다. 저는 새로운 놀이 단계를 계속 추가해 보지만, 아이는 몸을 꼼지락거리기 시작하고 결국 신발을 벗어서 신발 끈을 가지고 놀아요. 이쯤 되면 가지고 놀던 장난감을 치우고 새 장난감을 꺼내 주는데요. 아이는 초반처럼 쉽게 장난감을 선택하지 않습니다. 이 아이의 흥미를 유지할 방법을 모르겠어요. 여기서 어떻게 해야 할까요?

도와주셔서 감사합니다!

김이 새 버려요 드림

김이 새 버려요 님 안녕하세요.

창의적이고 복잡한 놀이 루틴을 만드셨군요. 정말 멋져요. 그런데 아무리 탄탄한 놀이 루틴을 진행한다 해도, 시간이 지남에 따라 아동이 장난감이나 줄거리에 싫증이 날 수 있습니다. 이러한 모습은 예측 가능한 것이므로, 아동이 흥미를 잃기 시작할 때 알아차리고 완전히 비참여 상태가 되기 전에 새로운 장난감 선택지를 제시해 보세요. 선생님은 현재 놀이 루틴을 평가하여 추가로 놀이를 확장할 필요가 있다고 잘 판단하셨네요. 여기에 몇 가지 전략을 더 제안하고 싶습니다. 해적 놀이 루틴을 할 때 놀이 단계를 섞어서 같은 놀잇감으로 새로운 기본놀이 및 다른 줄거리를 만들어 보세요. 또 다른 방법은 같은 해적 놀이 루틴의 기본놀이를 시작한 다음, 다른 놀이 루틴과 연결할 기회를 제공하는 것입니다. 예를 들어, 성에서 공주와 기사가 나오는 놀이를 하고 있다면, 선생님은 음식 장난감을 꺼내어 빵 굽기 놀이 루틴으로 연결하고 이후 파티를 여는 단계로 확장할 수 있습니다. 그러나 해당 시점에 이러한 놀잇감들이 별로 아동의 흥미를 끌지 못한다면, 해적 놀이는 잠시 제쳐 두고 회기를 시작할 때부터 아예 다른 놀이 루틴 선택지를 제시하는 방법도 있습니다. 다른 놀이 루틴을 진행하면서 확장하기나 연결하기를 통해 자연스럽게 다시 해적 놀이를 할 기회가 생길지도 모릅니다.

놀이를 멈추지 마세요!

JASPER 드림

(2) 두 마리 토끼를 잡고 싶어요

JASPER 안녕하세요.

저는 JASPER가 처음인 남자아이를 지원하고 있습니다. 그의 놀이 기술은 이제 막 발현하는 단계인데요. 그의 놀이를 지원하게 되어 기쁩니다. 이 아동은 장난감으로 동기 부여가 잘되지 않아서 현재 우리의 놀이 루틴 지속 시간은 짧은 편이고 상당 부분 대인 참여 활동을 합니다. 놀이 루틴에 대한 아동의 흥미가 떨어지는 모습이 보이면(예: 돌아앉거나 더는 장난감을 만지지 않음), 저는 노래를 부르거나 간지럼 태우기를 합니다. 그런데 우리가 장난감을 가지고 노는 시간은 점점 줄어드는 것 같아요. 장난감으로 하는 놀이 루틴을 진행하고 싶은데, 대인 참여 활동에 크게 의존하지 않으면서 이런 놀이 루틴을 진행해 나갈 방법을 모르겠어요. 놀이 루틴을 진행할 때 어떻게 하면 장난감을 가지고 놀이하며 공동참여를 유지할 수 있을까요?

감사합니다.

두 마리 토끼를 잡고 싶어요 드림

두 마리 토끼를 잡고 싶어요 님 안녕하세요.

놀이 회기에서 장난감 기반 놀이 루틴을 늘리려는 시도는 아주 좋습니다. 일부 아동에게 대인 참여 활동은 JASPER 놀이 회기에 적응하는 데 도움이 됩니다. 아동이 막 장난감을 가지고 놀기 시작한 단계에 있으므로 어느 정도 대인 참여 시간을 갖는 것은 적절합니다. 그러나 놀이가 어려워지거나 조절 문제가 시작된 후에 대인 참여 활동을 하지 않도록 주의해야 합니다. 그렇게 하면 아동의 회피하려는 행동을 강화할 수 있습니다. 아동의 참여도가 낮아질 때까지 기다리지 말고 놀이 루틴 초반에 노래를 부르며 선생님의 정서를 고조시켜서 아동의 동기를 잘 유지해 보세요.

지치지 마세요!

JASPER 드림

(3) 케이크를 굽자

JASPER 안녕하세요.

저와 만나는 남자아이는 상징놀이 수준의 놀이를 하는 것 같아요. SPACE 평가를 할 때 이 아이는 장난감 쿠키가 마치 뜨거운 것처럼 행동하고, 아기 인형에게 '생일 축하' 노래를 불러 주었거든요. 이번이 그와의 두 번째 놀이 회기인데, 아동의 참여를 유지하기 위해 고군분투하고 있습니다. 재미있는 음식 놀이 루틴들(주방 세트, 생일 케이크와 오븐 장갑, 아기 인형과 목욕 세트)을 소개했지만, 별 반응이 없어요. 놀이 루틴 중 저만 계속 놀이 행동 시범을 보이고 아동은 따라 하지 않아요! 제가 뭘 잘못하고 있는 거죠?

진심을 담아,

케이크를 굽자 드림

케이크를 굽자 님 안녕하세요.

아동이 보이는 최상의 놀이 수준에 따르려는 시도는 훌륭하지만, 말씀하신 두 가지 놀이 행동만으로 이 아동이 상징놀이에 숙달했다고 보기는 어렵습니다. 아동이 현재 이 수준의 놀이를 하면서 참여를 유지하기는 어려운 상태일 수 있습니다. SPACE 평가 자료를 검토하여 아동이 이미 숙달한 전상징적 놀이 수준의 기본놀이를 포함한 루틴을 제시해 보세요. 아동이 음식이 포함된 놀이 루틴을 좋아하는 것 같으니, 다음 놀이 회기 때 음식놀이 장난감을 다시 꺼내 두면 좋을 것 같습니다. 케이크를 만들고, 오븐에 넣거나 조각으로 잘라 접시에 담는 관습적 조합 놀이를 시도해 보세요. 만약 그가 이 기본놀이 루틴에 잘 참여한다면 식기를 추가하거나 식탁을 준비하는 수평적 확장을 시도해 보세요. 기본놀이에 탄력이 붙으면 '생일 축하' 노래를 부르며 인형에게 음식을 먹일 수 있지만, 서두르지는 마세요. 만약 인형에 음식 먹이기로 수직적 확장을 시도했는데, 아동이 흥미를 잃는다면 다시 전상징적 놀이로 돌아가 스스로 케이크 먹는 시늉을 하거나

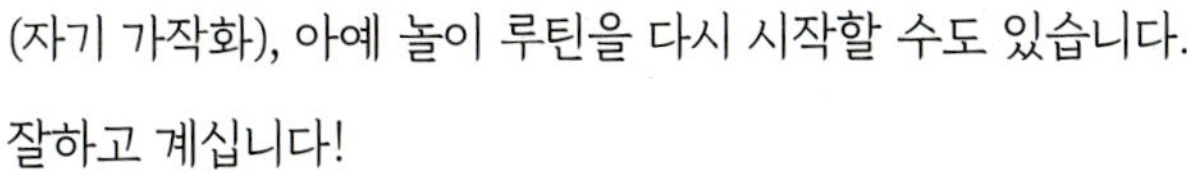

(자기 가작화), 아예 놀이 루틴을 다시 시작할 수도 있습니다.

잘하고 계십니다!

JASPER 드림

4) ACT 문제해결 틀 적용하기

다음 요약 사례는 ACT 문제해결 틀을 활용하여 놀이 회기 중 참여 관련 문제가 발생했을 때 해결하는 과정을 보여 준다.

아동과 성인은 동물병원을 짓고 병원 안에 동물을 넣는 수의사 놀이 루틴을 진행하고 있다. 아동은 이 놀이 루틴에 매우 흥미를 보이며 초반부터 재미있는 여러 놀이 단계를 밟아 나간다. 성인은 아동이 몸을 계속 꼼지락대는 것을 알아차리고 놀이 루틴을 재시작하여 아동이 놀이 단계를 자신감 있게 수행하도록 한다. 세 번째로 재시작했을 때 아동이 갑자기 일어나서 놀이 루틴에서 벗어난다(그림 15-8 참고). 아동이 비참여 상태가 되자 성인이 아동을 다시 놀이 루틴에 참여시키기 어려워지고 기본놀이를 다시 설정하는 시간이 오래 걸린다. 성인은 상황을 평가하고, 아동이 기본놀이를 설정할 때 더 많은 지원이 필요하리라 판단하여 더 일찍 놀이 루틴을 재시작할 계획을 세운다. 이 계획이 효과가 없자 성인은 아동에게 놀이 확장이 필요할 것으로 판단한다. 성인은 놀이 확장을 시도하여 약간의 효과를 보지만, 아직 이 접근에 확신을 갖지 못한다. 어떻게 해야 할지 확신이 서지 않자 성인은 회기가 끝나 갈 무렵 ACT 문제해결 틀 양식을 작성하여 현재 상황을 더욱 자세히 살펴보기로 한다.

그림 15-8 아동이 놀이 루틴의 재시작 과정에서 비참여 상태가 됨

그림 15-9에 성인이 작성한 ACT 문제해결 틀 양식과 사고 과정에 관한 내용을 제시한다.

- **상황 평가하기:** 성인은 놀이 루틴과 아동의 행동에서 몇 가지의 주요한 변화를 발견한다. 먼저, 참여 문제는 놀이 루틴을 재시작하여 기본놀이를 설정하는 후반부에 발생한다. 또한 아동은 놀이가 진행됨에 따라 장난감을 만지작거리며 놀이에 흥미를 덜 보인다. 성인은 그동안 자신이 놀이를 너무 늦게 확장했다는 것을 깨달았다! 아동이 점점 해당 놀이 루틴에 익숙해져서 전보다 더 일찍 놀이를 확장할 준비가 되었기 때문에 이는 타당한 결론이다. 성인은 이제 명확한 근거를 가지고 계획을 세울 수 있다.
- **계획 세우기:** 그동안 성인이 놀이 루틴을 너무 자주 재시작했기 때문에 놀이 확장을 위한 선택지를 더 이른 시점에 제시해야 한다. 또 그동안 놀이 확장을 위한 선택지를 업데이트하지 않았음을 깨닫고, 아동에 동기를 부여할 몇 가지 새로운 놀이 단계를 준비한다. 아동의 참여가 감소하여 돌아다니거나 비참여 상태가 되는 상황에 대비하여 조건부 전략으로서 간단한 대인 참여 노래도 계획한다.
- **효과 확인하기:** 앞서 세운 계획이 효과가 있는지 다음 놀이 회기에서 확인한다. 성인은 놀이 회기 내내 아동을 유심히 관찰한다. 두 번째 기본놀이를 하는 중에 아동이 몸을 꼼지락거리기 시작하고 성인은 놀이 확장을 위한 놀잇감들을 꺼내 놓는다. 아동은 몸을 돌린다. 성인은 자신이 너무 늦었다는 것을 깨닫는다. 아동은 이미 일어나서 장난감을 보지 않는다. 이에 성인은 대인 참여 활동을 시작하여 아동이 다시 참여할 수 있도록 한다. 다음번에 성인은 확장 놀잇감 선택지를 훨씬 일찍 제시한다. 그러자 아동이 새로운 놀이 단계를 시작한다. 성인은 아동을 모방하고 둘은 놀이 루틴을 확장한다!

놀이 회기가 끝난 후, 성인은 잘한 점과 개선할 점을 돌아본다. 놀이 확장을 더 일찍 시도할 것과 아동의 참여를 유지하기 위한 예비책으로 대인 참여 활동을 준비할 것을 메모해 둔다. 이 과정은 성공적이었고 성인은 아동의 참여 문제가 예전처럼 자주 나타나지 않는 데 만족한다. 앞으로 성인은 아동과 놀이 루틴을 재시작할 때 당분간 대인 참여 활동이 필요하지 않으리라 판단하고, 아동이 노래에 덜 의존하도록 빠르고 효율적으로 놀이 환경을 다시 설정할 계획을 세운다. 동물병원 구조물의 일부를 미리 만들어 놓는 창의적인 아이디어도 떠올린다. 그렇게 하면 놀이 루틴을 재시작할 때마다 병원을 만드는 초반 단계를 반복할 필요가 없어져 본격적인 놀이 루틴으로 빠르게 전이할 수 있다. 마지막으로, 성인은 지난 몇 주간 함께 진행한 여러 놀이 루틴을 돌아보고 아동의 놀이 참여를 증진하기 위해 놀이 루틴들을 서로 연결할 방법을 고안한다.

ACT 평가-계획-효과 확인하기(Assess the situation, Create a plan, Test for success)

아동: S. S　　성인: W. S　　작성일: 9월 8일

상황 평가하기: 어떤 상황인가? 놀이 루틴이나 아동 행동에 어떤 문제가 발생했는가?

놀이 루틴 점검하기	아동 행동 점검하기
-기본놀이를 잘 설정함 -기본놀이를 세 번 재시작함 -아동이 재시작 시 어려움을 보임	-아동의 참여도가 낮아짐 -장난감을 만지작거리기만 함 -놀이에 대한 흥미가 줄어듦

'아동 행동 점검' 양식 활용하기!

계획 세우기: 무엇을 할 수 있는가? 어떻게 핵심 전략과 조건부 전략을 사용하여 변화를 줄 수 있는가?

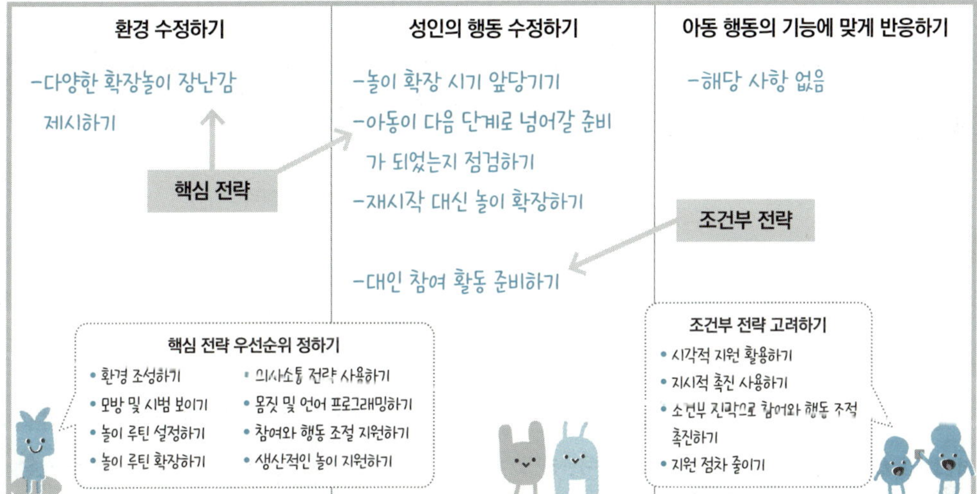

환경 수정하기	성인의 행동 수정하기	아동 행동의 기능에 맞게 반응하기
-다양한 확장놀이 장난감 제시하기	-놀이 확장 시기 앞당기기 -아동이 다음 단계로 넘어갈 준비가 되었는지 점검하기 -재시작 대신 놀이 확장하기 -대인 참여 활동 준비하기	-해당 사항 없음

핵심 전략

조건부 전략

핵심 전략 우선순위 정하기
- 환경 조성하기
- 모방 및 시범 보이기
- 놀이 루틴 설정하기
- 놀이 루틴 확장하기
- 의사소통 전략 사용하기
- 몸짓 및 언어 프로그래밍하기
- 참여와 행동 조절 지원하기
- 생산적인 놀이 지원하기

조건부 전략 고려하기
- 시각적 지원 활용하기
- 지시적 촉진 사용하기
- 조건부 전략으로 참여와 행동 조절 촉진하기
- 지원 점차 줄이기

효과 확인하기: 계획 적용 후 원하는 결과를 얻었는가? 앞으로 더 개선할 부분이 있는가?

긍정적 효과	개선할 점
-대인 참여 활동이 효과적이었음 -놀이 루틴을 더 일찍 확장한 것이 효과적이었음	-기본놀이가 안정적으로 설정되면 바로 놀이를 확장할 수 있도록 준비하기 -대인 참여 활동은 줄여 나가기 -장난감 구조물 일부를 미리 만들어 놓아서 놀이를 재시작할 때 드는 시간 줄이기 -다양한 놀이 루틴 준비하여 서로 연결할 수 있게 하기 · 공원 놀이 · 음식 만들고 먹기 놀이 · 집에 가기 놀이

지원을 줄여 나갈 준비하기!

그림 15-9 ACT 문제해결 틀 양식 작성 예시(8장의 양식 8-1)

5 결론

성인이 지원을 제공하고 시간이 지남에 따라 아동의 참여에 탄력이 붙고 아동의 놀이 목표에 점차 가까워질 것이다. 놀이와 의사소통에서 더 많은 시작행동이 나타나면서 놀이 루틴 지속시간이 늘어나고 아동의 상호작용 협응 능력을 증진할 수 있게 될 것이다. 이전에 아동의 참여가 낮았던 지점에서 이제 더 오랜 시간 동안 참여를 유지할 수 있게 된다. 이렇게 되기까지는 시간이 걸린다. 꾸준히 아동의 참여도를 점검하고, 적절한 지원 수준을 찾아서 아동에 반응해야 한다. JASPER 교육에서는 추가적인 정보와 피드백을 제공하여 아동에게 맞게 접근법을 개별화하고, 참여 전략과 다른 목표 간에 균형을 찾을 수 있도록 돕는다. 다음 장으로 넘어가기 전에 그림 15-10의 참여 지원 전략을 복습해 보자.

참여 평가하기	참여 증진 계획 세우기	효과 확인하기
◦ 참여의 신호 찾기 ◦ 참여 감소의 신호 찾기 ◦ 참여 문제의 심각도 평가하기	◦ 핵심 전략 적용하기 ▪ 참여 증진하기 ▪ 약간에서 중간 정도로 심각한 참여 문제에 대응하기 ▪ 5~14장에서 다룬 전략 적용하기 ◦ 조건부 전략 고려하기 ▪ 대인 참여 활동 적용하기 ▪ 아동이 숙달한 놀이 루틴 제시하기	◦ 앞으로 아동을 지원할 전략 계획하기 ◦ 행동 패턴을 파악하여 예방적으로 접근하기 ◦ 지원 줄여 나가기

그림 15-10 15장 요약

16장

조절 지원하기

1 도입

이 장에서 우리는 조절의 개념으로 돌아간다. 2장에서 논의한 바와 같이 ASD 아동은 전형적인 발달을 보이는 또래보다 더 다양하고 심한 정도의 조절 문제를 경험할 수 있다(Sofronoff et al., 2007). JASPER 중재자는 놀이 루틴을 통해 조절을 지원할 책임이 있다. 조절 문제가 발생할 때 성인은 아동이 조절된 상태로 돌아가도록 돕고 향후 조절 문제의 빈도와 강도를 줄이는 것을 목표로 삼아야 한다. 이것은 어려운 과정이 될 수 있으며 개별 아동의 독특한 요구를 다루기 위해서는 개별화된 접근이 필요하다. 8장에서 우리는 아동의 조절을 증진하기 위한 기초작업을 마쳤다. 여기서 우리는 ACT 문제해결 틀에 따라 아동의 조절 기간을 늘리고, 조절 문제에 대응하는 법을 다룰 것이다(그림 16-1 참고).

이 장에서는 먼저 놀이를 하면서 아동의 조절을 평가하고, 조절 문제의 초기 신호를 발견하고, 행동 기능에 관한 가설을 세우는 방법을 설명한다. 그다음에는 조절 지원 계획을 세우는 방법에 대하여 설명한다. 참여(engagement)를 지원할 때와 마찬가지로 조절(regulation)을 지원하는 두 가지 수준, 즉 핵심 전략과 조건부 전략이 있다. 5장에서 15장까지 다루었던 핵심 전략은 조절을 증진하고 조절 문제에 적절히 대응하는 데 사용할 수 있다. 조건부 전략은 이차적 지원으로, 아동 행동의 기능에 따라 특정한 상황에 적용할 수 있다. 마지막으로, 조절 지원 전략의 효과를 확인하고 개선할 부분을 돌아보는 방법에 대해 다룬다. 이 장에서는 조절 문제를 해결하는 데 필요한 모든 정보를 다 제시하는 것이 아니라, 간단하게 우리의 접근 방식과 우리가 사용하는 일반적인 전략을 소개하는 데 초점을 둔다. 추가적인 정보와 피드백은 JASPER 교육 중에 제공된다. JASPER 교육을 통해 성인은 아동에게 맞게 개별화된 접근을 하고, 이러한 전략과 JASPER의 다른 목표 간 균형을 맞추어 나가는 방법을 배우게 될 것이다.

조절 평가하기	조절의 신호 점검하기	조절 문제의 신호 점검하기
조절 지원 계획 세우기	핵심 전략 우선순위 매기기	조건부 전략 고려하기
효과 확인하기	더 개선할 부분은 무엇인가?	

그림 16-1 조절 지원을 위해 ACT 문제해결 틀 적용하기

2 조절 평가하기

조절을 잘하도록 지원하기 위해서 성인은 놀이 회기 전반에 걸쳐 아동을 적극적으로 관찰한다. SPACE 평가 및 초반 몇 번의 놀이 회기에서의 경험을 토대로 아동이 행동을 잘 조절하고 있음을 나타내는 신호와 조절 문제의 신호를 파악한다(그림 16-2 참고).

1) 방해 수준 평가하기

조절 문제는 아동과 상호작용을 다양한 수준으로 방해할 수 있다.

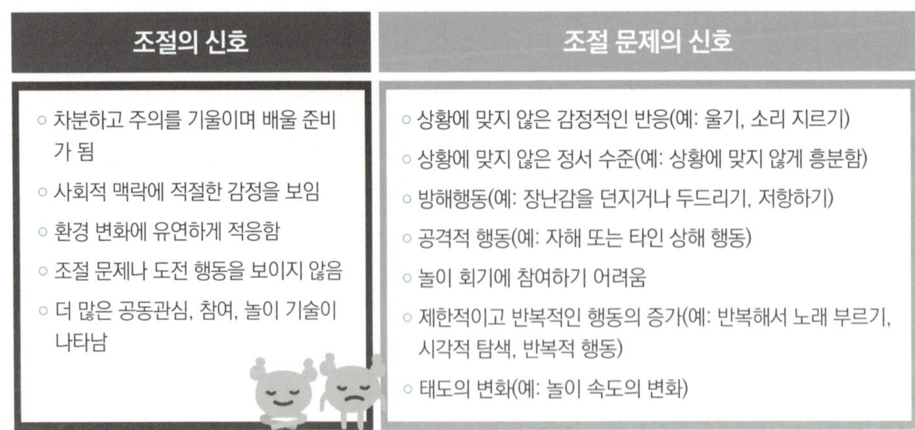

그림 16-2 조절의 신호

- **약간 방해함**: 성인이 놀이 루틴을 진행할 수 있는 상태이며 아동에게 추가 지원이 필요할 수도, 필요하지 않을 수도 있다. 아동이 약간 짜증을 내거나, 덜 유쾌한 정서를 보이거나, 반복적인 행동을 보이기 시작한다.
- **중간 정도로 방해함**: 성인이 놀이 루틴을 계속 진행할 수는 있지만 그러기 위해서는 아동에게 지원이 필요하다. 아동의 놀이 차례 수가 줄어들거나, 아동이 놀이 환경을 어지럽히거나(예: 장난감을 탁자 밖으로 밀어 버리기), 안절부절못하거나 몸이 불편해 보일 수 있다.
- **매우 방해함**: 성인이 더는 놀이를 진행할 수 없으며 아동이 조절된 상태로 돌아가기 위해서는 도움이 필요하다. 아동은 놀이를 거부하거나, 돌아다니거나, 부적절한 의사소통을 하거나(예: 소리 지르기), 공격적인 모습를 보일 수 있다(자신이나 타인을 공격하거나 상해를 입히는 행동은 가장 심각한 형태의 조절 문제에 해당한다).

조절 문제가 심각해지기 전에 아동은 종종 조절 감소의 초기 신호를 보이곤 한다. 아동이 행동을 조절할 수 없거나, 이런 행동을 다루지 않고 지나간다면 아동의 조절 문제는 중간 정도에서 매우 방해하는 수준으로 악화할 수 있다. 예방이 최선의 접근법이다. 아동의 미묘한 조절 문제의 신호를 파악하여 조절 문제가 완전히 나타나기 전에 더 많은 지원을 해야 한다.

조절 문제가 약간에서 중간 정도로 방해하는 수준일 때는 일반적으로 핵심 전략으로 대처한다. 문제가 중간 정도 이상에서 매우 방해하는 수준일 때는 그림 16-3과 같이 핵심 전략과 조건부 전략을 혼합하여 사용해야 할 수 있다.

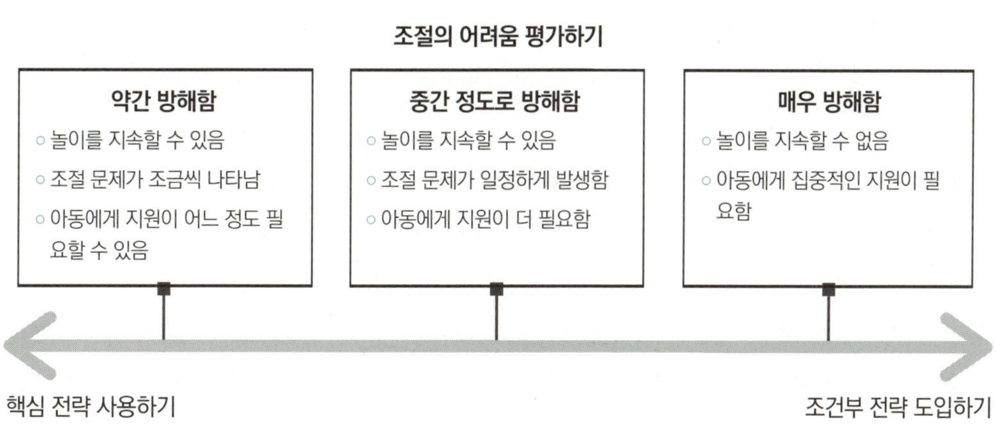

조절의 어려움 평가하기

약간 방해함	중간 정도로 방해함	매우 방해함
○ 놀이를 지속할 수 있음 ○ 조절 문제가 조금씩 나타남 ○ 아동에게 지원이 어느 정도 필요할 수 있음	○ 놀이를 지속할 수 있음 ○ 조절 문제가 일정하게 발생함 ○ 아동에게 지원이 더 필요함	○ 놀이를 지속할 수 없음 ○ 아동에게 집중적인 지원이 필요함

핵심 전략 사용하기 ↔ 조건부 전략 도입하기

그림 16-3 적절한 지원을 제공하기 위해 아동의 조절 문제의 심각도 점검하기

2) 행동의 기능 평가하기

조절 문제가 반복해서 나타나거나, 심각하게 상호작용을 방해할 때 JASPER에서는 응용행동분석(ABA) 원리를 활용하여 조절을 방해하는 행동의 네 가지 일반적 기능, 즉 사회적 관심 얻기, 탈출/회피하기, 접근하기, 자동적/감각적 기능을 고려한다(Cooper et al., 2017; Fisher et al., 2011). 기능에 대한 가설은 특정 행동이 발생하는 이유를 제시하여 행동에 적절한 대처를 할 수 있게 한다. 그림 16-4는 행동의 네 가지 기능을 보여 주는데, 다음에 간략한 설명을 제시한다.

그림 16-4 행동의 네 가지 일반적 기능

(1) 사회적 관심 얻기

어떤 행동을 하는 목적이 사회적 관심 얻기라면, 아동은 자신에게 가장 많은 관심이나 강한 반응을 가져다주는 행동을 반복할 것이다. 따라서 아동은 적절한 행동 또는 덜 적절한 행동을 하여 타인으로부터 보상이나 꾸중을 받으려고 할 수 있다. 그림 16-4에서 한 아동은 성인의 관심을 끌기 위해 머리에 장난감을 올려놓고는 우스꽝스러운 표정을 짓고 있다.

(2) 탈출/회피하기

무언가로부터 탈출하거나 회피하기 위해 어떤 행동을 하기도 한다. 아동은 특정 놀이 루틴 또는 루틴의 특정 단계를 벗어나거나 성인의 요구, 특정 장난감, 공간 자체, 심지어 새로운 중재자와 같은 특정 인물과의 상호작용을 피하려고 할 수 있다. 회피 행동은 특히 프로그래밍이나 수직적 확장과 같이 어려운 놀이 단계를 추가할 때 놀이에 융통성을 요구할 때 또는 활동 전이 과정에서 증가할 수 있다. 그림 16-4의 예에서 아동은 놀이 회기 중 주어지는 요구를 피하고자 문을 열려고 한다.

(3) 접근하기

어떤 행동은 무엇인가 얻기 위한 시도일 수 있다. 아동이 얻고자 하는 것은 현재 놀이 루틴이나 다른 놀이 루틴과 관련된 것 또는 아예 놀이 회기와 관련 없는 것일 수 있다. 특정한 사물일 수도 있고, 사람(엄마 또는 아빠)일 수도 있고, 일과(집에 가는 것)일 수도 있다. 만약 성인이 이를 알아채지 못하거나 아동의 요구가 받아들여지지 않으면 좌절하여 조절 문제를 보일 수 있다. 그림 16-4에서 한 여자아이가 자신이 좋아하는 장난감에 접근하기 위해 높은 선반 위로 손을 뻗고 있다.

(4) 자동적/감각적 기능

어떤 아동은 비전형적인 감각 관련 행동을 보이는데, 그 예로 반복적인 손이나 몸의 움직임, 몸의 긴장, 특정 촉감이나 질감에 대한 집착 또는 혐오, 일반적이지 않은 시각적 탐색이 있다. 이러한 행동은 관심 얻기(예: 부정적인 반응을 끌어내기 위해 장난감 핥기), 회피하기(예: 장난감으로 놀이하는 것을 피하려고 몸 흔들기), 접근하기(예: 말로 요구하는 대신 장난감을 두드리는 불분명한 방식으로 표현하기) 기능과 함께 나타나거나 그 결과로서 나타나는 경우가 있다. 따라서 이러한 행동을 보게 되면 우리는 종종 이 세 가지 기능을 먼저 고려한다. 만약 이 중 가능한 행동의 기능을 판별할 수 없다면, 우리는 그 행동이 '자동적' 기능이 있다고 추측할 수 있다. 자동적이란, 행동이 즉각적으로 또는 행동 자체가 아동에게 보상을 제공함을 의미한다. 달리 말하면, 아동은 무언가를 얻거나(관심이나 접근) 무언가를 피하고자(회피) 그런 행동을 하는 것이 아니라 행동 자체가 보상이 되기 때문에 하는 것이다. 예를 들어, 아동은 특정 장난감의 시각적 모습에 끌려서 계속 탐색하고, 손에 전달되는 느낌이 좋아서 탁자 위 블록을 두드리고, 입안의 느낌이 좋아서 셔츠를 씹을 수 있다. 그림 16-4에서 아동은 감각적 자극을 얻기 위해 고무 오리를 입에 넣는다.

3) 행동 이해하기

아동 행동의 기능을 이해하기 위해서 조절 문제의 신호를 발견했을 때 그 전과 후에 일어난 일을 확인할 필요가 있다. 아동이 소리를 지르며 장난감을 잡으려고 할 때(접근하기)와 같이 조절 문제의 원인이 명확할 때도 있다. 그러나 아동의 행동이 예측할 수 없거나 불명확할 때도 있다. 조절 문제가 발생한 순간에 성인은 왜 그 행동이 발생했고, 무엇이 행동을 촉발했으며, 어떻게 대처해야 할지 바로 떠오르지 않을 수 있다. 행동을 이해하는 방법에는 여러 가지가 있지만, 가장 일반적인 방법은 선행사건(Antecedent)-행동(Behavior)-후속결과(Consequence) 또는 'ABC' 도표를 활용하여 일정 동안 아동의 행동을 추적해 보는 것인데, 예시를 양식 16-1(p. 382 참고)에 제시하였다. 행동을 먼저 서술하고 행동 바로 전과 후에 어떤 일이 일어났는지 떠올려 본다. 이러한 정보는 행동 기능에 대한 가설을 수립하는 데 도움이 되며 아동의 행동에 더 잘 대응할 수 있게 한다. 이 양식을 양식 8-1(ACT 문제해결 틀: 평가-계획-효과 확인하기)과 함께 사용한다.

3 조절 증진 계획 세우기

이 절에서는 놀이 회기 전반에 걸쳐 아동의 조절을 지원하기 위한 핵심 및 조건부 전략에 대해 다룬다. 이 전략들은 아동의 개별적인 요구와 행동이 아동의 참여를 방해하는 정도에 맞추어 적용할 수 있는 지원 도구 상자 역할을 한다. 조절 문제의 방해 수준이 약간에서 중간 정도일 때는 보통 핵심 전략을 사용하는 것만으로 충분하다. 조절 문제가 중간 정도 이상에서 매우 방해하는 수준일 때는 적절하게 대처하기 위해 행동의 기능을 평가하고 핵심 전략과 조건부 전략을 함께 사용할 필요가 있다. 아동의 행동이 본인이나 다른 사람을 위험에 빠뜨린다면 전문가와 협력하여 행동 계획을 개발해야 한다. 그림 16-5에 조절을 지원하기 위한 핵심 전략과 조건부 전략의 개요를 제시하였다.

조절 지원 전략 ☑

핵심 전략	조건부 전략
☐ 환경 설정하기	☐ 적절하게 요구하도록 지원하기
☐ 아동이 기대치를 이해하도록 하기	☐ 방향 전환하기
☐ 균형 잡힌 놀이 상대자 되기	☐ 기대치 끝까지 따르도록 지원하기
☐ 의사소통 촉진하기	☐ 관심 끌기 행동 적극적으로 무시하기
☐ 참여 지원하기	

그림 16-5 조절 지원 전략

1) 핵심 전략

5장부터 15장까지 다룬 전략들은 조절을 지원한다. 여기서는 조절을 증진하고 조절 문제의 초기 신호가 나타났을 때 대처하기 위해 핵심 전략(굵게 표시함)을 사용하는 방법을 설명한다. 그리고 몇 가지 사례를 통해 놀이 루틴 안에서 이러한 전략을 활용하는 방법을 제시한다.

(1) 환경 설정하기

물리적 공간이나 일과가 명확하지 않을 때 아동은 종종 조절 문제를 보인다. **환경을 구조화하여** 아동에게 기대치(expectation)를 명확하게 알려 준다. 아동이 앉을 자리를 분명하게 제시한다. 칸막이 또는 책장과 같은 물리적 장벽을 사용하여 더 작고 명확한 놀이 공간을 조성한다. 아동의 **발달 수준에 적절한** 놀이 선택지를 제시하여 놀이가 너무 어렵거나 지루하지 않도록 한다(그림 16-6 참고). 놀이가 시작되면 성인은 특정 장난감이 아동을 산만하게 하고 이후 조절 문제가 발생함을 관찰할 수 있을 것이다. 성인은 **산만함을 유발하는 것을 놀이 회기에서 제거**하고 나중에 재평가하여 다시 도입할지 결정한다(17장 참고).

(2) 아동이 기대치를 이해하도록 하기

조절 문제는 아동이 자신에게 기대되는 바가 무엇인지 잘 알지 못할 때 발생한다. 기대치를 설정할 때는 **명확하고 발달에 적절한 지시를 한다**. 필요하다면 아동의 이해를 돕기 위해 **시각적 지원**을 제공한다(그림 16-7 참고). 또한 **놀이 회기의 시작과 마무리는 긍정적인 분위기에서 진행**해야 한다. 조절 문제가 발생한 상황에서 **명확하고, 자신감 있고, 일관성이 있는 태도**를 보여야 한다. 성인이 당황하여 말을 많이 할수록, 아동의 조절 문제를 더 유발할 수 있다. 어떻게 해야 할지 잘 모르겠다면, 무리하게 계속 진행하기보다 잠시 멈추고 생각할 시간을 갖는 것이 좋다. 잠시 멈추어 있는 시간 동안 아동은 독립적으로 자기 조절을 시도할 수 있으

그림 16-6 성인은 아동의 SPACE 평가 정보를 활용하여 조절을 증진함

그림 16-7 성인은 시각적 일과를 통해 놀이 회기에서의 기대치를 알려 줌

며, 그렇지 않더라도 성인이 상황을 평가하여 어떤 조처를 할지 정보에 입각한 판단을 내릴 수 있다. 놀이 회기를 시작하거나 끝낼 때도 조절 문제가 발생할 수 있다. 놀이 회기의 시작과 끝에 일관된 계획을 세워 아동이 다음에 벌어질 상황을 예측할 수 있도록 **전이를 지원**한다. 자세한 내용은 8장을 참고한다.

(3) 균형 잡힌 놀이 상대자 되기

조절 문제가 나타날 때 놀이 루틴의 여러 측면이나 성인의 행동을 조정할 수 있다. 만약 놀이 루틴이 많은 것을 요구하여 아동이 압도당했다고 느껴지면, 성인은 **기본놀이로 돌아가거나 놀이 루틴을 재시작하여** 요구 수준을 조정할 수 있다. 표적 놀이 수준이나 표적 의사소통 수준에서 놀이를 수행하도록 아동을 계속 밀어붙이면 부담을 주게 되고 조절 문제로 이어질 수 있다. 이럴 때 아동에게 시간과 공간의 여유를 주어 아동이 무언가를 요구하거나, 새로운 아이디어를 시작할 수 있도록 한다. 성인은 놀이나 의사소통 **속도**를 적절하게 조절한다.

조절 문제가 나타나는 것은 놀이 루틴이 반드시 어려워서만은 아니다. 어떨 때는 놀이가 지루해서 아동이 새로운 것이 필요함을 알려 주는 단서가 될 수도 있다. 그러면 성인은 요구 수준을 높여야 한다. **수평적 확장**과 **수직적 확장**을 섞어서 시도하여 놀이 루틴이 아동에게 지나치게 어렵고 좌절을 주거나 혹은 너무 쉽고 지루하지 않도록 한다. 적절한 **정서**를 시범 보이고 필요에 따라 정서를 잘 조절하여 놀이 상대자와 교감하는 동안 아동이 효과적으로 감정을 표현하도록 한다. 자세한 내용은 8장에서 11장까지 내용을 참고한다.

(4) 의사소통 격려하기

아동이 적절하게 의사소통하도록 지원하여 좌절을 느끼는 상황을 줄인다. **요구하기 및 공동관심 몸짓을 사용하도록 프로그래밍하여** 아동이 자기 생각과 요구를 표현하거나 가능하다면 음성산출장치를 사용하도록 돕는다. 조절 문제는 많은 아동에게 효과적인 의사소통 수단이 된다. 또한 조절 문제는 아동이 타인에게 이해받지 못했거나 반응을 얻지 못해서 나타나는 것일 수도 있다. 우리는 모든 아동이 적절하고 효과적으로 의사소통하는 방법을 습득하도록 해야 한다. 만약 아동이 성인이 즉시 수용해 줄 수 없는 요구를 한다면, 요구에 **반응해 주고** 언제 어떻게 그 요구를 들어줄지 발달적으로 적절한 방식으로 명확하게 알려 준다. 자세한 내용은 12장에서 14장까지의 내용을 참고한다.

(5) 참여 지원하기

아동의 참여 감소와 조절 문제는 종종 함께 나타난다. 아동의 놀이 참여 수준이 점점 낮아지면서 조절 문제가 증가할 수 있고 반대인 경우도 있다. 아동별로 어떤 양상을 보이는지 파악하여 문제의 신호를 발견하고 더 일찍 대응한다. 조절 문제에 대응한 후에는 **참여를 지원**하여 아동이 진정하고 다시 놀이로 돌아가도록 한다. 조절 문제가 나타난 후에 필요하다면 성인은 잠시 **대인 참여** 활동을 시도하거나, 더 **쉬운 놀이 루틴**을 소개하거나, 짧은 **대안적 활동**을 제시하여 아동이 다시 교감하고 참여 수준을 높일 수 있도록 한다. 자세한 내용은 15장을 참고한다.

〈연습문제 16-1〉을 풀면서 앞에서 다룬 JASPER 전략을 여러 상황에 적절하게 적용해 보자.

2) 조건부 전략

중간 이상에서 매우 방해되는 수준의 조절 문제가 나타날 때는 앞에서 설명한 5장부터 15장까지의 핵심 전략 외에 더 많은 지원이 필요하다. 그럴 때는 다음과 같은 조건부 전략을 사용할 수 있다. 즉, 적절하게 요구하도록 지원하기, 방향 전환하기, 기대치를 끝까지 따르도록 하기, 부적절하게 관심 끄는 행동 적극적으로 무시하기 등이다. 이러한 전략이 모든 행동이나 상황에 적용되는 것은 아니다. 반드시 행동의 기능을 평가하여 그 결과를 토대로 당면한 문제에 대응해야 한다. 이 과정에서 중요한 것은 아동이 조절 문제를 보인다고 행동을 못 하게 하거나 벌을 주는 것이 아니라 아동이 놀이 루틴에 잘 참여하도록 지원하면서 자신의 경험을 더 적절하고 효과적인 방법으로 소통하도록 돕는 것이다. 여기서는 각 전략의 기본 지침을 설명하고 사례를 통해 핵심 전략과 함께 이 전략들을 적용하는 예시를 살펴본다.

연습문제 16-1 조절 지원하기

각 상황에서 조절을 지원하는 가장 적절한 전략을 고르시오.

상호작용 상황 설명	사용할 전략
1. 아동은 놀이 회기 중에 많은 아이디어를 내지만 성인은 아동의 의사소통을 이해하기 어렵다. 아동은 성인이 자신의 아이디어에 동조하지 않자 좌절을 표현하지만, 성인은 아동이 무엇을 전달하려는지 도무지 이해할 수가 없다.	A. 음성산출장치를 도입한다. B. 놀이 환경을 더 구조화한다. C. 전이 지원을 한다.
2. 성인과 아동은 견고한 기본놀이와 여러 번의 수직적 확장으로 구성된 놀이 루틴을 설정했다. 성인이 아동의 표적 수준의 기술을 시범 보이자 아동은 큰소리로 혼자 노래를 부르며 더는 교대로 놀이 차례를 주고받지 않는다.	A. 기본놀이로 돌아간다. B. 수평적 확장과 수직적 확장 간 균형을 맞춘다. C. A 또는 B
3. 아동의 유치원 교실에서 놀이 회기를 진행하고 있다. 아동은 종종 칭얼대면서 교실 안의 여러 장소를 돌아다닌다.	A. 놀이 환경을 더 구조화하여 지원한다. B. 아동에게 시간과 공간을 더 제공한다. C. 정서 수준을 높인다.
4. 모양 맞추기 틀에 모든 모양을 맞추어 넣자 아동은 의자에서 꿈틀거리며 몸을 다른 쪽으로 돌리기 시작한다. 아동은 자신의 차례에 놀이를 하지 않고 벽 쪽을 바라본다.	A. 의사소통하도록 프로그래밍한다. B. 놀이 루틴의 진행 속도를 조정한다. C. 명확하고 확실하게 지시를 한다.

(1) 적절하게 요구하도록 지도하기

조절 문제를 보이는 상황에서 아동은 의사소통하지 못하거나, 소리 지르기, 울기와 같이 부적절한 방법으로 요구를 표현할 수 있다. 발달에 적절한 의사소통을 시도하도록 성인이 일관적으로 지도하지 않으면, 아동은 이런 부적절한 방법이 효과가 있다고 생각하게 된다. 조절 문제가 나타나는 상황을 오히려 아동의 행동 양식을 변화시키고, 새로운 기대 행동, 기술, 의사소통 방법을 가르칠 기회로 삼는다. 이런 상황에서 성인은 아동이 적절한 기술(가급적이면 이미 숙달한 기술)을 사용하도록 지원한다. 기대치를 설정하고 아동이 적절한 반응을 끝까지 할 수 있도록 지원한다. 다음의 예시를 살펴보자.

> 아동이 장난감을 가지고 싶어 소리를 지르자, 성인은 적절하게 요구하도록 지원한다. 성인은 먼저 "더 주세요."라고 말하며 (또는 음성산출장치에서 '더 주세요' 버튼을 누르며) 시범을 보인다. 아동이 다시 소리를 지르면 성인은 블록을 들어 보이며 잠시 멈춘다. 아동이 반응하지 않으면 "더 줄까?"와 같이 구어적 촉진을 제공한다. 아동이 여전히 반응하지 않으면 구체적 구어 촉진인 "'더 주세요'라고 해야지."로 넘어가거나 아동이 음성산출장치의 버튼을 누르는 것을 도와준다.

이 과정은 단기적으로는 더 많은 조절 문제를 일으킬 수 있다. 따라서 성인은 명확한 기대치를 세우고 아동이 성공적으로 기대치를 해내도록 촉진을 제공한다. 만약 아동이 끝까지 따르지 않는다면, 다음 두 전략, 즉 방향 전환하기와 기대치를 끝까지 따르도록 지원하기를 시도할 수 있다.

(2) 방향 전환하기

아동이 주의산만함이나 조절 문제의 원인 제공지에서 벗어나서 더 적절하고 생산적인 선택을 하도록 방향을 전환한다. 방향을 전환하는 방법에는 여러 가지가 있다. 장난감을 앞으로 옮겨 놓거나, 새로운 놀이 행동 시범 보이기와 같은 암시적 촉진을 먼저 시도한다. 행동의 기능이나 조절 문제의 방해 정도에 따라 지시적 촉진을 사용하여 명확한 지시를 주거나 시각적 지원을 함께 사용할 수 있다(시각적 지원 및 명확한 기대치 설정에 대한 자세한 내용은 8장 참고). 아동과 다시 교감할 수 있도록 잠시 대인 참여 활동을 시도하는 것도 방향을 전환하는 데 도움이 된다. 그러나 회피 또는 관심을 끌기 위해 조절 문제를 보일 때 대인 참여 활동이 아동의 행동을 강화하지 않도록 주의해야 한다. 만약 아동이 더는 생산적이지 않은 장난감이나 활동을 계속하려고 하면, 성인은 재빠르게 관련 사물을 제거하고 다른 선택지를 제시한다. 다음 예시를 살펴보자.

- 걸음마기 아동이 양육자와 분리되는 것을 힘들어하고 있다. 그러나 아동의 양육자는 놀이 회기에 함께 참여하는 것을 원하지 않는다. 성인은 놀이 회기로의 전이를 지원하기 위해 차분하게 아동이 가장 좋아하는 노래를 불러 주고 이후 재미있는 장난감을 보여 준다.
- 남자 아동이 계속 자신이 좋아하는 인형을 요구한다. 성인은 그 인형이 생산적 놀이로 이어지지 않을 것을 잘 안다. 성인은 아동에게 지금은 그 인형을 가지고 놀 수 없다는 것을 알려 주고, 현재 놀이 루틴을 기반으로 재미있는 새 놀이 행동 시범을 보여 준다.

(3) 기대치를 끝까지 따르도록 지원하기

8장에서 우리는 중재에 대한 기대치(expectation)를 설정하기 위한 여러 전략을 다루었다. 조절 문제가 발생했을 때 성인이 제시하는 기대치와 지시를 끝까지 따르도록 지원한다. 아동이 화가 났을 때는 정보를 처리하기 어려우므로 성인은 명확하고 일관되게 지시를 한다. 성인은 아동에게 원하는 바를 정확하게 말한다(예: "앉아." 또는 "놀이 시간이야."). 동일한 표현과 짧은 구절을 사용하고, 차분하고 직접적인 어조로 말한다. 또 매번 일정한 순서로 회기를 진행한다. 촉진을 통해 아동이 끝까지 해내도록 도와야 하므로 성인은 지시를 신중하게 선택하고, 끝까지 요구할 사항만을 제시한다. 예시를 소개한다.

- 놀이 회기가 끝나갈 무렵 아동은 장난감 세트의 조각 하나를 찾지 못하자 속상해하다가 바닥에 누워 울기 시작하고 "집에 가!"라고 소리를 지른다. 아동이 진정하기 시작하자 성인은 아동이 잘 숙달한 놀이 루틴 중 두 가지 선택지를 준비하고, 침착한 목소리로 "5분 더 놀아." 하고 말한다. 성인은 아동이 익숙한 놀이 루틴을 시작하도록 돕고, 놀이 환경을 깔끔하게 조성하고, 선택지를 준비하고, 시범을 보여서 참여와 조절을 지원하여 결국 긍정적인 분위기에서 놀이 회기를 마칠 수 있도록 한다.
- 아동이 장난감을 모두 바닥에 던지고 "끝! 끝!"이라고 반복해서 외친다. 성인은 시각적 일과를 아동에게 보여 주며, "먼저 놀이, 그다음에 끝."이라고 말하며 내용을 침착한 목소리로 읽어 준다. 그런 다음, 성인은 환경 조성하기, 모방하기, 시범 보이기와 같은 핵심 전략을 사용하여 아동이 놀이에 다시 참여하도록 한다.

(4) 관심 끌기 행동을 적극적으로 무시하기

적극적 무시 (active ignoring)란, 사회적 관심 추구 행동에 성인이 의도적으로 반응을 유보하는 전략이다. 예를 들어, 아동이 장난감을 던지거나, 계속 휘두르거나, 징징거리면서 성인의 반응을 살핀다면 행동을 무시하고 아동에게 관심을 주지 않는다(그림 16-8 참고). 적극적 무시는 정도에 따라 여러 단계가 있다. 성인은 다음 전략들을 사용하여 아동에 대한 반응을 제한할 수 있다. 즉, 시선을 아래로 피하기, 아동으로부터 몸 돌리기, 아동의 의사소통에 반응하지 않고 침묵하기, 중립적인 상태로 정서 수준 낮추기 등이다. 적극적 무시를 너무 노골적인 방식으로 사용하지 않는다. 너무 두드러지게 무시하면 아동이 이를 분명하게 알아차리게 되고, 그 자체가 하나의 반응이 될 수 있다. 대체로 시선을 아래로 내리거나 몸을 살짝 돌리는 것만으로도 충분하다. 어떤 행동은 안전상 무시해서는 안 된다. 그러나 관심 끌기 행동을 강화하지 않기 위해 성인의 시선이나 목소리 톤을 조정하는 것은 굉장

그림 16-8 성인은 아동의 관심 끌기 행동을 적극적으로 무시함

히 중요하다. 다음은 방해행동을 적극적으로 무시하는 몇 가지 예시를 보여 준다.

- 아동이 활동을 하는 동안 계속 칭얼거리며 성인의 반응을 살피기 위해 올려다본다. 성인은 칭얼거리는 것은 무시하고, 재빠르게 시범을 보이고 아동에 장난감을 건네면서 방향을 전환한다.
- 아동은 동물 피규어가 사람을 잡아먹는 놀이를 하고 있다. 처음에 성인은 아동의 행동을 모방해 주었다. 그러나 아동이 이 놀이 행동을 반복하면서 웃고, 성인을 바라보고, 감정을 고조시키는 것을 보면서 모방하기가 아동의 관심 끌기 행동을 강화하고 있다는 가설을 세우게 되었다. 따라서 성인은 이 행동을 모방하는 대신 적극적으로 무시하고, 동물들이 서커스에 가는 것과 같은 적절하고 재미있는 확장놀이 시범을 보인다.

조절 문제가 심각하고 지속해서 놀이를 방해하는 경우에는 위와 같은 전략을 넘어서는 추가적인 지원이 필요하다. 추가적인 내용은 〈상자 16-1〉을 참고한다. 표 16-1에 기능에 따른 행동 특성, 예시, 대처 방법을 제시한다. 〈연습문제 16-2〉를 통해 조절 문제에 대처하기 위해 핵심 및 조건부 전략을 균형 있게 적용하는 방법을 연습해 보자.

연습문제 16-2 조절 문제에 대처하기

아동의 조절 문제에 대처하는 가장 적절한 전략을 고르시오.

1. 아동이 장난감을 탁자에서 떨어뜨린다. 성인은 "장난감은 탁자 위에 놓아요. 이제 놀이를 시작하자!" 하고 하며 정서 수준을 높여 놀이 루틴을 더 재미있게 만든다. 아동은 계속 장난감을 바닥에 떨어뜨리며 성인을 보고 웃는다. 이 상황에서 적절한 대처 방법은 무엇인가?
   A. 아동이 장난감을 떨어뜨리는 행동은 무시하고 놀이 루틴의 새로운 단계를 시범 보인다.
   B. 아동이 바닥에 있는 장난감을 다 줍게 한다.
   C. '생일 축하' 노래를 불러 대인 참여 활동을 시작한다.
   D. 아동에게 그만하라고 다시 말한다.

2. 아동이 과도하게 대물 참여 행동만 보이자 성인은 장난감 해적선을 놀이 공간에서 빼기로 한다. 성인은 "셋을 세면 해적선 놀이는 끝."이라고 하고, 셋을 세고, "해적선은 끝."이라 말한 후 재빨리 배를 시야 밖으로 치워 버린다. 아동은 놀이 회기 내내 배를 달라고 요구하며, 소리를 지르고 울기도 한다. 이 상황에서 적절한 대처 방법은 무엇인가?
   A. 아동의 요구를 무시하고 계속 놀이를 진행한다.
   B. 일단 방향 전환을 시도한다. 그러나 아동이 화를 내면 해적선을 다시 가져온다.
   C. 아동에게 시각적 일과를 보여 주며 "먼저 놀이, 그다음에 해적선."이라 말하고, 다른 놀이 선택지로 방향을 전환한다.
   D. 아동이 좌절하지 않도록 놀이 수준을 낮춘다.

3. 놀이 회기가 시작된 지 5분 만에 아동은 의자에서 미끄러져 내려가 탁자 아래로 숨어 버린다. 이 상황에서 적절한 대처 방법은 무엇인가?
   A. 아동이 놀고 싶지 않다는 사실을 받아들이고, 놀이 회기를 종료하고, 차차 놀이 회기 시간을 늘려 나간다.
   B. 아동에게 "끝났다."라고 말하기를 가르치고 아동이 새 장난감을 선택하도록 지원한다.
   C. 시각적 일과를 사용하여 아동에게 "먼저 놀고, 그다음에 휴식."을 상기시킨다.
   D. B 또는 C

상자 16-1

심각하고 지속적인 방해행동

조절 문제가 심각하게 그리고 지속해서 놀이를 방해할 때 성인은 아동이 행동을 잘 조절하여 참여하도록 임시 계획을 세울 필요가 있습니다. 이런 계획은 보통 놀이 회기를 시작하거나 마무리할 때 또는 심각하게 놀이를 방해하는 조절 문제(예: 몇 분간 지속한 경우)가 나타난 후에 필요합니다. 이런 조절 문제의 빈도와 심각도를 낮추기 위해서는 얼마 동안 추가적 지원이 필요한데 아동이 놀이 회기에 익숙해짐에 따라 지원을 줄여 나가야 합니다. 예를 들어, 긍정적인 행동을 강화하기 위해 토큰 체계를 마련할 수 있습니다. 또 아동의 전이를 돕기 위해 대안적 활동을 계획할 수 있습니다. 이런 경우, 중재의 다른 요소들은 유지하되 놀이에서의 부담을 줄여 주는 것이 좋습니다. 예를 들어, 성인은 아동의 언어 수준에 맞은 책을 읽어 주면서 공동관심 시범을 보입니다. 또 놀이 회기 중간에 휴식 시간을 갖도록 미리 계획할 수도 있습니다. 이러한 전략은 JASPER의 일반적 전략이 아닌 예외적 사항이며 특정한 경우에 짧게 적용합니다. 예시를 살펴봅시다. 한 아동이 놀이 회기 초반 10분 동안 계속 웁니다. 성인은 아동을 진정시키고 놀이에 연결하기 위해 책을 읽어 줍니다. 첫 번째 회기에서는 3분, 두 번째 회기에서는 2분, 세 번째 회기에서 1분 동안 읽어 주고, 네 번째 회기부터는 아동이 잘 숙달한 놀이 루틴으로 회기를 시작합니다. 이러한 방식은 아동에 따라 고도로 개별화하여 사용해야 하는데, 이는 이 책의 범위를 벗어나는 내용입니다. 추가 정보는 JASPER 교육에서 다룹니다.

표 16-1 행동의 기능

기능별 행동 특성	예시		대처 방법
사회적 관심 얻기 • 행동을 하면서 누군가를 똑바로 바라봄 • 행동을 한 후 미소를 짓거나 소리 내어 웃기 • 사람들이 반응을 보일 때 행동이 더 많이 나타남	아동이 피자 토핑을 피자가 아닌 입속에 집어넣는다. 행동을 하는 동안 성인을 바라보며 미소를 짓는다.	→	정서 수준을 낮추고 차분히 아동이 피자 토핑을 입에 넣지 못하게 막는다. 질식 위험을 피하기 위해 아동의 입보다 큰 장난감을 사용하는 새 놀이 루틴으로 전이한다.
	성인이 놀이 루틴의 새로운 단계를 시범 보이자 아동은 성인의 손을 때리고 반응을 살핀다.	→	아동의 손이 닿지 않는 곳에 성인의 손을 두고 아동의 행동을 적극적으로 무시하며 새 단계 시범을 보인다.
탈출/회피하기 • 영역에서 벗어나려고 함(예: 도망가기) • 성인이 요구를 멈추면 행동을 멈춤 • 요구를 계속하면 행동을 더 많이 하거나 강도가 세짐	아동이 탁자 아래로 숨는다.	→	놀이 환경을 더 구조화한다.
	아동이 눈을 감고 현 상황을 외면한다.	→	놀이 속도와 정서 수준을 높여서 참여를 증진하고 놀이 루틴을 설정한다.
	성인이 현 장난감으로 새로운 놀이 방법 시범을 보이자 아동은 다른 장난감으로 관심을 옮긴다.	→	아동의 발달에 적절한 범위 내에서 요구 수준을 조절한다.

기능별 행동 특성	예시	대처 방법
접근하기 • 사물을 요구하거나 찾기 • 원하던 것을 받으면 행동이 멈춤 • 사물을 주지 않으면 행동 강도가 세짐	아동은 만화를 보기 위해 태블릿 PC를 찾아 돌아다닌다. 아동이 모든 빨강 블록을 다 가질 때까지 계속 달라고 요구한다.	→ '먼저 놀이, 그다음에 만화'를 보여주는 시각적 일과를 추가한다. → 놀이 환경에 다양한 색의 블록을 추가한다. → 현 놀이 루틴을 진행할 수 없다면 새 놀이 루틴으로 방향을 전환한다.
자동적 기능 • 반복적 감각행동: 턱 내밀기, 확연하게 불편해 보임, 시각적 탐색, 때리기, 두드리기, 사물 입에 넣기	아동이 자동차의 바퀴를 돌리면서 눈으로 탐색한다. 아동은 놀이를 하면서 몸을 앞뒤로 흔든다.	→ 장난감 선택지를 조정하고, 바퀴가 있는 장난감은 치운다. → 참여를 지원하며 놀이 루틴을 계속한다.

4 효과 확인하기

조절 지원 계획을 실행한 후 어떤 부분이 효과가 있었고, 어떤 부분을 개선할지 평가한다. 문제해결은 지속해서 수행해야 하는 과정이고 어떤 상황에서도 항상 개선의 여지는 있다. 여기에서 우리는 조절 문제 발생 후에 아동과 다시 교감하는 방법과 성인의 접근 방식을 점차 개선하는 방법에 대해 다룬다. 또 조절 지원과 관련된 일반적인 질문에 대하여 답하고 이 과정을 하나의 요약 사례를 통해 구체적으로 보여 준다.

1) 다시 놀이에 연결하고 참여 수준 높이기

아동이 일정 기간 조절 문제를 보이고 난 후 성인은 아동의 조절과 참여를 다시 지원할 계획을 세워야 한다. 이러한 계획이 없다면 아동은 이내 다시 조절 문제를 보일 수 있다.

(1) 긍정적 행동 강화하기

아동이 진정하고 생산적인 행동을 보이기 시작하면 가능한 한 빨리 성인은 아동의 적절한 행동을 강화해야 한다. 일반적으로, 긍정적 정서 표현과 행동 모방하기와 같은 자연스러운 강화제를 사용한다. 아동이 한 차례 조절 문제를 보인 후에 추가적 강화제로서 구어적 칭찬이 필요한 때도 있다. 이는 우리의 일반적인 접근법은 아니며 아동이 한참 조절 문제를 하다가 멈추고 적절한 행동을 시작할 때 시도해야 한다.

(2) 놀이 루틴으로 다시 돌아가기

아동이 행동을 조절하기 시작하면, 성인은 아동의 참여 수준을 높일 수 있게 되고(15장의 전략을 사용하여) 놀이 루틴으로도 돌아갈 수 있나(9장의 모방 전략과 10장의 기본놀이 지원 전략을 사용하여). 성인은 여러 전략을 통합 적용하여 놀이 루틴으로 본격적으로 돌아가기 전에 아동의 참여 수준을 높여 아동과 다시 교감할 수 있다(15장, p. 342 참고).

2) 미래를 위한 계획

중재를 진행함에 따라 성인은 조절 문제의 빈도, 강도, 지속시간이 줄어드는 등 아동의 조절 능력의 개선을 보게 될 것이다. 다음 전략들을 적용하여 접근 방식을 지속적으로 개선해 나간다.

(1) 조절 문제의 규칙성을 파악하여 예방하기

아동을 잘 알게 되면 성인은 특정 행동의 규칙성을 파악할 수 있다. 조절 문제가 발생했을 때 대처하는 것보다 어려운 상황이 발생하기 전에 미리 조절을 증진할 계획을 세워 놓는다. 8장의 전략을 다시 검토하여 회기에 필요한 것들이 다 갖춰져 있는지 확인하고, 놀이 루틴과 성인의 행동을 개선할 방법들을 생각해 본다. 그러고 나서 효과가 있는지 확인한다. 방해행동을 성인이 강화하고 있지 않은지 점검한다.

(2) 지원 줄여 나가기

중재 계획의 효과를 한 번이 아니라 계속해서 평가한다. 계획을 꾸준히 적용하다 보면 아동은 기대치를 잘 이해하게 되고 이전과 같은 수준의 지원이 더는 필요하지 않을 수 있다. 지원을 줄이는 여러 방법을 고려해서 아동이 행동을 조절하는 데 추가적인 조치에 덜 의존하도록 한다. 이상적으로, 우리는 아동이 새로운 행동을 배워서 추가적인 지원을 받을 수 없는 중재 밖 상황에서도 성공적으로 상호작용을 할 수 있기를 바란다.

또한 놀이 회기의 더 큰 목표를 염두에 둔다. 일반적으로, 프로그래밍 또는 수직적 확장과 같은 어려운 단계를 추가할 때, 융통성을 요구할 때, 전이할 때 아동의 조절 문제가 증가한다. 이처럼 더 도전적인 목표를 시도할 때는 아동의 성공 가능성이 큰 순간을 잘 포착한다. 예를 들어, 아동이 놀이에 잘 참여하기 어려운 상황보다는 놀이에 대한 동기가 높은 상황에 프로그래밍을 시도하는 것이 더 효과적이다. 아동을 지원할 방안은 많지만, 그렇다고 성인이 항상 조절 문제를 예방할 수 있는 것은 아니다. 때로는 다른 중재 목표를 달성하기 위해 조절 문제를 잘 해결해 나가는 것이 필요하다.

3) 일반적 질문

이 절에서는 조절을 지원할 때 생길 수 있는 일반적인 질문을 다룬다.

Q. 아동이 조절 문제를 보일 때 더 효율적으로 대처하려면?

아동이 조절 문제의 신호를 보이면 즉각 효율적으로 대처하여 놀이 루틴에 보낼 시간을 낭비하지 않도록 한다. 다음 내용을 참고한다.

- 참여 감소의 초기 신호를 살피고 바로 대처한다. 아동의 조절 문제가 나타날 때까지 기다리지 않는다. 오래 기다릴수록 대처하기 더 어려워질 수 있다.
- 아동의 성공을 강화한다. 아동이 바람직하지 않은 행동을 멈추거나, 적절한 행동으로 돌아가는 즉시 반응해 주는 것이 중요하다.
- 바람직하지 않은 행동을 강화하지 않는다.
- 아동이 일단 진정하면, 놀이 루틴으로 돌아가도록 지원한다. 전이를 돕기 위해 짧게 대인 참여 활동을 하는 것처럼 참여 지원 전략을 사용해야 할 수도 있다(그러나 이러한 참여 지원 전략이 바람직하지 않은 행동을 강화하지 않도록 주의한다. 조절 문제와 쉬운 참여 활동의 악순환에 갇혀 놀이 루틴을 위한 시간을 뺏길 수 있다).
- 아동의 조절 문제가 성인이 예상했던 것보다 더 심하다면, 상호작용의 다른 측면을 분석하여 해결한다.

Q. 부적절한 행동을 강화하지 않으려면?

아동의 도전적 행동을 성인이 의도치 않게 은근한 방식으로 강화하는 것을 매우 주의해야 한다. 예를 들어, 아동이 전등을 껐다 켰다 하여 성인이 혼을 낸다면 이것은 점차 부적절한 관심 끌기 놀이로 발전할 수 있다. 마찬가지로, 아동이 칭얼거릴 때마다 포옹하거나 새 장난감을 꺼내 주면 의도치 않게 회피 행동을 강화할 수 있다. 성인이 반응한 이후의 결과를 점검한다. 시간이 지남에 따라 아동의 행동이 증가하거나 감소하는가? 어떤 전략은 당장 조절 문제를 멈추게 할 수 있지만, 장기적인 문제를 초래하기도 한다. 따라서 성인은 현재의 목표와 장기적인 목표를 모두 고려하여 대처해야 한다.

Q. 아동의 행동이 더 심해진다면, 성인이 뭔가 잘못하고 있는 것인가?

성인의 대처로 아동의 조절 문제가 감소하는 것이 아니라 증가하는 것처럼 느껴질 때가 있다. 이것이 꼭 성인이 무언가를 잘못하고 있다는 의미는 아니다. 도전 행동을 줄이기 위해 아동에게 새로운 부담이 주어지면 아동의 행동이 나아지기 전에 더 심해지기도 한다(ABA에서는 이를 소거 폭발이라고 한다).

4) 사례

다음은 조절을 증진하기 위해 핵심 및 조건부 전략을 적용하는 예시를 소개한다.

(1) 이거 회피인가요

JASPER 안녕하세요.

저는 멋진 6세 여자아이를 만나고 있답니다. 우리는 음식 장난감으로 재미있는 시간을 보내는데요. 함께 아이스크림 덩이를 쌓고 샐러드도 만듭니다. 그런데 제가 음식놀이 루틴에 인형이나 동물을 추가하려고 하면 아이는 꼭 화장실에 가겠다고 합니다. 우리가 음식 장난감을 만들 때는 안 그래요. 정작 아이를 화장실에 데려가면 화장실에 올 필요가 없는 상황이고요. 제 생각에 아이는 화장실이 급하다기보다 놀이 루틴의 변화를 피하려는 것 같아요. 우리는 화장실을 들락날락하는 데 시간을 너무 많이 낭비합니다. 지난 놀이 회기 때 저는 아이가 화장실에 이미 한 번 다녀왔기 때문에 아이의 요구를 무시해 봤어요. 그러자 아이는 소리를 지르며 바닥에 드러눕더라고요. 아이가 잘 따르게 하려면 어떡해야 할까요?

안부를 전하며,

이거 회피인가요? 드림

이거 회피인가요? 님 안녕하세요.

선생님은 훌륭한 탐정이시군요! 선생님의 평가에 따르면, 아동은 더 높은 놀이 수준인 전상징적 수준에서 새로운 놀이 단계를 시작하면 상황을 벗어나고자 화장실을 가겠다고 하는 것 같습니다. 이 문제를 다루기 위해서 음식놀이 루틴에 다른 조합 놀이 수준의 단계를 추가하여 놀이 수준을 쉽게 유지해 보세요. 예를 들어, 아이스크림을 떠서 숟가락에 올리기와 같은 관습적 조합 단계를 시도할 수 있습니다. 그리고 아이스크림이 올려진 숟가락을 각자의 입에 가져가는 자기 가작화 단계도 추가할 수 있고요. 또 아이에게 동기를 부여하는 캐릭터나 인형을 활용해 보세요. 그런데도 아이가 여전히 화장실을 가겠다고 요구하면 지금은 놀이하는 시간이라고 명확한 언어로 알려 주고 이 기대치를 끝까지 따르도록 하세요. 규칙적 일과를 만들어서 놀이 회기 시작 전에 아동을 화장실을 데려가고, 놀이를 하고, 그 후에 다시 갈 필요가 있다면 화장실에 데려가세요. 시각적 일과를 활용하면 아이는 이 규칙적 일과를 더 잘 파악하게 될 거예요. 아동에게 시각적 일과를 보여 주고, 놀이 루틴에 다시 참여시키고, 계속 놀이를 확장해 보세요. 시간이 좀 걸리겠지만, 계속 시도해 보시길 바랍니다!

행운을 빕니다.

JASPER 드림

(2) 계속 징징대요

JASPER 안녕하세요.

제가 요즘 만나는 아동은 놀이 회기 내내 징징거리고 제가 탁자 위에 올려놓은 것이 아닌 다른 장난감을 끊임없이 요구합니다. 현재 있는 장난감으로 놀아 보려고 노력해도, 아이는 계속 막무가내로 새로운 장난감을 요구합니다. 정작 새 장난감을 꺼내 줘도 그것을 가지고 놀지도 않아요. 아이가 아무것도 가지고 놀고 싶지 않은 것 같아 어떻게 해야 할지 모르겠습니다. 아동과 안정된 놀이 루틴을 진행하는 것이 매우 어렵습니다. 도와주세요!

계속 징징대요 드림

계속 징징대요 님에게

아동은 징징대며 요구하기 기술을 사용하여 놀이 회기의 부담으로부터 회피하려는 것 같네요. 행동의 기능(접근하기와 회피하기의 조합)에 대한 가설을 바탕으로 아동이 행동을 조절하여 놀이 루틴에 참여하도록 몇 가지 전략을 시도할 수 있습니다. 이 행동을 다룰 때는 핵심 전략에 집중하는 것이 도움이 될 것 같습니다. 놀이 환경 조성과 관련하여, 먼저 아동에게 동기를 부여하면서 발달 수준에 적절한 몇 가지 장난감 선택지를 제시하세요. 탁자에 아동이 가지고 놀 수 있는 장난감 선택지를 확실하게 제시했으면, 방 안에 있는 장난감 수를 제한합니다. 장난감을 치워 놓아(상자를 활용) 아동이 공간 안에 있는 장난감 선택지를 다 보지 못하게 하세요. 아동이 한 장난감을 선택한 다음, 곧바로 다른 장난감을 요구하는 것을 예방하기 위해, 빠르고 재미있게 그 장난감으로 놀이 단계를 시범 보이고 아동이 자신의 놀이 차례를 수행하도록 격려해서(예: 장난감을 건네주기) 놀이 루틴을 진행해 보세요. 아동이 선택한 장난감으로 놀이를 얼마간 진행해야 합니다. 그래야 아동은 자신이 일단 장난감을 선택하면 일정 기간 그것을 가지고 노는 것을 이해하게 합니다.

행운을 빌어요!

JASPER 드림

(3) 놀이 안 해

JASPER 안녕하세요.

제가 요즘 만나는 아동은 과거에 꽤 많은 중재를 받았더라고요. 그러다가 JASPER 놀이 회기에 적응하려니 쉽지 않아 보입니다. 이 아이는 구어를 거의 구사하지 않지만, 과거 중재 경험을 통해 배운 몇 가지 표현을 할 줄 압니다. 놀이 회기 중 피곤하거나 놀이하기 싫어지면, 아이는 울면서 "놀이 안 해! 놀이 안 해!"라고 합니다. 처음에 저는 아동이 이렇게 말하면 휴식을 줌으로써 아동의 적절한 의사소통 시도를 강화하려 했는데요. 요즘엔 이런 행동이 너무 자주 나타나서 기본놀이도 제대로 진행할 수가 없습니다. 어떻게 하면 놀이 회기의 목표를 완전히 포기하지 않으면서, 아동의 요구를 제가 이해했음을 알려 줄 수 있을까요? 아니면 그냥 아동의 요구를 무시하고 계속 진행해야 할까요?

감사합니다.

놀이 안 해 드림

놀이 안 해 님 안녕하세요.

아동의 행동을 평가하여 뭔가가 잘못되었다는 것을 알아차린 점은 매우 긍정적입니다. 이러한 상황에서 우리는 당연히 아동의 기능적 의사소통을 알아차려 반응해 주고 싶지요. 선생님은 아동의 요구하기 행동을 잘 알아차려 반응해 주셨는데요. 그 과정에서 의도치 않게 회피하기 행동을 강화하신 것 같습니다. JASPER는 아동이 받았던 다른 중재와 매우 다를 수 있습니다. 아동이 회기 내내 놀이하며 참여를 유지하는 것은 부담이 될 수 있으므로 적응이 필요합니다. 명확한 기대치를 설정하고 아동이 놀이 회기에 잘 참여하게 하는 전략을 여기 소개합니다. 먼저, 아동에게 말로 대답하여 아동의 말을 들었음을 알려 줍니다(예: "조금 더 놀이 하자."). 그리고 놀이 루틴으로 돌아가는 시범을 보여 방향을 전환합니다. 만약 아동이 계속 "놀이 안 해."라고 말하면, 차분하게 시각적 일과를 보여 주어 이번 회기의 기대치를 더 명확하게 알려 줍니다. 아동의 요구에 확실하게 반응해 주려고 회기를 중단하지 말고(계속 회피 행동을 강화할 수 있음), 짧게 시각적 일과를 보여 준 후 놀이 루틴으로 방향을 돌립니다. 그리고 장난감을 자주 바꾸거나 대인 참여 활동을 자주 제공하지 않도록 주의합니다. 이 역시 아동의 회피 행동에 영향을 줄 수 있습니다. 그 대신 더 많은 확장놀이 장난감을 추가하여, 아동이 회피 행동을 하기 전에 생산적인 놀이를 하도록 여러 선택지를 제시해 주세요.

계속 힘내세요!

JASPER 드림

(4) 날아다니는 개와 고양이

JASPER 안녕하세요.

저는 세 살이 안 된 어린 여자아이를 만나고 있는데요. 지난 몇 번의 놀이 회기 동안 너무 힘들었어요. 놀이 회기를 재미있게 시작하지만, 제가 기본놀이를 확장하려 하면 이 아이는 얼마 안 가서 조절 문제를 보입니다. 예를 들어 볼게요. 우리는 자석 타일로 구조물을 만들고 있었는데요. 제가 개와 고양이 피규어를 구조물 안에 넣어 놀이하려고 했어요. 아이는 저를 보며 엄청나게 큰 소리를 지르기 시작했고 동물들을 막 던지더라고요. 아이가 동물을 가지고 노는 더 어려운 수준의 놀이에서 벗어나려 한다고 판단해서, 저는 아이에게 안 된다고 말하고 일어나서 동물 피규어를 다 줍게 했습니다. 그런데 이후 다시 놀이를 확장하려 하면 또 똑같은 일이 발생합니다. 이런 방해행동을 줄이려면 어떻게 해야 할까요?

고맙습니다.

날아다니는 개와 고양이 드림

날아다니는 개와 고양이 님 안녕하세요.

좋은 질문을 주셨습니다! 먼저, 확장놀이의 수준을 생각해 봅시다. 우리는 아동이 장난감으로 무엇을 해야 할지 모를 때 또는 생산적으로 놀이하는 법을 모를 때 장난감 던지기와 같은 조절 문제 행동이 증가하는 것을 자주 보게 됩니다. 이 아이는 인형에 대한 가작화 수준으로는 놀이를 확장할 준비가 되지 않았을 수 있습니다. 목적을 가진 물리적 조합 수준으로 구조물 만들기를 지원하는 것은 놀이를 수직적으로 확장하고, 아동의 강점을 활용하는 방법이 될 수 있습니다. 그리고 행동(소리 지르기와 피규어 던지기)의 기능에 대해서도 생각해 보세요. 이런 행동은 회피뿐만 아니라 관심 끌기를 위한 행동일 수 있습니다. 다음번에는 던지기 행동을 적극적으로 무시하고 시선을 다른 곳으로 돌려 보세요. 그런 다음, 피규어를 구조물 안에 넣는 시범을 보여 줍니다. 놀이 환경을 정리하고 아동에게 피규어를 하나 건네줌으로써 아동에게 기대치를 명확하게 하고 놀이의 부담을 줄여 줄 수 있습니다. 또한 말로 명확하게 기대치를 알려 주고(예: "먼저 개, 그다음에 새로운 장난감.") 기대치에 따르도록 적절한 지원을 제공해 보세요. 예를 들어, 아동에게 피규어 하나를 구조물 안에 넣도록 요구하고 해당 놀이 단계를 마무리하고 새로운 장난감으로 넘어갑니다. 이렇게 하면 아동의 부정적인 관심 끌기 행동을 강화하지 않으면서, 아동이 선생님이 정해 놓은 기대치를 따르게 할 수 있습니다.

잘하실 수 있을 거예요!

JASPER 드림

5) 요약 사례

다음 사례는 조절을 지원하기 위해 ACT 문제해결 틀을 활용하여 지금까지 배운 전략들을 종합하여 적용하는 방법을 보여 준다.

> 성인과 아동은 여러 상자를 서로 포개고, 상자를 다시 꺼내고, 상자로 탑으로 쌓아 올리는 기본놀이를 한다. 아동은 쌓은 상자를 무너뜨리는 것을 좋아하는데, "부숴!"라고 크게 말하고 키득키득 웃는다. 성인도 웃으며 상자 탑을 밀어 버리고 "부숴 버려!"라고 말한다. 성인은 상자를 다시 쌓는 시범을 보이고 아동은 더 흥분하여 비슷한 놀이를 반복한다. 성인은 아동과 함께 웃으며 상자 탑을 무너뜨리고, 아동이 신나 하는 모습을 기본놀이가 잘 설정되었다는 신호로 받아들인다. 다음번에 성인은 놀이 확장을 위해 여러 피규어와 건물 놀잇감을 꺼낸다. 성인은 아동이 놀이 루틴을 확장하도록 시도한다. 아동과 자신 사이에 여러 피규어를 놓고 아동의 반응을 기다린다. 아동은 벌써 키득키득 웃으며 탑 위에 있는 상자를 두드리기 시작한다. 성인은 탑 위에 피규어를 놓으며 시범을 보인다. 아동은 상자 탑을 넘어뜨리고, 웃고 성인을 바라보며 장난감을 던지기 시작한다(그림 16-9 참고). 성인이 다시 시범을 보이지만, 아동은 계속 상자를 던지고 자기 앞에 놓인 장난감들을 뒤섞어 버린다.

성인은 아동이 고조된 정서 수준을 보여서 놀이 루틴을 긍정적으로 시작했다고 생각했지만, 어디서부턴가 잘못되었다는 것을 알아차렸다. 성인은 재빨리 ACT 문제해결 틀을 통해

그림 16-9 아동이 지나치게 흥분하여 상자 탑을 무너뜨리는 조절 문제를 보임

무엇이 잘못되었는지 파악하고 문제를 해결할 계획을 세우고자 한다. 당장 ACT 문제해결 틀 양식(양식 8-1 참고)을 작성할 수는 없지만, 문제해결 틀에 따라 빠르게 상황을 검토한다. 그의 사고의 과정은 다음과 같다.

- **상황 평가하기**: 성인은 그들이 상자 탑을 쓰러뜨릴 때 아동이 실없는 행동을 하기 시작했음을 알아차렸다. 이러한 반응은 조절 문제로 점차 발전하였고 아동은 지나치게 고조된 정서를 보이며 장난감을 던지기에 이르렀다. 아동이 장난감을 던질 때 성인을 올려다보고 웃었기 때문에 성인은 이를 관심 끌기 행동으로 추측했다. 성인이 피규어를 상자에 넣는 시범을 보일 때 이런 행동은 절정에 달했기 때문에 성인은 아동이 놀이 확장을 피하려고도 한다고 추측했다. 성인은 아동의 조절 문제가 심해지기 전에 미리 놀이 확장을 시도했더라면 어땠을까 생각한다.
- **계획 세우기**: 행동의 주요 기능이 관심 끌기로 보이므로 성인은 부수기와 던지기 행동은 적극적으로 무시한다. 아동의 높은 흥분 수준을 그대로 반영해 주지 않고, 성인은 다음 차례에 자신의 정서 수준을 중립적으로 낮추기로 한다. 회피하기 위한 행동을 다루기 위해 더 많은 놀이 확장 선택지를 제시하고, 아동에게 더 동기를 부여하는 다음 놀이 단계를 찾고, 이런 놀잇감을 놀이 루틴 중 더 일찍 소개하기로 계획한다.
- **효과 확인하기**: 성인은 재빨리 놀이 환경을 정리하고 어질러진 놀잇감을 아동의 손이 닿지 않게 하여 던지기 행동을 예방한다. 그리고 기본놀이를 설정하는 동안 정서 수준을 차분하게 유지한다. 놀이 확장을 위해 성인은 사람, 동물, 모양, 레고 블록을 놀이 환경에 꺼내 놓는다. 아동은 놀잇감들을 보고 키득거리며 다시 던지기 시작한다. 성인은 던지기 행동은 무시하고 기대치가 무엇인지 명확하게 알려 주기로 한다. 성인은 아동이 좀 더 어려워지는 놀이 확장의 부담에서 벗어나고자 함을 알아차리고 이 단계에 필요한 추가적인 지원을 제공하기로 계획한다. 성인은 피규어를 추가하기 전에 수평적 확장을 시도한다(예: 건물에 더 많은 블록 추가하기). 또 놀이 속도를 높인다. 성인은 확장 놀잇감을 아동이 잘 알아차릴 수 있도록 앞으로 밀어 놓고, 아동이 상자 탑을 무너뜨릴 기회를 잡기 전에 재빨리 시범을 보이고 아동에게 장난감 한 조각을 건네준다. 아동이 건물에 블록을 더하자 성인은 정서 수준을 높여서 상황을 말로 표현해 주고 자신의 차례를 수행한다. 첫 번째 놀이 확장을 잘 해내고, 성인은 자신의 놀이 속도와 정서를 점검하여 아동을 지원한다.

놀이 회기를 마친 후 성인은 이 과정을 ACT 문제해결 틀 양식(양식 8-1 참고)에 기록하여 다양한 어려움에 대한 기록을 모으고 다음번에 더 예방적인 접근을 할 수 있도록 한다(그림 16-10 참고). 앞으로 성인은 아동의 관심 끌기와 회피 행동이 나타나기 전에 더 빨리 조치해야겠다고 생각한다. 또 아동이 적절하게 공유하는 기술을 배울 수 있도록 상호작용 기회를 더 프로그래밍할 계획을 세운다. 또 앞으로는 잘 무너뜨릴 수 없는 장난감을 사용하기로 한다. 음식 장난감이나 끼우는 블록처럼 더 다양한 조합 장난감을 준비하여 성인은 점차 지원과 시범 보이는 양을 줄여 나가기를 바란다. 그렇게 되면 아동의 시작행동 기회가 더 많아질 것이다.

5 결론

조절 지원은 지속적 평가와 정교화의 과정이다. 핵심 JASPER 전략을 사용하여 아동의 조절을 예방적으로 지원하고, 문제가 발생하면 ACT 문제해결 틀을 적용하여 해결한다. 아동을 잘 파악하게 되면서 성인은 각 아동이 행동을 잘 조절할 때와 조절 문제를 보일 때의 특징, 조절 문제가 나타나는 시기를 알아차릴 수 있다. 성인의 대처는 아동의 방해행동 증가와 감소에 중요한 역할을 한다. 어떤 반응은 아동의 행동을 순간적으로 멈추게 할 수 있지만(예: 아동이 소리를 지를 때 요구한 사물을 주면 아동은 바로 진정함), 사회적으로 적절하지 않은 행동을 강화하여(예: 소리 지르기를 통해 원하는 것 요구하기를 가르침), 결국 더 많은 문제를 일으킬 수 있다. 이런 악순환의 고리를 끊고, 행동에 대한 기대치를 분명히 알려 주고, 아동이 놀이 루틴으로 돌아가는 것은 성인에게 달려 있다. 시간이 지남에 따라 아동은 행동을 잘 조절하고, 조절 문제를 보이는 시간은 줄어들고, 전반적으로 놀이 루틴에 참여하는 능력도 개선될 것이다. 그림 16-11에서 제시한 조절 지원 전략을 검토해 보자. 다음 장에서는 방해행동, 그중에서도 특히 반복적 행동에 대한 문제해결 방법을 다룬다.

ACT 평가-계획-효과 확인하기(Assess the situation, Create a plan, Test for success)

아동: C. K 성인: A. G 작성일: 1월 7일

상황 평가하기: 어떤 상황인가? 놀이 루틴이나 아동 행동에 어떤 문제가 발생했는가?

놀이 루틴 점검하기	아동 행동 점검하기
-기본놀이를 잘 설정함 -놀이 루틴을 확장하지 못함	-점차 조절 문제를 보임 -부적절한 정서를 보여 줌 -장난감을 던짐 -아마도 관심 끌기?(바라보기, 웃기) -아마도 확장놀이 회피?

'아동 행동 점검' 양식 활용하기!

계획 세우기: 무엇을 할 수 있는가? 어떻게 핵심 전략과 조건부 전략을 사용하여 변화를 줄 수 있는가?

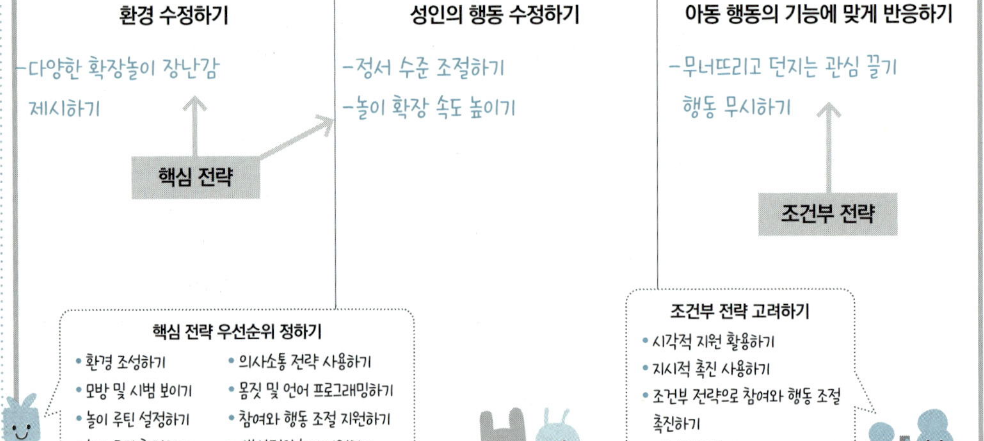

환경 수정하기	성인의 행동 수정하기	아동 행동의 기능에 맞게 반응하기
-다양한 확장놀이 장난감 제시하기	-정서 수준 조절하기 -놀이 확장 속도 높이기	-무너뜨리고 던지는 관심 끌기 행동 무시하기

핵심 전략 우선순위 정하기
- 환경 조성하기
- 모방 및 시범 보이기
- 놀이 루틴 설정하기
- 놀이 루틴 확장하기
- 의사소통 전략 사용하기
- 몸짓 및 언어 프로그래밍하기
- 참여와 행동 조절 지원하기
- 생산적인 놀이 지원하기

조건부 전략 고려하기
- 시각적 지원 활용하기
- 지시적 촉진 사용하기
- 조건부 전략으로 참여와 행동 조절 촉진하기
- 지원 점차 줄이기

효과 확인하기: 계획 적용 후 원하는 결과를 얻었는가? 앞으로 더 개선할 부분이 있는가?

긍정적 효과	개선할 점
-정서를 차분하게 유지하여 아동과 균형을 맞춤 -수평적 확장을 더 시도함 -놀이 확장 시 놀이 속도를 높여 지원함 -생산적 행동을 했을 때 정서 수준을 높여 줌	-공동관심 몸짓과 언어 기회 프로그래밍하여 더 적절하게 관심 끌기를 하도록 지원 -쉽게 부수기 어려운 놀잇감과 놀이 루틴을 준비하여 생산적인 시작행동 지원하기 -차차 시범 보이기 속도 줄이기

지원을 줄여 나갈 준비하기!

그림 16-10 ACT 문제해결 틀 양식 작성 예시(8장의 양식 8-1)

조절 평가하기	조절 증진 계획 세우기	효과 확인하기
◦ 조절의 신호 찾기 ◦ 조절 문제의 신호 찾기 ◦ 조절 문제의 심각도 평가하기 ◦ 행동의 기능 평가하기 ◦ 사회적 관심 얻기 ◦ 탈출/회피하기 ◦ 접근하기 ◦ 자동적/감각적 기능	◦ 핵심 전략 적용하기 ◦ 조절 증진하기 ◦ 약간에서 중간 정도의 조절 문제에 대응하기 ◦ 5~15장에서 다룬 전략 적용하기 ◦ 조건부 전략 고려하기 ◦ 적절하게 요구하기 지도 ◦ 방향 전환하기 ◦ 기대치를 수행하도록 지원하기 ◦ 관심 끌기 행동은 적극적으로 무시하기	◦ 다시 놀이에 연결하고 참여 수준 높이기 ◦ 미래를 위한 계획 세우기 ◦ 행동의 규칙성을 파악하여 미리 대처하기 ◦ 지원 줄여 나가기 

그림 16-11 16장 요약

양식 16-1 아동 행동 점검

아동: ______________________ 성인: ______________________

	행동	행동 발생 직전 상황	행동 발생 직후 상황	예상되는 행동의 기능
회기: 날짜:				
회기: 날짜:				
회기: 날짜:				
회기: 날짜:				
회기: 날짜:				
회기: 날짜:				
회기: 날짜:				
회기: 날짜:				

17장

제한적이고 반복적인 행동이 나타날 때 생산적 놀이 지원하기

1 도입

이 장에서는 제한적이고 반복적인 행동이나, 흥미, 활동이 나타날 때 생산적인 놀이를 증진하는 방법을 다룬다. 6장의 내용을 상기해 보면, 생산적인 놀이는 발달적으로 적절하고, 융통성 있고, 다양하고, 창의적이며 아동이 공동참여를 유지할 수 있도록 한다. 이는 방해 행동이나 공동관심을 중단시키는 행동과 반대되는 개념이다. 생산적인 놀이를 지원하고자 할 때 직면하는 도전 과제 중 하나는 제한적이고 반복적인 행동의 발생이다. 2장에서 설명했듯이 이러한 행동은 경직성, 제한된 관심, 반복적인 행동, 감각 관련 행동 등 ASD의 핵심인 다양한 비정형 행동을 포함한다. 제한적이고 반복적인 행동(Restricted and Repetitive Behavior: RRB)이 언제, 왜 발생하는지, 스트레스를 받을 때 나타나는지, 아동이 평정심을 유지하는 데 도움을 주는지 등 아직 밝혀지지 않은 내용이 많다. 이러한 행동에 직면하였을 때 우리는 행동과 놀이 루틴의 생산성, 융통성 그리고 전반적인 질을 높여야 한다. 참여 및 조절 문제를 다룰 때와 마찬가지로, 이 책에서는 제한적이고 반복적 행동에 대한 포괄적인 지침을 제공하지는 않는다. 이러한 수준의 문제는 각 아동에게 맞게 개별화하여 해결해야 하며, 성인의 대처도 이에 따라 크게 달라질 수 있다. 대신에 ACT 문제해결 틀에 따라 실행하는 우리의 접근 방식에 대한 기본 개요를 제시한다(그림 17-1 참고).

이 장에서는 먼저 아동과 행동의 방해 정도, 행동이 발생하는 상황을 점검하는 내용을 다룬다. 그러고 나서 아동에게 지원이 필요할 때 대응할 전략을 제시한다. 이때 사용하는 전략은 핵심 전략과 조건부 전략을 모두 포함한다. 대부분의 경우, 환경 조성하기와 시범 보이기와 같은 핵심 전략을 적용한다. 아동에게 더 많은 지원이 필요할 때는 핵심 전략들과 더불어 조건부 전략을 사용하여 생산적인 놀이를 하도록 지원할 수 있다. 이전 장에서와 마찬가지로, 이러한 전략들을 어떻게 함께 역동적으로 적용하는지 여러 사례를 통해 보여 준다. 추가적인 정보와 피드백은 JASPER 교육에서 제공한다. 본격적인 내용으로 넘어가기 전에, 잠시 시간을 내어 그림 17-2에 제시한 지금까지 다룬 전략을 검토해 보자.

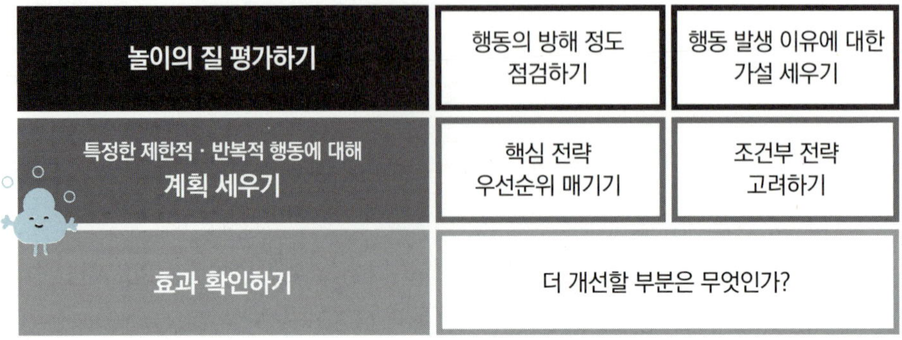

놀이의 질 평가하기	행동의 방해 정도 점검하기	행동 발생 이유에 대한 가설 세우기
특정한 제한적 · 반복적 행동에 대해 계획 세우기	핵심 전략 우선순위 매기기	조건부 전략 고려하기
효과 확인하기	더 개선할 부분은 무엇인가?	

그림 17-1 생산적 놀이 증진을 위해 ACT 문제해결 틀 적용하기

전략 복습하기

생산적인 장난감 선정하기

- ✓ 생산적 놀이를 지원하는 장난감 선정하기
- ✓ 방해하는 행동이나 제한적 반복적 행동을 촉발하는 장난감 제한하기
- ✓ 심각하게 주의를 산만하게 하는 장난감 치우기

(6장 참고)

생산적인 놀이 행동 지원하기

- ✓ 생산적인 놀이 행동 모방하기
- ✓ 제한적 반복적 행동 발생 후에 시범 보이기
- ✓ 유연한 놀이 루틴 설정하기
- ✓ 놀이 루틴 확장하기
- ✓ 놀이 환경 관리하기
- ✓ 정서 조절하기

(8~11장 참고)

그림 17-2 전략 복습하기

2 놀이의 질 평가하기

2장에서 논의한 바와 같이, 제한적이고 반복적인 행동은 다양한 형태로 나타날 수 있으며, 성인과 아동의 놀이 중 상호작용 질에 영향을 미칠 수 있다. 이 장에서는 경직성, 제한된 관심, 반복적 행동, 감각 관련 행동이라는 네 가지 일반적 범주를 다룬다. 놀이와 상호작용을 방해하는 제한적이고 반복적인 행동이란, 종종 낮은 수준의 놀이 행동이자(비구분된

놀이 행동이나 구분된 놀이 행동 수준), 융통성 없이 경직되고 반복적이며, 사회적으로 동기 부여가 되지 않는 행동을 말한다. 아동의 제한적이고 반복적인 행동의 특성과 방해행동을 놀이 루틴 전반에 걸쳐 점검한다. 2장 〈상자 2-3〉에서 제한적이고 반복적인 행동의 신호를, 6장(p. 136 참고)에서 생산적 놀이 행동과 방해하는 놀이 행동의 특성을 참고한다. 여기에서 목표는 아동의 행동을 점검하여 이러한 행동이 언제, 왜 발생하는지, 얼마나 상호작용에 방해가 되는지를 파악하고 대응책을 마련하는 것이다.

1) 행동의 방해 정도 평가하기

제한적이고 반복적 행동은 대물 참여(object engagement)의 증가, 사회적 놀이의 감소, 낮은 질의 놀이 루틴으로 이어질 수 있고, 아동이 다른 활동을 할 때 부차적으로 나타나서 행동 조절을 도울 수도 있다. 제한적 · 반복적 행동이 놀이 회기를 방해하는 정도를 파악하여 추가적인 지원을 할지 계속 행동을 점검할지 결정한다.

- **방해하지 않거나 약간 방해함**: 성인과 아동이 계속 놀이 루틴에 참여한다. 제한적, 반복적 행동이 부가적으로 나타나며 놀이를 방해하지 않거나 약간 방해하는 정도다. 예를 들어, 아동은 블록을 탑 위에 쌓을 때마다 잠시 눈으로 블록을 탐색한다.
- **중간 정도로 방해함**: 성인이 계속 놀이를 진행할 수는 있지만, 아동이 조금씩 대물 참여의 모습을 보인다. 생산적으로 놀이하고, 참여 수준을 적절하게 유지하고, 놀이 루틴을 확장하기 위해서 성인은 이따금 시범을 보여야 한다.
- **매우 방해함**: 더는 생산적으로 놀이할 수 없다. 아동은 온전히 대물 참여만 하거나, 자기 생각만을 고집하거나, 조절 문제를 보인다. 성인은 놀이 차례를 주고받거나 놀이 루틴을 진행할 수 없다.

그림 17-3은 아동의 제한적 · 반복적 행동이 놀이 회기를 점점 방해함에 따라 성인이 지원 수준을 어떻게 늘려 가야 할지 보여 준다. 행동이 놀이를 방해하지 않거나 약간 방해하는 경우에 성인은 하던 대로 아동 행동을 계속 점검한다. 또한 핵심 전략을 적용하여 행동의 빈도나 심각도가 높아지는 것을 예방한다. 행동이 중간 정도로 놀이를 방해하기 시작하면, 아동이 더 생산적으로 놀이하도록 지원한다. 아동의 아이디어를 완전히 무시하거나 지시적 전략을 사용하는 대신, 더 생산적인 방향으로 구체화하거나 비계 설정을 할 수 있다. 행동이 놀이를 매우 방해하는 수준일 때는 주의를 산만하게 하는 것을 제거하고, 장난감 선

택지를 바꾸고, 핵심 전략과 조건부 전략을 함께 적용하여 아동의 참여와 조절을 지원하고 생산적 놀이가 되도록 한다.

우리의 목표는 아동이 제한적이고 반복적인 행동을 못 하게 하는 것이 아니다. 우리의 목표는 아동이 놀이 회기에서 만나는 중재자뿐만 아니라 일상의 사회적 환경에서 만나는 또래와의 상호작용에 잘 참여하여 최대한 배울 수 있도록 촉진하는 것이다. 어떨 때는 참여를 위한 지원이 필요할 수도 있고, 어떨 때는 아동이 새로운 놀이 방법을 배워야 할 수도 있다.

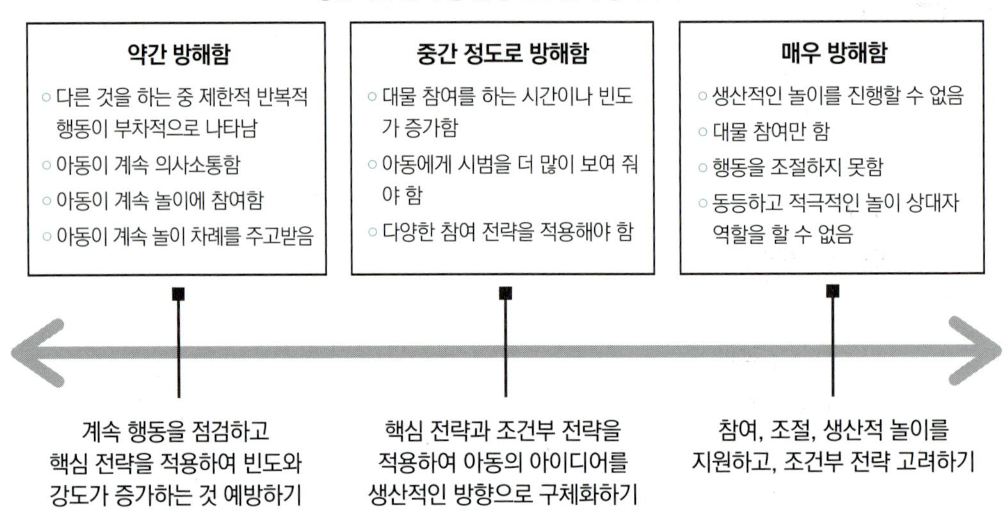

그림 17-3 아동의 제한적 반복적 행동의 심각도를 평가하여 대응할 시기와 방법 결정하기

2) 행동 발생 이유에 대한 가설 세우기

아동의 특정 행동이 놀이 회기를 심각하게 또는 반복적으로 방해한다면 행동을 유발하는 것이 무엇인지 가설을 세운다.

(1) 조절 평가하기

제한적이고 반복적인 행동은 조절 문제의 신호일 수 있다. 이런 경우, 행동의 다른 기능을 파악하거나(16장 참고) 양식 16-1(아동 행동 점검)을 사용하여 추가 정보를 수집한다. 반복적 행동이 나타나기 전에 무슨 일이 있었는지 세심하게 확인한다. 예를 들어, 놀이를 확장하거나 성인의 놀이 속도가 너무 느려질 때마다 아동의 반복된 노래 부르기가 더 커지고 더 심해지는가? 아동의 행동을 이해하면, 성인은 다음번에 아동의 행동에 더 잘 반응하고 '예방적'으로 대응할 수 있다.

(2) 추가 요인 평가하기

외부 요인들, 즉 잠을 못 자거나 알레르기가 심한 경우, 아동의 생산적인 놀이 능력에 영향을 미칠 수 있다. 놀이 회기 전 아동의 가족이나 교사와 이야기를 나누고 아동이 놀이 회기에 어떻게 적응하는지 기록해 둔다. 이런 정보를 바탕으로 특정 놀이 회기에서 어느 정도의 융통성을 허용할지 결정한다.

〈연습문제 17-1〉을 통해 아동 행동을 계속 점검할 것인지 아니면 지원을 제공할 것인지를 판단하는 연습을 해 보자.

연습문제 17-1 대응 시기 결정하기

각 상황에서 생산적인 놀이를 증진하기 위해 성인이 계속 행동을 점검할지 아니면 더 많은 지원을 제공할지 선택하시오.

1. 아동은 TV에 나온 대사를 작은 소리로 늘어놓고 있지만, 차례를 번갈아 가며 놀이를 계속 진행한다.	계속 점검한다	지원을 제공한다
2. 아동은 놀이 루틴 내내 한 손으로 페그를 쥐고 있지만, 차례를 번갈아 가며 놀이를 계속 진행한다.	계속 점검한다	지원을 제공한다
3. 아동은 바퀴를 쳐다보면서 차를 앞뒤로 굴리기를 몇 분 동안 계속 한다.	계속 점검한다	지원을 제공한다
4. 아동은 상자 쌓기를 거부하고, 성인이 시범을 보일 때마다 성인의 손을 밀쳐 내며, 상자들을 계속 포개기만 한다.	계속 점검한다	지원을 제공한다
5. 놀이 회기 동안 아동은 때때로 놀이를 멈추고 성인에게 미소를 지으며 천장 조명을 가리킨다.	계속 점검한다	지원을 제공한다

3 생산적 놀이 증진을 위한 계획 세우기

그림 17-4에 제한적이고 반복적인 행동의 네 가지 범주에 사용할 수 있는 전략의 예시를 각각 소개한다. 비록 행동의 범주별로 대응 전략을 제안하지만, 이러한 전략은 유연하게 사용해야 하며 내용이 중복될 수 있다. 여기서 제시하는 전략들은 배타적으로 사용하는 것이 아니며, 창의적으로 조합하여 사용해야 한다. 여러 제한적 반복적 행동이 동시에 나타나는 경우가 많으므로 종종 여러 전략을 동시에 적용하여 대응하게 된다. 다른 영역과 마찬가지로 항상 핵심 전략(특히, 환경 전략)을 먼저 적용하고, 조건부 전략과 더 지시적인 전략으로 옮겨간다.

다음 절에서는 제한적이고 반복적 행동의 여러 유형, 대응 전략과 사례를 소개한다.

생산적 놀이를 증가시키기 위한 전략 ☑

경직성에 대한 아이디어

- ☐ 놀이 패턴 선점하기
- ☐ 다양한 놀잇감을 통합하여 사용하기
- ☐ 놀이를 재시작할 때 놀잇감 다르게 구성하기
- ☐ 서로 다른 놀잇감으로 비슷한 단계 연습하기
- ☐ 사용할 놀잇감 조각의 수 조정하기
- ☐ 익숙한 놀이 단계의 순서 변경하기
- ☐ 놀잇감 잡고 있기
- ☐ 놀이 동력을 얻기 위해 두세 번 시범 보이기
- ☐ 동등하고 적극적인 역할 하기
- ☐ 평행 놀이 하기

제한된 관심에 대한 아이디어

- ☐ 전략적 순간에 선호하는 장난감 제시하기
- ☐ 놀이 루틴의 흐름에 맞게 선호 장난감 제시하기
- ☐ 아동의 관심을 반영할 다른 방법 찾기
- ☐ 특정 장난감을 잠시 제거하기
- ☐ 명확한 기대치 세우기

반복적 행동에 대한 아이디어

- ☐ 반복적 행동을 예방하는 장난감 선정하기
- ☐ 장난감을 탐색할 시간 주기
- ☐ 환경적 촉진 사용하기
- ☐ 놀이 루틴 중 더 성공적인 단계로 돌아가기

감각 관련 행동을 위한 아이디어

- ☐ 환경내 감각적 자극 평가하기
- ☐ 집중한 순간을 최대한 활용하기
- ☐ 놀이 루틴의 속도를 점검하여 지원하기

그림 17-4 생산적 놀이를 증가시키기 위한 전략

4 경직성에 대응하기

제한적이고 반복적인 행동의 한 가지 일반적인 형태는 **경직성**이다. 경직성(rigidity)은 융통성의 부족, '동일성'에 대한 고집, 패턴에 집착, 한 활동에서 다른 활동으로 전이하는 데 어려움 등 다양한 방식으로 나타난다(American Psychiatric Association, 2013). JASPER 놀이 회기를 진행할 때 경직성은 공동참여 시간을 감소시키고, 유연하지 않고 제한적인 놀이를 하게 하며, 성인이 유연하게 상호작용하도록 요구할 때 조절 문제를 유발한다. 몇 가지 일반적 예시를 살펴보자.

- **특정 패턴이나 순서에 대한 고집**: 아동은 놀이 루틴 중 특정 패턴이나 순서를 따르기를 원하며, 선호하는 놀이 방식(예: 모양 맞추기 틀에 모든 모양이 일정한 순서로 들어가야 함)에서 벗어나면 저항한다.
- **완성에 대한 고집**: 장난감이 '완성'(예: 퍼즐 조각이 퍼즐판에 다 맞춰짐, 쟁반에 쿠키가 고르게 담김)되지 않을 때 아동은 조절 문제를 보이고, 완성된 내용을 '되돌리는' 행동이 포함된 놀이 단계에서 어려움을 겪는다.
- **특정 역할에 대한 고집**: 아동은 자신의 놀이 루틴 계획에 방해가 되면 성인의 동등하고 적극적인 놀이 참여를 거부한다.

경직성은 공동참여에 도달하는 데 심각한 방해가 된다. 아동은 성인의 놀이 확장이나 시범를 거부하거나, 성인의 놀이 참여에 확실하게 저항하거나(예: 손을 밀쳐 내거나 "싫어!"라고 말하기), 경직된 행동을 중단시키려 하면 조절 문제를 보일 수 있다. 전반적으로, 경직된 행동은 놀이 목표를 향해 나아가는 것을 어렵게 한다.

1) 핵심 환경 전략으로 융통성 높이기

아동이 놀이하면서 경직성을 보일 때 우리의 일차적인 목표는 놀이의 융통성을 높이는 것이다. 우리는 핵심 전략, 특히 환경 전략을 사용하여 경직성 문제를 다루고 장난감과 상호작용하는 새롭고 창의적인 방법을 촉진한다. 아동의 행동 패턴을 발견하면 다음의 전략을 더 적극적으로 사용하여 아동이 생산적으로 놀이하도록 지원한다.

(1) 놀이 패턴 선점하기

놀잇감을 사용하는 새로운 방법에 대한 시각적 단서를 제공하기 위해 환경을 설정하고 놀잇감을 계획한다. 표 17-1은 아동이 자신의 패턴을 시작하기 전에 이러한 전략을 사용하는 예시를 보여 준다. 이때 아동에게 과도한 좌절감을 주지 않도록 한다. 이 전략의 목적은 아동이 선호하는 놀이 방법을 막는 게 아니라 좀 더 융통성 있는 놀이 행동을 지원하는 데 있다.

표 17-1 놀이 패턴을 선점하기 위한 전략

아동이 선호하는 패턴		융통성 높이기
소방차만 가지고 놀이함	→	다른 자동차를 준비하고, 놀이 회기 시작 전 소방차는 치워 놓기
피규어를 쌍으로 짝지어 놀이함	→	짝지을 수 없도록 같은 장난감 제거하기
블록으로 만들기를 할 때 똑같은 방식으로만 조립함	→	다른 기본놀이 구조물을 미리 만들어 놓고 놀이 루틴 진행하기
장난감을 완성하는 것을 고집함	→	완벽하게 완성하는 게 불가능하도록 장난감 세트 속 조각 몇 개를 빼놓기(예: 피자 세트에서 피자 조각 한두 개 빼기, 자동차 좌석 수와 피규어 수가 일치하지 않도록 하기)
더 넓은 놀이 공간을 바닥에 마련해 주어도 탁자 위에서만 장난감을 가지고 놀이함	→	더 큰 탁자에서 놀이하여 놀이 공간 넓혀 주기

(2) 다양한 놀잇감을 통합하여 사용하기

놀이 패턴을 선점하는 것에 더불어, 의도적으로 놀잇감을 섞어 사용함으로써 장난감 종류에 변형을 주거나 놀이 행동에 융통성을 더할 수 있다. 예를 들어, 레고 블록을 가지고 놀 때 서로 다른 모양과 크기의 폼 블록이나 자석 블록을 추가하여 수평적 놀이 확장을 한다. 평소에 사람 피규어를 가지고 논다면 동물을 사용하거나, 동물과 사람을 섞어서 사용하는 등 약간 다른 장난감으로 같은 놀이 루틴을 시도한다(추가적인 예시는 11장, p. 251을 참고한다).

(3) 놀이를 재시작할 때 놀잇감 다르게 구성하기

놀이 루틴을 다시 시작할 때 놀잇감을 다르게 구성하여 융통성을 높인다. 예를 들어, 아

동이 블록을 수직으로 쌓는 것만 좋아한다면, 성인은 큰 사각형 모양의 벽과 같이 다른 구조물을 미리 만들어 놓는다(그림 17-5 참고). 이렇게 함으로써 아동이 선호하는 방식을 되풀이하기 전에 다른 방식으로 노는 법을 보여 줄 수 있다. 성인은 여러 확장 놀이를 제시하는 순서를 변경하거나 놀이를 재시작한 후 새로운 확장 놀이를 소개하여 놀이 루틴을 유연하고 새로운 방향으로 이끈다.

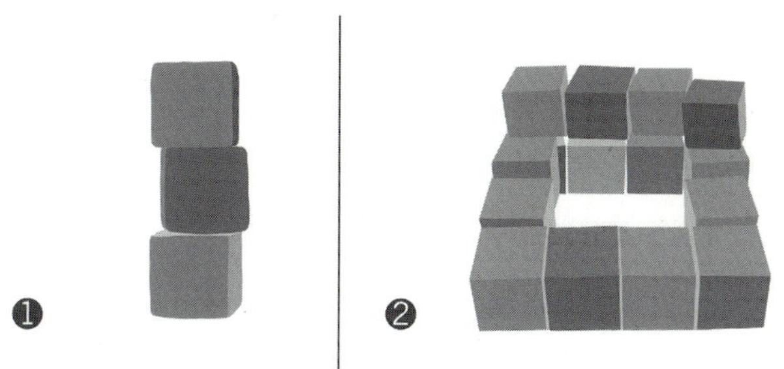

그림 17-5 놀이 루틴을 재시작할 때 놀잇감을 신속하게 재배열하고 다른 놀잇감을 미리 만들어 놓음

(4) 서로 다른 장난감으로 비슷한 단계 연습하기

기능이 유사한 다른 장난감으로 동일한 놀이 루틴을 시도하여 아동을 약간 새로운 것에 노출시킨다. 예를 들어, 〈세서미 스트리트(역자 주: 미국 PBS 방송국에서 제작한 어린이 대상 TV 프로그램)〉 캐릭터 대신 동물 장난감을 사용하거나, 피자놀이 루틴 대신 샌드위치 놀이 루틴을 시도한다.

(5) 사용할 놀잇감 조각의 수 조정하기

장난감 세트의 모든 조각을 제공하면, 아동은 이를 완성하기 위해 바로 친숙한 놀이 패턴을 시작할 것이다. 장난감 조각을 일부만 제공하고, 놀이 확장을 위한 선택지를 준비하여 놀이 루틴을 계속 진행하면, 이와 같은 경직된 패턴에 갇히는 것을 방지할 수 있다. 이렇게 하면 아동이 좋아하는 놀이 패턴에 짧게 참여하면서도 융통성을 더할 수 있다. 예를 들어, 아동은 페그보드에 있는 페그를 특정한 순서로 배열하는 것을 좋아한다. 융통성을 높이기 위해 아동에게 페그를 몇 개만 주고, 이후 페그 위에 쌓을 블록을 재빠르게 제시하여 놀이 루틴이 계속 앞으로 나아가도록 한다.

(6) 익숙한 놀이 단계의 순서 변경하기

놀이 루틴에 새 놀이 단계를 추가하거나 익숙한 단계의 순서를 변경한다. 예를 들어, '잠 잘 준비하기' 놀이 루틴에서, 양치질을 맨 먼저가 아니라 마지막 단계에서 하거나, 아기 인형 흔들어 재우기와 같은 새로운 단계를 추가하거나, 매번 다른 자장가를 부를 수도 있다. 아동이 예상치 못한 단계(예: 인형이 두 개 있는데 침대는 한 개만 제시하기)나 이상하다고 생각할 수 있는 놀이 단계(예: 화장실 가기)를 추가할 수도 있다. 이러한 작은 변화는 융통성을 높이며, 아동에게 친숙하고 동기 부여가 되는 내용을 유지하면서 경직된 패턴을 깨는 데 도움이 된다.

2) 융통성을 높이기 위해 조건부 전략 고려하기

핵심 전략을 적용한 후에도 아동이 여전히 경직된 놀이를 하거나, 이러한 경직성이 놀이 루틴을 설정하고 확장하는 데 방해가 된다면, 여러 조건부 전략을 통합하여 적용해서 특정 순간에 융통성을 높인다.

(1) 놀잇감 잡고 있기

아동이 성인이 추가한 장난감 조각을 빼 버리거나 성인 차례에 한 놀이 행동을 되돌리려 한다면, 성인은 놀이 차례가 끝난 후에도 자신의 장난감 조각을 계속 잡고 있는다. 이렇게 하면 아동이 성인 차례에 한 놀이 행동을 거부하는 대신 자신의 차례를 수행하도록 유도할 수 있다. 아동이 자기 차례를 계속 이어 갈 수 있도록 새 장난감 조각을 더 가까이 밀어 놓거나 성인의 장난감 조각을 계속 잡은 채로 아동에게 새 장난감 조각을 건네줄 수 있다.

(2) 놀이 동력을 얻기 위해 두세 번 시범 보이기

아동이 시범 보이기나 놀이 확장을 거부할 때 성인은 놀이 행동을 2~3회 연속으로 빠르게 시범 보여서 아동에게 놀이 단계가 어떻게 진행되는지 보여 준다. 이는 현재 완성된 놀이 패턴을 방해하는 것이 아니라, 다음 놀이 단계에 대한 새로운 시각적 패턴을 만들어 준다. 시범을 한 번만 보이면, 아동은 성인이 제시한 장난감이나 놀이 단계가 방해된다고 여길 수 있다. 그러나 시범을 두세 번 보여 주면, 아동이 새로운 패턴을 시각화하는 데 도움을 준다. 이 과정에서 아동이 새로운 단계에 참여할 수 있도록 장난감 조각을 충분히 준비한다.

(3) 동등하고 적극적인 역할 하기

아동이 계속해서 성인에게 특정 역할을 지시한다면, 성인은 아동의 패턴에 융통성을 더할 방법을 찾는다. 예를 들어, 아동이 "저기 가서 레모네이드 주문해."라고 말하면 성인은 "나는 슬러시를 주문할게."하고 대답하여 융통성을 더할 수 있다. 곧 또래와 함께 놀이하는 게 목표인 높은 수준의 아동에게는 사회적 상황 이야기(social story, 8장 참고)를 통해 놀이에서 역할을 분담하는 내용을 소개하는 것이 도움이 된다. 예를 들어, 성인은 놀이 회기를 시작할 때 두 친구가 놀이 아이디어를 서로 주고받는 내용의 짧은 이야기를 함께 읽을 수 있다.

(4) 평행 놀이 하기

어떨 때는 아동과 유연하게 놀이하는 것이 매우 어려운데, 특히 융통성에 대한 기대치를 처음으로 적용할 때가 그러하다. 성인이 놀이 루틴에 참여할 때마다 아동이 조절 문제를 심하게 보이며 스트레스를 받는다면 성인은 아동 옆에서 평행 놀이 루틴을 시작할 수 있다. 예를 들어, 성인은 아동이 구조물을 만들 때 옆에서 자신의 구조물을 만든다. 이렇게 하면 아동이 구조물을 만드는 방식을 방해하지 않고서 놀이 루틴을 지속할 수 있다. 얼마간의 놀이 차례가 지난 후 성인은 두 구조물을 하나의 놀이 루틴으로 병합할 기회를 만들 수 있다. 예를 들어, 두 구조물 사이에 다리나 길을 놓아 연결하거나, 놀이를 재시작한 후에 같은 구조물을 함께 만들어 본다. 이 전략은 최후의 수단으로만 사용한다. 평행 놀이를 시도했다면 가능한 한 빨리 다시 함께하는 놀이로 돌아간다.

3) 경직성 관련 사례

다음 사례들은 앞에서 다룬 전략을 적용하여 경직성에 대응하는 방법을 보여 준다.

(1) 난처한 승객

JASPER 안녕하세요.

저와 이 아동은 도시 곳곳을 운전하며 다니는 멋진 자동차 놀이 루틴을 만들었어요. 그런데 시간이 지나자 우리가 항상 똑같은 방식으로 놀이한다는 것을 깨달았어요. 먼저, 브로드웨이에서 가서 메인스트리트로 우회전하고, 세 블록을 지나 6번가에서 다시 우회전해요. 이 남자아이는 매우 똑똑하고, 자신이 좋아하는 여러 장소에 어떻게 가는지 잘 알고 있답니다. 저는 우리의 자동차 놀이에 새로운 캐릭터, 다양한 목적지와 경로, 심지어 다양한 운전 방식(예: 빠르게, 느리게, 울퉁불

퉁하게, 터널 속으로)을 추가해 봤지만, 여전히 교대로 놀이하는 것이 어렵습니다. 제가 새로운 것을 소개할 때면, 아이는 종종 화가 나서 모든 자동차를 가져가고는 저를 등져 버립니다. 제가 이 놀이 루틴에 함께 참여하려면 어떻게 해야 할까요? 아이가 좋아하는 놀이를 따르고 싶지만, 무엇을 더 시도해야 할지 모르겠습니다. 이 놀이 루틴을 포기하고 아예 다른 것을 시도해야 할까요?

고맙습니다.

난처한 승객 드림

난처한 승객 님 안녕하세요.

선생님은 이 자동차 놀이 루틴을 확장하기 위해 정말 큰 노력을 하셨군요! 이 놀이 루틴의 전반적인 놀이 수준을 평가해 보세요. 언어 수준으로 미루어 볼 때 아동이 마치 높은 수준의 놀이 행동을 하는 것처럼 느껴질 수 있지만, 차를 여기저기 모는 것은 구분된 놀이 행동 수준에 해당합니다. 만약 놀이 루틴의 단계 대부분이 아동의 발달 수준보다 낮다면, 성인은 다른 더 높은 수준의 놀이 루틴을 설정해야 합니다. 하지만 아동이 이미 숙달한 놀이 수준과 표적 놀이 수준에서 공동참여를 지속할 수 있다면, 이는 융통성을 기르기 좋은 상황이 됩니다. 놀이를 재시작할 때 변화를 줘보세요. 예를 들어, 놀이를 재시작할 때 고질라가 도시를 덮치러 온 것처럼 재미있게 가장하고, 재빨리 놀잇감을 다시 설정하여 거리나 건물을 이전과 완전히 똑같은 순서로 놓을 수 없도록 합니다. '고장'난 정지 신호등을 추가하여 작은 변화를 주고, 도구와 캐릭터를 꺼내 신호등 고치기를 할 수도 있습니다. 놀이 확장에 어느 정도 성공하면, 이제는 아동의 방식과 성인의 방식 또는 이미 해 오던 단계와 새로운 단계 간에 균형을 맞추는 것이 관건입니다. 또한 새로운 교통 수단(예: 배나 비행기)를 도입하여 놀이 루틴에 더 많은 작은 변화를 줄 수 있습니다.

행운을 빌어요.

JASPER 드림

(2) 혼자 놀기

JASPER 안녕하세요.

저는 외형적 조합 놀이를 잘하는 여자아이를 지원하고 있습니다! 이 아이는 컵케이크를 가지고 노는 것을 아주 좋아합니다. 우리는 주로 컵케이크를 쟁반 위에 담고 다시 쏟아 버리는 놀이를 합니다. 이 아이는 종일 이 놀이를 할 수 있어요. 제가 옆에 없어도 계속할 것 같아요. 저는 아이의 맞은편에 앉아서 제 차례를 확실히 알리고 더 재미있도록 정서 수준을 높여 보지만, 제가 놀이에 끼려고 하면 아이는 화를 내며 제 손을 밀쳐 냅니다. 그리고 종종 신경전이 발생하게 되지요. 아동이 저와 함께 놀이하도록 하려면 어떻게 해야 할까요?

도와주셔서 고맙습니다.

혼자 놀기 드림

혼자 놀기 님 안녕하세요.

선생님은 정서나 놀이 위치를 잘 조절하고 계시네요. 이 상황에서 컵케이크를 쟁반에 담을 때 참여의 질을 평가할 필요가 있습니다. 아동이 대물 참여를 보이므로, 공동참여를 지원할 계획이 필요합니다. 함께 놀이하기 위한 여러 전략을 이미 시도했으니, 서로 나란히 앉아서 짧게 평행 놀이를 하는 것을 시도해 보세요. 예를 들어, 다른 컵케이크 세트와 쟁반을 가져와서 아동의 쟁반 옆에 두고 바로 옆에서 몇 가지 새로운 놀이 단계 시범을 보입니다. 그렇게 하면 아동은 성인의 시범을 보게 되고, 성인의 놀이에 참여하거나 자신의 컵케이크 놀이에 변화를 허용할 수 있습니다. 또 장난감의 적절성을 평가합니다. 장난감이 놀이를 시작하도록 동기를 부여하는 데 적절할지 몰라도 이후 놀이에는 방해될 수 있습니다. 여기에 몇 가지 재미있는 놀라움을 더하거나(예: 컵케이크로 인형 뱃속 채우기), 새로운 놀이 행동을 시도하여(예: 컵케이크 위에 아이스크림 덩이 올리기) 아동이 성인과의 놀이에 다시 참여하는지 보세요. 만약 그녀가 계속해서 어떤 사물에만 집중하고 같은 놀이 행동을 고집한다면, 컵케이크를 잠시 빼놓을 수 있습니다. 다른 장난감으로 놀이 루틴을 안정적으로 설정하고 나면 다시 꺼내어 시도합니다.

수고가 많으십니다!

JASPER 드림

5 제한된 관심에 대응하기

제한된 관심은 JASPER 회기 중 만날 수 있는 또 다른 제한적 반복적 행동의 일반적 형태다. 제한된 관심(restricted interest)은 특정 대상이나 주제에 집중하거나 집착하는 특징을 말한다(American Psychiatric Association, 2013). 놀이 회기를 진행할 때 아동이 특정 장난감이나 놀이 루틴에 지나치게 관심을 보이면 공동참여에 도달하는 것이 어려워질 수 있다. 제한된 관심의 일반적인 예시는 다음과 같다.

- **특정 주제에 집중하기**: 아동은 하나의 생각이나 사물에 집중하고, 관심을 확장하려 하면 저항한다.
- **비생산적인 놀이 행동**: 아동은 자신이 관심을 보이는 것에 열광하지만, 그걸로 생산적 놀이 행동을 할 기술을 가지고 있지 않다(예: 아동은 조기 조합 놀이 수준에 있지만 인형이나 피규어에 관심을 보임).

제한된 관심은 아동에게 동기를 부여하므로 유용할 수 있지만, 종종 이로 인해 공동참여나 높은 수준의 놀이 루틴을 할 수 없게 된다. 아동의 관심이 제한적이라면, 놀이 루틴에 아동이 관심 보이는 것을 언제 포함하고, 또 언제 다음 단계로 넘어갈지 잘 판단해야 한다.

1) 핵심 전략으로 아동의 관심을 다양화하기

아동이 대부분 시간에 흥미를 느끼며 생산적으로 놀이에 참여할 수 있다면, 핵심 전략을 사용하여 제한된 관심사를 더 창의적이고 유연하게 통합하는 방법을 보여 준다.

(1) 전략적 순간에 선호하는 장난감 제시하기

아동이 회기 초반에 참여 수준이 더 높고 유연하게 놀이한다면, 아동이 선호하는 장난감을 이른 시기에 제시하여 그 장난감으로 생산적이고 사회적으로 놀이할 수 있도록 한다. 어떤 아동은 성인이 기대치를 확실히 설정한 후 회기의 후반부에 가서야 더 유연하고 높은 수준으로 놀이할 수 있는데, 이럴 때는 아동이 선호하는 장난감을 나중에 제시하는 것이 좋다. 어느 쪽이든 이미 잘 설정된 놀이 루틴 안에서 아동이 선호하는 장난감을 제시하여 놀이의 동력을 얻고, 해당 장난감을 위한 명확한 계획도 세워야 한다. 예를 들어, 아동이 자동차에 관심이 많다면, 성인은 피규어를 집에 들여보내고 도로를 건설하게 한 다음, 마지막으로 피규어들이 다른 곳으로 이동할 때 자동차에 태울 수 있다.

(2) 놀이 루틴의 흐름에 맞게 선호 장난감 제시하기

아동이 선호하는 장난감을 놀이 루틴에 도입했다면 다음 놀이 단계도 명확하게 계획해 두어야 한다. 아무런 계획 없이 아동이 좋아하는 디즈니 캐릭터를 꺼내 놓으면 아동은 그저 캐릭터를 들고 있거나 자신이 좋아하는 놀이 행동(예: 다른 캐릭터 쫓기)만 할 수 있다.

(3) 아동의 관심을 반영할 다른 방법 찾기

아동이 선호하는 장난감을 가지고 놀 때 공동참여를 하기 어렵다면 아동의 관심을 반영할 다른 방법을 찾는다. 아동이 선호하는 사물을 제공하는 대신 성인은 그 사물을 직접 만들거나 대체물을 활용할 수 있다. 예를 들어, 그림 17-6에서 성인은 아동이 가장 좋아하는 비행기 장난감을 꺼내 주는 대신, 함께 비행기를 만들었다. 이 전략은 전상징적 놀이 및 상징적 놀이 기술을 가진 아동에게 효과적인데, 이 수준의 아동은 현재 만드는 것이 무언가를 표상한다는 것을 이해할 수 있기 때문이다.

그림 17-6 성인은 비행기를 만드는 목적을 가진 물리적 조합 놀이를 통해 나는 것에 대한 아동의 관심을 반영함

2) 아동의 관심을 다양화하기 위해 조건부 전략 고려하기

어떤 행동이 놀이 루틴을 설정하거나 공동참여에 도달할 수 없을 만큼 방해가 된다면, 성인은 잠시 더 적극적이고 지시적인 역할을 맡아서 아동이 함께 놀이하도록 기대치를 명확히 설정하거나 놀이 루틴에 새로운 아이디어를 시도해 본다.

(1) 특정 장난감을 잠시 제거하기

특정 장난감은(또는 장난감의 특정 요소는) 아동에게 너무 강력한 동기 부여가 되어 놀이 회기 동안 어떤 목표도 달성하기 어렵게 한다. 앞에서 다룬 여러 전략이 효과가 없다면 해당 장난감을 제거할 수 있다. 이는 일반적으로 최후의 수단으로 사용한다. 선호하는 사물을 제거하기 전과 후에 여러 행동 전략과 시각적 지원을 적용할 준비를 한다. 사물을 제거하는 순간에 침착함을 유지하고 이러한 결정을 끝까지 이행한다. 향후 놀이 회기에서는 아동이 선호하는 장난감을 아예 제시하지 않고 다른 기술을 배우도록 할 수 있다. 만약 아동이 회기에 해당 장난감을 가지고 들어왔다면, 회기 시작 전에 그 장난감을 특별한 칸이나 장소에 두는 것이 놀이 루틴을 만들 수 있다.

(2) 명확한 기대치 세우기

구어를 하는 아동은 자신이 선호하는 장난감이나 놀이 루틴을 말로 요구하거나, 성인이 끼어드는 것에 대해 항의할 수 있다. 따라서 시각적 지원, 명확한 지시, 기대치 상기시키기 전략을 적용할 준비를 한다.

3) 제한된 관심 관련 사례

다음 사례들은 앞에서 다룬 전략을 적용하여 아동의 제한된 관심에 대응하는 방법을 보여 준다.

(1) 영원한 피라미드

JASPER 안녕하세요.

제가 회기에서 만나는 여자아이는 멋진 상징놀이 기술을 가지고 있고, 짧은 문장으로 말할 수 있으며, 무엇보다 고대 이집트 전문가예요. 저는 이 아이에게 파라오에 대해 많은 것을 배웠는데요. 이 아이가 놀이 회기에서 새로운 기술을 배우지 못하는 것 같아 걱정됩니다. 우리가 진행하는 모든 놀이 루틴은 결국 이집트 관련 내용으로 변해 버립니다. 각 블록은 피라미드로 변하고, 모든 여자 인형은 클레오파트라가 됩니다. 우리는 피라미드를 짓고 그 안에서 보물을 찾는 안정된 놀이 루틴을 합니다. 이 아이는 여러 놀이 단계를 먼저 시작하고 공동관심 몸짓을 사용하여 보물을 보여 줍니다. 그러나 저는 아이가 학교에서 다른 친구들과 더 잘 지낼 수 있도록 다른 주제로도 놀이를 시도하면 좋겠어요. 장난감을 바꾸거나 새로운 놀잇감을 꺼내도 봤지만, 대체물들을 사용하여 결국 이집트 놀이로 돌아갑니다. 새로운 놀이를 시도하려면 어떻게 해야 할까요?

감사합니다.

영원한 피라미드 드림

영원한 피라미드 님 안녕하세요.

아동이 정말 훌륭한 기술을 가지고 있네요. 그리고 선생님이 이러한 기술을 다른 주제와 연결 짓도록 시도하시는 것이 훌륭합니다! 피라미드 놀이 루틴은 놀이를 잘 시작하게 해 주고, 아동의 참여를 높이면서 계속 동기 부여가 되도록 해 줍니다. 피리미드 놀이 루틴과 다르지만, 호환되는 주제의 놀잇감을 도입해 보세요. 예를 들어, 명확한 역할을 할 수 있는 우주 비행사, 경찰, 또는 해적과 같은 피규어를 추가할 수 있습니다. 또한 블록만 제시하기보다 미리 만들어진 구조물을 제시하여 새로운 이야기를 설정해 보세요(예: 섬 또는 나무집). 그런 다음, 이러한 놀잇감으로 현재 피라미드 놀이 루틴을 발전시켜 나가는 단계를 시범 보일 수 있습니다. 예를 들어, 피라미드에서 보물을 찾은 후, 새로운 곳에 보물을 묻고 해적들이 보물을 훔치는 놀이 단계를 추가하여 아이의 관심을 확장합니다. 놀이 주제에 다양한 변화를 줌으로써 차차 아동의 관심을 넓히고 더 창의적이고 유연한 놀이 루틴을 만들 수 있을 것입니다.

성공을 빕니다.

JASPER 드림

(2) 까다로운 피글렛

JASPER 안녕하세요.

제가 만나는 걸음마기 아동은 만화 〈곰돌이 푸〉에 나오는 피글렛 캐릭터를 너무 사랑합니다. 아이의 어머니는 놀이 회기에 피글렛 인형을 몇 개 가져와서 아이의 동기를 부여하고 놀이에 더 흥미를 느끼게 하면 어떻겠냐고 제안하셨어요. 이 여자아이는 목적을 가진 물리적 조합 수준에 숙달했고, 그녀의 표적 놀이 수준은 인형에 대한 가작화입니다. 따라서 놀이 루틴을 확장할 때 인형을 포함하는 것은 타당해 보입니다. 우리는 포개기 상자 세트로 거대한 성을 쌓는 멋진 목적을 가진 물리적 조합 놀이 루틴을 하고 있습니다. 지난 몇 주 동안, 저는 피글렛 인형을 놀이 회기에 사용했고 피글렛 인형이 성 안에 들어가는 놀이 행동을 시범으로 보여 줬어요. 저는 그녀가 그것을 좋아할 거라 생각했는데요. 그러나 아이는 피글렛을 손으로 잡고는 다음 놀이 차례를 거부합니다. 피글렛을 손에서 놓지 않고 이내 저에게 등을 돌리며 손에 든 피글렛만 바라보는 대물 참여 활동을 시작합니다. 어떻게 하면 아이를 저와의 놀이에 다시 참여시키고 놀이에 피글렛을 잘 활용할 수 있을까요?

감사합니다.

까다로운 피글렛 드림

까다로운 피글렛 님 안녕하세요.

선생님은 어떻게 하면 아동에게 동기를 부여할지 열심히 고민하고 계시군요. 피글렛이 아동에게 동기 부여가 되지만, 아동은 그것을 잡고 자신만 만지기를 원하는 것 같습니다. 피글렛을 포함하지 않은 채로 놀이 회기를 몇 번 진행해 보세요. 이 기간에는 안정적인 놀이 루틴을 설정하는 데 먼저 초점을 맞추고, 이후 성에 다른 인형을 자연스럽게 조금씩 추가해 보세요. 아동이 동물 인형으로 생산적인 놀이를 꾸준히 하게 되면 놀이 루틴에 피글렛을 다시 포함하여 생산적인 놀이를 하도록 시도할 수 있습니다. 그리고 피글렛 인형 없이 진행하는 초반 회기에 공동관심-건네주기 기술을 프로그래밍할 수 있습니다. 아동이 자신감 있게 수행하는 놀이 루틴을 진행하면서 공동관심-건네주기 기술을 시범 보이고, 아동이 다시 공동관심-건네주기를 성인에게 사용하도록 프로그래밍해 보세요(예를 들어, 가지고 있던 피규어를 아동에게 건네주고, 다시 아동을 향해 손을 내미세요. 만약 아동이 먼저 피규어를 건네주면, 바로 이 몸짓을 모방하여 피규어를 아동에게 다시 건네줍니다). 피글렛을 놀이 회기에 다시 도입하고 나서, 매끄럽게 놀이 차례를 번갈아 가며 놀이하게 되면 피글렛으로도 공동관심-건네주기를 연습할 수 있습니다. 아동이 피글렛을 매우 좋아하여 인형을 공유하지 않으려 할 수 있으므로, 이때 더 많은 지원이 필요할 수 있습니다.

계속 열심히 시도해 보세요!

JASPER 드림

6 반복적 행동에 대응하기

반복적 행동은 되풀이하는 놀이 행동, 발성 또는 움직임을 포함한다(American Psychiatric Association, 2013). 때때로 아동은 반복적인 행동을 하면서 공동참여를 유지할 수 있다. 그러나 반복적인 행동은 놀이 루틴을 성공적으로 설정하는 것을 방해하고, 대물 참여로 이어지거나 학습을 방해하기도 한다. 반복적 행동은 다양한 방식으로 나타날 수 있는데, 그 예시를 다음에 제시하였다.

- 정형화된 또는 반복된 신체 움직임
  - 손 퍼덕거리기
  - 몸 앞뒤로 흔들기 또는 몸에 힘주기
  - 빙글빙글 돌기
- 장난감이나 사물의 사용을 방해함
  - 장난감 정렬하기, 돌리기, 분류하기
  - 장난감 일부분에 집착하기(예: 버스 출입문 여닫기)
  - 전등 스위치 켜고 끄기
- 비정상적인 언어 패턴
  - 반향어(예: 듣는 즉시 단어를 따라 말하기, 고정된 대사 말하기)
  - 반복적인 발성(예: 허밍하기, 노래하기)
  - 특이한 문구 사용하기[예: 아동이 어디에 가고 싶을 때마다 "무한한 공간 저 너머로" (역자 주: 만화 〈토이 스토리〉의 대사)라고 말하기]

모든 아동은 반복적인 놀이를 할 때가 있다. 이때 놀이가 생산적인지 방해가 되는지 확인해야 한다. 아동의 놀이 수준, 융통성, 참여의 수준을 확인하는 것이 도움이 된다. 만약 아

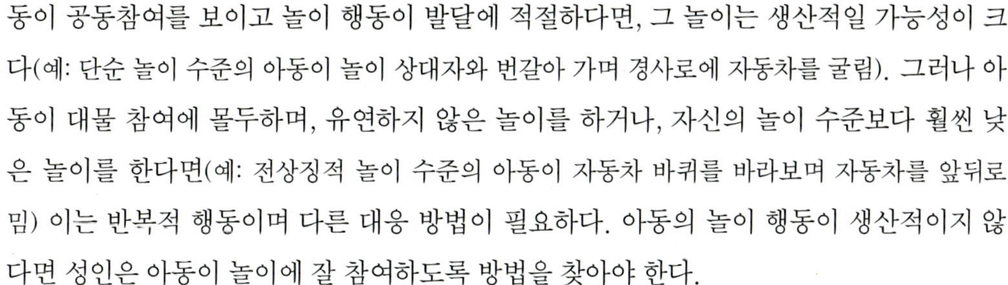

동이 공동참여를 보이고 놀이 행동이 발달에 적절하다면, 그 놀이는 생산적일 가능성이 크다(예: 단순 놀이 수준의 아동이 놀이 상대자와 번갈아 가며 경사로에 자동차를 굴림). 그러나 아동이 대물 참여에 몰두하며, 유연하지 않은 놀이를 하거나, 자신의 놀이 수준보다 훨씬 낮은 놀이를 한다면(예: 전상징적 놀이 수준의 아동이 자동차 바퀴를 바라보며 자동차를 앞뒤로 밈) 이는 반복적 행동이며 다른 대응 방법이 필요하다. 아동의 놀이 행동이 생산적이지 않다면 성인은 아동이 놀이에 잘 참여하도록 방법을 찾아야 한다.

1) 핵심 전략으로 생산적 놀이 행동 증가시키기

아동의 참여를 방해하는 반복적 행동이 나타나면, 핵심 전략을 사용하여 생산적인 놀이 행동을 하도록 돕는다.

(1) 반복적 행동을 예방하는 장난감 선정하기

아동이 반복적인 행동을 보인다면 그러한 행동을 덜 유발하는 장난감을 고려한다. 더 크거나(아동이 회전할 수 없도록), 다른 유형의 블록(시각적 탐색을 하기에는 덜 흥미로운) 또는 경첩이 없는 구조물(반복해서 여닫기를 할 수 없는)을 고려할 수 있다.

(2) 장난감을 탐색할 시간 주기

어떤 아동은 장난감에서 자신이 좋아하는 색깔, 숫자, 또는 어떤 특징을 시간을 가지고 살펴본 후에야 그것을 가지고 차례를 주고받으며 놀이를 할 수 있다. 바로 아동에게 지원을 제공하지 말고, 아동에게 장난감을 탐색할 시간을 충분히 준다. 이때 성인은 아동을 살피면서 행동을 잠시 멈추고 아동이 반응을 보이기를 기다린다. 이러한 상황은 관심을 공유하고, 몸짓 시범을 보이고, 사물에 대해 언급할 좋은 기회다. 예를 들어, 아동이 포개기 상자에 인쇄된 소 그림을 보고 있다면, 성인은 소를 가리키며 "소!"라고 말한다. 아동이 오랫동안 탐색한다면, 성인은 놀이 루틴으로 돌아가기 위한 시범을 보인다.

(3) 환경적 촉진 사용하기

환경적 촉진을 사용하여 아동에게 더 생산적인 놀이 방법을 보여 준다. 다른 장난감을 아동에 더 가까이 옮기거나, 새 장난감 조각을 건네거나, 아동의 장난감과 교환한다. 예를 들어, 성인이 샌드위치를 자르는데, 아동이 칼을 반복적으로 돌리기 시작하면 성인은 샌드위치를 아동 쪽으로 옮기고 그림 17-7과 같이 아동의 칼과 샌드위치 장난감 조각 하나를 교환

그림 17-7 성인은 아동의 주의를 뺏는 칼 대신 샌드위치 장난감 조각을 건네줌

한다.

또는 성인의 칼을 아동의 칼과 교환하고, 즉시 칼로 무엇을 할지 시범을 보일 수 있다. 이렇게 하면 아동이 반복적 행동을 다시 하기 전에 성인이 시범 보인 행동을 알아차리도록 할 수 있다.

(4) 놀이 루틴 중 더 성공적인 단계로 돌아가기

만약 아동이 피규어들을 미끄럼틀에 태운 후에 차례로 정렬하기 시작하면 공원 만들기와 같이 놀이 루틴의 초기 단계로 돌아갈 수 있다. 놀잇감 재구성하기도 아동이 집착하는 놀잇감으로부터 빠져나올 기회를 제공하는 전략이다.

2) 반복적 행동 관련 사례

다음 사례들은 앞에서 다룬 전략을 적용하여 반복적인 행동에 대응하는 방법을 보여 준다.

(1) 숫자를 세며 진정해요

JASPER 안녕하세요.

놀이 회기를 시작할 때 조절 문제를 심하게 보이는 아동이 있어요. 전이할 때 '먼저, 그다음에' 시각적 일과를 사용해 봤고, 즐거운 정서를 보여 주고, 노래도 불러 줬지만, 소용이 없었습니다. 아동을 진정시키는 유일한 방법은 우리가 가지고 있는 여러 장난감의 수를 세는 것이에요. 여러 놀이 선택지 중 아동이 먼저 선택하는 돼지 저금통과 숫자가 적힌 동전들을 꺼내 주면 아이는 그것을 가리키며 저를 바라보고 같이 숫자를 세자고 합니다. 우리가 숫자를 세면 아동은 바

로 크게 심호흡을 하고 진정합니다. 이 방법이 효과가 있어서 기쁘지만, 자기가 보는 모든 사물의 수를 세는 반복적인 행동을 강화하고 싶지 않습니다. 우리는 늘 수만 세고 있어서 아동이 새로운 것을 배우지 못할까 걱정이 됩니다. 어떻게 하면 아동을 진정시키면서도 새로운 것을 가르칠 수 있을까요?

대단히 고맙습니다.

숫자를 세며 진정해요 드림

숫자를 세며 진정해요 님 안녕하세요.

아동은 스스로 마음을 진정하기 위해서 어떻게 해야 할지 아는군요. 매우 똑똑한 아이입니다. 아동의 의사소통을 알아차리고 수 세기를 통해 행동을 조절하고 놀이 회기에 적응하도록 도우신 선생님도 참 잘하셨습니다. 그러나 주변의 모든 것의 수를 세는 행동을 계속하면 아동이 새로운 놀이 기술이나 의사소통 기술을 배우기 어려울 것이라는 평가에 동의합니다. 아동이 선생님의 놀이 회기에서 편안해졌으니, 이제 모든 놀이 루틴에서 숫자가 매겨진 장난감을 차츰 줄여 보세요. 예를 들어, 먼저 동전을 세고 돼지 저금통에 넣은 후에는 숫자가 표시되지 않은 다른 장난감, 돼지 저금통 구멍에 들어가는 쿠키로 놀이를 확장합니다. 숫자가 없는 새로운 장난감을 더 많이 도입할 수 있을 거예요. 또한 선생님이 현재 동전의 숫자를 가리키고 숫자의 이름을 명명하신 것처럼, 다른 장난감을 가리키고 공유하며 장난감의 이름을 불러 줄 수 있습니다. 그렇게 함으로써 성인과 공유할 때 사용할 공동관심 몸짓과 새로운 단어의 시범을 보여 줄 수 있습니다.

잘하고 계십니다!

JASPER 드림

(2) 나는야 의사

JASPER 안녕하세요.

제가 만나는 남자아이는 자신이 좋아하는 TV 프로그램의 여러 대사를 그대로 말하는 걸 좋아하는데, "사람들이 아파요. 병원에 데려가야 해요."라는 말에 집착합니다. 그는 다중 도식 상징놀이 수준에서 놀이하고 나이에 비해 꽤 똑똑한 편이어서, 처음에 저는 이게 좋은 놀이 아이디어라고 생각했어요. 하지만 아이가 이 표현을 반복하고, 이 말을 할 기회만 계속 찾기 때문에 이게 고정된 언어라는 생각이 듭니다. 우리는 여러 피규어를 가지고 놀이하고, 아동의 놀이 아이디어가 매우 생산적이어서 그동안 이런 행동을 보고도 그냥 넘어갔는데요. 하지만 계속 이 의사 놀이 루틴으로 돌아가서 놀이 회기에 진전이 없는 것 같습니다. 이 문제를 어떻게 해결해야 할까요?

진심을 담아,

나는야 의사 드림

나는야 의사 님 안녕하세요.

곤란한 상황이군요! 같은 놀이 단계만 반복하면 놀이를 유연하고 다양하게 발전시키기 어렵겠다는 판단은 옳습니다. 다른 재미있는 확장놀이 선택지를 준비해서 제공해 보세요. 또 놀이 루틴을 진행하면서 아동이 "병원에 데려가야 해요."라고 말하기 전에 일찍 놀이 확장을 시작합니다. 선생님이 환경을 잘 조성하고 놀이 속도를 높여도 아동이 이 의사 놀이 아이디어를 계속 제안한다면, 그냥 아동에게 의사 장난감이 없다고 말하거나, 사람은 병원 말고 다른 것들도 한다고 제안해 보세요(예: "사람들이 기분이 좋아요. 그들은 카니발에 가고 싶어 해요."). 높은 인지 기능을 가진 아동과 놀이할 때 그들의 아이디어나 요구를 무시하면 조절 문제가 나타나기도 하지만, 그렇다고 그들의 반복적인 아이디어를 모두 따르면 표적 기술을 성취하기 어려워집니다. 종종 아동에게 기대하는 것을 그냥 알려 주는 것이 최고의 전략이 되기도 합니다. 처음에 아동은 선생님이 자신의 아이디어를 따르길 원치 않는다는 것에 대해 화를 낼지도 모릅니다. 그러나 차차 자신에게 기대되는 것을 이해하게 될 거예요. 아동에게 새로운 제안을 했으면, 그 내용을 일정 기간 밀고 나가는 것도 잊지 마세요.

행운을 빕니다.

JASPER 드림

7 감각 관련 행동에 대응하기

감각 관련 행동(sensory behaviors)은 소리와 촉감과 같은 감각적 입력에 대하여 과잉반응과 저반응을 포함하는 행동의 범주다. 이러한 과민감성과 저민감성으로 인해 아동은 환경의 감각적 측면에 흥미를 느끼게 되고, 과도하게 사물을 만지거나, 냄새를 맡거나, 빛이나 움직임과 같은 시각적 자극에 매료되거나, 특정 소리나 촉감을 싫어하는 등의 행동을 보일 수 있다(American Psychology Association, 2013). JASPER에서는 감각 관련 행동으로 다음의 특징을 제시한다.

- **감각 자극 추구**: 어떤 아동은 감각적 자극을 얻기 위해 특정한 장난감을 선택하거나, 장난감을 특정한 방식으로 배열한다. 예를 들어, 아동은 피규어를 미끄럼틀 아래로 밀면서 매우 자세히 살펴보거나, 소리를 듣기 위해 장난감을 서로 부딪치거나, 자극을 위해 장난감을 입에 가져간다.
- **감각 자극 회피**: 일부 아동은 큰 소음이나 접촉과 같은 특정 자극으로 인해 조절 문제를 보인다. 예를 들어, 어떤 아동은 놀잇감이 탁자에 부딪혀서 시끄러운 소리를 내거

나 성인이 신체적 촉진을 하면 화를 낼 수 있다.

아동이 특정 감각 자극을 추구할 때 감각적 관심의 초점에 있는 특정 사물에만 관심을 보이게 된다(예: 대물 참여하기). 이런 상태는 곧 공동관심의 감소로 이어지거나 공동참여를 방해할 수 있다. 궁극적으로, 아동이 새로운 유형의 놀이와 의사소통을 연습할 기회가 줄어든다.

1) 핵심 전략으로 공동참여 증가시키기

아동이 감각 관련 행동을 보일 때 다른 사람과 상호작용에 참여하기 위해서는 추가적인 지원이 필요하다. JASPER를 적용할 때 우리는 이러한 행동을 반드시 '중단'하거나 '수정'하려고 하지 않는다. 우리의 목적은 특정 순간에 아동의 참여 수준을 높이는 데 있다. 감각 관련 행동이 놀이나 상호작용에 방해하지 않는다면, 아동이 조절 문제의 초기 신호를 보이는지 잘 점검하고, 계속 생산적인 언어와 놀이 행동의 시범을 보여 준다. 이러한 행동이 방해된다면 환경적 지원을 제공한다.

(1) 환경의 감각 자극 평가하기

생산적 놀이를 잘 유지하기 위해 적절한 양의 감각적 자극을 제공하는 놀잇감을 사용한다. 예를 들어, 아동이 촉각 자극을 즐긴다면(다양한 질감의 표면이나 사물 만지기), 일반적인 딱딱한 블록을 부드럽거나 폭신한 블록으로 교체한다.

감각 자극 늘리기

- 블록을 쌓을 때 다양한 질감의 블록을 사용하여 감각 자극 제공하기(예: 브리슬 블록)
- 노래를 부르며 대근육 활동을 하는 단계를 놀이 루틴에 추가하기(예: '버스의 바퀴가 빙글빙글 굴러가요' 노래와 율동)
- 움직일 수 있도록 큰 놀잇감을 사용하기(예: 큰 블록 쌓기)

감각 자극 줄이기

- 시각적 또는 물리적으로 주의를 산만하게 하는 특징(예: 광택, 반사, 손가락을 꽂을 구멍)을 가진 장난감 제거하기
- 소리에 민감한 아동을 위해 부드러운 장난감(예: 폼 블록)을 사용하여 소음 줄이기
- 놀잇감의 소음을 줄이기 위해 딱딱한 표면에 수건을 깔거나 카펫 위에서 놀기

(2) 집중한 순간을 최대한 활용하기

아동이 감각 관련 행동을 많이 할 때 장난감의 감각적인 측면에 몰두하여 성인의 놀이 차례에 하는 행동을 알아차리지 못할 수 있다. 아동이 성인을 바라보지 않는다면, 성인이 제공하는 지원을 알아차리지 못할 것이다. 따라서 공간 안에서 성인의 자리 배치에 유의한다. 장난감을 사이에 두고 아동과 얼굴을 바라보는 배치를 유지한다. 아동을 따라 공간을 돌아다니며 성인의 몸과 시선을 최적의 위치로 조정한다. 성인의 차례에 놀이를 하거나 새로운 놀이 행동 시범을 보일 때 아동의 관심이 어디로 향하는지 살핀다. 아동이 잠시 성인을 올려다보거나 성인과 아동 사이에 있는 장난감을 쳐다보는 순간을 최대한 활용한다. 순간이 짧더라도, 아동이 관심을 보일 때 성인은 시범을 보이고 자신의 놀이 차례를 수행한다.

(3) 놀이 루틴의 속도 지원하기

감각 관련 행동이 아주 심해지면 놀이의 동력을 얻기 어렵다. 놀이 루틴의 속도를 적절하게 유지하기 위해 암시적 촉진을 사용할 수 있다. 예를 들어, 아동이 자기 차례가 올 때마다 장난감을 곁눈으로 탐색하거나 바라본다면 장난감을 아동을 향해 밀거나, 장난감 조각 하나를 건네주어 놀이가 계속 진행되도록 한다. 이렇게 하면 아동이 성인을 알아차리고 아동의 참여를 장려하는 데 도움이 된다. 아동의 차례마다 촉진을 제공하거나 매번 놀이 속도를 높이지 않는다. 여기서 목표는 아동에게 충분히 지원을 제공하여 감각 관련 행동이 오랫동안 대물 참여로 이어지지 않게 하는 것이다.

2) 감각 관련 행동 사례

다음 사례는 감각 관련 행동에 대응하는 방법을 보여 준다.

(1) 모든 것을 탐색하는 눈

JASPER 안녕하세요.

제가 만나는 여자아이는 놀이 회기를 하면서 여러 종류의 장난감을 눈으로 탐색하는 걸 좋아합니다. 문제는 아이가 이런 행동을 너무 자주 해서 공동참여 상태에 이르기 어렵습니다. 이 아이는 전상징적인 놀이 수준에 있고, 피규어를 가지고 놀이를 할 수 있습니다. 그렇지만 제가 피규어를 꺼낼 때마다 자신의 차례에 놀이를 시작하지 않고 피규어를 눈 가까이 가져가서 살핍니다. 우리가 구조물을 만들 때도, 아이는 블록만 눈으로 탐색합니다. 제발 도와주세요! 어떻게 하면 이런 행동을 줄이고 더 많이 공동참여를 할 수 있을까요?

모든 것을 탐색하는 눈 드림

모든 것을 탐색하는 눈 님 안녕하세요.

아동이 시각적으로 주의를 잘 빼앗기고 너무 많은 것에 관심을 가지면 공동참여 상태에 이르기 매우 어렵지요. 먼저, 놀이 회기에서 사용하는 장난감의 유형을 평가해 보세요. 예를 들어, 아동이 화려한 피규어에 주의를 뺏긴다면, 정교하지 않은 피규어(예: 나무로 만든 단순한 피규어)로 바꿔 보세요. 다른 장난감도 디자인이 단순한 것으로 선택하세요. 서로 다른 유형의 블록을 쌓을 때 아동이 각 블록을 눈으로 탐색할 가능성이 크므로, 놀이 루틴을 계속 진행할 전략을 준비합니다. 예를 들어, 선생님의 차례에 놀이 속도를 높이고, 아동의 차례를 위해 환경을 미리 조성하고, 시범 보일 준비를 하거나, 아동이 눈으로 탐색을 시작하기 전에 또 다른 블록을 건네줄 수 있습니다.

도움이 되길 바랍니다!

JASPER 드림

〈연습문제 17-2〉를 풀면서 앞에서 다룬 전략을 실행하는 방법을 연습해 보자.

연습문제 17-2 제한적이고 반복적인 행동에 대응하기

각 상황에서 적용할 최상의 전략을 고르시오.

상황	대응 전략
1. 성인은 놀이 아이디어도 많고 말도 많이 하는 아동과 놀이를 하고 있지만, 도무지 성인의 놀이 차례를 얻을 수가 없다. 성인은 다양한 놀이 루틴을 시도하고, 아동에게 장난감 조각을 한 번에 조금씩만 주어 놀이 속도를 늦추고, 성인의 차례가 끝난 후 성인이 놀이한 장난감 조각을 계속 잡고도 있어 봤지만, 이 모든 전략은 결국 아동의 조절 문제로 이어진다.	A. 놀이 수준 낮추기 B. 행동에 대해 진술하여 기대치를 명확하게 알려 주기 C. 성인의 놀이 속도 높이기
2. 성인과 아동은 벨크로 테이프가 붙은 케이크 조각을 맞추는 기본놀이를 잘 설정하였다. 성인이 케이크 위에 토핑을 올리는 놀이를 시도하자 아동은 즉시 토핑을 떼버리고, 완성된 케이크를 해체한 후, 다시 케이크 조각을 맞추기 시작한다. 성인은 이후에도 몇 가지 다른 놀이 확장을 시도하지만, 동일한 문제가 발생한다.	A. 장난감 조각 계속 잡고 있기 B. 놀이 동력을 얻기 위해 두세 번 시범 보이기 C. A 또는 B

상황	대응 전략
3. 성인과 아동은 여러 자동차를 운전하여 차고에 넣는 기본 놀이 루틴을 설정하였다. 초반에 아동의 참여 수준은 높았으며 자신의 차례에 놀이하기 전에 때때로 자동차를 성인에게 보여 주고 차의 색깔을 언급하였다. 그런데 자동차가 차고에 들어가면 아동은 차고문 안팎으로 자동차를 굴리기 시작한다. 성인이 차고 밖으로 끝까지 자동차를 빼는 시범을 보이지만 아동은 알아채지 않고 성인이 자동차를 빼앗을 때까지 계속 차를 굴리기만 한다.	A. 놀이 루틴을 지속하기 위해 명확한 다음 놀이 단계 준비하기 B. 아동의 주의를 끌기 위해 성인의 목소리 크기와 정서 수준 높이기 C. 구어적 촉진을 사용하여 아동에게 자동차 굴리기를 멈추라고 말하기

8 효과 확인하기

놀이를 유연하고 생산적으로 만들기 위해 노력할 때 초반에는 진전이 거의 없는 것처럼 느껴질 수 있다. 11장에서 언급했듯이, 아주 작은 변화도 놀이 루틴의 다양성과 복잡성을 만들어 가는 데 매우 중요하다. 아동의 제한적이고 반복적인 행동의 신호를 평가하고, 이러한 행동에 미리 대응할 계획을 세우는 데 경험이 쌓이면 상황은 개선될 것이다.

1) 시간이 지남에 따라 고려할 사항

우리의 목표는 중재가 진행됨에 따라 놀이 루틴이 더 융통성 있고, 더 생산적이며, 공동참여를 하는 시간이 길어지는 것이다. 아동을 잘 알게 되고, 대응 방법을 개선하면서 이 과정은 더 쉬워질 것이다.

(1) 조절 문제 관리하기

아동이 선호하는 장난감과 관련하여 발생할 수 있는 조절 문제에 대비한다. 성인이 장난감이나 아동의 관심을 새로운 방식으로 적용하려 하거나, 아동의 방식으로 놀이하는 것을 방해할 때 조절 문제가 발생할 수 있다. 또 성인이 다른 장난감으로 옮겨가거나, 아예 장난감을 놀이에서 빼 버릴 때 아동이 화를 낼 수 있다. 우리는 종종 융통적으로 아동의 관심에 따라 놀이를 진행하거나 다른 접근 방식을 찾는다. 그러나 때로는 회기 안에서 놀이를 발전시키고 진보를 끌어내기 위해 아동의 저항을 뚫고 나아가는 것도 필요하다.

(2) 지시적 촉진의 장단점 비교하기

17장(pp. 388-408 참고)의 전략을 사용한 후에 새로운 아이디어를 소개하기 위해 지시적 촉진을 사용할 수 있다. 예를 들어, 아동이 학교 놀이 루틴을 반복적으로 한다면, 성인은 "이제 수영장에 가자!"와 같은 구어적 촉진을 하여 놀이 루틴을 유연하게 유지하면서 계속 앞으로 나아갈 수 있다. 약간의 신체적 촉진도 아동이 놀이에 다시 참여하도록 하는 데 도움이 된다. 지시적 촉진의 사용이 아동의 표적 기술 달성에 도움이 되는 부분과 방해가 되는 부분을 모두 고려해 본다. 지시적 촉진은 아동이 제한적이고 반복적 행동에서 다른 행동으로 넘어가고, 새로운 놀이 단계를 연습하며, 놀이 루틴의 동력을 구축하는 데 도움을 준다. 한편, 지시적 촉진은 아동이 시작행동을 할 기회를 제한하거나, 촉진에 의존하게 하거나, 조절 문제를 유발할 수도 있다. 지시적 촉진을 사용할 때는 아동의 시작행동 증진이라는 목표를 늘 염두에 두고, 지원을 빠르게 줄여 나갈 계획을 세워야 한다.

(3) 아동의 관심 다시 적용하기

아동의 놀이가 더 유연해지고 생산적이 되면, 이전에 어려움을 주었던 장난감을 다시 도입해 본다. 예를 들어, 아동의 참여 수준이 높아지면 놀이 루틴을 할 때 해당 장난감을 다시 꺼내 준다. 놀이 루틴을 방해했던 장난감을 다른 상황에서 다시 꺼내 줌으로써, 잘 설정된 놀이 루틴의 단계에서 그 장난감을 더 의미 있게 사용하는 방법을 보여 줄 수 있다.

9 결론

놀이의 융통성을 기르고 경직성에 대응함으로써, 우리는 아동이 JASPER 놀이 회기뿐만 아니라 다른 환경에서도 이런 기술을 일반화하는 능력을 강화한다. 이 장의 전략을 꾸준히 사용하면, 놀이 루틴이 점점 유연해질 것이다. 그림 17-8은 이 장에서 다룬 전략을 요약한 것이다.

이 장을 마지막으로 6부를 마무리하지만, 계속하여 아동의 참여, 조절, 생산적 놀이를 지원해야 한다. 그러면 아동은 점차 학습을 위한 최적의 상태에 놓이게 되고, 점점 비생산적이거나, 방해행동을 하며 보내는 시간을 줄일 수 있다. 마지막 7부에서는 진보 추적하기, JASPER 교육 및 이후 단계에 관한 내용을 다룬다.

놀이의 질 평가하기	생산적 놀이 증진 계획 세우기	효과 확인하기
◦ 행동의 방해 정도 점검하기 ◦ 계속 점검할지 지원을 늘릴지 결정하기 ◦ 행동 발생 이유에 대한 가설 세우기	◦ 제한적 반복적 행동 유형 고려하기 ◦ 핵심 전략 우선순위 매기기 ◦ 조건부 전략 고려하기	◦ 조절 문제 관리하기 ◦ 지시적 촉진의 장단점 고려하기 ◦ 아동의 관심 다시 적용하기

그림 17-8 17장 요약

7부

결론

18장 • 모든 것을 통합하기

7부에서는 우리가 다룬 여러 전략 간의 균형을
찾고 시간이 지남에 따라 아동의 진보를
지속적으로 점검하는 방법에 대하여 다룬다.

학습목표

- ✓ JASPER의 모든 전략 통합하기
- ✓ 시간이 지남에 따라 아동의 진보 점검하기
- ✓ 지속적으로 JASPER 교육받기

18장

모든 것을 통합하기

1 개요

이제 이 책의 마지막 장에 이르렀고 참 많은 내용을 다루었다! 여기에 이르면 성인은 아동을 평가하고, 목표 달성을 위해 표적 기술을 설정하는 데 필요한 정보를 다 얻은 셈이다. 이제 놀이 회기를 위해 환경과 아동을 잘 준비하고, 놀이 루틴을 설정하고 확장하며, 의사소통, 참여, 조절 및 생산적 놀이를 지원할 도구를 갖췄다. 각 전략을 잘 익혔다면 이 모든 것을 하나의 효과적이고 종합적인 중재로 통합해야 한다. 이 과정은 아동의 진보를 지속적으로 점검하기, 중재 전반에 걸쳐 아동에 맞게 접근법 조정하기 그리고 당연히 JASPER 역량 갈고 닦기를 포함한다! 또한 성인은 아동이 최대한의 기회를 얻을 수 있도록 무엇이 효과가 있고 없는지, 중재자로서 무엇을 개선할지 평가한다.

2 전략 통합하기

이 책은 내용을 순차적으로 소개했지만, 아동이 목표와 표적 기술을 성취하도록 하려면 놀이 회기 중 여러 전략을 동시에 적용해야 한다. 그림 18-1과 같이 성인은 아동을 지원하기 위해 전략 도구상자 전체를 활용하게 된다. 짐작할 수 있겠지만, 이는 중재자에게 많은 양의 노력과 균형감을 요구한다. 처음에는 부담스럽게 느껴질 텐데, 그래도 괜찮다. 중재의 각 요소에 대해 배우고 이를 통합하여 사용하는 데까지 시간이 걸린다. 경험이 쌓이면 여러 전략이 자연스럽게 몸에 익는다. 점차 개별 전략에 일일이 신경 쓰기보다 전체 상호작용에 집중하면서 더 자연스럽게 놀이와 의사소통을 하는 자신을 발견하게 될 것이다. 또한 어려움이 발생하면 더 큰 그림에 초점을 맞추고 어떤 지원을 추가할지 빠르게 파악할 수 있을 것이다.

3 아동의 진보 지속적으로 점검하기

개선된 부분을 확인하기 위해서 성인은 시간 경과에 따라 아동의 진보를 지속적으로 점검한다. 아동의 진보를 점검하는 방법에는 여러 가지가 있다. JASPER의 연구 결과들은 동영상을 녹화하여 매우 상세하게 코딩하고 분석한 엄격한 자료 수집 방법을 기반으로 한 것이다. 그러나 임상을 목적으로 할 때는 이렇게 엄격한 과정이 필요하지는 않다. 대신 중재

그림 18-1 성인은 놀이 루틴의 맥락 안에서 JASPER의 모든 전략과 목표를 균형 있게 적용함

자가 자신에게 익숙한 방법으로 중재의 목표가 되는 핵심 영역을 평가하기를 권장한다. 이 장의 마지막에 양식을 통해 아동 정보를 수집하는 방법의 예시를 제시한다. 양식 18-1은 질적 자료를 기록하는 중재 일지로, 여기에 중재 시 발생한 어려움, 진보의 신호, 새로운 표적 기술들을 기록해 나갈 수 있다. 양식 18-2는 양적 자료를 기록하는 양식으로 각 기술을 계속 기록할 수 있다. 이와 비슷한 양식을 사용하거나 아니면 이미 사용하고 있는 다른 자료 수집 기록지에 JASPER 목표를 추가하여 기록해도 된다.

1) 놀이 회기 녹화하기

아동의 SPACE 평가 과정을 녹화하는 것과 더불어 놀이 회기를 매번 혹은 몇 회기에 한 번씩 양육자의 허락을 받아 동영상으로 녹화하는 것을 추천한다. 동영상 녹화 자료는 아동의 진보를 검토하고, 앞으로의 회기를 계획하는 데 도움이 된다. 대면 상황에서는 변화의 신호를 놓치기 쉽다. 이런 신호는 빨리 지나가 버리거나 미묘하게 발생한다. 동영상 녹화는 성인의 기술을 평가하고 개선하며, 여러 문제를 해결할 때 꼭 필요하다. 동영상 자료를 통해 성인이 그냥 지나쳤던 순간을 확인하고, 다음 회기에 그러한 순간이 왔을 때 더 나은 반응을 할 수 있다. 또한 양육자의 허락을 받아 동영상 자료를 모아 두면 다른 여러 JASPER 중재자로부터 피드백을 받아 개선점에 대한 의견도 얻을 수 있다. 동영상 녹화 자료는 성인이 여러 아동에게 중재를 제공하여 각 놀이 회기의 세부 사항을 기억하기 어려울 때, 특히 유용하다.

2) 아동의 기술 기록하기

놀이 회기가 끝나면, 앞에서 제시한 자료 수집 방식 중 하나를 사용하거나 자신만의 방식으로 아동이 보인 기술을 기록한다. 이때 놀이 회기의 각 측면에서 아동의 변화에 주시하며 평가한다. 아동이 어떤 영역에서 진보를 보이며, 어떤 영역에서 변화가 느리게 나타나는가? 의미 있는 진보를 보여 주는 신호, 도전 행동, 수정이 필요한 사항 등 놀이 회기의 주요한 사건이나 어려움에 초점을 맞춘다. 그렇다고 모든 기술을 다 철저하게 기록하라는 말은 아니다. 각 아동에 가장 의미 있고 유효한 정보에 초점을 맞춘다.

아동의 진보를 추적하는 과정은 JASPER의 중요한 부분이지만, 그렇다고 놀이 회기를 방해해서는 안 된다. 아동과의 놀이나 참여를 방해할 수 있으므로 놀이 회기 중 필기하거나 기술을 기록하는 일은 삼간다. 대신 회기가 끝난 후 발생한 일을 회상하여 적고, 촬영한 영상을 검토하며 세부 사항을 추가 기록한다. 아동을 잘 파악하게 되면, 중요한 진보의 순간이 명확해져서 놀이 회기에서 발생한 일을 기억하기 쉽다. 그림 18-2는 자료 기록 예시를 보여 준다.

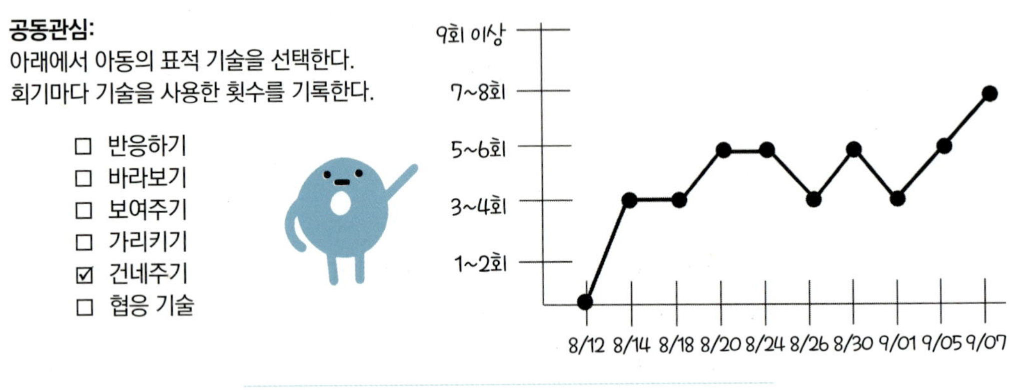

그림 18-2 놀이 회기별 아동의 공동관심 진보 기록 예시

3) 새로운 표적 기술 설정하기

만약 아동이 하나의 기술을 여러 놀이 루틴과 상황에서 일관적으로 사용한다면, 아동은 해당 기술에 숙달한 것이며 새로운 표적 기술로 넘어갈 준비가 되었다. 성인은 중재 일지(양식 18-1 참고)에 아동의 표적 기술을 계속 업데이트한다. 다음 놀이 회기의 표적 기술을 수정하고, 필요하다면 놀이 루틴에 변화를 준다. 또한 2~3개월마다 SPACE 평가를 사용하여 공식적으로 아동을 재평가한다.

4) 작은 진보의 신호 확인하기

진보가 항상 선형적으로 나타나는 것은 아니다. 일부 아동은 초반에 거의 진보를 보이지 않아서 기대치를 설정하고 개선의 신호가 나타날 때까지 여러 회기에 걸쳐 지원이 필요하다. 또 놀이 회기에 따라 어떤 날은 상태가 좋고 어떤 날은 그렇지 않고, 기복이 심할 수 있다. 전혀 진전이 없다고 느껴지면 항상 더 큰 그림을 그려야 한다는 사실을 마음속에 새긴다. 아동이 표적 기술을 완전하게 숙달한 것만이 개선을 의미하지는 않는다. 작은 단계들이 점차 모여서 긍정적인 변화를 만들어 내므로 아주 작은 변화도 목표한 방향으로 나아가는 데 아주 중요하다. 그림 18-3은 각 영역에 따른 의미 있는 진보의 신호를 보여 준다.

이처럼 작지만 의미 있는 순간은 겉으로 보기에는 그다지 인상적이지 않더라도 아동의 진보 과정에서 큰 도약을 보여 주는 것일 수 있다. JASPER는 특히나 ASD 아동의 주요 어려움을 표적으로 삼고 있는데, 이러한 작고 긍정적인 변화를 매번 축하해야 한다! 우리가 가장 좋아하는 작은 진보의 예시를 여기에 소개한다.

- 최소한으로 눈 맞춤을 하던 아동이 예상치 못한 상황에 관심을 공유하기 위해 눈을 들어 상대를 본다.
- 아동이 처음으로 의사소통의 의도를 가지고 발성하거나 소리를 낸다.
- 한 단어로 말하던 아동이 두 단어로 말하기 시작한다.

의미 있는 진보의 신호

놀이 루틴
- 놀이 루틴을 아동이 선택함
- 놀이 루틴에 명확한 기본놀이 단계가 있음
- 아동이 놀이 확장을 먼저 시작하고 따름
- 각 놀이 루틴의 지속시간이 길어짐
- 놀이 루틴에 융통성이 생김
- 어려웠던 놀이 루틴이나 놀이 단계를 매끄럽게 수행함

놀이 기술
- 새로운 놀이 행동, 이전과 다른 수준의 놀이 행동, 발현하는 놀이 기술
- 아동이 주도하는 놀이 확장
- 새로운 상황에서 또는 새로운 놀잇감으로 하는 놀이 행동

공동관심 및 요구하기 몸짓
- 새롭거나 주목할 만한 발현하는 몸짓
- 새로운 상황에서 사용한 몸짓
- 몸짓과 언어 및/또는 눈 맞춤의 결합
- 성공적인 프로그래밍 기회
- 프로그래밍할 때 지원이나 촉진을 성공적으로 줄여 나감

언어
- 새롭거나 주목할 만한 단어, 구, 또는 단어나 구에 근접한 표현
- 새로운 상황에서 또는 새로운 기능으로 사용한 단어
- 평균 발화 길이의 증가
- 반복적이거나 일반적이지 않은 언어의 감소

참여
- 참여 문제가 감소함
- 다시 놀이로 참여시키기 위한 전략이 성공적임
- 동기와 공동참여가 높아지는 순간이 나타남

조절
- 조절 문제가 감소함
- 조절을 지원하고 조절 문제에 대응하기 위한 전략이 성공적임
- 특정 기능을 가진 행동에 대한 대응이 성공적임
- 전이가 쉬워짐

문제해결
- ACT 문제해결 틀 적용이 성공적임
- 지원을 줄여 나감
  - 점차 핵심 전략을 주로 사용하게 됨
  - 성인의 시범 감소
  - 지시적 촉진의 감소

그림 18-3 의미 있는 진보의 신호

- 한 가지 유형의 장난감만 가지고 놀던 아동이 융통성을 보이며 다른 유형의 장난감을 선택한다.
- 아동이 이전에 거부하던 새로운 놀이 확장 방식을 받아들인다.

놀이 회기를 진행할수록 전반적인 상호작용은 더 유연하고, 자연스럽고 재밌어질 것이다. 앞에서 소개한 예시들은 비록 작은 변화지만, 아동의 발달에 매우 중요한 이정표이며, 아동의 목표를 향한 진보를 의미한다.

4 JASPER 교육

JASPER 교육에서는 각 전략의 기본적인 내용을 다루고, 성인이 표적 기술을 선정하는 데 도움을 주며 아동과 JASPER를 연습할 때 피드백을 제공한다. JASPER를 배우는 과정은 다른 새로운 기술을 배우는 과정과 별반 다를 바 없다. 연습과 경험이 필요하다. 이 책을 통해 기본적인 내용을 이해할 수는 있겠지만, 실제로 연습하기 전까지 완전히 준비되었다고 할 수 없다. 교육, 피드백, 자기 성찰은 이 과정의 핵심 요소다. JASPER 인증 임상전문가가 되기 위해서는 공식 JASPER 교육을 통해 자격을 받아야 한다. 입문 과정은 일반적으로 40시간의 실제적인 교육으로 진행되며, 이를 통해 JASPER의 목표와 전략에 익숙해질 수 있다. 이 교육은 강의와 실시간 코칭, 여러 아동을 대상으로 하는 임상 실습이 혼합된 형태로 진행된다. 이는 JASPER 인증 중재자가 되는 첫 단계다. 아동에게 일대일로 JASPER를 적용하는 중재자로서 자격을 취득한 후에 추가 교육을 통해 동료 중재자로서 자격을 취득하여 양육자나 교사 등 지역사회의 다른 사람들을 교육할 수 있다.

1) 중재 충실도

JASPER 피교육자(trainee)는 적절한 전략의 사용과 전략 적용의 질에 대해 평가받는다. 피교육자는 다양한 수준의 능력을 보이는 세 명의 아동에게 JASPER를 적용하는 동영상을 제출한다. 피교육자는 각 동영상에서 90% 이상의 점수를 획득하여 JASPER 지침에 따라 전략을 성공적으로 적용할 수 있음을 보여 주어야 한다. 이때 각 아동에 맞추어 여러 전략을 균형 있게 그리고 잘 조정하여 적용해야 한다. 피교육자의 기술은 다음의 범주에 따라 평가한다. 놀이 환경을 준비하고 재조성하기, 모방하기와 시범 보이기 간 균형 맞추기, 놀이 루틴 설정하기, 놀이 루틴 확장하기, 사회적 의사소통 기회 프로그래밍하기, 언어 촉진하기, 참여와 조절 지원하기 등이다.

2) 중재자의 접근 방식 개선하기

JASPER 놀이 회기에서는 많은 일이 진행된다. 따라서 성인의 초반 시도가 완벽할 수는 없다. 계속 문제해결을 시도하고 아동의 요구에 맞는 지원 방법을 찾아야 한다. 놀이 회기를 돌아보면서, 놓치고 지나간 기회와 더 개선할 부분을 찾아본다. 놀이 속도, 시기의 선택, 어조 등 자신의 전반적인 방식을 확인한다. 너무 소극적이거나 지나치게 적극적인 순간이 있지 않았는가? 아동에 반응할 기회를 놓친 적은 없었는가? 전략을 균형 있게 적용했는가(예: 모방하기 대 시범 보이기, 재시작하기 대 확장하기)? 자신의 자신감 수준과 의사소통 방식도 점검한다. 새로운 시도를 할 때 늘 그렇듯이, JASPER도 연습이 필요하다. 중요한 것은 잘한 점과 실수한 점을 통해 배우고 다음번을 위해 개선하는 것이다.

(1) 전략에 숙달하기

JASPER를 막 배우기 시작할 때는 전략의 층을 쌓아 점진적으로 숙달하는 것이 도움이 된다. 책에서 제시한 순서대로 우선순위를 매겨 전략을 익힌다. 먼저, 놀이 환경을 준비하고, 발달에 적합하면서 동기를 부여하는 장난감을 고른다. 놀이 회기를 시작하면, 아동을 모방하고 아동의 의사소통과 언어에 반응하는 데 집중한다. 그런 다음, 성인의 차례에 언어와 몸짓 시범을 보여 주고 아동에게 지원이 필요하면 놀이 행동 시범을 보여 지원의 층을 쌓는다. 익숙해지면 놀이와 의사소통 모방하기 및 시범 보이기를 유지하면서 기본놀이를 설정할 수 있다. 이러한 역할에 자신감이 생기면 이제 놀이 확장하기나 의사소통 기회 프로그래밍에 도전한다. 그다음에 참여와 조절 지원을 시도한다. 아동의 행동에 눈에 띄는 점이 있는가? 아동이 성공적으로 참여하고 조절하도록 도울 방법이 있는가? JASPER를 적용하는 과정에서 이러한 문제를 다루어야 하는 경우가 종종 있다. 아직 기초를 배우는 중이므로 이 과정은 쉽지 않다. 가능하다면 숙련된 다른 JASPER 임상전문가와 함께하는 것이 도움이 되는데, 배우는 과정에서 중재가 더 복잡해지고 개별화해야 할 때 조언을 해 줄 수 있다. 핵심 전략 사용에 자신감이 생기면, 그다음에는 조절 문제, 참여 수준 감소, 반복적 행동, 놀이 및 의사소통 문제 등의 어려움을 해결하고 적절하게 대응한다. 융통성과 다양성을 키우고, 목표를 향해 노력하며, 아동이 새로운 기술에 숙달하면 새로운 표적 기술을 설정한다. 아동과 JASPER 전략에 익숙해지면 이 모든 요소를 균형 있게 적용하는 데 능숙해질 것이다.

(2) 넓은 관점에서 바라보기

진정으로 발전하려면 한 걸음 물러서서 큰 그림을 바라볼 수 있어야 한다. 아동뿐만 아니라 성인도 발전 과정에서 기복을 경험할 것이다. 성인과 아동 모두 좋은 날과 나쁜 날, 정체기와 성장하는 시기를 겪게 된다. 이 모든 것을 점검하고 언제 변화를 줄지 결정하는 것은 성인의 몫이다. 때때로 기복이 있더라도 성장의 상승세를 이어 가는 것이 중요하다.

(3) 앞에 있는 아동에게 다시 집중하기

새로운 JASPER 전략을 균형 있게 적용하는 법을 배우면서 이에 압도당하거나 주의가 산만해지는 경우가 종종 있다. 이럴 때일수록 눈앞에 있는 아동에게 집중한다. 놀이 회기 중 잠시 멈추고 마음을 차분히 정리해도 좋다. 상황이 완벽하게 진행되지 않더라도 계속 시도하는 것이 중요하다. 전략을 선택하고, 아동의 반응을 확인하고, 적절하게 대응한다. 문제가 발생했을 때 그것은 아동의 탓이 아니다. 숨을 고르고 해결책을 찾는 것은 성인의 책임이다.

(4) JASPER 전문가 공동체 만들기

가능하다면 주변에 JASPER 전문가 공동체를 형성하는 것을 추천한다. 중재를 배우는 데 큰 도움이 되며, 전문가로 성장하는 과정에서 귀중한 자원이 될 것이다. 우리는 중재 충실도를 달성한 동료와 비공식적으로 논의하고 피드백을 받는 것이 JASPER 훈련가에게 체계적이고 집중적인 추가 교육을 받는 것만큼이나 효과적일 수 있음을 확인했다(Shire, Worthman, Shih, & Kasari, 2021). 서로 창의적인 놀이 루틴과 놀이 확장 방법 및 문제해결 방법을 공유하고, 함께 전략에 대한 아이디어를 내면서 아동이 잠재력을 최대한으로 발휘하도록 도울 수 있을 것이다.

5 기초를 넘어서

이 책의 목적은 중재자와 아동이 상호작용하는 맥락에서 상난감으로 놀이하며 JASPER를 적용하는 방법을 소개하는 것이지만, JASPER 연구는 다른 맥락으로도 확장되었다.

1) 지역사회에서 JASPER 적용하기

비록 이 책의 초점은 아니지만, 책에서 소개한 전략들은 하루 전반에 걸쳐 여러 일과에 적용할 수 있다. JASPER는 부모, 양육자, 교사 및 준전문가에 의해 일대일 또는 집단에 성공적으로 적용되어 왔다. JASPER를 집안일, 저녁 식사, 이야기 나누기 시간 등 일상 활동에 확장하여 적용한 연구들이 출판되었으며(Kasari et al., 2014a), 최근 연구에서는 JASPER를 또래 상호작용 상황에 적용하였다(jasPEER로 지칭함; Shire et al., 2020a). 부모 또는 양육자를 대상으로 한 연구(Kasari et al., 2010, 2014b, 2015) 및 교사와 준전문가를 교육하여 소규모 그룹이나(Chang et al., 2016) 일대일로(Lawton & Kasari, 2012; Goods, Ishijima, Chang, & Kasari, 2013; Shire et al., 2017) JASPER를 적용한 연구도 있다. 지역사회 환경에서 JASPER 교육을 받은 중재자들의 1년 후를 추적했을 때 중재 전략의 적용과 아동의 성과가 유사하게 유지되고 있었다(Shire et al., 2019). JASPER를 부분적으로 또는 완전히 원격으로 구현한 원격의료(telehealth) 방식은 전문가를 교육하고 아동의 성과를 개선하는 데 성공적이었다(Shire, Worthman, Shih, & Kasari, 2020b; Shire et al., 2021).

2) 다양한 문화권에서 JASPER 적용하기

여러 실험 연구를 통해 JASPER는 영어, 한국어, 베트남어, 러시아어, 스페인어 등의 언어로 각국 가정에 성공적으로 적용되었다(Kasari et al., 2014a, 2014, 2015). 원 버전의 JASPER 중재도 독립적인 연구 집단에 의해 노르웨이에서 반복 실행되었다(Kaale et al., 2012). JASPER는 국제적으로 임상에서 적용되고 있는데, 캐나다, 러시아, 베트남, 카자흐스탄, 벨기에, 마케도니아, 일본, 루마니아 등 여러 국가에서 실행되었다.

6 일반적 질문

여기에서는 JASPER 교육, 진보 상황 추적, 전략 적용과 관련된 몇 가지 일반적인 질문을 다룬다.

Q. 회기 도중에 자료를 기록해도 되는가?

회기 중에는 자세한 메모를 하지 않는 것이 좋다. 이는 아동의 참여를 방해하고, 성인이 아동을 제대로 지원할 수 없게 한다. 더 철저하게 자료를 분석하고 싶은데, 아동의 동영상을 녹화할 수 없다면 다른 중재자가 놀이 회기를 관찰하고 실시간으로 자료를 수집하도록 요청하고 중재자는 아동에 계속 집중한다.

Q. JASPER를 다른 중재에 적용해도 되나?

JASPER는 성공적으로 여러 중재에 추가, 혼합, 연결하여 적용되었다(Kasari et al, 2006, 2014a, 2014b). 우리는 아동에게 서로 다른 유형의 중재가 필요하며, 중재를 혼합하거나 연결할 필요가 있다는 것을 알고 있다. 개별 아동을 위한 종합적인 프로그램을 개발하기 위해 최선의 연구 결과를 활용할 것(즉, 절충하되 정보에 근거하여 결정하기)을 권장한다(Kasari & Smith, 2013).

Q. JASPER는 장기적인 진보와 일반화를 어떻게 지원하나?

우리의 연구 결과에 따르면, 많은 아동이 중재자와 배운 기술을 양육자와의 새로운 상호작용 상황이나(Kasari et al., 2006, 2012, 2014, 2015) 학급 교사에게 일반화하였다(Kasari et al., 2015). 일부 모델에서는 중재 회기와 별도로 일반화 프로그램을 진행한다. JASPER에서는 몇 가지 이유로 별도의 일반화 프로그램이 필요하지 않다고 판단한다. 첫째, 아동의 목표가 발달 수준에 맞고 놀이 회기에 자연스럽게 통합된다면 아동이 실제로 기술을 습득할 가능성이 크다(기술을 일반화하여 사용할 수 없는 아동은 실제로 기술을 습득하지 못했을 가능성이 크다). 둘째, JASPER는 상호작용 내내 아동이 먼저 기술을 시작하도록 여유를 두고 기다려 주는 체계적인 전략을 사용한다. 아동이 성인의 지시에 수동적으로 반응하는 게 아니라, 아이디어를 먼저 시작하고 그 아이디어를 상대방에게 의사소통하도록 권장한다. 셋째, JASPER는 장난감을 이용한 자연스러운 놀이 루틴 안에서 진행되므로 일반화가 더 원활하게 이루어진다. 따라서 JASPER 회기는 아동이 구조화되고 지지적인 환경에서 새로운 기술을 배우는 연습의 장이 된다. 유연한 놀이 루틴을 개발하고, 참여가 지속하도록 지원하는 것을 강조하기 때문에 아동은 이미 자연스러운 맥락에서 기술을 배우고 있다. 따라서 아동이 생활하는 환경 전반에서 배운 기술을 쉽게, 잘 일반화할 수 있게 된다.

Q. JASPER는 다른 자연적 발달 행동 중재(NDBI)와 같은 것인가?

JASPER와 다른 자연적 발달 행동 중재 모델 간에는 여러 차이점과 유사점이 있다. 중재를 설명하는 방식에 유사점이 있지만, 좀 더 자세히 들여다보면 JASPER가 일반적 용어를 정의하는 방식이나 유사한 전략을 적용하는 방식에 뚜렷한 차이점이 있다. 자연적 발달 행동 중재 모델 중 한 가지를 배웠더라도 중재 충실도에 도달하기 위한 훈련 없이 다른 모델을 쉽게 적용할 수는 없다. 그렇다면 왜 JASPER를 시도해야 하는가?

1. JASPER에서는 놀이를 자세하게 평가하여 숙달한 기술과 이제 발현하는 기술 수준을 확인하고 이 정보를 토대로 놀이 루틴을 개발하는데, 놀이 루틴은 곧 상호작용의 '주제'가 되며 성장을 위한 표적 기술이 된다.
2. JASPER는 전형적인 발달에서의 놀이 방식을 반영하는 놀이 루틴 속에서 아동의 조절과 참여를 지원하기 위해 여러 전략을 층층이 겹치는 방식으로 구성되어 있다.
3. JASPER의 목표는 아동의 시작행동을 촉진하여 아동이 독립적이고 유능하게 놀이하고 의사소통할 수 있도록 하는 것이다.
4. JASPER의 효과는 반복 연구를 통해 꾸준히 입증되었는데, 중재자, 양육자 또는 교사가 적용하였을 때 ASD 아동에게 공통으로 나타나는 주요 사회적 의사소통 문제가 개선되었음을 보여 주었다.

7 결론

모든 좋은 중재가 그러하듯, JASPER는 계속 진화하고 있다. 우리는 ASD 아동의 다양한 요구를 충족하기 위해 프로그램을 최적으로 조정하는 방법을 아동, 가족, 지역사회로부터 계속 배우고 있다. JASPER는 지원 공동체 안에서 여러 아이디어, 성공의 순간, 좌절의 순간을 서로 나누고 검증할 때 가장 잘 작동한다. 추가로 고려할 사항, 예외적인 사항, 틀을 깨는 아동은 항상 있기 마련이다. 우리는 만나는 모든 아동에게 끊임없이 영감을 받는다. 이 책이 실무에 도움이 되기를 바란다.

양식 18-1 중재 일지

아동: ____________________ 성인: ____________________

놀이 회기	표적 기술	놀이	몸짓	언어	참여	조절
회기 번호: 날짜: 시간:	놀이: 요구하기 몸짓: 공동관심 몸짓: 언어: 참여: 조절:		요구하기: 공동관심:			
회기 번호: 날짜: 시간:	놀이: 요구하기 몸짓: 공동관심 몸짓: 언어: 참여: 조절:		요구하기: 공동관심:			
회기 번호: 날짜: 시간:	놀이: 요구하기 몸짓: 공동관심 몸짓: 언어: 참여: 조절:		요구하기: 공동관심:			

jasper

양식 18-2 자료 수집 양식(1/2)

아동: ______________________ 성인: ______________________

지침

- 시간의 경과에 따라 아동의 진보를 측정하여 다음 도표에 기록한다.
- 가로축에 회기 날짜를, 세로축에 아동의 기술이나 상태를 기록한다.

시작행동이 나타난 가장 높은 놀이 수준:
놀이 회기 중 아동이 시작행동(모방 행동이 아닌)을 보인 가장 높은 놀이 수준을 기록한다.

주제극 놀이
사회극 놀이
다중 도식 연결
인형 매개 상징놀이
상상적 사물로 상징놀이
사물 대체 상징놀이
단일 도식 연결
관습적 조합
인형에 대한 가작화
목적 가진 목적을 가진 물리적 조합
자기 가작화
일반적 조합
외형적 조합
조합 분리하기
구분된 놀이 행동
비구분된 놀이 행동

회기 날짜

공동관심:
다음에서 아동의 표적 기술을 선택한다.
회기마다 기술을 사용한 횟수를 기록한다.

- ☐ 반응하기
- ☐ 바라보기
- ☐ 보여주기
- ☐ 가리키기
- ☐ 건네주기
- ☐ 협응 기술

9회 이상
7~8회
5~6회
3~4회
1~2회

회기 날짜

요구하기:
다음에서 아동의 표적 기술을 선택한다.
회기마다 기술을 사용한 횟수를 기록한다.

- ☐ 바라보기
- ☐ 뻗기
- ☐ 가리키기
- ☐ 건네주기
- ☐ 협응 기술

9회 이상
7~8회
5~6회
3~4회
1~2회

회기 날짜

(계속)

양식 18-2 자료 수집 양식(2/2)

언어:
일주일에 한 번씩 아동의 평균 발화 길이를 기록한다.

언어에서의 진보는 회기별로 크지 않고 점진적으로 이루어짐을 감안한다.

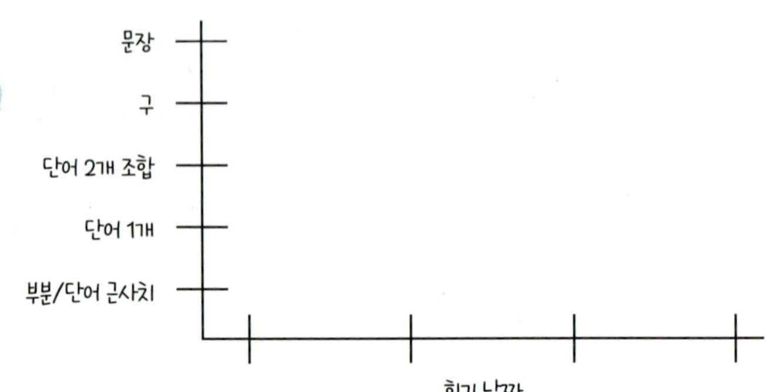

공동참여 시간의 평균:
아동이 공동참여 상태*로 보내는 시간의 평균을 기록한다.

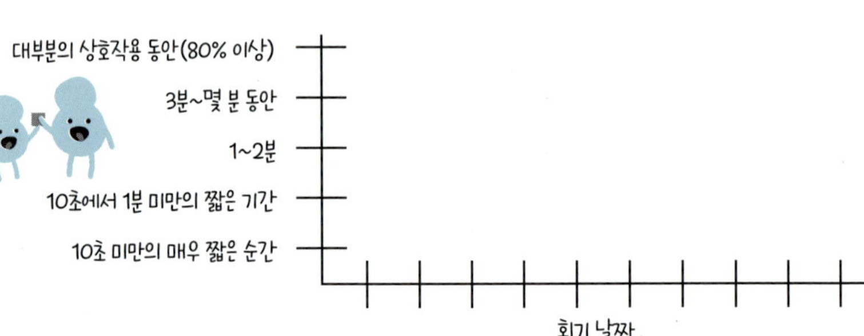

조절 시간의 평균:
아동이 회기 동안 행동과 정서를 잘 조절하여 보낸 시간의 평균을 기록한다.

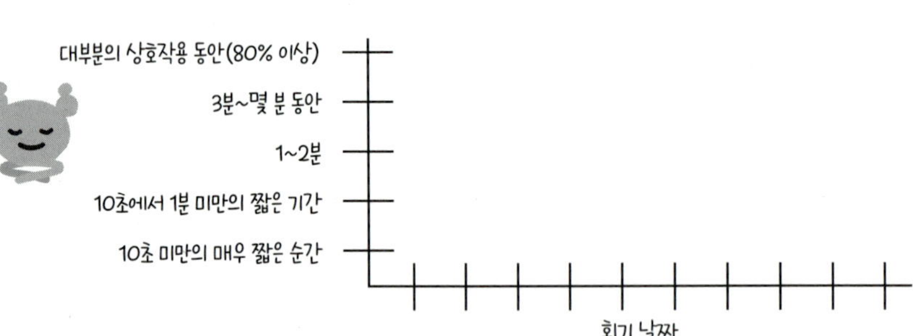

참고: 이 양식의 척도는 45~60분 놀이 회기 기준으로 만들어졌다. 회기가 더 길다면 적절하게 척도를 조정한다.

* 놀이 회기마다 차이가 있겠지만, 자료에 따르면 공동참여가 기초선 대비 20% 증가(10분 중 2분 이상)한 것은 공동관심 및 언어에서의 변화와 관련이 있는 것으로 나타났다(Shih, Chang, Shire, & Kasari, 2017).

부록

부록 A

전략 체크리스트

환경 준비하기

- ☐ 발달에 적합한 장난감 선정하기(6장)
- ☐ 적절한 놀이 공간 선정하기: 탁자, 바닥 또는 둘 다(7장)
- ☐ 서로 마주 보는 대형 유지하기(7장)
- ☐ 공간 내 방해 요소 제한하기(7장)
- ☐ 놀이 루틴의 여러 선택지 준비하기(7장)
- ☐ 놀이 환경 관리하기(7장)
  - ☐ 필요에 따라 장난감 보충하기
  - ☐ 비슷한 장난감끼리 모으기
  - ☐ 어수선한 것 정리하기
  - ☐ 재시작 후 환경 되돌리기
- ☐ 놀이 확장을 위한 환경 준비하기(7장, 11장)

놀이 루틴 설정하고 유지하기

- ☐ 기본놀이 설정하기(5장, 10장)
  - ☐ 놀이 환경 관리하기(10장)
  - ☐ 생산적인 놀이 행동 모방하기(9장, 10장)
  - ☐ 아동에게 도움이 필요할 때 시범 보이기(9장, 10장)
- ☐ 놀이 루틴 재시작하기(5장, 10장)
  - ☐ 놀잇감 처음으로 되돌리기(10장)
  - ☐ 다음 단계 지원하기(10장)
- ☐ 놀이 루틴 확장하기(5장, 11장)
  - ☐ 놀이 확장을 위한 환경 준비하기
  - ☐ 생산적인 놀이 확장 모방하기
  - ☐ 필요에 따라 확장 시범 보이기
  - ☐ 수평적, 수직적 확장 모두 시도하기

의사소통 지원하기

- ☐ 상황 언급하기(6장)
- ☐ 아동의 평균 발화 길이에 맞게 반응하기(6장)
- ☐ 아동의 차례에 충분히 기다리기(5장, 10장, 12장)
- ☐ 성인의 차례에 언어와 몸짓 사용하기(12장)
- ☐ 적절한 의사소통 모방하고 확장하기(12장)
- ☐ 언어 및 몸짓 시범 보이기(12장)
- ☐ 공동관심 및 요구하기 기술을 위한 기회 프로그래밍하기(13장)
- ☐ 필요에 따라 AAC 활용하기(14장)

점차 놀이 루틴 개선하기

- ☐ ACT 문제해결 틀 활용하여 문제 해결하기(8장)
- ☐ 융통성 장려하기(11장, 17장)
- ☐ 놀이와 의사소통의 복잡성과 다양성 증진하기(11장, 12장)
- ☐ 놀이 루틴 서로 연결하기(11장)
- ☐ 지원 줄여 나가기(8장)
  - ☐ 환경 지원 줄여 나가기
  - ☐ 시범 및 촉진 줄여 나가기
  - ☐ 핵심 전략 위주로 적용하기

참여와 조절 지원하기

- ☐ 전이 지원하기(8장)
- ☐ 시각적 지원 사용하기
- ☐ AAC 장치 사용하기(14장)
- ☐ 명확한 기대치 설정하기
- ☐ 긍정적 정서 조절하기
- ☐ 조절 문제 및 방해행동 다루기(16장)
- ☐ 행동의 기능 파악하기

- ☐ 핵심 전략 간 균형 맞추기(5~14장)
  - ☐ 지지적 환경 조성하기(7장, 8장)
  - ☐ 동등하고 적극적인 놀이 상대자 되기(5장, 10장)
  - ☐ 모방하기와 시범 보이기 간 균형 맞추기(9장)
  - ☐ 의사소통 지원하기(12~14장)
- ☐ ACT 문제해결 틀을 활용하여 참여와 조절 관련 문제 해결하기(15~16장)

- ☐ 조건부 전략 고려하기(15장, 16장)
  - ☐ 대인 참여 활동 활용하기
  - ☐ 이미 숙달한 놀이 루틴 포함하기
  - ☐ 적절하게 요구하도록 요청하기
  - ☐ 기대치를 끝까지 이행하도록 하기
  - ☐ 방향 전환하기
  - ☐ 적극적으로 무시하기

부록 B

연습문제 정답

2장 • JASPER 모델 핵심 영역

연습문제 2-1 참여

- 1-C; 2-E; 3-A; 4-F; 5-D; 6-B

연습문제 2-2 시작행동 또는 반응행동

- 시작행동: 1, 3, 5; 반응행동 2, 4

연습문제 2-3 놀이 수준

- 1-K; 2-D; 3-I; 4-H; 5-M; 6-L; 7-A; 8-C; 9-E; 10-F; 11-J; 12-N; 13-O; 14-B; 15-G; 16-P

연습문제 2-4 공동관심과 요구하기의 다른 점

- 공동관심: 1, 3, 6; 요구하기: 2, 4, 5

3장 • SPACE 평가

연습문제 3-1 SPACE 언어 수준

- 아동은 한 단어 발화 수준이다. 아동은 다양한 한 개 단어와 두 단어 발화를 사용했다. 두 단어 발화가 아동이 보이는 가장 복잡한 구어 의사소통이지만, 한 단어 발화 수준인 이유는 가장 자주 발생하는 발화 길이가 한 단어(8번 사용)이고, 두 단어 발화는 1번 사용했기 때문이다('맥도널드 농장'과 같은 암기된 문구는 한 단어로 간주함).

연습문제 3-2 놀이 행동

- 아동은 3개 유형 또는 그 이상의 일반적 조합 놀이 행동과 2개 유형의 자기 가작화 행동을 보인다. 놀이 행동의 모든 사례를 세는 것이 아니라 유형을 식별한다. 따라서 아동이 블록 3개를 쌓는 것은 3개의 놀이 행동이지만, 한 개의 놀이 유형(일반적 조합 행동)인 것이다.

4장 • 숙달한 기술과 표적 기술 파악하기

연습문제 4-1 숙달한 몸짓 기술과 표적 몸짓 기술

요구하기 표적 기술

1. 1) 숙달한 기술: 요구하기 위해 눈 맞추기
   2) 표적 기술: 요구하기 위해 뻗기
2. 1) 숙달한 기술: 요구하기 위해 뻗기와 요구하기 위해 가리키기

2) 표적 기술: 요구하기 위해 건네주기
3. 1) 숙달한 기술: 아동은 몸짓 기술을 숙달하지 않음.
2) 표적 기술: 요구하기 위해 바라보기(눈 맞추기)와 요구하기 위해 뻗기. 아동이 요구하기 위해 눈 맞춤을 하지 않았으므로, 중재자는 요구하기 위해 바라보기와 뻗기를 모두 표적 기술에 포함시켜야 한다.

공동관심 표적 기술

4. 1) 숙달한 기술: 공동관심-가리키기
2) 표적 기술: 공동관심-보여주기. 아동이 성인이 아닌 자신을 향하여 사물을 잡고 있으므로 공동관심-보여주기는 초기 발현 상태다.
5. 1) 숙달한 기술: 공동관심-가리키기
2) 표적 기술: 공동관심-건네주기. 아동이 공동관심-건네주기를 보여 주기 시작하였으므로 중재자는 공동관심-보여주기를 표적으로 설정하기 전에 이 기술을 표적 기술로 정할 수 있다.

연습문제 4-2 숙달한 발화 길이와 표적 발화 길이

1. 1) 숙달한 발화 길이: 단어 1개
2) 다양성 표적 발화 길이: 융통적이고 다양한 한 단어
3) 복잡성 표적 발화 길이: 단어 2개 조합
2. 1) 숙달한 발화 길이: 단어 2개 조합
2) 다양성 표적 발화 길이: 융통적이고 다양한 단어 2개 조합
3) 복잡성 표적 발화 길이: 구

연습문제 4-3 숙달한 놀이 기술과 표적 놀이 기술

1. 1) 숙달한 기술: 조합 분리하기
2) 표적 기술: 외형적 조합. 아동이 단순 놀이(구분된 놀이 행동과 조합 분리하기) 수준을 숙달했지만, 외형적 조합과 일반적 조합의 경우, 각각 한 가지 놀이 행동만을 보인다. 비록 아동이 자기 가작화 행동을 한 가지 보였더라도 성인은 전상징적 놀이로 넘어가기 전에 외형적 조합과 일반적 조합을 차례대로 표적으로 설정해야 한다.
2. 1) 숙달한 수준: 인형에 대한 가작화
2) 표적 수준: 목적을 가진 물리적 조합. 상징놀이를 표적으로 설정하기에 앞서 목적을 가진 물리적 조합과 관습적 조합으로 돌아가 확인한다. SPACE 평가 결과는 아동이 숙달하거나 발현하는 기술을 특정 순간에 기록한 것이다. 따라서 아동의 놀잇감 선호도에 따라 고르지 않은 기술 수준을 보일 수 있다. 조반 몇 회기 동안 성인은 더 다양한 놀이 기회를 제공하여 아동이 목적을 가진 물리적 조합 및 관습적 조합 수준을 숙달했는지 확인하고 표적 기술을 조정해야 한다.

5장 • JASPER 놀이 루틴

연습문제 5-1 놀이 루틴의 구성요소

1. 참. 아동의 능력에 따라 놀이 루틴에는 다양한 기본놀이 단계가 있을 수 있다.
2. 거짓. 놀이 루틴은 하나의 확장놀이로 시작하거나 여러 확장놀이를 포함할 수 있다.
3. 거짓. 기본놀이 단계 이후, 확장놀이 후, 아동이 더 쉬운 단계로 돌아가야 할 때 또는 자연스러운 순간이 발생할 때 등 놀이 루틴에서 언제든지 다시 시작할 수 있다.
4. 참. 놀이 루틴이 아동에 계속 동기 부여를 하고 성장하는 한, 놀이 루틴에 정해진 지속 시간이란 없다. JASPER의 목표 중 하나는 놀이 루틴을 더 오랜 시간 동안 유지하는 것이다.
5. 거짓. 아동은 다른 것으로 넘어가기 전에 놀이 루틴의 어떤 단계나 구성 요소도 완료할 필요가 없다. 성인은 언제든지 아동을 따라 다음 놀이 루틴으로 이동하도록 할 수 있다.

연습문제 5-2 놀이 루틴의 특성

1. 거짓. 몇 가지 놀이 단계를 염두에 두어야 하지만, 놀이 루틴을 지나치게 통제하거나 구조화해서는 안 된다. 목표는 특정한 순서로 노는 것이 아니다. 놀이 루틴은 유연하고 아동의 관심사에 반응적이어야 한다.
2. 거짓. 성인은 각 놀이 루틴에서 아동의 놀이 수준을 확장하는 목표를 세우지만, 구체적인 놀이 행동은 융통성이 있고 아동의 관심사를 따라야 한다.
3. 참. 시작행동을 촉진하고 회기 내내 아동의 참여를 유지할 수 있도록 아동에게 선택지를 제공해야 한다.
4. 참. 놀이 단계는 순서를 바꾸어 다시 진행할 수 있다. 이것은 아동이 융통성을 연습하는 데 도움이 된다.
5. 거짓. 아동의 행동이 경직되어 있거나 반복적이거나 발달 수준보다 현저히 낮을 경우에는 모방하지 않는다. 이러한 경우, 적절한 지원을 제공해야만 한다.

연습문제 5-3 동등하고 적극적인 역할

1. 수동적. 놀잇감을 제공하는 것도 중요하지만, 그것이 상호작용에서 성인의 차례를 대신해서는 안 된다. 만약 성인이 아동과 놀고 있지 않고 단지 장난감을 정리하고 있다면, 성인은 상호작용에서 적극적인 역할은 유지하지 못하고 있는 것이다(대신 성인은 자신의 차례에 블록 쌓기를 할 수 있다).
2. 동등하고 적극적. 성인은 아동의 놀이 행동을 모방하고 아동의 언어에 반응함으로써 상호작용에서 주고받는 역할을 유지할 수 있다.
3. 지시적. 아동을 이전 놀이 단계로 다시 돌리는 대신에, 아동의 새로운 놀이 아이디어를 모방해야 한다.
4. 동등하고 적극적. 이 상호작용은 아동의 놀이와 의사소통을 지원하고 아동이 시작행동을 할 수 있는 여지를 준다.
5. 지시적. 아동이 긍정적으로 반응하더라도, 성인은 놀이의 다음 단계에 아동이 시작행동을 할 수 있는 더 많은 여지를 주어야 한다.

6장 • JASPER 놀이 루틴 설정

연습문제 6-1 장난감 선택하기

1. C: 아동이 비구분된 놀이 행동을 보이므로 그다음 상위 놀이 수준인 구분된 놀이를 위한 선택지를 제시한다.
2. B: 아동이 한 가지 유형의 외형적 조합 놀이 행동을 보이므로 더 넓은 범위의 외형적 조합 놀이를 위한 선택지를 제시한다.
3. D: 아동은 어느 정도의 외형적 조합 놀이 행동, 관습적 조합 놀이 행동, 일반적 조합 놀이 행동 그리고 자기 가작화 놀이 행동을 보인다. 따라서 다양한 조합 놀이와 전상징적 놀이를 위해 사용할 장난감 선택지를 제시한다.
4. A: 아동은 일반적 조합 놀이 행동과, 목적을 가진 물리적 조합 놀이 행동과, 인형 매개 상징놀이 행동을 보인다. 따라서 전상징적 놀이, 조합 놀이 그리고 상징놀이에 사용될 수 있는 장난감 선택지를 제시한다.

연습문제 6-2 성인의 의사소통 수준

- 1-A, 2-E, 3-D, 4-B, 5-C (참고: 1과 5는 모두 A와 B에 적합한 답이지만, 1번의 경우 아동이 단어에 근접한 표현으로 '아' 소리를 내기 때문에 A를 시범 보이기 위해서는 '아기'가 더 적합한 단어다.)

7장 • JASPER 환경 준비하기

연습문제 7-1 환경 구성 선택하기

- 1-B, 2-A, 3-C

8장 • 참여와 조절을 위한 토대 마련하기

연습문제 8-1 전이 지원하기

참고: 다음은 회기를 시작할 때 시도할 수 있는 방법의 일부다. 각 아동을 지원하는 방법은 다양하다.

1. B: '먼저, 그다음' 시각적 일과를 사용하는 것은 아동이 아빠를 다시 볼 것이라는 것을 알려 줄 것이며, 말로만 상기시키는 것보다 더 구체적이다. 아동이 아빠와 분리되기 위해서는 더 점진적인 단계가 필요할 수 있으므로, 아빠를 회기에 참여시키는 것부터 시작해야 할 수도 있다.
2. D: 마무리 정리함(all-done bin) 같은 시각적 지원을 사용하면 성인의 구어적 촉진과 조언(추가적인 조절 문제를 유발할 수 있음) 없이도 정리정돈에 대한 기대치를 명확히 할 수 있다.
3. A: 아동은 교실에 들어오면 무언가 배운다는 일과를 이해하고 있다. 아동이 새로운

환경에 적응하는 과정에서 필요하다면, 성인은 놀이 회기를 시작하기 전에 가방을 고리에 거는 아동 행동을 흉내 내어 익숙한 신호를 제공할 수 있다.

4. C: 회기를 끝내기 전에 아동이 진정하고 조절할 수 있도록 도와준다. 아동에게 이미 끝났다고 말했기 때문에 추가로 어떤 것을 요구할 필요는 없다. 하지만 성인은 긍정적인 분위기로 끝낼 수 있도록 재미있고 편안감을 주는 것을 추가해야만 한다.

연습문제 8-2 JASPER에서 촉진 사용하기

1. 참. JASPER에서, 우리는 아동이 가능한 한 독립적으로 기술을 사용할 수 있도록 지원하기 위해 최소-최대 촉진 규칙을 따른다.
2. 거짓. 일반적으로 촉진은 한 번만 사용해야 한다. 만약에 촉진이 성공적이지 않으면, 지원을 추가하여 아동이 끝까지 수행하도록 돕는다.
3. 거짓. 암시적 촉진은 아동에게 아이디어를 제공하지만 아이디어를 끝까지 실행하도록 강요하지는 않는다. 이와는 대조적으로, 성인이 지시적 촉진을 제공했다면, 아동이 기대치를 끝까지 수행하도록 도와야 한다.
4. 참. 아동의 다른 목표(예: 자연스러운 시작 행동)를 위한 맥락에서 촉진을 고려하고 시간이 지남에 따라 빠르게 촉진을 줄여나간다.
5. 거짓. 구어 촉진과 몸짓 촉진은 '지시적' 촉진으로 간주되며 JASPER에서 **조건부** 전략으로 사용된다. 이러한 촉진들은 자주 사용하지 않으며 기본적인 핵심 전략을 먼저 고려한 후에 사용된다. 환경 및 시범 촉진이 JASPER의 **핵심** 전략이다.

연습문제 8-3 기대치 수립하기

1. 아니요. 해당 지시는 아동이 이해하기 힘든 여러 단계를 포함하고 있다. 대신에 한 가지 명확한 지시를 제시하고 아동이 끝까지 수행할 수 있도록 도와줘야 한다.
2. 예. 아동이 지시를 따르도록 도와줌으로써, 성인은 불필요한 구어적 지시를 제한하고 아동의 착석 행동을 강화한다.
3. 아니요. 아동에게 놀고 싶은지 묻는 것은 피한다. 질문을 함으로써, 성인은 아동이 회기를 피하도록 유도하게 된다. 대신에 성인은 회기의 시작을 돕기 위해 "같이 놀자!"라고 말하거나 아동에게 "블록 놀이 할래 아니면 동물 놀이 할래?"와 같은 선택지를 제공할 수 있다.

9장 • 놀이 모방하기와 시범 보이기

연습문제 9-1 모방의 적절한 사용

1. 아니요. 성인은 두드리는 행동을 모방하지 않는다. 이것은 경직되고 반복적이거나 감각적인 행동일 가능성이 있다.
2. 예. 아동의 놀이 행동이 통상적인 것은 아니지만 창의적이고 적절하다.
3. 예. 조금 다른 놀잇감들을 사용해서라도 놀이 행동을 모방하는 것이 적절하다.

4. 아니요. 성인은 장난감 던지는 것을 권장하고는 싶지 않기 때문에 비행기 던지는 것을 모방하지 않을 것이다.
5. 아니요. 아동이 요리사 역할을 수행하고 있기 때문에 놀이 루틴의 이야기를 이어가기 위해서는 손님 역할을 수행하는 것이 더 적절할 것이다. 더 적절한 반응은 햄버거를 먹는 척하면서 "감사합니다! 저 정말 배고파요."라고 말하는 것이다.

연습문제 9-2 시범 보이기의 적절한 사용

1. 아니요. 이 시나리오에서는 시범 보이는 것이 맞지만, 아동이 일반적으로 외형적 조합 단계용으로 사용되는 장난감을 가지고 노는 것을 고려할 때 시범 보이는 놀이 수준의 단계(상징적)가 너무 높다. 대신에 성인은 발달적으로 적절한 놀이 행동을 시범 보여야 한다.
2. 예 아동이 차를 정렬하기 시작할 때 적절한 놀이 단계를 시범 보이는 것이 필요하다. 왜냐하면 이것은 경직되고 반복적인 행동일 가능성이 높기 때문이다.
3. 아니요. 이 경우에는 샌드위치로 시범을 보여야 한다. 왜냐하면 아동이 이 장난감을 응시함으로 흥미를 보였기 때문이다.
4. 아니요. 시범 보인 놀이 행동이 너무 많았다(2단계로 이루어진 시범). 대신에 시범을 보일 하나의 놀이 행동을 선택하고 아동이 이에 반응하는지 기다리며 살펴봐야 한다.
5. 예. 아동의 장난감 선택에 따라 적절한 단계를 시범 보여야 한다.

연습문제 9-3 모방 또는 시범 보이기

1. 모방. 이것은 아동이 숙달한 놀이 수준의 행동이고 또한 생산적인 놀이이므로 성인이 모방할 수 있다.
2. 시범 보이기. 버스를 미는 행동은(단순 놀이) 아동의 놀이 수준에 한참 못 미치는 행동이므로, 지금은 모방, 즉 흉내를 낼 때가 아니다. 대신, 아동이 숙달한 놀이 수준에서 아동이 할 만한 놀이 행동을 시범 보인다(예: 버스에 피규어 추가하기).
3. 시범 보이기. 피규어를 던지는 것은 적절한 행동이 아니므로 성인이 모방해서는 안 된다. 대신, 아동이 피규어로 할 수 있는 적절한 놀이 행동(예: 피규어를 학교 안으로 걸어 들어가게 하거나 학교 의자에 앉히는 것)을 시범 보인다.
4. 모방. 아동의 놀이 행동이 아동의 표적 수준(상징놀이)에 해당한다. 그러므로 아동의 아이디어에 따라 성인의 역할을 수행함으로서 표적 기술을 모방하여 강화한다(예: 성인의 피규어가 학생인 척 흉내 내기).

연습문제 9-4 다음으로 오기에 알맞은 것은 무엇인가?

1. B: 모방. 아동의 아이디어가 파격적이긴 하지만 여전히 창의적이고 생산적이며 놀이 수준을 높일 수 있다(사물 대체 상징놀이). 새로운 놀이 단계를 시범 보이거나 (A) 새로운 놀이 행동을 시범 보이기 위해 아동의 놀이 행동을 거부하면 안 된다(C).
2. C: 아동의 놀이 행동이 반복적이고 놀이 수준이 현저히 낮으므로 성인은 적절한 다음 단계를 시범 보여야 한다. 아동에게 장난감을 적절하게 가지고 놀 기회를 주지 않은 채로 바로 빼앗아서는 안 되며(A), 또한 반복적인 행동을 모방해서도 안 된다(B).

10장 • 기본놀이 설정하기

연습문제 10-1 잘 설정된 기본놀이 판별하기

1. 잘 설정됨. 아동은 눈 맞춤 협응을 보이고, 상자 탑을 쓰러뜨린 후 다시 쌓으며 놀이 루틴을 재시작하여 해당 기본놀이에 익숙해졌음을 보여 준다.
2. 불안정함. 아동의 놀이 차례에 성인의 지원이 많이 필요하다(시범 보이기, 장난감 건네주기).
3. 불안정함. 놀이 단계들이 놀이 루틴을 위한 탄탄한 기초가 되지 못한다. 놀이 행동은 일관성이 없고 공동의 주제나 줄거리로 연결되지 않는다. 놀이 단계를 반복하지 않기 때문에 아동이 시작행동을 보일 가능성이 작고, 지금 어떤 놀이를 하는지 이해하기 어려울 것으로 판단되며, 놀이 루틴을 발전해 나갈 여지가 없다.

11장 • 놀이 루틴 확장하기

연습문제 11-1 놀이 루틴 확장하기

1. C: 놀이 확장 자료를 놀이 환경 안에 두어 아동이 다음 아이디어를 시도할 수 있도록 한다. 성인은 아동이 놀이 확장을 시도하기 **전에** 자료를 미리 배치해 두어 참여 수준이 낮아지지 않도록 한다.
2. C: 아동의 시작행동을 따르며 피자를 쌓는다. 이것이 성인에게 이상한 놀이 단계로 느껴지더라도 일반적 조합 놀이 수준의 아동에게는 적절한 놀이 확장 아이디어다.
3. D: 성인은 문으로 하는 생산적인 놀이 단계를 시범 보여 아동의 아이디어를 놀이 루틴과 연결하고, 적절한 놀이 수준으로 다시 끌어올릴 수 있다(B). 또는 새로운 놀잇감을 추가하여 더 생산적인 놀이 확장 단계를 제안할 수 있다(C). 이때 아동의 문 여닫는 행동은 모방하지 않는데, 이는 반복적 행동이며 대물 참여로 이어질 가능성이 크다.

12장 • 핵심 의사소통 전략

연습문제 12-1 의사소통 모방하고 확장하기

1. 예. 성인은 아동의 눈 맞춤을 알아차리고 몸짓과 언어로 반응해 주어야 한다(성인이 매번 몸짓으로 반응해야 하는 것은 아닌데, 특히 놀이 루틴 전반에 걸쳐 몸짓으로 반응해 줄 기회가 많을 때는 그러하다).
2. 예. 성인은 아동의 언어를 모방하고 확장해 줘야 한다(동시에 아동의 생산적인 놀이 행동도 모방한다).
3. 아니요. 아동의 말을 그대로 모방하기보다 "나는 도둑이야, 빨리 도망가야지!"와 같이 대화 속 역할을 자연스럽게 이어 가는 것

이 더 적절해 보인다. 문장으로 말하는 아동에게는 이런 언어 확장이 더 적합하다.

4. 아니요. 동물을 넣어 보라는 지시 대신 성인은 몸짓을 사용하며 아동의 표현을 확장하거나(예: 공동관심-가리키기와 함께 "동물원에 호랑이가 있어."라고 말하기) 성인의 차례에 표현을 확장한다(예: "동물원에 사자도 있어.").
5. 아니요. 아동의 발성을 모방하지 말고 완성된 단어인 '공'으로 반응해야 한다.

13장 • 몸짓과 언어 사용을 위한 프로그래밍

연습문제 13-1 프로그래밍을 통한 기회 만들기

1. B: 머리빗과 셔츠를 들어 보인다. 아동에게 선택 기회를 주면 놀이 확장 선택지들을 제시하는 것이기 때문에 놀이 루틴의 흐름을 크게 방해하지 않으면서 요구하는 가리키기를 적절하게 유도할 수 있다. 인형을 만지지 못하게 하는 것(A)은 아동의 놀이 참여를 방해하기 때문에 이 상황에서 적절한 촉진 전략이 아니다.
2. B: 치즈처럼 엉뚱한 사물을 케이크 위에 올린다. 예상하지 못하거나 엉뚱한 무언가를 놀이 루틴에 추가하고 잠시 기다리는 전략은 아동이 그것을 알아차리고 반응할 기회를 확실하게 만들어 준다. 언어 시범을 보이면서 목소리를 점점 키우는 것은 (A) 적절한 전략이 아닌데, 아동이 시범을 보고 나중에 또래에게 부자연스러운 억양을 사용할 수도 있다.
3. B: 퍼즐 조각 몇 개를 아동이 열기 힘든 통에 넣어서 아동이 성인에게 열어 주기를 요구하도록 한다. 아동이 스스로 완성하기 어려운 퍼즐을 고르는 것은(A) 적절하지 않다. 아동의 조절 문제를 유발할 수 있고, 성인이 매 놀이 차례에 촉진하거나 도움을 줘야 하므로 아동과 동등하고 적극적인 상대자 역할을 맡기 어려워진다.
4. A: 바나나 조각에 오렌지를 붙인다. 놀이 루틴을 확장하는 방법의 하나로서 아동이 예상하지 못할 방식으로 과일을 조합하면, 웃기거나 새로운 주제에 대해 공유할 기회를 만들어 준다. 이때 잠시 행동을 멈추고 기다려서 아동이 몸짓, 말, 시선으로 성인과 순간을 공유할 상황을 만들어야 한다. 과일 조각이 든 통을 흔들거나(B), 다른 방식으로 아동의 관심을 끌지 않는다. 이런 방식은 성인이 주도한 반응만을 끌어낸다.
5. A: 아동이 맨 위에 블록을 쌓으려고 할 때 성인은 기대하면서 잠시 행동을 멈춘다. 성인이 바로 도움을 주는 대신 이 방법을 사용하면 아동이 요구할 기회가 생긴다. 아동에게 블록을 달라고 구어적 촉진을 해버리면(B) 너무 과도한 촉진을 준 것이며, 아동은 기술을 먼저 시작할 기회를 얻지 못한다.

연습문제 13-2 프로그래밍과 촉진하기

1. 거짓. 성인은 아동이 눈 맞춤을 하도록 신체적으로 촉진해서는 안 된다. 대신 성인은 환경 조성 전략을 사용하여(예: 마주 보

고 앉기, 장난감을 성인과 아동 사이에 배치하기) 아동의 참여를 높인다. 프로그래밍하고 촉진할 특정 몸짓 표적 기술을 선정하고 아동이 눈 맞춤을 보이는 순간에 성인이 반응해 주어 강화한다.

2. 참. 성인이 프로그래밍한 기회에 아동은 다른 기술, 이제 막 발현하는 기술로 반응할 수 있다(예: 요구하는 가리키기 대신 입으로 소리 내기). 아동의 참여를 우선순위로 두고 아동의 시도를 모방하고 확장하여 표적 기술 시범을 보여 준다.
3. 거짓. 프로그래밍을 통해 기회를 만든 후에는 아동의 반응을 기대하며 잠시 행동을 멈춰야 한다. 아동이 반응할 충분한 시간을 준 이후에 표적 기술 촉진을 시도할 수 있다.
4. 참. 성인의 첫 번째 촉진 시도가 실패하면 지원 수준을 높여 가며 아동의 표적 기술 성취를 도울 수 있다(예: 일반적 구어 촉진으로 시작한 후 구체적 구어 촉진으로 넘어가기).
5. 참. 아동의 시작행동 증진이라는 궁극적인 목표를 염두에 두고 독립성을 높이기 위해 촉진의 수준을 차차 줄일 계획을 세워야 한다.
6. 거짓. 프로그래밍과 촉진하기는 놀이 루틴 중 중요한 순간에 선택적으로 사용해야 한다. 이러한 전략들을 너무 자주 사용하면 성인은 지시적이 되고, 동등하고 적극적인 놀이 상대자의 역할을 잃게 된다.

14장 · 음성산출장치 사용하기

연습문제 14-1 음성산출장치 사용하기

1. 거짓. 성인은 음성산출장치에 놀이 루틴과 관련 있는 어휘를 미리 준비해 두어야 하지만 장치에 없는 단어도 사용할 수 있다. 의사소통과 놀이의 속도를 자연스럽게 유지하는 것이 중요하다. 따라서 반복해서 나타나는 새로운 표현들은 잘 기억해 두었다가 나중에 장치에 추가한다.
2. 참. 내용어(content words)를 구어로 시범 보이듯이 다른 형태의 단어도 장치에 입력하여 놀이 루틴 중 유연하게 쓸 수 있도록 한다.
3. 거짓. 방해 요인을 없애기 위해 성인은 접근 제한 기능 설정, 다른 애플리케이션 삭제, 스크롤 최소화를 하여 아동이 의사소통을 위해서만 장치를 사용하도록 할 수 있다. 또한 일부 아동에게는 안정적인 기본놀이 루틴을 잘 설정한 후에 음성산출장치를 소개한다. 즉, 안정적인 기본놀이를 설정하는 동안에는 장치를 만지지 못하도록 하고 이후에 장치를 다시 생산적으로 사용할 수 있게 한다.
4. 참. 아동이 놀이에서 상징을 점차 이해해 가는 것처럼 이미지의 상징적 표상에 대한 이해도 점차 발달해 간다. 어떤 아동은 놀이 루틴 중 사물의 사진을 아이콘으로 사용할 수 있고, 어떤 아동은 그림이나 상징 아이콘을 사용할 수도 있다.
5. 거짓. 성인은 적절하다면 음성산출장치와 말, 몸짓 시범을 연결해야 한다. 그러면 아

동은 다양한 유형의 의사소통 시범을 보고 배울 수 있다.

6. 참. 성인과 아동이 바닥과 탁자를 넘나드는 놀이 루틴을 진행하고 있다면 초반에는 이렇게 하기 쉽지 않을 것이다. 그렇지만 아동이 모든 놀이 루틴을 진행할 때 음성 산출장치에 접근 가능하여 자유롭게 의사소통하는 것은 매우 중요하다.

15장 · 참여 지원하기

연습문제 15-1 참여 지원하기

1. A: 성인이 회기 초반에 제시한 장난감은 아동이 숙달한 놀이 수준보다 훨씬 낮다. 아동이 숙달한 놀이와 표적이 되는 놀이 범위 안에서 장난감을 선정하여 아동이 지루해하거나 아예 참여하지 않는 상황을 예방한다. 애초에 발달에 적합한 장난감을 제시하지 않으면, 아동의 놀이 차례에 충분히 기다려 주기(B)와 아동의 앞쪽으로 이동하기(C)는 참여에 별로 도움이 되지 않을 것이다.
2. B: 성인과 아동이 10번씩 차례를 주고받았다면 아동은 다음 단계로 넘어갈 준비가 되었지만 무엇을 해야 할지 모를 수 있다. 아동 행동을 계속 모방하는(A) 대신 새롭고 재미있는 확장놀이 단계를 소개하여 놀이 루틴을 지속한다. 적절한 언어 시범을 보일 수도 있지만(C), 시범만으로는 참여를 증진하기 어렵다.
3. A: 믹서와 과일을 사용한 새로운 놀이 단계로 확장하여 놀이 루틴을 유지하려고 하지만 아동은 흥미를 잃고 있다. 이 놀이 루틴은 자연스럽게 종료될 것이다. 성인은 새로운 장난감 세트를 꺼내어 아동이 흥미를 보이는지 확인해야 한다. 여기에서 문제는 기본놀이를 설정하는 데 있는 것이 아니며(B; 이미 놀이 차례를 여러 번 주고받았으므로), 아동의 앞쪽으로 이동하는 것은 참여도를 높이는 데 별로 도움이 되지 않을 것이다.
4. A: 일관적이고 즉각적인 모방을 하여 놀이 루틴에서 적극적인 역할을 하고 재미있고 양질의 참여를 하는 놀이 상대자의 모습을 시범 보인다. 덜 침입적인 전략을 시도하지 않고서 바로 성급하게 장난감을 제거하지(B) 않는다. 성인의 정서 수준을 조절할 수 있지만(C), 먼저 놀이 중 적극적인 역할을 보여 줘야 한다.

연습문제 15-2 아동의 참여가 불안정할 때 대처하기

1. D: 성인은 놀이의 수준을 낮추거나(B), 대인 참여를 시도하여(C) 참여도를 높인 후 아동이 숙달한 수준의 놀이 단계로 전이할 수 있다(아동이 더는 케이크에 관심을 보이지 않는다면 다른 장난감 선택지를 추가할 수도 있다).
2. B: 장난감 선택지 수를 제한하여 아동이 기본놀이를 잘 설정할 수 있도록 한다. 아동이 장난감을 선택할 기회를 완전히 제거하는 것은 적절하지 않으므로 서로 관련 있는 장난감들을 제시하여 아동의 시작행

동을 촉진하면서도 일관성 있게 연결된 놀이 루틴을 설정할 수 있도록 한다. 너무 많은 장난감 선택지를 제시하면 아동이 안정적으로 기본놀이를 설정하거나 참여를 유지하는 데 어려움을 겪을 것이다.

3. D: 아동에게 장난감 조각들을 건네주고 아동의 행동을 언급해 주면 성인의 역할은 자연스럽게 수동적으로 바뀌고 아동이 스스로 상호작용을 이어 나가게 된다. 그렇게 하는 대신에 성인의 놀이 차례에 상황 언급하기 전략을 사용하여 더 적극적인 역할을 맡는다. 이를 통해 아동에게 공동참여 상태가 어떤 것인지 보여 준다. 또한 아동이 계속 장난감을 사용할 수 있게 하여 자유롭게 놀이하고, 동등하고 적극적인 놀이 상대자인 성인과 참여를 유지하도록 한다.
4. C: 아동이 잘 숙달한 놀이 루틴을 제시하여 더 높은 수준의 놀이가 주는 인지적 부담을 줄이고 아동과 교감하는 데 초점을 맞춘다. 공동관심을 잘 설정하였다면 수평적 확장과 수직적 확장을 시도하여 친숙함, 도전적인 것, 창의성 간에 균형을 맞춘다.

16장 · 조절 지원하기

연습문제 16-1 조절 지원하기

1. A: 아동이 자신의 아이디어를 의사소통할 수 없다면 좌절감을 느끼고 궁극적으로 조절 문제를 보일 수 있다. 음성산출장치 도입 및 특정 의사소통 기회 프로그래밍하기와 같은 의사소통 지원 전략을 적용하여 아동의 의사소통 기술을 증진한다. 전이 지원(C)은 현재 해결해야 할 문제는 아니며, 놀이 환경을 더 구조화하였을 때(B) 아동이 자신의 요구나 아이디어를 전달할 기회가 제한된다면 더 좌절을 느낄 수 있다.
2. C: 너무 많은 수직적 확장을 하여 놀이 루틴이 어려워진 상황이다. 성인이 요구 수준을 높일 때는 수평적 확장과 수직적 확장을 모두 포함하여 균형을 잘 맞추고(B), 기본놀이로 돌아갈(A) 순간을 잘 선택하여 아동이 숙달한 수준에서 놀이할 수 있도록 해야 한다.
3. A: 아동이 머물러야 하는 장소에 대해 더 분명하게 알려줘야 한다. 가구(예: 책장, 탁자를 옆으로 눕히기, 폼패드, 카펫 놓기)를 활용하여 더 명확하게 환경을 구성하고 기대치를 확실하게 이해하도록 시각적 일과를 도입하여 놀이 회기를 더 구조화한다. 아동에게 시간과 공간을 더 제공하여 돌아다니게 하면(B) 조절 문제가 증가할 수 있으며 아동이 놀이에 참여하고 학습할 시간이 줄어든다. 아동이 이미 고양된 상태이므로 성인이 정서 수준을 높이면(C) 조절 문제가 증가할 것이다.
4. B: 놀이 루틴의 속도를 조정한다. 모방하기, 시범 보이기, 확장하기를 시도하는 시기를 잘 고려하여 아동의 조절을 지원한다. 의사소통 기회를 프로그래밍하거나(A), 더 많은 지시를 하며(C), 요구 수준을 높이는 것은 이 상황에서 적절한 전략이

아니다. 이 전략들은 아동이 성인의 요구에 따르도록 할 수 있지만, 더 적극적인 역할을 하게 돕지는 않는다.

연습문제 16-2 조절 문제에 대처하기

A: 행동의 기능은 관심 끌기일 가능성이 크다. 성인은 아동의 행동을 무시하고 새롭고 생산적인 놀이 단계 시범을 계속 보인다. 놀이 루틴을 중단하고 장난감을 줍게 하거나(B), 노래를 부르거나(C), 꾸짖는 것(D)은 아동의 관심 끌기 시도를 강화하므로 삼간다. 장난감을 떨어뜨리는 행동에 많이 반응해 줄수록 미래에 그 행동을 강화할 수 있다.

C: 행동의 기능은 접근하기일 가능성이 크다. 아동이 해적선을 요구하면 함께 놀이한 후에 해적선을 가지고 놀 수 있음을 상기시키고 아동의 관심을 다른 곳으로 전환한다. 아동의 요구를 완전히 무시하는 것은 적절하지 않은데(A), 더 심한 조절 문제를 초래할 수 있다. 그러나 아동이 반복적으로 요구하면 성인은 초반 몇 번만 반응해 주고 계속 방향을 전환한다. 성인이 명확한 기대치를 설정하였고, 해적선이 생산적인 상호작용으로 이어지지 않을 것을 알기에 다시 해적선을 꺼내는 것은(B) 적절하지 않다. 놀이 수준 낮추기는(D) 현재 아동의 좌절이 놀이 수준이 높아서가 아니고, 지루함이나 더 큰 조절 문제를 일으킬 수 있으므로 적절한 전략이 아니다.

D: 행동의 기능은 회피하기일 가능성이 크다. 성인은 아동에게 더는 이 장난감으로 놀고 싶지 않음을 적절하게 표현하도록 가르친다(B). 그러나 아동이 모든 장난감에 대해 이런 행동을 보인다면 이는 새로운 형태의 회피하기 행동이다. 시각적 일과(C)를 사용하여 기대치를 명확하게 알려 준다. 놀이 회기 끝내기는(A) 회피하기 위한 이런 의사 표현을 강화할 수 있으므로 삼간다.

17장 • 제한적이고 반복적인 행동이 나타날 때 생산적 놀이 지원하기

연습문제 17-1 대응 시기 결정하기

1. 계속 점검한다: 아동의 행동이 현재 놀이를 방해하지는 않는다. 행동의 방해 정도가 심해지는 신호를 계속 점검한다.
2. 계속 점검한다: 주의가 산만해지지 않는 한 아동이 페그를 쥐고 있어도 괜찮다.
3. 지원을 제공한다: 이 행동은 저절로 해결되는 행동이 아니며 아동은 학습을 위한 중요한 시간을 놓치고 있다. 장난감 선택지를 변경하고, 지원을 늘린다.
4. 지원을 제공한다: 아동이 좋아하는 장난감이 놀이 상대자와 함께하는 생산적인 놀이 행동을 하기 어렵게 만들고 있다. 이 패턴이 지속하면 놀이 루틴을 잘 설정하거나 의사소통하기 힘들어진다. 지원을 높여서 아동의 참여 수준을 높여야 한다.
5. 계속 점검한다: 아동이 잠시 놀이를 멈추더라도 다시 성인이나 장난감으로의 놀이에 참여한다면 괜찮다. 이때 성인은 아동의 의사소통을 모방하거나 확장해 줄 수

있는데, 다만 놀이를 너무 방해하거나, 너무 시간이 오래 걸리거나, 아동의 회피 행동으로 이어지지 않아야 한다.

연습문제 17-2 제한적이고 반복적인 행동에 대응하기

1. B: 성인이 이미 다른 전략을 시도해 보았고, 아동이 견고한 언어 기술을 가지고 있으므로 "같이 놀이해야지."와 같은 행동 진술을 통해 아동에게 서로 한 번씩 놀이 차례를 주고받아야 함을 상기시킨다. 놀이 차례가 반드시 일대일로 진행될 필요는 없지만, 성인은 아이디어를 공유하고 아동이 놀이 상대자와 함께 놀이하고 참여하는 방법을 배우도록 도와주어야 한다. 이때 놀이 수준을 낮춰서는 안 되는데(A), 아동이 지루해지거나 대물 참여로 이어질 수 있다. 성인의 놀이 속도를 높이면(C) 놀이 루틴의 속도가 전반적으로 빨라지고 통제하기 어려워진다.
2. C: 성인은 토핑을 올린 후 올린 토핑을 계속 잡고 있거나(A), 빠르게 두세 번 시범을 보여서 명확하게 다음 단계에 대한 시각적 단서를 보여 주는(B) 암시적 촉진을 시도해야 한다. 이러한 지원을 통해 아동은 성인이 새로운 놀이 단계를 추가한다는 것을 이해하고 함께 시도해 볼 수 있다.
3. A: 명확한 다음 놀이 단계를 준비한다. 예를 들어 도로 장난감을 꺼내서 길을 따라 운전하거나, 차에 피규어를 태우거나(아동이 전상징적 놀이 수준에 있다면), 세차장 놀잇감을 도입한다. 이렇게 환경을 준비하면 아동이 관심을 보이는 사물을 활용하면서 반복적인 차 굴리기 행동은 예방할 수 있다. 성인의 목소리 크기와 정서 수준을 높이거나(B), 구어적 촉진을 하면(C), 아동의 관심을 끌 수는 있지만 동등하고 적극적인 놀이 상대자로서 재미있는 상호작용을 조성하는 목표를 달성하기 어렵다.

부록 C

장난감 상자
(Toy Box)

아동: 어니

- 연령: 2세
- 숙달한 놀이 수준: 일반적 조합 및 자기 가작화
- 표적 놀이 수준: 인형에 대한 가작화
- 표적 공동관심 몸짓: 보여주기
- 표적 요구하기 몸짓: 한 단어와 가리키기의 조합
- 표적 언어 수준: 두세 단어

- 놀이 루틴: 블록 놀이
- 놀이 루틴을 위한 장난감: 폼 블록, 피규어, 경사로, 좌석이 있는 작은 배

기본놀이 단계: 폼 블록으로 구조물을 만든다.
- 성인과 어니는 차례를 번갈아 가며 폼 블록으로 직사각형의 구조물을 쌓는다.
- 성인은 블록을 구조물 위에 올려놓을 때마다 어니에게 다른 색의 블록을 보여 주며 공동관심-보여주기 시범을 보인다.
- 성인은 "블록 쌓자!"라고 말한다.
- 모든 블록을 써서 구조물을 다 만들자 어니는 미소를 지으며 "커!"라고 말한다.
- 성인은 "블록이 커!"라고 말하고 블록을 가리키며 어니의 말에 반응하고 확장해 준다.

놀이 확장 단계 1: 구조물에 사람 추가하기
- 성인과 어니는 차례를 번갈아 가며 구조물에 피규어를 넣는다.

놀이 확장 단계 2: 배에 사람 태우기
- 성인은 구조물과 배를 연결하는 경사로를 놓는다. 어니가 먼저 사람 피규어를 경사로에 미끄러뜨려 배로 옮긴다. 성인은 이를 모방하고 둘은 각 사람 피규어를 번갈아 배 안에 넣는다.

놀이 확장 단계 3: 배에 사람 앉히기
- 성인과 어니는 차례를 번갈아 각 사람을 배의 좌석에 앉힌다.

재시작하기: 배 엎기
- 성인은 배를 구조물에 부딪혀 엎는다.
- 어니는 성인을 바라보고, 블록들을 부수고, 배를 가리키며 "오, 안 돼!"라고 말한다.
- 성인은 이에 반응하여 배를 가리키고 "오, 안 돼, 무너졌다!"라고 말한다. 그 뒤 재빠르게 놀잇감을 재정비하여 다시 블록을 쌓거나 사람을 배에 태운다.

아동: 리지

- 연령: 3세
- 숙달한 놀이 수준: 구분된 놀이 행동 및 조합 분리하기
- 표적 놀이 수준: 외형적 조합 및 일반적 조합
- 표적 공동관심 몸짓: 협응된 공동 바라보기 및 공동관심-가리키기
- 표적 요구하기 몸짓: 건네주기
- 표적 언어 수준: 한 단어

- 놀이 루틴: 자동차 놀이
- 놀이 루틴을 위한 장난감: 큰 자동차 두 대, 작은 자동차 두 대

기본놀이 단계: 자동차를 앞뒤로 움직이기

- 성인과 리지는 큰 자동차를 앞뒤로 움직인다.
- 성인이 "자, 준비……."라고 하며 잠시 멈추자, 리지가 "출발!"이라고 말한다.
- 성인은 리지 쪽으로 자동차를 민다.
- 리지가 다시 성인에게 자동차를 밀며 "출발!"이라고 말한다.

놀이 확장 단계 1: 벽을 타고 올라가기

- 성인은 자동차를 벽 위로 몰며 "위로!"라고 말하고 자동차를 잠시 멈춘다.
- 리지는 자동차를 가리키며 정확하지는 않지만, "아래!"라고 말한다.
- 성인은 이에 반응하여 "아래로 내려가!"라고 확장하고 자동차를 벽 아래로 몰다가 잠시 기다린다.

놀이 확장 단계 2: 자동차 쌓기

- 리지는 큰 자동차 위에 작은 자동차를 쌓기 시작한다.
- 성인은 이를 모방하여 또 다른 차를 위에 쌓고 둘은 차례를 주고받는다.

놀이 확장 단계 3: 자동차 탑 밀기

- 성인은 자동차 탑을 리지 쪽으로 민다.

재시작하기: 자동차 탑 무너뜨리기

- 리지는 자동차 탑을 무너뜨리고 성인을 바라본다.
- 성인은 이에 반응하여 "무너졌다!"라고 말하며 확장하고, 무너진 차를 가리키고 나서 기본놀이로 돌아가 자동차를 앞뒤로 밀고 놀기 시작한다.

아동: 매들린

- 연령: 4세
- 숙달한 놀이 수준: 다중 도식 연결
- 표적 놀이 수준: 사회극 놀이
- 표적 공동관심 몸짓: 몸짓과 언어의 조합
- 표적 요구하기 몸짓: 가리키기 및 건네주기
- 표적 언어 수준: 문장(다양하고 유창한 언어 사용)

- 놀이 루틴: 장보기 놀이
- 놀이 루틴 1을 위한 장난감: 인형의 집, 가구, 인형 크기의 쇼핑 카트 두 대, 작은 피규어 대여섯 개, 자석 타일, 금전 등록기, 음식 장난감

기본놀이 루틴: 인형들이 잠에서 깨어나 양치질하고, 용변을 보고, 손을 씻는다. 성인과 아동은 각자의 피규어로 차례를 번갈아 이 단계들을 해 나가며 기본놀이를 설정한다.

놀이 확장 단계 1: 운전해서 마트 가기
- 매들린이 "엄마, 어서 농산물 마트에 가요."라고 한 인형의 대사를 한다.
- 매들린이 "알았어, 차에 타라."고 다른 인형의 대사로 대답한다. 그러고 나서 성인에게 인형을 건네주며 "이 여자애 해요." 라고 말한다.
- 성인은 여자아이의 역할을 맡아 인형에 안전띠를 채우고 "안전띠 잊지 마요!"라고 말한다.
- 그들은 나머지 인형들을 차에 태우고 음식 장난감과 쇼핑 카트가 있는 곳으로 운전하여 간다.

놀이 확장 단계 2: 쇼핑하기[놀이 스테이션을 블록 선반, 다양한 음식, 쇼핑 카트, 돈, 금전 등록기, 쇼핑백으로 미리 구성함]
- 둘 다 자신의 인형으로 쇼핑 카트를 밀며 선반에서 다양한 음식을 담는다. 성인과 아동은 서로 다른 음식에 대해 언급한다. 성인은 자신이 고른 음식에 대해 언급하며 공동관심-보여주기 몸짓 시범을 보인다. 그때 아동은 아이스크림으로 가득한 진열대를 발견하고 신나서 공동관심-보여주기를 사용하며 "초콜릿 칩을 사요!"라고 말한다.

놀이 확장 단계 3: 계산하기
- 성인은 계산원 역할 시범을 보이며 "손님, 계산하실 건가요?"라고 말한다.
- 매들린이 인형으로 "네, 계산해 주세요!" 라고 대답한다. 둘은 각 식료품을 스캔하고, 계산하고, 식료품을 봉지에 담아 차에 싣고 집으로 운전하여 돌아간다.

놀이 확장 단계 4: 점심 차리기[식탁, 의자, 접시, 식기를 가정 놀이 스테이션에 추가함]
- 아동은 먼저 음식을 식탁에 올리고, 인형들끼리 점심을 차리고 먹고 물을 마신다.

재시작하기: 인형들이 양치질하고 용변을 보고 손을 씻은 후 다른 가정 활동 놀이로 확장하거나, 새로운 놀이 스테이션으로 이동하여 새로운 놀이 루틴(예: 정원놀이)을 설정한다.

참고문헌

Adamson, L. B., Bakeman, R., & Deckner, D. F. (2004). The development of symbol-infused joint engagement. *Child Development, 75*(4), 1171-1187.

American Psychiatric Association. (2013). *Diagnostic and Statistical Manual of Mental Disorders* (5th ed.). Arlington, VA: Author.

Bailey, D. B., Hatton, D. D., Mesibov, G., Ament, N., & Skinner, M. (2000). Early development, temperament, and functional impairment in autism and fragile X syndrome. *Journal of Autism and Developmental Disorders, 30*(1), 49-59.

Bakeman, R., & Adamson, L. B. (1984). Coordinating attention to people and objects in mother-infant and peer-infant interaction. *Child Development, 55*(4), 1278-1289.

Beukelman, D. R., & Mirenda, P. (2013). *Augmentative and Alternative Communication: Supporting Children and Adults with Complex Communication Needs*. Baltimore: Brookes.

Bruner, J. (1983). *Child's Talk: Learning to Use Language*. New York: Norton.

Capps, L., Kasari, C., Yirmiya, N., & Sigman, M. (1993). Parental perception of emotional expressiveness in children with autism. *Journal of Consulting and Clinical Psychology, 61*(3), 475-484.

Chang, Y. C., Shire, S. Y., Shih, W., Gelfand, C., & Kasari, C. (2016). Preschool deployment of evidence-based social communication intervention: JASPER in the classroom. *Journal of Autism and Developmental Disorders, 46*(6), 2211-2223.

Cole, P. M., Martin, S. E., & Dennis, T. A. (2004). Emotion regulation as a scientific construct: Methodological challenges and directions for child development research. *Child Development, 75*(2), 317-333.

Cooper, J. O., Heron, T. E., & Heward, W. L. (2007). *Applied Behavior Analysis* (2nd ed.). Upper Saddle River, NJ: Pearson Education.

DeMyer, M. K., Barton, S., DeMyer, W. E., Norton, J. A., Allen, J., & Steele, R. (1973). Prognosis in autism: A follow-up study. *Journal of Autism and Childhood Schizophrenia, 3*(3), 199-246.

Feldman, R., Dollberg, D., & Nadam, R. (2011). The expression and regulation of anger in toddlers: Relations to maternal behavior and mental representations. *Infant Behavior and Development, 34*(2), 310-320.

Fisher, W. W., Piazza, C. C., & Roane, H. S. (Eds.). (2011). *Handbook of Applied Behavior Analysis*. New York: Guilford Press.

Frost, L. (2002). The picture exchange communication system. *Perspectives on Language Learning and Education, 9*(2), 13-16.

Georgiades, S., & Kasari, C. (2018). Reframing optimal outcomes in autism. *JAMA Pediatrics, 172*(8), 716-717.

Goods, K. S., Ishijima, E., Chang, Y. C., & Kasari, C. (2013).Preschool based JASPER intervention in minimally verbal children with autism: Pilot RCT. *Journal of Autism and Developmental Disorders, 43*(5), 1050-1056.

Graziano, P. A., Reavis, R. D., Keane, S. P., & Calkins, S. D. (2007). The role of emotion regulation in children's early academic success. *Journal of School Psychology, 45*(1), 3-19.

Grolnick, W. S., Kurowski, C. O., McMenamy, J. M., Rivkin, I., & Bridges, L. J. (1998). Mothers' strategies for regulating their toddlers' distress. *Infant Behavior and Development, 21*(3), 437-450.

Gross, J. J., Carstensen, L. L., Pasupathi, M., Tsai, J., Gotestam Skorpen, C., & Hsu, A. Y. (1997). Emotion and aging: Experience, expression, and control. *Psychology and Aging, 12*(4), 590-599.

Gulsrud, A. C., Hellemann, G. S., Freeman, S. F., & Kasari, C. (2014). Two to ten years:

Gulsrud, A. C., Jahromi, L. B., & Kasari, C. (2010). The co-regulation of emotions between mothers and their children with autism. *Journal of Autism and Developmental Disorders, 40*(2), 227-237.

Developmental trajectories of joint attention in children with ASD who received targeted social communication interventions. *Autism Research, 7*(2), 207-215.

Jahromi, L. B., Bryce, C. I., & Swanson, J. (2013). The importance of self-regulation for the school and peer engagement of children with high-functioning autism. *Research in*

Autism Spectrum Disorders, 7(2), 235-246.

Jarrold, C., Boucher, J., & Smith, P. K. (1996). Generativity deficits in pretend play in autism. *British Journal of Developmental Psychology, 14*(3), 275-300.

Kaale, A., Fagerland, M. W., Martinsen, E. W., & Smith, L. (2014). Preschool-based social communication treatment for children with autism: 12-month follow-up of a randomized trial. *Journal of the American Academy of Child and Adolescent Psychiatry, 53*(2), 188-198.

Kaale, A., Smith, L., & Sponheim, E. (2012). A randomized controlled trial of preschool-based joint attention intervention for children with autism. *Journal of Child Psychology and Psychiatry, 53*(1), 97-105.

Kasari, C., & Chang, Y. C. (2014). Play development in children with autism spectrum disorders: Skills, object play, and interventions. In F. R. Volkmar, R. Paul, S. J. Rogers, & K. A. Pelphrey (Eds.), *Handbook of Autism and Pervasive Developmental Disorders* (4th ed., pp. 264-267). Hoboken, NJ: Wiley.

Kasari, C., Freeman, S., & Paparella, T. (2006). Joint attention and symbolic play in young children with autism: A randomized controlled intervention study. *Journal of Child Psychology and Psychiatry, 47*(6), 611-620.

Kasari, C., Gulsrud, A., Freeman, S., Paparella, T., & Hellemann, G. (2012). Longitudinal follow-up of children with autism receiving targeted interventions on joint attention and play. *Journal of the American Academy of Child and Adolescent Psychiatry, 51*(5), 487-495.

Kasari, C., Gulsrud, A., Paparella, T., Hellemann, G., & Berry, K. (2015). Randomized comparative efficacy study of parent-mediated interventions for toddlers with autism. *Journal of Consulting and Clinical Psychology, 83*(3), 554-563.

Kasari, C., Gulsrud, A. C., Wong, C., Kwon, S., & Locke, J. (2010). Randomized controlled caregiver mediated joint engagement intervention for toddlers with autism. *Journal of Autism and Developmental Disorders, 40*(9), 1045-1056.

Kasari, C., Kaiser, A., Goods, K., Nietfeld, J., Mathy, P., Landa, R., …… Almirall, D. (2014a). Communication interventions for minimally verbal children with autism: A sequential multiple assignment randomized trial. *Journal of the American Academy of Child and Adolescent Psychiatry, 53*(6), 635-646.

Kasari, C., Lawton, K., Shih, W., Barker, T. V., Landa, R., Lord, C., …… Senturk, D. (2014b).

Caregiver-mediated intervention for low-resourced preschoolers with autism: An RCT. *Pediatrics, 134*(1), e72-e79.

Kasari, C., Paparella, T., Freeman, S., & Jahromi, L. B. (2008). Language outcome in autism: Randomized comparison of joint attention and play interventions. *Journal of Consulting and Clinical Psychology, 76*(1), 125-137.

Kasari, C., & Smith, T. (2013). Interventions in schools for children with autism spectrum disorder: Methods and recommendations. *Autism, 17*(3), 254-267.

Konstantareas, M. M., & Stewart, K. (2006). Affect regulation and temperament in children with autism spectrum disorder. *Journal of Autism and Developmental Disorders, 36*(2), 143-154.

Lawton, K., & Kasari, C. (2012). Brief report: Longitudinal improvements in the quality of joint attention in preschool children with autism. *Journal of Autism and Developmental Disorders, 42*(2), 307-312.

Lifter, K., Sulzer-Azaroff, B., Anderson, S. R., & Cowdery, G. E. (1993). Teaching play activities to preschool children with disabilities: The importance of developmental considerations. *Journal of Early Intervention, 17*(2), 139-159.

Lillard, A. S. (2015). The development of play. In R. M. Lerner (Ed.), *The Handbook of Child Psychology and Developmental Science* (pp. 425-468). Hoboken, NJ: Wiley.

Lillard, A., Pinkham, A. M., & Smith, E. (2011). Pretend play and cognitive development. In U. Goswami (Ed.), *The Wiley-Blackwell Handbook of Childhood Cognitive Development* (pp. 285-311). Malden, MA: Wiley-Blackwell.

Lovaas, O. I. (1987). Behavioral treatment and normal educational and intellectual functioning in young autistic children. *Journal of Consulting and Clinical Psychology, 55*(1), 3-9.

Mazefsky, C. A., & White, S. W. (2014). Emotion regulation: Concepts and practice in autism spectrum disorder. *Child and Adolescent Psychiatric Clinics of North America, 23*(1), 15-24.

Morris, A. S., Silk, J. S., Morris, M. D., Steinberg, L., Aucoin, K. J., & Keyes, A. W. (2011). The influence of mother-child emotion regulation strategies on children's expression of anger and sadness. *Developmental Psychology, 47*(1), 213.

Mundy, P., Delgado, C., Block, J., Venezia, M., Hogan,A., & Seibert, J. (2003). *Early Social Communication Scales (ESCS)*. Coral Gables, FL: University of Miami.

Mundy, P., & Newell, L. (2007). Attention, joint attention, and social cognition. *Current Directions in Psychological Science, 16*(5), 269-274.

Mundy, P., & Sigman, M. (1989). Specifying the nature of the social impairment in autism. In G. Dawson (Ed.), *Autism: New perspectives on diagnosis, nature, and treatment* (pp. 3-21). New York: Guilford Press.

Mundy, P., Sigman, M., & Kasari, C. (1990). A longitudinal study of joint attention and language development in autistic children. *Journal of Autism and Developmental Disorders, 20*(1), 115-128.

Mundy, P., Sigman, M., Ungerer, J., & Sherman, T. (1986). Defining the social deficits of autism: The contribution of non-verbal communication measures. *Journal of Child Psychology and Psychiatry, 27*(5), 657-669.

Paparella, T., Goods, K. S., Freeman, S., & Kasari, C. (2011). The emergence of nonverbal joint attention and requesting skills in young children with autism. *Journal of Communication Disorders, 44*(6), 569-583.

Raver, C. C., Blackburn, E. K., Bancroft, M., & Torp, N. (1999). Relations between effective emotional self-regulation, attentional control, and low-income preschoolers' social competence with peers. *Early Education and Development, 10*(3), 333-350.

Romski, M., Sevcik, R. A., Barton-Hulsey, A., & Whitmore, A. S. (2015). Early intervention and AAC: What a difference 30 years makes. *Augmentative and Alternative Communication, 31*(3), 181-202.

Rutherford, M. D., Young, G. S., Hepburn, S., & Rogers, S. J. (2007). A longitudinal study of pretend play in autism. *Journal of Autism and Developmental Disorders, 37*(6), 1024-1039.

Rutter, M. (1983). Cognitive deficits in the pathogenesis of autism. *Journal of Child Psychology and Psychiatry, 24*(4), 513-531.

Schreibman, L., Dawson, G., Stahmer, A. C., Landa, R., Rogers, S. J., McGee, G. G., …… Halladay, A. (2015). Naturalistic developmental behavioral interventions: Empirically validated treatments for autism spectrum disorder. *Journal of Autism and Developmental Disorders, 45*(8), 2411-2428.

Shih, W., Chang, Y. C., Shire, S., & Kasari, C. (2017, Spring). *Does joint engagement mediate intervention outcomes of joint attention in young children with ASD in preschool classrooms?* Paper presented at Gatlinburg Conference on Research and Theory in Intellectual and Developmental Disabilities, San Antonio, TX.

Shih, W., Shire, S., Chang, Y. C., & Kasari, C. (2021). Joint engagement is a potential mechanism leading to increased initiations of joint attention and downstream effects on language: JASPER early intervention for children with ASD. *Journal of Child Psychology and Psychiatry*. [Advance online publication] https://doi.org/10.1111/jcpp.13405

Shire, S. Y., Chang, Y. C., Shih, W., Bracaglia, S., Kodjoe, M., & Kasari, C. (2017). Hybrid implementation model of community-partnered early intervention for toddlers with autism: A randomized trial. *Journal of Child Psychology and Psychiatry, 58*(5), 612-622.

Shire, S. Y., Shih, W., Bracaglia, S., Kodjoe, M., & Kasari, C. (2020a). Peer engagement in toddlers with autism: Community implementation of dyadic and individual Joint Attention, Symbolic Play, Engagement, and Regulation intervention. *Autism, 24*(8), 2142-2152.

Shire, S. Y., Shih, W., Chang, Y. C., Bracaglia, S., Kodjoe, M., & Kasari, C. (2019). Sustained community implementation of JASPER intervention with toddlers with autism. *Journal of Autism and Developmental Disorders, 49*(5), 1863-1875.

Shire, S. Y., Shih, W., Chang, Y. C., & Kasari, C. (2018). Short Play and Communication Evaluation: Teachers' assessment of core social communication and play skills with young children with autism. *Autism, 22*(3), 299-310.

Shire, S. Y., Worthman, L. B., Shih, W., & Kasari, C. (2020b). Comparison of face-to-face and remote support for interventionists learning to deliver JASPER intervention with children who have autism. *Journal of Behavioral Education, 29*, 317-338.

Shire, S. Y., Worthman, L. B., Shih, W., & Kasari, C. (2021). *Randomized comparison of implementation strategies for early intervention practitioners: Community JASPER implementation*. Manuscript in preparation.

Shumway, S., & Wetherby, A. M. (2009). Communicative acts of children with autism spectrum disorders in the second year of life. *Journal of Speech, Language, and Hearing Research, 52*(5), 1139-1156.

Sigman, M., & Ungerer, J. A. (1984). Cognitive and language skills in autistic, mentally retarded, and normal children. *Developmental Psychology, 20*(2), 293-302.

Skinner, B. F. (1957). Verbal behavior. New York: Appleton-Century-Crofts.

Smith, T. (2001). Discrete trial training in the treatment of autism. *Focus on Autism and Other Developmental Disabilities, 16*(2), 86-92.

Sofronoff, K., Attwood, T., Hinton, S., & Levin, I. (2007). A randomized controlled trial of a cognitive behavioural intervention for anger management in children diagnosed with Asperger syndrome. *Journal of Autism and Developmental Disorders, 37*(7), 1203-1214.

Thompson, R. A., & Goodman, M. (2010). Development of emotion regulation: More than meets the eye. In A. M. Kring & D. M. Sloan (Eds.), *Emotion regulation and psychopathology: A transdiagnostic approach to etiology and treatment* (pp. 38-58). New York: Guilford Press.

Tomasello, M., & Todd, J. (1983). Joint attention and lexical acquisition style. *First Language, 4*(12), 197-211.

Trentacosta, C. J., & Izard, C. E. (2007). Kindergarten children's emotion competence as a predictor of their academic competence in first grade. *Emotion, 7*(1), 77-88.

Ungerer, J. A., & Sigman, M. (1981). Symbolic play and language comprehension in autistic children. *American Academy of Child Psychiatry, 20*, 318-337.

Ungerer, J. A., Zelazo, P. R., Kearsley, R. B., & O'Leary, K. (1981). Developmental changes in the representation of objects in symbolic play from 18 to 34 months of age. *Child Development, 52*(1), 186-195.

Vygotsky, L. (1978). Interaction between learning and development. *In Mind and society* (pp. 79-91). Cambridge, MA: Harvard University Press.

찾아보기

ㅅ

ㅇ

ㅍ

ㅎ

저자 소개

Connie Kasari 박사는 교육 정보 연구 대학원의 인간 발달과 심리학과 석좌교수이자 캘리포니아 주립대학교-로스앤젤레스(UCLA) Semel 신경과학 및 인간 행동 연구소 정신과 석좌교수입니다. Kasari 박사는 UCLA 자폐 연구와 치료 센터의 창립 멤버입니다. Kasari 박사의 연구 목표는 지역사회에서 실행된 새롭고 검증된 중재를 개발하는 것입니다. 최근 연구 과제에서 자폐스펙트럼장애(ASD) 위험군에 있거나 진단을 받은 영유아 및 미취학 아동의 조기 사회적 의사소통 발달을 위한 표적치료와 학령기 ASD 아동의 또래관계에 대한 표적치료가 포함되었습니다. Kasari 박사는 다수의 지역에서 자폐스펙트럼장애 및 기타 신경발달장애 아동을 위한 미국 연방 연구 과제를 이끌었습니다. Kasari 박사는 Autism Speaks 재단의 과학 자문 위원으로 활동 중이며 정기적으로 지역, 국내, 국제적으로 학계 연구자와 현장 전문가를 대상으로 강연을 하고 있습니다.

Amanda C. Gulsrud 박사는 캘리포니아 주립대학교-로스앤젤레스(UCLA)의 David Geffen 의과대학의 소아청소년 정신과 부교수이자 다학제적 UCLA 아동과 성인 신경발달 클리닉의 임상 책임자입니다. Gulsrud 박사는 임상 심리학자로서 자폐스펙트럼장애와 전 생애에 걸친 행동 중재 개발을 주로 연구하고 있습니다. Gulsrud 박사의 연구는 JASPER 중재를 사용하여 자폐스펙트럼장애와 관련 신경발달장애를 가진 영유아의 조기 발견과 치료에 초점을 맞추고 있습니다. Gulsrud 박사는 영유아를 위한 JASPER의 개발과 적용하는 데 핵심적인 역할을 해 왔으며, 다양한 환경에서 JASPER의 효과를 검증하는 연구팀과 긴밀히 협력해 왔고, 현재 JASPER를 사용하는 여러 연구의 공동연구자입니다.

Stephanie Y. Shire 박사는 오리건 대학교 사범대학의 조기 개입/유아특수교육과 조교수입니다. Shire 박사는 자폐스펙트럼장애 및 신경발달장애 아동을 위한 중재 프로그램 개발, 적용 및 실효성에 관심을 갖고 있으며, 낮거나 높은 수준의 자원을 확보한 지역사회 협력을 기반으로 연구하고 있습니다. Shire 박사는 효과성-실행 혼합 설계로 지역사회 실무자의 중재 전략 선택과 아동 발달을 연구하는 데 관심이 있습니다. Shire 박사는 JASPER 중재의 개발과 보급에 핵심적인 역할을 해 왔습니다. Shire 박사는 학급에서 적용하고 확산할 수 있는 연구, 최소한의 언어 능력을 구사하는 아동을 위한 JASPER 중재 연구, 원격 교육 전략을 포함한 지역사회 실행 및 교육에 중점을 둔 연구에 참여하였습니다. Shire 박사는 국내뿐만 아니라 국제적으로 JASPER 교육을 실시하고 있습니다.

Christina Strawbridge는 캘리포니아 주립대학교-로스앤젤레스(UCLA) Semel 신경과학 및 인간 행동 연구소의 연구원입니다. Christina는 Kasari 연구실에 합류한 2012년 이후부터 교육 자료, 임상 매뉴얼, 웹사이트 등에서 JASPER에 관한 집필을 하였습니다. Christina는 대면 교육 프로그램을 문서화하는 데 핵심 역할을 하였고, 본 매뉴얼이 출판되도록 집필과 개발을 주도했습니다.

역자 소개

서민경(Suh, Minkyung)

이화여자대학교 특수교육과 철학박사(자폐성장애 전공)

전 경복대학교 교수

이화여자대학교 연구원

Haring Center 통합학급 교사

현 백석대학교 유아특수교육과 교수

〈주요 역서 및 논문〉

『중도장애 학생의 이해와 교육』(공역, 교육과학사, 2024)

「Effects of an Inclusive Childcare Capacity Building Program on In-service Teachers' Teaching Efficacy and Attitudes towards Inclusion」(2024)

「Effectiveness of a Training Program for Parents of Toddlers with or at Risk of Autism Spectrum Disorder」(2023) 외 다수

김지수(Kim, Jisu)

이화여자대학교 대학원 특수교육학박사(정서행동장애 전공)

전 순천향대학교 특수아동교육연구소 연구교수

서울시립장애인종합복지관 조기교육실 교사

일본 삿포로시 국제 야마노테 유치원 교사

현 백석대학교 유아특수교육과 교수

〈주요 역서 및 논문〉

『개별 학생을 위한 긍정적 행동지원: 심각한 문제행동을 보이는 학생을 위한 개별 중재』(공역, 학지사, 2018)

『개인중심접근을 활용한 개별화교육계획 개발 지침서』(3판, 공역, 학지사, 2017)

「완전통합교육 실행 경험이 있는 교사와 관리자가 인식하는 유치원 통합교육의 현재와 미래」(공동, 2023) 외 다수

구태우(Koo, Taewoo)

볼주립대학교 특수교육대학원 특수교육석사

플로리다공과대학교 응용행동분석 석사과정

전 푸르메재단 넥슨어린이재활병원 행동치료사

서초아이들세상의원 행동치료사

현 ABA친구들 심리행동발달센터장

한국응용행동분석전문가협회 학술위원장

〈주요 논문〉

「IISCA를 활용한 기능적 의사소통 훈련이 자폐성장애 아동의 공격행동과 의사소통 행동에 미치는 효과」(공동, 2024) 외 다수

자폐 아동을 위한 JASPER 모델

공동관심, 상징놀이, 참여, 조절 증진

The JASPER Model for Children with Autism:
Promoting Joint Attention, Symbolic Play, Engagement, and Regulation

2025년 6월 30일 1판 1쇄 발행
2026년 2월 25일 1판 2쇄 발행

지은이 • Connie Kasari · Amanda C. Gulsrud
Stephanie Y. Shire · Christina Strawbridge
옮긴이 • 서민경 · 김지수 · 구태우
펴낸이 • 김진환
펴낸곳 • (주) 학지사
04031 서울특별시 마포구 양화로 15길 20 마인드윌드빌딩
대표전화 • 02)330-5114 팩스 • 02)324-2345
등록번호 • 제313-2006-000265호

홈페이지 • http://www.hakjisa.co.kr
인스타그램 • https://www.instagram.com/hakjisabook

ISBN 978-89-997-3455-7 93370

정가 28,000원

역자와의 협약으로 인지는 생략합니다.
파본은 구입처에서 교환해 드립니다.